Umfang und Grenzen des strafrechtlichen Schutzes des Arztgeheimnisses nach § 203 StGB

Recht und Medizin

Herausgegeben von den Professoren
Dr. Erwin Deutsch, Dr. Bernd-Rüdiger Kern, Dr. Adolf Laufs, Dr. Hans Lilie,
Dr. Andreas Spickhoff, Dr. Hans-Ludwig Schreiber

Bd./Vol. 106

PETER LANG
Frankfurt am Main · Berlin · Bern · Bruxelles · New York · Oxford · Wien

Leonie Hübner

Umfang und Grenzen des strafrechtlichen Schutzes des Arztgeheimnisses nach § 203 StGB

PETER LANG
Internationaler Verlag der Wissenschaften

Bibliografische Information der Deutschen Nationalbibliothek
Die Deutsche Nationalbibliothek verzeichnet diese Publikation in der Deutschen Nationalbibliografie; detaillierte bibliografische Daten sind im Internet über http://dnb.d-nb.de abrufbar.

Zugl.: Tübingen, Univ., Diss., 2010

Umschlaggestaltung:
Olaf Glöckler, Atelier Platen, Friedberg

Gedruckt auf alterungsbeständigem,
säurefreiem Papier.

D 21
ISSN 0172-116X
ISBN 978-3-631-61766-3

www.peterlang.de

Vorwort

Die vorliegende Arbeit hat der Juristischen Fakultät der Universität Tübingen im Sommersemester 2010 als Dissertation vorgelegen.
Das Manuskript wurde im Mai 2010 abgeschlossen, bis dahin veröffentlichte Rechtsprechung und Literatur sind berücksichtigt worden.
Das Thema wurde von meinem geschätzten Betreuer Herrn Prof. Dr. Hans–Ludwig Günther angeregt, welchem an erster Stelle mein Dank gelten soll.
Seine Anregungen, vor allem in Bezug auf die interessante und bislang wenig diskutierte Thematik des Hauptteils Schweigepflicht und Interessen privater Versicherungsunternehmen, waren für das Entstehen dieser Arbeit von bedeutendem Wert.
Ebenfalls gilt mein Dank Herrn Prof. Dr. Dr. Dr. h.c. Kristian Kühl für die schnelle Erstellung des Zweitgutachtens.
Bereichernd für die Bearbeitung der Thematik war die engagierte Unterstützung der Arbeit durch Experten aus der Versicherungspraxis.
Herzlichen Dank für wertvolle und aktuelle Informationen daher an die Datenschutzbeauftragten der AOK Baden–Württemberg, Frau Simone David und Herr Wolfgang Stütz sowie an zwei weitere Mitarbeiter der genannten Krankenkasse, Frau Astrid Arnold und Herr Kai–Uwe Möllenbruck.
Herzlichen Dank für die Aufnahme in die Schriftenreihe Recht und Medizin an die geschätzten Herausgeber Prof. Dr. Dr. Hans-Ludwig Schreiber,
Prof. Dr. Hans Lilie und Prof. Dr. Andreas Spickhoff.
Schließlich jedoch nicht zu letzt möchte ich meiner Familie danken, die mir das Promotionsvorhaben ermöglicht und es gefördert hat.
Besonderer Dank gilt hierbei meinen Eltern und meiner Schwester, die mich während der gesamten Zeit stets unterstützt haben.
Ihnen ist diese Arbeit gewidmet.

Stuttgart, im November 2010 Leonie Hübner

Meinen Eltern
und
Meiner Schwester

Inhaltsverzeichnis

Abkürzungsverzeichnis

a. A.	anderer Ansicht
a. a. O.	am angegebenen Ort
Abs.	Absatz
AcP	Archiv für civilistische Praxis
a. E.	am Ende
AGB	Allgemeine Geschäftsbedingungen
A. L. R.	Allgemeines Landrecht
Art.	Artikel
AsylbLG	Asylbewerber-Leistungsgesetz
AT	Allgemeiner Teil
AVB	Allgemeine Versicherungsbedingungen
Bd.	Band
BDSG	Bundesdatenschutzgesetz
BGB	Bürgerliches Gesetzbuch
BGBl.	Bundesgesetzblatt
BGH	Bundesgerichtshof
BGHSt	Bundesgerichtshof in Strafsachen
BGHZ	Bundesgerichtshof in Zivilsachen
Bsp.	Beispiel
BSG	Bundessozialgericht
BSGE	Entscheidung des Bundessozialgerichts
BT-Drucks.	Bundestags-Drucksache
BVerfG	Bundesverfassungsgericht
BVerfGE	Entscheidung des Bundesverfassungsgerichts
bzgl.	bezüglich
bzw.	beziehungsweise
ca.	circa, ungefähr
DÄBl.	Deutsches Ärzteblatt
d. h.	das heißt
E 1962	Entwurf (eines Strafgesetzbuches) von 1962
EBM	Einheitlicher Bewertungsmaßstab für die kassenärztliche Vergütung
EGBGB	Einführungsgesetz zum Bürgerlichen Gesetzbuch
EGStGB	Einführungsgesetz zum Strafgesetzbuch
etc.	et cetera, und so weiter
evtl.	eventuell, möglicherweise
Fn.	Fußnote
GBl.	Gesetzblatt
gem.	gemäß
GG	Grundgesetz

ggf.	gegebenen Falls
GKV	Gesetzliche Krankenversicherung
GKV – WSG	Gesetzliche Krankenversicherung – Wettbewerbsstärkungsgesetz
grds.	grundsätzlich
GVBl.	Gesetz- und Verordnungsblatt
GVG	Gerichtsverfassungsgesetz
h. L.	herrschende Lehre
h. M.	herrschende Meinung
Hs.	Halbsatz
ICD	International Classification of Deseases, Abrechnungsschlüssel für Ärzte
i. d. R.	in der Regel
i. d. S.	in diesem Sinne
IfSG	Infektionsschutzgesetz
InsO	Insolvenzordnung
i. S. d.	im Sinne des
i. S. v.	im Sinne von
i. V. m.	in Verbindung mit
JR	Juristische Rundschau (Zeitschrift)
JVA	Justizvollzugsanstalt
JZ	Juristenzeitung
KFZ	Kraftfahrzeug
KG – BW	Kammergesetz Baden-Württemberg
LDSGe	Landesdatenschutzgesetze
LK	Leipziger Kommentar
MBO-Ä	Musterberufsordnung für Ärzte
MBO-Ä BW	Musterberufsordnung für Ärzte des Landes Baden-Württemberg
MB-KK	Musterbedingungen für die Krankheitskosten- und Krankenhaustagegeldversicherung
MDK	Medizinischer Dienst der Krankenkassen
MDR	Monatsschrift für Deutsches Recht
MedR	Medizinrecht (Zeitschrift)
m. w. N.	mit weiteren Nachweisen
NJW	Neue Juristische Wochenschrift
Nr.	Nummer
Nrn.	Nummern
NStZ	Neue Zeitschrift für Strafrecht
o. ä.	oder ähnliches
OLG	Oberlandesgericht
PKV	Private Krankenversicherung
PKVer	Privater Krankenversicherer
PrStGB	Strafgesetzbuch für die Preußischen Staaten 1851
PVS	Privatärztliche Verrechnungsstelle
RÄO	Reichsärzteordnung
RegBl.	Regierungsblatt

RGBl.	Reichsgesetzblatt
RGSt	Reichsgericht in Strafsachen
Rn.	Randnummer
Rspr.	Rechtsprechung
RStGB	Reichsstrafgesetzbuch
S.	Seite
s.	siehe
SGB	Sozialgesetzbuch
SK	Systematischer Kommentar
s. o.	siehe oben
sog.	sogenannt (e,r,s)
Std.	Stunde(n)
StGB	Strafgesetzbuch
StPO	Strafprozessordnung
s. u.	siehe unten
u. a.	unter anderem
u. U.	unter Umständen
v. a.	vor allem
VAG	Versicherungsaufsichtsgesetz
v. Chr.	vor Christus
VersR	Versicherungsrecht (Zeitschrift)
vgl.	vergleiche
VN	Versicherungsnehmer
vs.	versus, gegen
VU	Versicherungsunternehmer
VVG	Versicherungsvertragsgesetz
WHO	World Health Organisation, Weltgesundheitsorganisation
z. B.	zum Beispiel
ZE	Zwischenergebnis
ZPO	Zivilprozessordnung

Einführung
Arbeitsziele und Gang der Untersuchung

Ziel der vorliegenden Arbeit ist es, Ratio, Reichweite und Grenzen des Arztgeheimnisses auszuloten und seine Bedeutung für den Schutz der Geheimsphäre von Personen und für das Vertrauen der Gemeinschaft in die Diskretion des Ärztestandes und damit in eine loyale Unterstützung in Gesundheitsfragen zu verdeutlichen.

Dieser Bedeutung ist geschuldet, dass dem Arztgeheimnis auch durch strafrechtliche Sanktionierung des Verschwiegenheitsbruchs zu Geltung verholfen wird.

Ziel der Arbeit ist es unter anderem, das Verhältnis der Verschwiegenheitspflicht zu anderen Rechtspflichten und rechtlich geschützten Interessen zu skizzieren, für den Bereich des Krankenversicherungswesens eventuell einer Klärung zuzuführen.

Der Gedanke des Geheimnisschutzes zieht sich von der Antike bis in die Gegenwart und war in der Medizin zu allerzeit grundlegend im Hinblick auf die Funktionalität des Gesundheitswesens. Heilung kann nur erfolgen, wo sich Kranke an seriöse Heilkundige wenden. So organisierte sich ab dem 18/19. Jahrhundert ein akademisch geschulter ärztlicher Berufsstand, für den Diskretion zur elementaren Standespflicht avancierte und der bereits erste Forderungen nach rechtlicher Regelung stellte.

Eine solche erfolgte in Deutschland erstmals im preußischen Medizinaledict 1725.

In heutiger Zeit bietet die deutsche Gesamtrechtsordnung einen facettenreichen Schutz der Geheimsphäre, dessen Teilbereiche ineinandergreifen und als System gesehen werden können.

Dieses System wird im Rahmen der vorliegenden Arbeit dargestellt, die Teilbereiche werden einzeln diskutiert.

Ebenfalls zu allerzeit anerkannt war jedoch, dass die Verschwiegenheit Schranken kennen muss. So zum Beispiel zum Schutz der Allgemeinheit vor Gefahren in der Seuchenprävention oder auch vor gesundheitsbedingt Fahruntüchtigen im Straßenverkehr.

Auch aber zur gerechten Verteilung von Gemeinschaftsgeldern zur Gesundheitsfürsorge im Versicherungskollektiv sind Einschränkungen der Verschwiegenheit erforderlich, z.B. im Rahmen der Anspruchsprüfung.

Da diese Schranken im Einzelfall stets auf Güterabwägung gründen müssen um der Vielgestaltigkeit der Lebenssachverhalte Rechnung zu tragen, eine klare kasuistische Regelung von Durchbrechungen also nicht möglich ist, kommen im Alltag Verletzungen der Geheimsphäre durch fehlende bzw. fehlerhafte Abwägung häufig vor.

Eine der brisantesten dieser Verletzungen ist die Überprüfung von Versicherungsansprüchen in der PKV auf der Grundlage von pauschalen Schweigepflichtentbindungen bzw. durch Begutachtung von Versicherungsakten durch außerorganisatorische Vertrauensärzte ohne Vorliegen von Einwilligungen.

Die rechtliche Würdigung dieser Praxis soll den Schwerpunkt der Arbeit bilden.

Die Arbeit wird sich für die Darstellungen der Gliederung in drei Teile bedienen.

Im ersten Teil sollen historische Entwicklung, Ratio und Berechtigung der ärztlichen Schweigepflicht sowie ihre gegenwärtige Ausprägung in der Gesamtrechtsordnung erörtert werden. Teil 1 wird sich hierbei auf die außerstrafrechtliche Ausgestaltung beschränken.

Im zweiten Teil wird demgegenüber ausführlich auf den strafrechtlichen Geheimnisschutz durch § 203 I Nr. 1 StGB eingegangen werden.

Untersucht werden sollen hierbei nicht nur dessen Umfang sondern auch dessen Grenzen.

Gegenstand werden namentlich die anerkannten Durchbrechungen der Schweigepflicht sein.

Im dritten Teil schließlich wird die Arbeit ihren Schwerpunkt erhalten.

Eine der bislang noch eher selten diskutierten Einschränkungen der Geheimsphäre von Patienten soll beleuchtet werden: Die Einschränkung der Schweigepflicht im Krankenversicherungswesen.

Die beiden Systeme der gesetzlichen und der privaten Krankenversicherung werden getrennt dargestellt werden. Es wird auf die Unterschiede der Systeme einzugehen sein, sowie auf deren Konsequenzen.

Hauptanliegen der Arbeit ist die Klärung der Frage einer Zulässigkeit der Begutachtung von Versicherungsunterlagen der PKV durch außerorganisatorische Vertrauensärzte jenseits der von Einwilligung gedeckten Leistungsprüfung zum Schutz der Versicherer vor ärztlicher Falschabrechnung und missbräuchlicher Inanspruchnahme. Kernvorschrift hierbei ist die Verlängerung des Schutzes des Arztgeheimnisses in den Arbeitsbereich der PKV hinein über die Schweigepflicht der Versicherungsmitarbeiter nach § 203 I Nr. 6 StGB.

Ein Fazit soll schließlich die Hauptthesen der gesamten Arbeit zusammenfassen und einen abschließenden Überblick über den Geheimnisschutz im Gesundheitswesen vermitteln.

Teil 1

Die historische Entwicklung, der Sinngehalt und die Notwendigkeit der ärztlichen Schweigepflicht und ihr Schutz durch die gegenwärtige Rechtsordnung/ außerstrafrechtlicher Schutz

A. Die historische Entwicklung , der Sinngehalt und die Notwendigkeit der ärztlichen Schweigepflicht

Der Schutz der Privatsphäre des Patienten gehört mit zu den ältesten Datenschutzbemühungen der Welt[1]. Der Schutz des Vertrauensverhältnisses zwischen Kranken und Heilkundigen ist eines der grundlegenden Bedürfnisse menschlicher Kultur und hat daher schon über Jahrtausende Tradition.[2]

Schon im Altertum kannte man das ethische Gebot an die Ärzte, über alles Stillschweigen zu bewahren, was ihnen bei der Behandlung Kranker zur Kenntnis gelangte.

Zur Rechtspflicht wurde dieses zunächst rein ethische Gebot indes erst spät erhoben und von Stund an einem jahrhundertelangen Wandel der Kodifikationen unterworfen. Bis heute gewannen die Schweigepflichtregelungen immer klarere Konturen[3].

I. Ethische Schweigepflicht im Altertum

Schon im *Ayur-Veda-des-Châraka (Indien aus der brahmanischen Periode ab ca. 800 v. Chr.)* wird von einem ethischen Schweigegebot der Ärzte berichtet.[4]

Nach diesem Lehrbuch, das zu den wichtigsten der Sanskrit-Medizin zählt, dürfen von Heilkundigen Vorgänge im Hause nicht ausgeplaudert werden.[5]

Ebenfalls finden sich Hinweise auf ein Verschwiegenheitsgebot an die Ärzte in den *Überlieferungen Herodots* aus Ägypten und der *pythagoräischen Schule*.[6]

Die wohl bekannteste Quelle eines solchen ethischen Schweigegebots ist der Eid des *Hippokrates*. Er wird gemeinhin auch als historischer Ursprung der Schweigepflicht angesehen.[7]

---

1 *Eichelbrönner,* Die Grenzen der Schweigepflicht des Arztes und seiner berufsmäßig tätigen Gehilfen nach § 203 StGB im Hinblick auf Verhütung und Aufklärung von Straftaten, S. 9; *Bäumler,* Medizinische Dokumentation und Datenschutzrecht, S. 400.

2 *Eichelbrönner,* Die Grenzen der Schweigepflicht des Arztes und seiner berufsmäßig tätigen Gehilfen nach § 203 StGB im Hinblick auf Verhütung und Aufklärung von Straftaten, S. 9.

3 *Eichelbrönner,* Die Grenzen der Schweigepflicht des Arztes und seiner berufsmäßig tätigen Gehilfen nach § 203 StGB im Hinblick auf Verhütung und Aufklärung von Straftaten, S. 9; *Syroth,* Das ärztliche Berufsgeheimnis, S. 1469.

4 *Bartsch,* Ärztliche Schweigepflicht und Zeugnisverweigerungsrecht im Strafprozeß, S. 13; *Sauter,* Das Berufsgeheimnis und sein strafrechtlicher Schutz, S. 1 ff.; *Lang,* Das Recht auf informationelle Selbstbestimmung des Patienten und die ärztliche Schweigepflicht in der gesetzlichen Krankenversicherung, S. 44; *Zakrzewski,* Abgrenzung der ärztlichen Schweigepflicht gegenüber der Offenbarungspflicht bei Sozialversicherungsträgern und anderen Berechtigten im Bereich der Sozialgesetzgebung, S. 35.

5 *Placzek,* Das Berufsgeheimnis des Arztes, S. 95.

6 *Bartsch,* Ärztliche Schweigepflicht und Zeugnisverweigerungsrecht im Strafprozeß, S. 13; *Sauter,* Das Berufsgeheimnis und sein strafrechtlicher Schutz, S. 2.

7 *Schlund in: Laufs/Uhlenbruck,* Handbuch des Arztrechts, § 69, Rn. 1.

Im sog. hippokratischen Eid[8] heißt es: „*Was immer ich sehe und höre, bei der Behandlung oder außerhalb der Behandlung, im Leben der Menschen, so werde ich von dem, was niemals nach draußen ausgeplaudert werden soll, schweigen, indem ich alles Derartige als solches betrachte, das nicht ausgesprochen werden darf.*"

Diese Formel wurde verhältnismäßig wortlautgetreu immer wieder in (standes-) rechtlichen Regelungen verwendet und ist bis heute eine der zentralen berufsrechtlichen Maximen aller Heilberufe.[9]

II. Verrechtlichung der Schweigepflicht

1. Der Einfluss des römischen Rechts

Rechtliche Dimension bekam die Idee der Schweigepflicht ansatzweise erstmals im römischen Recht unter Justinian.[10]Der Geheimnisverrat wurde dort als beleidigungsähnlicher Tatbestand verstanden, wobei es zunächst um den Geheimnisverrat durch Privatpersonen weniger durch Berufsgeheimnisträger ging. Erste Berufsschweigepflichten entstanden erst nach und nach ausgehend von den Vorgängern der Anwälte und Notare, später dann über die Hebammen (, denen man aufgrund mangelnder Bildung besondere Geschwätzigkeit anheim stellte[11],) hin zu den Ärzten und dem medizinischen Personal.[12] Die ärztliche Heilkunst bezeichnete man als „*ars muta*" (stumme Kunst)[13].

2. Der Weg zur Kodifikation im Deutschen Recht

Eine gesetzliche Verankerung der Schweigepflicht der Ärzte im deutschen Recht findet sich demgegenüber erstmals im 18. Jahrhundert im preußischen Medizinaledict von 1725,[14] nach welchem die Ärzte „*[...] die ihnen entdeckten heimlichen Mängel und Gebrechen niemandem offenbaren [...]*" durften.[15]

Nach diesem Gesetz richteten sich in der Folge weitere Medizinalordnungen, so die des Preußischen Allgemeinen Landrechts von 1794, in welchem der Verschwiegenheits-

8 Wortlaut in deutscher Übersetzung von Karl Deichgräber bei: *Laufs in: Laufs/Uhlenbruck,* Handbuch des Arztrechts, § 4, Rn. 13.

9 *Eichelbrönner,* Die Grenzen der Schweigepflicht des Arztes und seiner berufsmäßig tätigen Gehilfen nach § 203 StGB im Hinblick auf Verhütung und Aufklärung von Straftaten, S. 10; vgl. auch das Genfer Gelöbnis des Weltärztebundes: *„Ich werde Geheimnisse, die mir anvertraut werden, bewahren."*, dazu: *Schulz,* Die Motive der ärztlichen Schweigepflicht, S. 151.

10 *Bartsch,* Ärztliche Schweigepflicht und Zeugnisverweigerungsrecht im Strafprozeß, S. 13; *Sauter,* Das Berufsgeheimnis und sein strafrechtlicher Schutz, S. 3.

11 vgl. *Sauter,* Das Berufsgeheimnis und sein strafrechtlicher Schutz, S. 20.

12 *Rogall,* Die Verletzung von Privatgeheimnissen (§ 203 StGB), S. 2; *Sauter,* Das Berufsgeheimnis und sein strafrechtlicher Schutz, S. 3 ff. .

13 *Vergil,* Aeneis, lib. XII, Vers 395–397; vgl. auch: *Müller, in: Mergen,* Die juristische Problelmatik in der Medizin, Bd. II, S. 63.

14 *Bartsch,* Ärtzliche Schweigepflicht und Zeugnisverweigerungsrecht im Strafprozeß, S. 14; *Sauter,* Das Berufsgeheimnis und sein strafrechtlicher Schutz, S. 21.

15 Text des preußischen Medizinaledicts bei: *Horn,* Das preußische Medizinalwesen, I, S. 2 ff. .

bruch von „Medizinalpersonen“ erstmals strafbewehrt war[16], doch zum preußischen Recht unten mehr.

Grund für die späte gesetzliche Kodifikation der ärztlichen Schweigepflicht war wohl der Umstand, dass es bis dato zwar universitär ausgebildete Ärzte gab (bereits seit dem 13. Jahrhundert), die Heilkunst jedoch in weiten Teilen von medizinisch un- bzw. schlecht geschulten Personen ausgeübt wurde, so von Geistlichen, Barbieren, alten weisen Frauen, „Hexen“ und Henkern. So bildeten die Ärzte keinen geschlossenen Berufsstand, weshalb der Staat die Regelung der rein privaten Berufsausübung den privaten gesellschaftlichen Kräften überließ.[17]

a.) Entwicklung vom 16. bis zum 19. Jahrhundert

Mitte des 16. Jahrhunderts wurde in der Ärzteschaft, die dem noch rein standesethischen Gebot der Schweigepflicht hohe Achtung erwies und sich strikt daran hielt, bereits erstmals das Bedürfnis einer gebotenen Relativierung der Schweigepflicht in höherwertigem Interesse diskutiert. Durch die Entwicklung urbaner Ballungszentren erhöhte sich auch die Infektions- und Seuchengefahr. Man erkannte erstmals die Belange der Allgemeinheit als Schranke bedingungsloser Schweigepflicht und so standen die Ärzte vor der Aufgabe, eine Güter- und Gefahrabwägung im Einzelfall vorzunehmen.[18] Diese wurde damals schon nach Gefahrengrad, Ausmaß der möglichen Ansteckung und Bedeutung des einzelnen Persönlichkeitsinteresses unter Wahrung des Verhältnismäßigkeitsgrundsatzes vorgenommen.[19]

Als sich im 18./ 19. Jahrhundert der Verwaltungsstaat entwickelte, der sich zunehmend auf wesentliche Gebiete des gesellschaftlichen Lebens erstreckte, wurde auch eine Regelung der Schweigepflicht für Ärzte unumgänglich.[20]Man erkannte die Bedeutung der Volksgesundheit für die Belange eines funktions- und leistungsfähigen Staates, sowie deren Gefährdung durch die private Organisation des Ärztestandes. Es wurden zahlreiche Universitäten gegründet und damit eine wissenschaftlich fundierte Ausbildung der Ärzte ermöglicht. Es bildete sich ein qualifizierter Berufsstand, der die rechtliche Anerkennung der Schweigepflicht sowie der einschränkenden Meldepflichten forderte.[21]

Daneben gab es aber nach wie vor das sog. „Kurpfuschertum“, in welchem der Gedanke einer Schweigepflichtrelativierung im Gemeininteresse noch nicht verbreitet war. Diese akademisch ungeschulten Heiler sahen sich noch der absoluten Diskretion verpflichtet und so ließ das Volk sich verbreitet von diesen Personen behandeln. Mit der Folge eher noch verstärkter denn eingedämmter Ausbreitung von ansteckenden

16 *Schlund in: Laufs/Uhlenbruck,* Handbuch des Arztrechts, § 69, Rn. 3; LK – *Jähnke*, 10. Auflage, 5. Band 1989, § 203 StGB, Entstehungsgeschichte, S. 60.

17 *Bartsch,* Ärztliche Schweigepflicht und Zeugnisverweigerungsrecht im Strafprozeß, S. 14; *Sauter,* Das Berufsgeheimnis und sein strafrechtlicher Schutz, S. 10 ff., v. a. S. 11.

18 *Eichelbrönner,* Die Grenzen der Schweigepflicht des Arztes und seiner berufsmäßig tätigen Gehilfen nach § 203 StGB im Hinblick auf Verhütung und Aufklärung von Straftaten, S. 11.

19 *Eichelbrönner,* Die Grenzen der Schweigepflicht des Arztes und seiner berufsmäßig tätigen Gehilfen nach § 203 StGB im Hinblick auf Verhütung und Aufklärung von Straftaten, S. 11, mit Fn. 30.

20 *Bartsch,* Ärztliche Schweigepflicht und Zeugnisverweigerungsrecht im Strafprozeß, S. 15.

21 *Eichelbrönner,* Die Grenzen der Schweigepflicht des Arztes und seiner berufsmäßig tätigen Gehilfen nach § 203 StGB im Hinblick auf Verhütung und Aufklärung von Straftaten, S. 12/13.

Krankheiten. Der Staat sah sich veranlasst, zur Erhaltung der Volksgesundheit bzw. zur Etablierung einer einheitlichen Gesundheitsfürsorge einzuschreiten und entsprechende Normen zu setzen, darunter auch die gesetzliche Verankerung der Schweigepflicht zur Stärkung des Vertrauens der Patienten zu den akademisch qualifizierten Ärzten.[22]

So erkannte man die Notwendigkeit nicht nur einer Regelung zum Schutz der ärztlichen Verschwiegenheit, sondern als logische Konsequenz auch einer Regelung zur Ahndung des Verschwiegenheitsbruchs, also einer Strafnorm[23]. Mit der Folge, dass fernerhin alle Wahrnehmungen des Arztes der Schweigepflicht unterlagen, auch strafrechtlich relevante Sachverhalte. Es stellten sich rasch Schwierigkeiten bei der Strafverfolgung ein, da die Aufklärung durch die Regelung beträchtlich erschwert worden war[24]. Es schien also notwendig, auch gewisse Schranken der Schweigepflicht zugunsten des Gemeinwohls einer Regelung zuzuführen.

aa) Preußisches Medizinaledict von 1725 und Preußisches Allgemeines Landrecht von 1794

Wie bereits oben erwähnt, wurde die Schweigepflicht im deutschen Recht erstmals durch das preußische Medizinaledict von 1725 zur Rechtspflicht erhoben.

Erstmals strafbewehrt war der Verschwiegenheitsbruch demgegenüber erst im Preußischen Allgemeinen Landrecht von 1794 (vgl. oben, im Folgenden A. L. R.), in welchem sich auch bereits eine Ausnahmeregelung für Belange der Strafverfolgung fand.

§ 505 Teil II Titel 20 Abschnitt 8 des A. L. R. lautete wie folgt:

> „*Ärzte, Wundärzte und Hebammen sollen die ihnen bekannt gewordenen Gebrechen und Familiengeheimnisse,* insofern es keine Verbrechen sind, *bey Vermeidung einer nach den Umständen zu bemessenden Geldbuße von fünf bis fünfzig Thalern, niemandem offenbaren.*“[25]

Unklar war und ist in Bezug auf diese Regelung, ob die Schweigepflicht bei noch im Vorbereitungsstadium befindlichen und bei bereits vollendeten Delikten gleichermaßen durchbrochen werden durfte, sowie ob die Ärzte zur Anzeige verpflichtet oder lediglich berechtigt waren.

Die Vorschrift stand jedoch in systematischem Zusammenhang mit § 506 A. L. R., welcher den Ärzten eine Anzeige*pflicht* für solche drohenden Verbrechen, die von ihnen ohne obrigkeitliche Hilfe nicht abzuwenden waren auferlegte.

Zeigten die Ärzte derartige Verbrechensvorbereitungen gleichwohl nicht an, machten sie sich ihrerseits der Teilnahme an dem betreffenden Verbrechen strafbar.[26]

Die legislatorische Bestrebung der Normierung von Anzeigepflichten gründet auf einer auch das heutige Recht noch prägenden Errungenschaft des Preußischen Allge-

22 *Eichelbrönner,* Die Grenzen der Schweigepflicht des Arztes und seiner berufsmäßig tätigen Gehilfen nach § 203 StGB im Hinblick auf Verhütung und Aufklärung von Straftaten, S. 13; *Rieger,* Zur geschichtlichen Entwicklung der ärztlichen Schweigepflicht, S. 1867.

23 *Spengler,* Die Grenzen der ärztlichen Schweigepflicht nach deutschem und schweizerischem Recht, S. 5.

24 *Spengler,* Die Grenzen der ärztlichen Schweigepflicht nach deutschem und schweizerischem Recht, S. 5.

25 *Hattenhauer,* Allgemeines Landrecht für die preussischen Staaten von 1794.

26 *Hattenhauer,* Allgemeines Landrecht für die preussischen Staaten von 1794.

meinen Landrechts, nämlich auf dem Umstand, dass nach dem Wortlaut des § 505 Teil II Titel 20 Abschnitt 8 explicit nicht nur vom Arzt festgestellte Gebrechen des Patienten sondern auch dem Arzt anlässlich der Behandlung bekannt gewordene Familiengeheimnisse desselbigen der Schweigepflicht unterfielen.[27]

Der Schweigepflicht unterfielen also schon damals alle Wahrnehmungen, auch wenn sie nicht mit der Krankheit zusammenhingen, selbst dann, wenn der Arzt diese nicht selbst herausgefunden hatte, sondern vom Patienten vertrauensvoll über diese in Kenntnis gesetzt worden war.[28] Es unterlagen also jedwede strafrechtlich relevanten Informationen der Schweigepflicht, auch solche, die nicht mit dem behandelten medizinischen Fall in Zusammenhang standen, mithin nicht lediglich verbrechensbedingte Verletzungen sondern auch alle anderen Informationen, die dem Arzt bei der Behandlung zur Kenntnis gelangten.

Diese Ausweitung der Verschwiegenheitspflicht erschwerte die Aufklärungsarbeit der Strafverfolgungsbehörden ganz erheblich.[29] An der Normierung einer Anzeigepflicht in § 506 A.L.R. lässt sich die Entscheidung des preußischen Gesetzgebers für einen Vorrang des staatlichen Strafverfolgungsinteresses vor dem Schutz der Privatsphäre des Einzelnen erkennen, die sich aus der Abwägung zweier nach damaligem Verständnis öffentlicher Güter erklären lässt.[30]Sowohl die Strafverfolgung als auch die Schweigepflicht wurden demnach als Gemeininteressen verstanden. Im Vordergrund stand mithin nicht der Schutz der Privatgeheimnisse, sondern die Stärkung des Vertrauens der Volksgesamtheit in die Ärzteschaft zur Erhaltung der Volksgesundheit und mittelbar der staatlichen Leistungsfähigkeit[31]. Dafür sprechen auch die Einstufung der Ärzte in beamtenähnlichem Status und die systematische Stellung des § 505 Teil II Titel 20 Abschnitt 8 A.L.R. im Abschnitt über Verbrechen von Personen, die *„[...] ohne Officianten zu seyn dem gemeinen Wohl besonders verpflichtet sind“*[32].

bb) Strafgesetzbuch für die Preußischen Staaten 1851

Aus der Regelung des § 505 Teil II Titel 20 Abschnitt 8 A.L.R., die fast alle preußischen Einzelstaaten ihren Strafgesetzen zu Grunde legten, beeinflusst durch den französischen Code Pénal[33], entwickelte sich 1851 § 155 des Strafgesetzbuches für die Preußischen Staaten.

§ 155 PrStGB lautete: *„Medizinalpersonen und deren Gehülfen, sowie alle Personen, welche unbefugterweise Privatgeheimnisse offenbaren, die ihnen kraft ihres Amtes, Stan-*

27 *Schumacher,* Das ärztliche Berufsgeheimnis nach § 300 RStGB, S. 8.

28 *Eichelbrönner,* Die Grenzen der Schweigepflicht des Arztes und seiner berufsmäßig tätigen Gehilfen nach § 203 StGB im Hinblick auf Verhütung und Aufklärung von Straftaten, S. 16.

29 *Eichelbrönner,* Die Grenzen der Schweigepflicht des Arztes und seiner berufsmäßig tätigen Gehilfen nach § 203 StGB im Hinblick auf Verhütung und Aufklärung von Straftaten, S. 16.

30 *Eichelbrönner,* Die Grenzen der Schweigepflicht des Arztes und seiner berufsmäßig tätigen Gehilfen nach § 203 StGB im Hinblick auf Verhütung und Aufklärung von Straftaten, S. 16.

31 *Eichelbrönner,* Die Grenzen der Schweigepflicht des Arztes und seiner berufsmäßig tätigen Gehilfen nach § 203 StGB im Hinblick auf Verhütung und Aufklärung von Straftaten, S. 16.

32 *Eichelbrönner,* Die Grenzen der Schweigepflicht des Arztes und seiner berufsmäßig tätigen Gehilfen nach § 203 StGB im Hinblick auf Verhütung und Aufklärung von Straftaten, S. 16, 17 und 14.

33 V. a. durch dessen Art. 378.

des oder Gewerbes anvertraut sind, werden mit Geldbuße bis zu fünfhundert Thalern oder mit Gefängniß bis zu drei Monaten bestraft."Systematisch war dieser Tatbestand (dem römischen Recht vergleichbar, s.oben) den Beleidigungsdelikten zugeordnet. Nicht mehr wie sein Vorgänger den Amtsdelikten. Dies entspricht der Einordnung von Art. 378 Code Pénal.Zwar fand der Gesetzgeber diese Einordnung unpassend, jedoch lässt sich daran eine Wende weg vom öffentlichen hin zu einem privaten Schutzgut der Vorschrift erkennen.[34] Diese Wende äußerte sich auch in der Begründung zu der durch § 155 PrStGB deutlich verschärften Strafdrohung, durch welche dem Umstand Rechnung getragen werden sollte, dass mit dem Geheimnisverrat regelmäßig gewichtige Nachteile für die Geheimnisgeschützten einhergehen[35]. Verlangt wurde von der Vorschrift des § 155 PrStGB andererseits erstmals eine Konnexität zwischen der Berufsausübung und der Kenntniserlangung des geschützten Geheimnisses. Es genügte fortan nicht mehr, dass der Arzt Kenntnis hatte, er musste diese in seiner ärztlichen Eigenschaft erlangt haben damit das betreffende Geheimnis den Schutz der Vorschrift genoss. Dies stellte eine gewichtige tatbestandliche Restriktion im Vergleich zur Vorgängernorm dar.[36]

Eine weitere Restriktion enthielt der Wortlaut, was die Kenntniserlangung der Ärzte als solche anbelangt. Es mussten die Geheimnisse „*[...] ihnen [...] anvertraut [...]*" nicht mehr wie noch im A.L.R. bekannt geworden sein. Nicht zweifelsfrei zu klären aber relativ wahrscheinlich[37]ist, dass hierunter nicht mehr wie seither eigene ärztliche Wahrnehmungen fielen. Sofern also ein Patient den Arzt beispielsweise über strafrechtlich relevante Umstände nicht informierte, der Arzt diese aber selbst wahrgenommen hatte, unterfielen diese Umstände nicht mehr der Schweigepflicht.[38]Auch enthielt der Wortlaut erstmals eine Strafbarkeit nur für die unbefugte Offenbarung. Bezweckt wurde damit eine Relativierung der Schweigepflicht im Hinblick auf die Belange obrigkeitlicher Strafverfolgung. Der Arzt sollte zur Offenbarung berechtigt sein, soweit es eine gesetzliche Offenbarungspflicht gab.

Eine solche enthielt § 172 PrStGB:

> „*Die Sekundanten, sowie die zum Zweikampfe zugezogenen Zeugen, Ärzte und Wundärzte sind straflos; auch sind dieselben nicht verpflichtet, über den beabsichtigten oder ausgeführten Zweikampf der Staatsbehörde anders, als auf deren Aufforderung Anzeige zu machen.*"

Zwar wurde den Ärzten also keine Anzeige-, wohl aber eine Auskunftspflicht auferlegt, sofern eine Behörde Auskunft verlangte.

Dies war, soweit ersichtlich, jedoch der einzige gesetzlich geregelte Fall befugter Geheimnisoffenbarung, so dass weiterhin für alle anderen Konfliktsituationen eine Gü-

---

34 *Eichelbrönner,* Die Grenzen der Schweigepflicht des Arztes und seiner berufsmäßig tätigen Gehilfen nach § 203 StGB im Hinblick auf Verhütung und Aufklärung von Straftaten, S. 18/19.

35 Vgl. zu diesem Strafschärfungsmotiv die Ausführungen zur preussischen Gesetzrevision (dort § 668), die auf den vormaligen § 505 Teil II Titel 20 ALR Bezug nehmen: *Regge,* Gesetzrevision:(1825-1848), Bd. 3, S. 676.

36 *Eichelbrönner,* Die Grenzen der Schweigepflicht des Arztes und seiner berufsmäßig tätigen Gehilfen nach § 203 StGB im Hinblick auf Verhütung und Aufklärung von Straftaten, S. 20.

37 *Eichelbrönner,* Die Grenzen der Schweigepflicht des Arztes und seiner berufsmäßig tätigen Gehilfen nach § 203 StGB im Hinblick auf Verhütung und Aufklärung von Straftaten, S. 20/21 mit Fn. 69.

38 *Eichelbrönner,* Die Grenzen der Schweigepflicht des Arztes und seiner berufsmäßig tätigen Gehilfen nach § 203 StGB im Hinblick auf Verhütung und Aufklärung von Straftaten, S. 21.

terabwägung von den Ärzten vorzunehmen war. Eine echte Konkretisierung wurde insoweit von § 155 PrStGB nicht erreicht[39].

cc) Strafgesetzbuch für den Norddeutschen Bund

Auch der Norddeutsche Bund übernahm weitgehend inhaltsgleich § 155 PrStGB in § 296 seines StGB. Die Vorschrift fand sich fortan im 26. Abschnitt, der lautete: „*Strafbarer Eigennutz und Verletzung fremder Geheimnisse*". Mit diesem Gesetz manifestierte sich die Legislatorische Entscheidung für den Schutz eines (auch) *privaten* Rechtsgutes, was sich an der Einführung eines Strafantragserfordernisses zeigte.[40]

dd) Strafgesetzbuch für das Deutsche Reich von 1871

§ 300 Strafgesetzbuch für das Deutsche Reich (vom 17. Mai 1871) lautete schließlich wie folgt:

> *„Rechtsanwälte, Advokaten, Notare, Verteidiger in Strafsachen, Ärzte, Wundärzte, Hebammen, Apotheker sowie Gehilfen dieser Personen werden, wenn sie unbefugt Privatgeheimnisse offenbaren, die ihnen kraft ihres Amtes, Standes oder Gewerbes anvertraut sind, mit Geldstrafe bis zu 1500 Mark oder mit Gefängnis bis zu drei Monaten bestraft."*

Weiterhin zweifelhaft blieb jedoch, welche Voraussetzungen eine Durchbrechung der Schweigepflicht im Interesse der Strafverfolgung hatte.

Dies wurde von einzelnen Ländern (namentlich von Baden, Mecklenburg-Schwerin, Mecklenburg-Strelitz, Braunschweig, Sachsen-Coburg, Waldeck, Lübeck, Bremen und Hamburg) geregelt, allerdings in höchst unterschiedlicher Weise und im Widerspruch zum Reichsrecht.[41]

b.) Kodifikationen des 20. Jahrhunderts

aa) Die Reichsärzteordnung von 1935 und ihre Auslegung im 3. Reich

Auf die nach wie vor gravierende Rechtsunsicherheit in Bezug auf die Interessenkollision Strafverfolgung vs. Verschwiegenheit folgten jahrzehntelange Bemühungen[42]des Ärztestandes eine Standesverfassung zu schaffen. Das Bedürfnis nach einer klaren, die Durchbrechungsbefugnis verbindlich regelnden Norm drängte schließlich zum Erlass der Reichsärzteordnung vom 13. Dezember 1935 (RGBl.1935, Teil I, S. 1433 ff.), die zur Konkretisierung der Durchbrechungskriterien in Form allgemeiner Richtlinien entscheidend beitrug, allerdings ohne eine ausdrückliche Regelung der vielgestaltigen Materie zu enthalten[43].Zwar erhoffte man sich durch die weitgehende gesetzliche Klärung eine erhöhte Mitwirkungsbereitschaft der Ärzte, Belangen der Strafverfolgung

39 *Eichelbrönner*, Die Grenzen der Schweigepflicht des Arztes und seiner berufsmäßig tätigen Gehilfen nach § 203 StGB im Hinblick auf Verhütung und Aufklärung von Straftaten, S. 23.

40 *Rieger*, Zur geschichtlichen Entwicklung der ärztlichen Schweigepflicht, S. 1868.

41 *Eichelbrönner*, Die Grenzen der Schweigepflicht des Arztes und seiner berufsmäßig tätigen Gehilfen nach § 203 StGB im Hinblick auf Verhütung und Aufklärung von Straftaten, S. 24.

42 *Kallfelz*, Das ärztliche Berufsgeheimnis nach der Reichsärzteordnung, S. 1343.

43 *Eichelbrönner*, Die Grenzen der Schweigepflicht des Arztes und seiner berufsmäßig tätigen Gehilfen nach § 203 StGB im Hinblick auf Verhütung und Aufklärung von Straftaten, S. 25/26.

im nunmehrigen gesetzlichen Rahmen Rechnung zu tragen. Auf der anderen Seite zeitigte die Reform gleichzeitig eine Strafschärfung für die unbefugte Offenbarung[44].

§ 13 Absatz 1 RÄO lautete:

> *„Ein Arzt, der unbefugt ein fremdes Geheimnis offenbart, das ihm bei Ausübung seines Berufs anvertraut oder zugänglich geworden ist, wird mit Gefängnis bis zu einem Jahr und Geldstrafe oder einer dieser Strafen bestraft."*

§ 13 Absatz 3 RÄO enthielt demgegenüber die Kriterien einer Offenbarungsbefugnis:

> *„Der Täter ist straffrei, wenn er ein solches Geheimnis zur Erfüllung einer Rechtspflicht oder sittlichen Pflicht oder sonst zu einem nach gesundem Volksempfinden berechtigten Zweck offenbart und wenn das bedrohte Rechtsgut überwiegt."*

Die Güterabwägung sollte hierbei wohl nur bei Offenbarung zu einem sonstigen nach gesundem Volksempfinden berechtigten Zweck stattfinden, bei Vorliegen echter Pflichten sollte die Offenbarung in jedem Fall straffrei sein.[45]

§ 85 RÄO ordnete für seinen Anwendungsbereich (gem. §§ 9, 83 RÄO Ärzte, Zahnärzte und Tierärzte betreffend) eine Suspendierung der Geltung des § 300 StGB an, so dass für diese Berufsgruppen die Schweigepflicht in der Reichsärzteordnung abschließend geregelt war. Lediglich für die übrigen schweigepflichtigen Berufe richtete sich die Schweigepflicht nach § 300 StGB.Durch den Auffangtatbestand der Straffreiheit einer Offenbarung zu einem sonstigen nach gesundem Volksempfinden berechtigten Zweck wurde der nationalsozialistischen Bestrebung, möglichst zahl- und umfangreiche Rechtfertigungsgründe für die ärztliche Geheimnisoffenbarung zu schaffen, die Tür geöffnet.[46]

In der Zeit des 3. Reiches wurde die Schweigepflicht dann auch weitgehend ausgehöhlt; vor allem durch die richterliche Interpretation des Strafbefreiungsgrundes der Offenbarung zu einem nach „gesundem Volksempfinden" berechtigten Zweck wurde eine weitgehende Rechtfertigung von das Persönlichkeitsinteresse der Patienten missachtenden ärztlichen Verschwiegenheitsbrüchen erzielt. Die richterliche Interpretation, die aufgrund des weiten tatbestandlichen Wortlauts konstitutiv für die Entscheidung über die Strafbarkeit bzw. Straffreiheit einer Offenbarung war, war Einfallstor für die nationalsozialistischen Anschauungen[47]. So war für die Frage ob das durch die Offenbarung geschützte Rechtsgut das durch die Schweigepflicht geschützte Rechtsgut überwiegt sowie für die Pflichtenabwägung unter anderem die „rassisch bedingte Eigenart eines Volkes" zu berücksichtigen.

Im Übrigen war ohnehin anerkannt, dass die Rechtfertigungsgründe der RÄO auch für die Fälle galten, in denen ein Arzt ohne Auskunftspflicht aus eigenem Antrieb zur Verbrechensaufklärung durch seine Information beitrug. Es wurde sogar eine generel-

---

44 *Eichelbrönner*, Die Grenzen der Schweigepflicht des Arztes und seiner berufsmäßig tätigen Gehilfen nach § 203 StGB im Hinblick auf Verhütung und Aufklärung von Straftaten, S. 25.

45 *Weimar*, Das Berufsgeheimnis des Arztes gem. § 13 der Reichsärzteordnung vom 13. Dezember 1935, S. 266.

46 *Klein*, Die ärztliche Schweigepflicht nach § 13 der Reichsärzteordnung, S. 41.

47 Dies zeigt sich u. a. bei *Kallfelz*, Das ärztliche Berufsgeheimnis nach der Reichsärzteordnung, S. 1346 an folgender Aussage: *„Entscheidend kann hier nur das Empfinden der rassisch und völkisch gesunden Volksteile sein mit der weiteren Zielsetzung in die Zukunft und unabhängig von den Ansichten einer individualistisch eingestellten Generation."*

le Anzeigepflicht der Ärzte angenommen, der Verbrecher habe keinerlei Anspruch auf Geheimnisschutz,[48] außerdem bestehe für jedermann die sittliche Pflicht an der Verbrechensaufklärung mitzuwirken, so dass die ärztliche Offenbarung eine solche zur Erfüllung einer sittlichen Pflicht sei.[49] Es verkehrte sich also das Regel/Ausnahme-Prinzip, das eigentlich den Schutz der Verschwiegenheit als Regelfall voraussetzt in sein Gegenteil, so dass Verschwiegenheit im 3. Reich die Ausnahme war.

bb) 3. Strafrechtsänderungsgesetz der Bundesrepublik Deutschland von 1953

Nach Kriegsende übernahm der Gesetzgeber der nunmehrigen Bundesrepublik Deutschland zunächst das Reichsstrafgesetzbuch und so § 300 RStGB in seinen nachkonstitutionellen Willen[50]. Alsbald wurde das nationalsozialistisch geprägte Regelungswerk jedoch einer Reform durch das 3. Strafrechtsänderungsgesetz vom 04.08.1953 (BGBl.1953, Teil I, S. 735 ff.) unterzogen, von welcher auch § 300 RStGB betroffen war.

Die Vorschrift wurde sowohl hinsichtlich ihrer tatbestandlichen Konstruktion als auch hinsichtlich ihres Anwendungsbereiches reformiert.

Ziel dieser Novellierung war es, dem durch das Dritte Reich ausgehöhlten Institut der ärztlichen Schweigepflicht seinen ursprünglichen Rang und dem Privatgeheimnis wie dem ärztlichen Vertrauen angemessenen Schutz zurückzugeben und dies auch wieder im Bewusstsein der von der Wertminderung, die die Schweigepflicht zugunsten des Regimes im Dritten Reich erfahren hatte, geprägten Ärzteschaft zu verankern.[51]

Auch sollte der private Charakter des Schutzgutes der ärztlichen Schweigepflicht gestärkt werden, der Einzelne in seiner Persönlichkeit wieder mehr aus der breiten Masse des Volkes heraustreten und am Schutz der Privatsphäre teilhaben.[52]Dies sollte neben einer tatbestandlichen Neufassung unter Erweiterung des Anwendungsbereiches der Norm des § 300 StGB v.a. durch eine Abschaffung des § 13 RÄO[53]und damit durch eine Beendigung der Aushöhlung des Verschwiegenheitsschutzes durch breite Rechtfertigung erreicht werden.

Eine solche Aufwertung der Schweigepflicht im Sinne einer Rückführung auf ihre ursprüngliche, der Tragweite dieses Rechtsguts entsprechende Wertigkeit war v.a. in den Nachkriegsjahren und v.a. von der Ärzteschaft selbst – vertreten u.a. durch den sog. Hartmannbund, den Verband der Ärzte Deutschlands[54] – gefordert worden.[55]

Ein weiteres Ziel des 3. Strafrechtsänderungsgesetzes war die Reinkorporation der verschiedenen strafrechtlichen Nebengesetze, bis dato in zahlreichen Sondergesetzen

---

48 *Neukamp,* Das ärztliche Berufsgeheimnis nach der Reichsärzteordnung, S. 1109.

49 *Klein,* Die ärztliche Schweigepflicht nach § 13 der Reichärzteordnung, S. 47 m. w. .N. .

50 *Eichelbrönner,* Die Grenzen der Schweigepflicht des Arztes und seiner berufsmäßig tätigen Gehilfen nach § 203 StGB im Hinblick auf Verhütung und Aufklärung von Straftaten, S. 30.

51 *Rahn,* Die Bedeutung des dritten Strafrechtsänderungsgesetzes für die ärztliche Schweigepflicht, S. 706.

52 *Becker,* Die Wahrung der Schweigepflicht im Strafrecht, S. 703.

53 Vgl. Art. 8 Nr. 4 des 3. Strafrechtsänderungsgesetzes.

54 *Eichelbrönner,* Die Grenzen der Schweigepflicht des Arztes und seiner berufsmäßig tätigen Gehilfen nach § 203 StGB im Hinblick auf Verhütung und Aufklärung von Straftaten, S. 31 mit Fn. 125.

55 *Rahn,* Die Bedeutung des dritten Strafrechtsänderungsgesetzes für die ärztliche Schweigepflicht, S. 706.

kodifiziert, in das StGB, so auch die Rückführung der in den heilberuflichen Sondergesetzen verstreuten und sehr unterschiedlichen Schweigepflichtregelungen in den Anwendungsbereich des § 300 StGB.[56]

Auf eine, trotz der Missbrauchsanfälligkeit der nationalsozialistischen Rechtfertigungsregel des § 13 RÄO wünschenswerte Kodifikation der Voraussetzungen für eine Schweigepflichtdurchbrechung im Falle der Kollision mit anderen gewichtigen Gütern, wurde beim 3. Strafrechtsänderungsgesetz verzichtet. Man berief sich auf die Unvollkommenheit, die eine solche Kodifikation stets haben müsse.[57] Man wollte eine dieser Unvollkommenheit entgegenwirkende allgemeine Fassung einer solchen Norm vermeiden, um nicht wieder in der Konsequenz zu einer Aushöhlung des Schutzes beizutragen; Gesetzeslücken durch eine kasuistische Fassung wollte man ebenfalls nicht in Kauf nehmen[58]. Die Entscheidungsfindung durch die Judikative nach dem Güterabwägungsprinzip sei anerkannt und daher weiterhin ausreichend, überdies zur Erreichung von Einzelfallgerechtigkeit einer gesetzlichen Regelung vorzuziehen[59].

So blieb es bei der unverbindlichen Formulierung der Strafbarkeit *unbefugter* Geheimnisoffenbarung.

Der Wortlaut des § 300 StGB in seiner ab dem 01.10.1953 gültigen Fassung lautete dementsprechend:

„Wer unbefugt ein fremdes Geheimnis offenbart, das ihm in seiner Eigenschaft

1. als Arzt, Zahnarzt, Apotheker oder Angehöriger eines anderen Heilberufes, der eine staatlich geregelte Ausbildung erfordert,

2. als Rechtsanwalt, Patentanwalt, Notar, Verteidiger in Strafsachen, Wirtschaftsprüfer, vereidigter Buchprüfer (vereidigter Bücherrevisor) oder Steuerberater

anvertraut worden oder bekannt geworden ist, wird mit Gefängnis bis zu sechs Monaten und mit Geldstrafe oder mit einer dieser Strafen bestraft.

Den im Absatz 1 Genannten stehen ihre berufsmäßig tätigen Gehilfen und die Personen gleich, die zur Vorbereitung auf den Beruf an der berufsmäßigen Tätigkeit teilnehmen.

Dasselbe gilt für denjenigen, der nach dem Tode des zur Wahrung des Geheimnisses nach Absatz 1 Verpflichteten das von dem Verstorbenen oder aus dessen Nachlaß erlangte Geheimnis unbefugt veröffentlicht.

Handelt der Täter gegen Entgelt oder in der Absicht, sich oder einem Dritten einen rechtswidrigen Vermögensvorteil zu verschaffen oder jemandem einen Nachteil zuzufügen, so ist die Strafe Gefängnis. Daneben kann auf Geldstrafe erkannt werden.

Die Verfolgung tritt nur auf Antrag ein.“

---

56 *Eichelbrönner,* Die Grenzen der Schweigepflicht des Arztes und seiner berufsmäßig tätigen Gehilfen nach § 203 StGB im Hinblick auf Verhütung und Aufklärung von Straftaten, S. 31; BT-Drucksache 1/3713, S. 18.

57 BT-Drucksache 1/3713, S. 43.

58 *Rahn,* Die Bedeutung des dritten Strafrechtsänderungsgesetzes für die ärztliche Schweigepflicht, S. 706.

59 BT-Drucksache 1/3713, S. 43; vgl. auch: *Melzer,* Der Bruch der ärztlichen Schweigepflicht nach § 300 StGB in der Fassung vom 4. 8. 1953, S. 57, der das Prinzip der Güterabwägung zwar auch für geeignet hält, die Interessenkonflikte zwischen Geheimhaltung und Offenbarung auszugleichen, jedoch nicht die Ansicht teilt, dass dieses auch ausreichend sei. Vielmehr empfindet Melzer das Fehlen einer Kodifikation als bedeutenden Mangel, vgl. a. a. O., S. 56.

– Ärztliche Anzeigepflicht für Hieb-, Stich- und Schussverletzungen

Nach der weitgehenden Entwertung der ärztlichen Schweigepflicht im dritten Reich, vor dem Hintergrund, dass der nachkonstitutionelle Gesetzgeber im 3. Strafrechtsänderungsgesetz von 1953 auf eine kasuistische Regelung der Schweigepflichtdurchbrechung verzichtet hatte um einer weiteren Entwertung vorzubeugen, erscheint beachtlich, dass einige Bundesländer Meldeordnungen für Hieb-, Stich- und Schussverletzungen erließen.

Dies taten: zuerst Schleswig-Holstein am 01.02.1949 (GVBl. S. 10); in der Folge Niedersachsen am 01.04.1949 (GVBl. S. 80); Hamburg am 26.04.1949 (GVBl. S. 71); Bremen am 24.06.1949 (GVBl. S. 129); Baden-Württemberg am 05.07.1949 (Reg.Bl. S. 156); Rheinland-Pfalz am 02.09.1949 (GVBl. S. 441); Nordrhein-Westfalen am 28.04.1950 (GVBl. S. 117) und schließlich Hessen am 04.08.1950 (GVBl. S. 137).

Alle Länder erließen diese Meldeordnungen als Regierungs- bzw. Senatsverordnungen, lediglich Nordrhein-Westfalen verkündete die Meldeordnung als Landesgesetz.[60]

Diese Ordnungen statuierten erneut eine dem § 13 RÄO vergleichbare Rechtspflicht, was verbreitet als Relikt nationalsozialistischen Gedankenguts eingestuft wurde[61].

Diese Meldeordnungen glichen inhaltlich der Reichmeldeordnung von 1938 und stimmten in ihrem jeweiligen § 22 III wörtlich mit deren § 23 IV überein.

§ 22 III der Meldeordnungen der Länder lautete:

> *„Personen, die mit Schuss-, Stich- oder Hiebverletzungen oder in einem sonstigen, auf eine strafbare Handlung hindeutenden Zustand eingeliefert werden, sind von allen Krankenhäusern usw. unter Angabe der Art der Verletzung sofort, gegebenenfalls fernmündlich, der Polizei zu melden."*

Diese Verpflichtung galt indes nicht für privat niedergelassene Ärzte.[62]

Im Gegensatz zu allen vorhergehenden Kodifikationen, die samt und sonders der Auslegung durch die Gerichte überließen ob nicht nur für drohende sondern auch für bereits begangene Straftaten eine Offenbarungsbefugnis bestand oder nicht, enthielten die Landesrechtlichen Meldeordnungen in ihren § 22 III erstmals eine eindeutige Anzeigepflicht für bereits begangene Delikte.[63]

Diese Neuerung stieß jedoch bald verbreitet auf Kritik, sowohl in Arzt- als auch in Juristenkreisen, da man die Gefahr erkannte, die straffälligen Patienten in die Hände des Kurpfuschertums,[64] bzw. jedenfalls dazu zu treiben, auf eine ggf. erforderliche stationäre Betreuung zu verzichten und sich unzureichend von privaten Ärzten versorgen zu lassen. Auch befürchtete man, die privaten Ärzte könnten mit Überweisungen an Kliniken indikationswidrig zurückhaltend verfahren um ihre Patienten nicht der Strafverfolgung preiszugeben.[65]

---

60 Vgl. *Eichelbrönner,* Die Grenzen der Schweigepflicht des Arztes und seiner berufsmäßig tätigen Gehilfen nach § 203 StGB im Hinblick auf Verhütung und Aufklärung von Straftaten, S. 33 mit Fn. 137.

61 So: *Kohlhaas,* Ärztliche Schweigepflicht und Meldeordnung, S. 101.

62 *Meinert,* Gesetzliche Einschränkung der ärztlichen Schweigepflicht in der Reichsmeldeordnung, S. 449.

63 *Eichelbrönner,* Die Grenzen der Schweigepflicht des Arztes und seiner berufsmäßig tätigen Gehilfen nach § 203 StGB im Hinblick auf Verhütung und Aufklärung von Straftaten, S. 35.

64 *Schmidt,* Ärztliche Schweigepflicht und Meldeordnung, S. 174.

65 *Kohlhaas,* Ärztliche Schweigepflicht und Meldeordnung, S. 100.

So wurde bald die Frage diskutiert, ob es sich lohne, für die Entlastung der Kriminalpolizei die Gefährdung der Gesundheitsfürsorge in Kauf zu nehmen.[66]

Die Gefährdung der Volksgesundheit wäre ein gleichermaßen vom Staat zu tragender Nachteil, ebenso wie die Erschwerung der polizeilichen Ermittlungsarbeit, so dass, was man an Ermittlungsarbeit erleichtere, durch die Schwächung der Gesundheitspflege wieder relativiert würde.[67]

Es wurde sogar vertreten, der Schaden, den die Gesundheitspflege durch den Vertrauensverlust des Einzelnen in den Ärztestand erleide, wäre weit größer als jener, den die Verbrechensbekämpfung ohne die Meldepflicht zu befürchten hätte.[68] Dies vor allem deshalb, weil die meldepflichtigen Straftaten, die der durchschnittliche Arzt entdecken konnte, regelmäßig keine schweren Verbrechen waren, sondern im wesentlichen kleine Schlägereien und Selbst-Abtreibungsversuche betrafen[69].

Über die gesundheitspolitischen Erwägungen hinaus war auch die verfassungsrechtliche Grundlage der länderrechtlichen Meldeordnungen in mancherlei Hinsicht zweifelhaft,[70] vor allem in Bezug auf die Gesetzgebungskompetenz der Länder. Die Regelungsmaterie wäre letztlich weniger dem Meldewesen, als eher der Kriminalpolitik zuzuordnen, ginge es doch den Ländern primär um die polizeistaatliche Verbrechensverfolgung.[71]

Außerdem stünden die Regelungen in Widerspruch sowohl mit dem materiellen Strafrecht als auch mit dem Strafprozessrecht, für beide bestünde jeweils Bundeskompetenz. Schließlich stünden derart weitreichende Beschränkungen des Verschwiegenheitsschutzes unter dem Vorbehalt des Parlamentsgesetzes und könnten daher nicht mittels Rechtsverordnung geregelt werden.[72]

Auch dem verfassungsrechtlichen Gleichheitsgebot hielten die Regelungen nicht stand, da sie die Klinikärzte den privat niedergelassenen Ärzten gegenüber insoweit benachteiligten, als letztere keine Meldepflicht träfe. Wären auch sachliche Differenzierungen zwischen Klinik- und Privatärzten grundsätzlich aufgrund der unterschiedlichen Funktionsbereiche denkbar, so käme eine solche Differenzierung in Bezug auf die Schweigepflicht keinesfalls in Betracht, da die zu schützende Vertrauensbeziehung zwischen Arzt und Patient für beide Funktionsbereiche gleichermaßen bedeutsam wäre.[73]

Solchermaßen als verfassungswidrig eingestuft, wurden die Meldeordnungen langezeit von der ärztlichen Praxis nicht angewandt.[74]

---

66 *Schmidt,* Ärztliche Schweigepflicht und Meldeordnung, S. 174.

67 *Göbbels,* Von der ärztlichen Schweigepflicht und ihrer Durchbrechung, S. 1208.

68 *Lenckner, in: Göppinger,* Arzt und Recht, „Ärztliches Berufsgeheimnis", S. 185.

69 *Kohlhaas,* Ärztliche Schweigepflicht und Meldeordnung, S. 100.

70 *Eichelbrönner,* Die Grenzen der Schweigepflicht des Arztes und seiner berufsmäßig tätigen Gehilfen nach § 203 StGB im Hinblick auf Verhütung und Aufklärung von Straftaten, S. 36.

71 *Göbbels,* Von der ärztlichen Schweigepflicht und ihrer Durchbrechung, S. 1208; *Kohlhaas,* Nochmals ärztliche Schweigepflicht, S. 214.

72 *Müller,* Wie weit ist der Arzt verpflichtet, strafbare Handlungen bzw. Verdacht darauf zur Kenntnis einer Behörde zu bringen?, S. 140; *Gönnenwein,* Ärztliche Schweigepflicht und Meldeordnung, S. 465.

73 *Schmidt,* Ärztliche Schweigepflicht und Meldeordnung, S. 174.

74 *Eichelbrönner,* Die Grenzen der Schweigepflicht des Arztes und seiner berufsmäßig tätigen Gehilfen nach § 203 StGB im Hinblick auf Verhütung und Aufklärung von Straftaten, S. 37.

Angesichts dieses Umstands wurden in den Ländern neue Melderegelungen erlassen, die konsequenterweise auf derartige Anzeigepflichten verzichteten.[75]

In seinem Beschluss 2 BvR 28/71 vom 08.03.1972 zeichnete das Bundesverfassungsgericht jedoch vor, dass Meldepflichten für Verletzungen, die auf Straftaten hindeuten in Zeiten allgemeiner Unruhen und Gewalttätigkeiten durchaus denkbar sind und entsprechende Ordnungen ggf. unter Berücksichtigung des Verhältnismäßigkeitsgrundsatzes wieder erlassen werden können.[76]

cc) Die Strafrechtsreform von 1974

Die jüngste Veränderung des strafrechtlichen Geheimnisschutzes fand im Zuge der Novellierung des EGStGB vom 02.03.1974 (BGBl. I, S. 469) statt. Damit ging die Revision des § 300 StGB einher, seit welcher der Geheimnisschutz in § 203 StGB normiert ist.

Durch diese Reform erfuhr der Geheimnisschutz eine beträchtliche Erweiterung in personeller wie in sachlicher Hinsicht.

Anlass zu dieser Reform gab die gesundheitspolitische Entwicklung der vorangegangenen zwei Jahrzehnte und das dadurch zu Tage getretene Erfordernis der Ausweitung des Schutzes des Patientengeheimnisses.[77]

So wurden einmal die geheimhaltungspflichtigen Berufsgruppen erweitert zum anderen wurde eine neue systematische Stellung der Vorschrift des § 203 StGB gewählt. Diese befindet sich seither im 15. Abschnitt über die „Verletzung des persönlichen Lebens- und Geheimbereichs“ und schützt explicit das Privatgeheimnis, ferner enthält die Vorschrift nunmehr explicit den in Judikatur und Schrifttum längst anerkannten postmortalen Geheimnisschutz. Damit kommt der legislatorische Wille, den Normzweck primär im Individualschutz zu sehen[78], klar zum Ausdruck.

Weiterhin wurde jedoch keine gesetzliche Klärung der Frage nach den Voraussetzungen einer Schweigepflichtdurchbrechung geschaffen.

In den 1960er Jahren wurde die Notwendigkeit einer solchen jedoch verstärkt diskutiert. Es wurden vermehrt Fälle von Kindesmisshandlung bekannt und dies verdeutlichte das Bedürfnis der Ärzte Kriterien an die Hand zu bekommen, die ihnen eine klare Entscheidung über eine Offenbarung gegenüber Behörden zum Schutz höherwertiger Rechtsgüter gegen solche Vorkommnisse ermöglichten.

Nachdem der Gesetzgeber die Unsicherheit vieler Ärzte bzgl. der Grenzen der Schweigepflicht und die daraus resultierende Zurückhaltung in Bezug auf die Anzeige eines Misshandlungsverdachts erkannt hatte, deretwegen er die Gefahr des Scheiterns erforderlicher Aufklärung derartiger Verbrechen befürchtete, wurde die Einführung eines Kriterien-Katalogs nach amerikanischem Vorbild erwogen, in welchem Symptome aufgelistet sein sollten, bei deren Vorliegen der Arzt eine Offenbarung sollte in Erwägung ziehen dürfen.

---

75 Rheinland-Pfalz 24.07.1958 (GVBl. S. 129); Berlin 16.10.1958 (GVBl. S. 1022); Schleswig-Holstein 25.03.1959 (GVBl. S. 23); Baden-Württemberg 07.03.1960 (GBl. S. 67); Nordrhein-Westfalen 25.05.1960 (GVBl. S. 81); Saarland 13.06.1960 (ABl. S. 581); Hessen 22.09.1960 (GVBl. S. 201); Bayern 28.11.1960 (GVBl. S. 263); Bremen 07.02.1961(GBl. S. 39);Niedersachsen 30.04.1961 (GVBl. S. 123); Hamburg 03.10.1961 (GVBl. S. 311).

76 BVerfGE 32, 373, 380/381.

77 *Rieger,* Zur geschichtlichen Entwicklung der ärztlichen Schweigepflicht, S. 1868.

78 Vgl. die amtliche Begründung zum EGStGB in BT-Drucksache 7/550, S. 235 ff. .

Ein solcher wurde jedoch gleichwohl nicht Gesetz.

Eine weitere Erwägung zur Konkretisierung der Rechtfertigungsproblematik erfolgte im Entwurf zum StGB von 1962, welcher eine Fixierung der Voraussetzungen für die ärztliche Anzeigeberechtigung nach den ohnehin anerkannten Kriterien der Güter- und Gefahrenabwägung vorsah.

§ 186 a E 1962 lautete unter der Überschrift „Wahrnehmung berechtigter Interessen“:

„Die Tat ist nicht nach den §§ 185, 186 strafbar, soweit der Täter das Geheimnis:

1. zur Erfüllung einer gesetzlichen Pflicht offenbart oder

2. zur Wahrnehmung eines berechtigten öffentlichen oder privaten Interesses offenbart und die Tat unter Berücksichtigung der widerstreitenden Interessen und der dem Täter nach den Umständen obliegenden Prüfungspflicht ein angemessenes Mittel ist, den angestrebten Zweck zu erreichen.“

Diese Vorschrift sollte den Arzt berechtigen, nicht hingegen verpflichten, sein Berufsgeheimnis zu durchbrechen. Eine Auslegung der nach wie vor wertungsbedürftigen Begrifflichkeiten sollte indes weiter der Rechtsprechung überlassen bleiben.[79]

Der vom Wortlaut her eindeutig an § 13 III RÄO angelehnte § 186 a E 1962 wurde schließlich in der Strafrechtsreform nicht berücksichtigt, dies war indes auch nicht länger erforderlich nachdem der BGH in seiner am 08. 10. 1968 ergangenen Leitentscheidung

VI ZR 168/67[80]die über die Jahre entwickelten Abwägungskriterien endgültig und hinreichend verlässlich judikatorisch anerkannt hatte. Vor diesem Hintergrund schien die hinsichtlich der Auslegung des Merkmals „unbefugt“ weiterhin offene Regelung des nunmehrigen § 203 StGB auch künftig ausreichend.[81]

– Zwischenbilanz zu A., historische Entwicklung, Sinngehalt und Notwendigkeit der ärztlichen Schweigepflicht

Wie der historische Abriss zeigt, zieht sich ein durchgehender roter Faden zunächst ethischer, später auch rechtlicher ärztlicher Verschwiegenheit durch die Antike bis in die heutige Zeit.[82] Ihr Sinngehalt zielt einmal auf den Schutz der Privatsphäre des Einzelnen, sowie in der Konsequenz auf das Vertrauen aller in die Ärzteschaft. Nicht nur der Einzelne auch das Gemeinwesen hat und hatte zu aller Zeit das Bedürfnis Leiden zu heilen und – um dies zu ermöglichen ohne dabei um den Schutz von Privatgeheimnissen fürchten zu müssen – auch nach Verschwiegenheit der mit den Geheimnissen zwingend zu betrauenden Berufsgruppen. Allerdings war dieses Bedürfnis von jeher kein absolutes, vielmehr stand es schon immer in Konkurrenz zu dem ebenso wichtigen Bedürfnis nach öffentlicher Sicherheit und Ordnung sowie Vermeidung von Seuchen. So war und ist die Verschwiegenheit ein relatives Rechtsgut, das in höherwertigem Interesse Beschränkungen unterliegt.

Die Voraussetzungen und Wirkungen dieser Beschränkungen, sowie deren Handhabung nach geltendem Recht zu erläutern ist Ziel der folgenden Untersuchung.

---

79 E 1962, § 186 a, S. 340.

80 BGH NJW 1968, 2288–2291.

81 *Eichelbrönner,* Die Grenzen der Schweigepflicht des Arztes und seiner berufsmäßig tätigen Gehilfen nach § 203 StGB im Hinblick auf Verhütung und Aufklärung von Straftaten, S. 40.

82 Vgl. *Schlund, in: Laufs /Uhlenbruck,* Handbuch des Arztrechts, § 69, Rn. 6.

B. Der Schutz der Schweigepflicht durch die gegenwärtige Rechtsordnung/ außerstrafrechtlicher Schutz

Die strafrechtliche Norm des § 203 I Nr. 1 StGB stellt nur einen Aspekt des umfangreichen Verschwiegenheitsschutzes der gegenwärtigen Gesamtrechtsordnung dar.

Zivilrecht und öffentliches Recht treffen auf der Grundlage des Vertragsrechts, des Standesrechts und des Datenschutzrechts – verankert im verfassungsrechtlichen Grundsatz der informationellen Selbstbestimmung – verschiedene Regelungen bezüglich der Erhebung, Nutzung, Sicherung und Übertragung von Patientendaten, deren Einhaltung nicht zuletzt durch § 203 I Nr. 1 StGB gesichert werden soll.

Durch das Zusammenwirken der verschiedenen Rechtsgrundlagen, die sich in Schutzrichtung und Reichweite jeweils unterscheiden, ergibt sich ein System, in dessen Zusammenhang auch § 203 I Nr. 1 StGB zu sehen ist.

Über dessen außerstrafrechtliche Mechanismen soll ein kurzer Querschnitt vermittelt werden.

I. Die Schweigepflicht nach Standesrecht, § 9 MBO-Ä[83] bzw. § 9 BO-Ä BW[84]

Eine Rechtsgrundlage der ärztlichen Schweigepflicht ist die standesrechtliche des § 9 MBO-Ä (Fassung von 1997 zuletzt geändert durch Beschluss des Vorstandes der Bundesärztekammer vom 24. November 2006), bzw. des § 9 BO-Ä BW (Neufassung vom 19. September 2007). Der Wortlaut beider Regelungen stimmt in Absätzen 1–4 vollständig überein[85], § 9 BO-Ä BW ergänzt jedoch § 9 MBO-Ä um Absätze 5 und 6.

§ 9 BO-Ä BW lautet:

„*(I) Ärztinnen und Ärzte haben über das, was ihnen in ihrer Eigenschaft als Ärztin oder Arzt anvertraut oder bekannt geworden ist – auch über den Tod der Patientinnen und Patienten hinaus – zu schweigen. Dazu gehören auch schriftliche Mitteilungen von Patientinnen und Patienten, Aufzeichnungen über Patientinnen und Patienten, Röntgenaufnahmen und sonstige Untersuchungsbefunde.*

(II) Ärztinnen und Ärzte sind zur Offenbarung befugt, soweit sie von der Schweigepflicht entbunden worden sind oder soweit die Offenbarung zum Schutze eines höherwerti-

---

83 Musterberufsordnung für die deutschen Ärztinnen und Ärzte: Zur Vermeidung von landesspezifischen Unterschieden im medizinischen Standard vereinheitlichende Richtlinie der Bundesärztekammer zur Orientierung für die Berufsordnungen der Landesärztekammern, aus denen (quasi mit der Umsetzung dieser Richtlinie) erst die Rechtsverbindlichkeit der Regelungen für den Ärztestand resultiert. Dies ist dem Umstand geschuldet, dass die Regelung der Berufsausübung dem Landesrecht vorbehalten ist und sich die maßgebliche Ermächtigung zum Satzungserlass somit aus den Kammergesetzen der Länder ergibt. (*Laufs, in:Laufs/Uhlenbruck*, Handbuch des Arztrechts, § 5, Rn. 4 / 5.)

84 Statt aller, stellvertretend: Berufsordnung der Ärzte des Landes Baden-Württemberg.

85 Von minimalen, inhaltlich nicht relevanten Unterschieden der Formulierungen abgesehen.

gen Rechtsgutes erforderlich ist. Gesetzliche Aussage- und Anzeigepflichten bleiben unberührt. Soweit gesetzliche Vorschriften die Schweigepflicht von Ärztinnen und Ärzten einschränken, sollen sie die Patientinnen und Patienten darüber unterrichten.

(III) Ärztinnen und Ärzte haben ihre Mitarbeiterinnen und Mitarbeiter und die Personen, die zur Vorbereitung auf den Beruf an der ärztlichen Tätigkeit teilnehmen, über die gesetzliche Pflicht zur Verschwiegenheit zu belehren und dies schriftlich festzuhalten.

(IV) Wenn mehrere Ärztinnen und Ärzte gleichzeitig oder nacheinander dieselbe Patientin oder denselben Patienten untersuchen oder behandeln, so sind sie untereinander von der Schweigepflicht insoweit befreit, als das Einverständnis der Patientin oder des Patienten vorliegt oder anzunehmen ist.

(V) Ärztinnen und Ärzte sind auch dann zur Verschwiegenheit verpflichtet, wenn sie im amtlichen oder privaten Auftrag von Dritten tätig werden, es sei denn, dass den Betroffenen vor der Untersuchung oder Behandlung bekannt ist oder eröffnet wurde, inwieweit die von Ärztinnen und Ärzten getroffenen Feststellungen zur Mitteilung an Dritte bestimmt sind.

(VI) Die Übermittlung von Patientendaten an Verrechnungsstellen ist nur zulässig, wenn die Patientinnen und Patienten schriftlich zugestimmt haben."

II. Die Schweigepflicht aus dem Behandlungsvertrag, §§ 611, 242 BGB

Eine weitere Grundlage der ärztlichen Schweigepflicht ist der Behandlungsvertrag selbst.

Dessen Einordnung in Dienstvertrag, Werkvertrag oder Vertrag sui generis ist für die sich aus ihm ergebenden Pflichten nicht von grundlegender Bedeutung[86], regelmäßig jedoch wird der Arztvertrag dem Dienstvertragsrecht der §§ 611 ff. BGB zuzuordnen sein[87]. Unabhängig von der rechtlichen Qualifikation des Arzt-Patienten-Verhältnisses ist dieses nicht lediglich bürgerlich-rechtlicher Vertrag, sondern daneben besonderes Vertrauensverhältnis[88]. So ist, gleich welcher rechtlichen Einordnung, schon nach Treu und Glauben, § 242 BGB, in jedem Fall die ärztliche Verschwiegenheit Voraussetzung des vom Patienten dem Arzt entgegengebrachten Vertrauens und damit Bestandteil des Vertrages. Schon aus allgemeinem bürgerlichen Recht ergibt sich *eine* (von *der ärztlichen* Schweigepflicht zu unterscheidende) Schweigepflicht nach § 241 II BGB, wonach jeder Teil einer Vertragsbeziehung verpflichtet ist, die Rechte und Interessen des anderen Teils zu wahren. Hier entfaltet auch das Grundrecht der informationellen Selbstbestimmung aus Art. 2 I i. V. m. Art. 1 I GG seine mittelbare Drittwirkung.

Der Arzt hat sich daneben so zu verhalten, wie es der Rechtsverkehr von einem gewissenhaften Arzt erwartet.[89] Hierzu gehört die Einhaltung von Standesrecht[90], so auch der standesrechtlichen *ärztlichen* Schweigepflicht. Die Standespflichten konkretisieren den Grundsatz von Treu und Glauben und werden so vertragliche Nebenpflichten.[91]

Zu berücksichtigen ist hierbei allerdings, dass es sich bei der MBO-Ä bzw. bei den Berufsordnungen der Landesärztekammern, welche maßgebliche standesrechtliche

86 Vgl. BGHZ 29, 46, 52/53.
87 *Uhlenbruck/Laufs, in: Laufs/Uhlenbruck,* Handbuch des Arztrechts, § 39, Rn. 10, m. w. N.
88 *Schmidt,* Der Arzt im Strafrecht, S. 1/2.
89 *Müller, in: Mergen,* Die juristische Problematik in der Medizin, Bd. II, S. 65, 99.
90 *Müller, in: Mergen,* Die juristische Problematik in der Medizin, Bd. II, S. 65, 99.
91 *Taupitz,* Die Standesordnungen der freien Berufe, S. 1310 ff. .

Grundlage sind, um Satzungsrecht der Ärztekammern handelt, somit also um Normen der einen Vertragspartei[92]. Durch den untergesetzlichen Rang dieses Satzungsrechts und durch die regelmäßig schwächere Stellung des Patienten, ist insoweit zu beachten, dass die standesrechtlichen Bestimmungen lediglich dann zur ergänzenden Vertragsauslegung heranzuziehen sind, wenn sie die Position des Patienten angemessen berücksichtigen, seine rechtlich geschützten Interessen also nicht beeinträchtigen.[93]Insoweit ist das Standesrecht auch verfassungskonform auszulegen. Das Standesrecht ist also nicht unmittelbar in Nebenpflichten des Arztvertrages zu transformieren, zumal es diesen Anspruch auch gar nicht erhebt: Das Standesrecht entfaltet schon aufgrund seiner Rechtsnatur keine unmittelbaren Wirkungen im Verhältnis Arzt – Patient, da die Patienten keinerlei Einfluss auf die Standesorganisation der Ärzte nehmen können. Mithin kommt den Standesorganisationen wie der Ärztekammer auch keine Kompetenz zu, die Rechte der Patienten zu determinieren. Die Berufsordnung richtet sich standesintern von der Ärztekammer an ihre Mitglieder, regelt also lediglich die Berufsausübung durch die Ärzte[94]im Rahmen der Schranken, die die Rechtsordnung für die Berufsausübung wie auch für den Satzungserlass durch die Ärztekammer setzt.[95] Das Standesrecht muss vor der Transformation in vertragliche Nebenpflichten daher zunächst mit höherrangigem Recht in Einklang gebracht werden[96].

Beispiel:

Ein Beispiel hierzu ist der frühere § 3 VI der MBO-Ä in ihrer Fassung von 1993:

[Nach dieser Vorschrift waren mehrere gleichzeitig oder nacheinander behandelnde Ärzte untereinander von der Schweigepflicht insoweit befreit, als das Einverständnis des Patienten anzunehmen war][97]. Es erübrigt sich zu bemerken, dass dieses Einverständnis von den Ärzten regelmäßig angenommen wurde, soweit dies medizinisch begründbar war, die Vorschrift also extensiv interpretiert wurde. Nun wird dies dem Patienteninteresse aber allenfalls insoweit gerecht, als eine ausdrückliche Einwilligung des Betroffenen nicht zu erlangen ist. Mithin wäre verfassungskonform ausgelegt schon nach der alten Fassung der Berufsordnung zu verlangen gewesen, dass eine Einwilligung, soweit die Möglichkeit besteht, eingeholt wird bevor eigenmächtig von einem Einverständnis ausgegangen wird.

So verlangt es auch die strafrechtliche Dogmatik für die Rechtfertigung einer Offenbarung bei der Prüfung der Strafbarkeit nach § 203 StGB wenn die mutmaßliche

92 *Taupitz,* Die Standesordnungen der freien Berufe, S. 1305.

93 *Taupitz,* Die Standesordnungen der freien Berufe, S. 1311.

94 Dies ergibt sich auch aus der Präambel der MBO-Ä (Fassung von 1997 zuletzt geändert durch Beschluss des Vorstandes der Bundesärztekammer vom 24. Nov. 2006): „[…] Dafür geben *sich* die deutschen Ärztinnen und Ärzte die nachstehende Berufsordnung […]“

95 Vgl. hierzu das BVerfG in seinem Facharztbeschluss BVerfGE 33, 125, 156 ff. : Das BVerfG führt in diesem Beschluss zu den Grenzen der Rechtssetzungsautonomie der Kammern u. a. aus, dass diese um so enger seien, je mehr eine Regelung in die Rechte unbeteiligter Dritter eingreife. Dritte in diesem Sinne sind auch die Patienten.

96 *Lang,* Das Recht auf informationelle Selbstbestimmung des Patienten und die ärztliche Schweigepflicht in der gesetzlichen Krankenversicherung, S. 47.

97 *Lang,* Das Recht auf informationelle Selbstbestimmung des Patienten und die ärztliche Schweigepflicht in der gesetzlichen Krankenversicherung, S. 46.

Einwilligung subsidiär zu prüfen ist. Nach den Maßstäben des allgemeinen Rechts hat sich auch das untergesetzliche Recht der Berufsordnungen zu richten.

Eine Ausnahme besteht in Fällen, in denen eine Einwilligung nicht eingeholt werden kann.

Auch den Ärztekammern ist inzwischen wohl klar geworden, dass die Vorschrift des ehemaligen § 3 VI MBO-Ä 1993 so nicht uneingeschränkt bestehen bleiben kann und so wurde in der MBO-Ä-Fassung von 1997 zuletzt geändert durch Beschluss des Vorstandes der Bundesärztekammer vom 24. November 2006 im nunmehrigen

§ 9 IV MBO-Ä die Regelung wie folgt getroffen:

> *„Wenn mehrere Ärztinnen und Ärzte gleichzeitig oder nacheinander dieselbe Patientin oder denselben Patienten untersuchen oder behandeln, so sind sie untereinander von der Schweigepflicht insoweit befreit, als das Einverständnis der Patientin oder es Patienten **vorliegt oder** anzunehmen ist."*

Die vorhergehende Regelung war zu weit und daher nach der Rechtsprechung des BVerfG im Facharztbeschluss (vgl. Fn. 95) nicht mehr von der Rechtssetzungsbefugnis der Ärztekammern gedeckt, jedenfalls aber wäre sie vor der Transformation in eine arztvertragliche Nebenpflicht verfassungskonform in Richtung der Subsidiarität der mutmaßlichen Einwilligung auszulegen gewesen.

III. Schweigepflicht nach Datenschutzrecht

Auch das Datenschutzrecht gewinnt, wie ganz allgemein in Zeiten der immer vielgestaltiger werdenden medialen und kommunikativen Vernetzung, auch im Rahmen des Problemkreises um die ärztliche Schweigepflicht immer mehr an Bedeutung.[98] Mit den technischen Erhebungs-, Verarbeitungs- und Übertragungsmöglichkeiten wachsen auch die Datenbestände und damit die Momente der Berührung mit dem Persönlichkeitsrecht der Patienten in der Verwaltung z. B. von Krankenanstalten und Kliniken.

So verabschiedete der 85. Deutsche Ärztetag zu Datenschutz und ärztlicher Schweigepflicht eine Resolution.[99]

Auch die Krankenkassen verfügen über einen immensen Umfang von Patientendaten, den sie täglich zu vervollständigen bestrebt sind. So ist der Datenschutz im Verhältnis Arzt/Kasse[100]von gewichtigem Interesse. Es sind hierbei unterschiedliche Rechtsgrundlagen zu beachten.

So gelten für Behörden und die sonstigen öffentlichen Stellen des Landes, der Gemeinden und Gemeindeverbände sowie der unter Landesaufsicht stehenden juristischen Personen des öffentlichen Rechts die Datenschutzgesetze der Länder. Diese finden mithin Anwendung auf Ärztekammern, die Kassenärztlichen Vereinigungen, Krankenhäuser mit öffentlich-rechtlicher Trägerschaft, Krankenhäuser der Gemeinden und die meisten Tumorzentren.[101]

---

98 *Schlund, in: Laufs/Uhlenbruck,* Handbuch des Arztrechts, § 76, Rn. 15.

99 Wortlaut in: ArztRecht 1982, Heft 8, S. 206–208; s. Anhang.

100 Vgl. zur Verwendung der Sozialdaten durch die gesetzlichen Krankenkassen §§ 284 ff. SGB V.

101 *Schlund, in: Laufs/Uhlenbruck,* Handbuch des Arztrechts, § 76, Rn. 18.

Für Behörden und sonstige öffentliche Stellen des Bundes sowie für den nichtöffentlichen Bereich gilt demgegenüber ausschließlich das Bundesdatenschutzgesetz. Das BDSG ist einschlägig für alle privaten und freien gemeinnützigen Krankenanstalten, Krankenhäuser und Kliniken, für den betriebsärztlichen Dienst in privaten Unternehmen, überbetriebliche arbeitsmedizinische Dienste mit privater Trägerschaft und schließlich für alle Arztpraxen.[102]

Die Verarbeitung von Sozialdaten durch die Sozialleistungsträger ist im SGB spezialgesetzlich geregelt.

Die folgenden Ausführungen beschränken sich auf die Regelungen des BDSG.

In sachlicher Hinsicht schützt das Datenschutzrecht personenbezogene Daten, d. h. Daten, die sich auf eine bestimmte Person beziehen oder die Bestimmung einer Person ermöglichen.

Anonymisierte Angaben, auf deren Grundlage sich ein Bezug zu einer bestimmten Person nicht mehr herstellen lässt, stellen keine i. S. d. Datenschutzrechtes personenbezogenen Daten dar. Eine bedeutende Rolle spielt für den sachlichen Schutzbereich vor allem in Bezug auf die Einrichtung von Krebsregistern und für die medizinische Forschung der Grad der bei der Anonymisierung zu erreichenden Neutralität der Daten.[103]

Für die unter die ärztliche Schweigepflicht fallenden Daten in der elektronischen Datenverarbeitung im Rahmen medizinischer Informationssysteme gewährleistet das Datenschutzrecht dann einen besonders hohen Schutz wenn diese Daten von einer speichernden Stelle weiterübermittelt werden sollen, die die Daten von einem Arzt in Ausübung seiner Berufspflichten erhalten hat.[104]Der Patient hat gemäß §§ 6, 19, 34 BDSG (auch die LDSGe enthalten entsprechende Vorschriften) einen Auskunftsanspruch gegenüber der datenspeichernden Stelle.[105]

Diesem Anspruch korrespondiert bei erstmaliger Speicherung zur Vorbereitung des Auskunftsanspruches des Betroffenen eine Benachrichtigungspflicht nach § 33 I 1 BDSG.[106]

Die Auskunftserteilung soll aus therapeutischen Erwägungen (zur Vermeidung der Schädigung des Patienten durch kritische Diagnosen) im Ermessen des um Auskunft ersuchten Arztes stehen.[107]Ob generell ein Recht des Arztes besteht, sich seinem Patienten gegenüber auf Verschwiegenheit zu berufen (sog. therapeutisches Privileg) oder ob das Recht des mündigen Patienten auf Kenntnis ihn betreffender Diagnosen überwiegen sollte, steht hier nicht an zu erörtern.

– Verhältnis Datenschutzrecht/ärztliche Schweigepflicht

Nach § 1 III 2 BDSG bleibt die ärztliche Pflicht zur Wahrung des Berufsgeheimnisses aus § 203 I Nr. 1 StGB unberührt. § 203 StGB konkretisiert § 1 III 1 BDSG, wonach besondere Rechtsvorschriften des Bundes über personenbezogene Daten den Bestimmungen des BDSG vorgehen[108] (lex specialis derogat legi generali).

---

102 *Rieger,* Lexikon des Arztrechts, Rn. 541.

103 *Schlund, in: Laufs/Uhlenbruck,* Handbuch des Arztrechts, § 76, Rn. 20.

104 *Schlund, in: Laufs/Uhlenbruck,* Handbuch des Arztrechts, § 76, Rn. 21.

105 *Schlund, in: Laufs/Uhlenbruck,* Handbuch des Arztrechts, § 76, Rn. 22.

106 *Schlund, in: Laufs/Uhlenbruck,* Handbuch des Arztrechts, § 76, Rn. 22.

107 *Rieger,* Lexikon des Arztrecht, Rn. 543.

108 *Schlund, in: Laufs/Uhlenbruck,* Handbuch des Arztrechts, § 76, Rn. 24; *Rieger,* Lexikon des Arztrechts, Rn. 544.

So wirken sich die datenschutzrechtlichen Vorschriften nicht auf den Schutzumfang des § 203 I Nr. 1 StGB aus.

Das BDSG erhebt nicht den Anspruch, dem Arzt die Offenbarung unter das Berufsgeheimnis fallender Angaben zu erleichtern, auch erschweren will es die nach § 203 StGB befugte Offenbarung nicht.

In der Konsequenz sind die Normen des BDSG über die Übermittlung personenbezogener Daten, solange diese den Schutz des § 203 StGB genießen, für diese Daten nicht anwendbar.[109] Willigt also der Geschützte in eine Übermittlung derartiger Daten ein, so bedarf die Einwilligung nicht der in § 4 a I 3 BDSG festgelegten Schriftform, wodurch dem Umstand Rechnung getragen wird, dass im Arzt-Patienten-Verhältnis häufig eine flexible Übermittlung nach den Umständen des Einzelfalles nötig ist, für die die formlose Einwilligung besser geeignet und überdies im Regelfall ausreichend ist .[110]

Ebenfalls unanwendbar sind die Normen des BDSG über die Übermittlung personenbezogener Daten auf Krankenunterlagen freier Praxen, die in der herkömmlichen Karteiform geführt werden. Bei diesen Patientenkarteien handelt es sich nämlich nicht um Dateien im Sinne der elektronischen Datenverarbeitung. Auch sind diese Karteien regelmäßig weder zur Übermittlung an Dritte noch zur Verarbeitung im automatisierten Verfahren bestimmt, sondern dienen primär der Erfüllung der ärztlichen Dokumentationspflicht.[111]

Anders bei den von Krankenhäusern geführten Krankenunterlagen. Dort werden zur Abrechnung von der Krankenhausverwaltung Teildateien der von den Krankenhausärzten übermittelten Patientenunterlagen gebildet, die dann – wie auch die Krankenscheine –, unter das BDSG fallen.[112]

IV. Schutz der ärztlichen Schweigepflicht durch das Zivilrecht

Zwar existiert im BGB keine explicite Rechtsnorm zum Schutz der ärztlichen Schweigepflicht.

Vielmehr kommt dieser im System des Zivilrechts in verschiedener Gestalt zum tragen.

Dargestellt wurde u. a. bereits seine vertragsrechtliche Ausprägung in Gestalt einer (Neben-) Pflicht aus dem Behandlungsvertrag zwischen Arzt und Patient.

Eine weitere bereits angesprochene Grundlage stellt das Standesrecht dar.

Auf die Einhaltung von Standesrecht durch den Arzt hat der Patient zwar grds. keinen unmittelbaren Anspruch, da einer entsprechenden Berechtigung des Patienten eine Verpflichtung der Kammermitglieder korrespondieren würde, welche einen Eingriff in deren Berufsfreiheit aus Art. 12 I GG bedeuten würde. Für die Begründung eines Anspruches des Patienten wäre also eine hinreichend bestimmte Ermächtigungsgrundlage in den Kammergesetzen der Länder erforderlich. Eine solche ist jedoch in keinem der Kammergesetze enthalten.[113]

---

109 *Rieger*, Lexikon des Arztrechts, Rn. 544.

110 *Rieger*, Lexikon des Arztrechts, Rn. 544.

111 *Rieger*, Lexikon des Arztrechts, Rn. 1078.

112 *Rieger*, Lexikon des Arztrechts, Rn. 1074 und 1078.

113 *Taupitz*, Die Standesordnungen der freien Berufe, S. 1265.

Darüber hinaus kommt den Ärztekammern grds. keine Kompetenz zu, zivilrechtliche Ansprüche zu begründen.[114]

Dennoch haben als Ausnahme die Normen der Berufsordnungen über die ärztliche Schweigepflicht anerkanntermaßen (auch) drittschützenden Charakter.[115]

Nach oben Gesagtem reicht dieser zwar nicht so weit, dass der Patient auf Wahrung der Schweigepflicht aus der Berufsordnung klagen könnte.

Gleichwohl ist die standesrechtliche Kodifikation der Schweigepflicht nicht entbehrlich.

Sie genügt um die Ärzteschaft ohne korrespondierenden Anspruch des Patienten aus standesethischen Motiven heraus zu einer Wahrung der Schweigepflicht anzuhalten.

Die drittschützende Wirkung einer standesrechtlichen und ehrengerichtlich sanktionierten Ermahnung zur Wahrung der Patienteninteressen ist auch ohne einen Anspruch zu begründen nicht gering einzuschätzen[116].

Aufgrund der gesteigerten Verantwortlichkeit des Ärztestandes gegenüber der Allgemeinheit stellt die standesrechtliche Schweigepflichtregelung eine von der Ärztekammer sinnvollerweise vorzugebende Wertentscheidung dar, die die Ärzteschaft bei der Berufsausübung im eigenen Interesse zu beachten hat.[117]

1. Standesrechtliche Schweigepflicht als Schutzgesetz im Sinne des § 823 II BGB

Ist ein Anspruch auf Wahrung der Schweigepflicht aus der Berufsordnung auch nicht abzuleiten, so stellt sich daneben doch die Frage, ob angesichts der (auch) drittschützenden Wirkung der standesrechtlichen Schweigepflicht deren Verletzung nicht einen Schadensersatzanspruch aus § 823 II BGB zu begründen vermag.

- Zunächst ist fraglich, ob Standesordnungen überhaupt als Schutzgesetze im Sinne des § 823 II BGB in Betracht kommen.

Hiergegen könnte sprechen, dass die Kammern auf diese Weise durch die Hintertür doch Zivilrecht setzen könnten.

- Ebenfalls ist fraglich, ob die Berufsordnung als untergesetzliche Rechtsnorm einer Körperschaft des öffentlichen Rechts und damit der Exekutive und erst recht als auf der Grundlage von Landesrecht erlassene Satzung geeignet ist, als Schutzgesetz im Rahmen einer bundes(parlaments)gesetzlichen Norm zu dienen.

Hiergegen könnte sprechen, dass damit in die Gesetzgebungskompetenz des Bundes eingegriffen werde bzw. ein Verstoß gegen den Gewaltenteilungsgrundsatz erfolge.

Auch könnte ein Verstoß gegen das Gleichheitsgebot einzuwenden sein, zu dem es aufgrund der regional unterschiedlichen Ausgestaltung der standesrechtlichen Regelungen kommen könnte.

---

114 Vgl. BGH VersR 1987, 1191.

115 So u. a. vorausgesetzt von OVG Lüneburg NJW 1975, 2263 f. .

116 *Taupitz,* Die Standesordnungen der freien Berufe, S. 1266.

117 *Taupitz,* Die Standesordnungen der freien Berufe, S. 1266.

All diese Einwände sind nicht von der Hand zu weisen, greifen im Ergebnis aber nicht durch.[118]

- Zunächst taugen als Schutzgesetze im Sinne des § 823 II BGB nicht lediglich Parlamentsgesetze des Bundes sondern generell Gesetze im Sinne von Art. 2 EGBGB. Diese Legaldefinition („... jede Rechtsnorm...") erfasst auch landesrechtliche Normen.[119]
  Dies macht den Einwand regionaler Unterschiede der Schadensersatzanspruchsvoraussetzungen zu einem rein rechtspolitischen.
  Dogmatisch ist dieses „Problem" vom Gesetzgeber in Art. 2 EGBGB in Kauf genommenworden. Zumindest bestehen keine anderweitigen Anhaltspunkte.[120]
- Auch sind untergesetzliche Normen wie Satzungen von der Definition des Art. 2 EGBGB gedeckt.
  Hiermit wird weder in die Gesetzgebungskompetenz des Bundes eingegriffen noch überhaupt in den Bereich der Legislative.
  Diese Einwände lassen außer Acht, dass der Schadensersatzanspruch als solcher weder unmittelbar aus der Berufsordnung als Werk der Exekutive noch mittelbar aus dem landerechtlichen Kammergesetz resultiert. Er ist Rechtsfolge des § 823 II BGB und damit eines Bundesgesetzes.
  Mit der Entscheidung, die Verletzung eines Schutzgesetzes in den Tatbestand dieser Norm aufzunehmen, ohne dies auf bundesgesetzliche Schutzgesetze zu beschränken, hat der Bundesgesetzgeber die Voraussetzungen des aus der Norm resultierenden Schadensersatzanspruches selbst determiniert.
  Diese Einordnung steht auch nicht zum oben bezüglich der Ungeeignetheit der Berufsordnungen, zivilrechtliche Primäransprüche zu begründen Gesagten in Widerspruch.
  Der Schadensersatzanspruch definiert als Sekundäranspruch nicht die privatrechtlichen Beziehungen der Kammermitglieder zu ihren Auftraggebern.
  Vielmehr ermöglicht er lediglich einen Ausgleich für im Rahmen dieser Beziehungen erfolgende Verletzungen.[121]

Einziges Argument, das verbleibt ist die Frage, ob der Bundesgesetzgeber selbst in § 823 II BGB nicht in unzulässiger Weise Gesetzgebungsbefugnisse durch die Technik der dynamischen Verweisung verlagert indem er der satzungsgebenden Institution die Befugnis verleiht, die Voraussetzungen eines Schadensersatzanspruches zu bestimmen.

Auch das ist mit dem oben Gesagten zu verneinen.

Mit dem Erlass von § 823 BGB hat der Bundesgesetzgeber die Voraussetzungen eines Schadensersatzanspruches aus Abs. 2 selbst determiniert.

Die Norm inkorporiert also gerade nicht wie bei einer Verweisung Voraussetzungen oder Rechtsfolge einer ausfüllenden Vorschrift in den eigenen Tatbestand, sondern stellt lediglich die Sanktion für die Verletzung einer (tatbestandlich intakten und wirksamen) ausfüllenden Vorschrift zur Verfügung.

Die Verhaltensnorm wird nicht ins Deliktsrecht transponiert. Es wird lediglich eine

118 *Taupitz*, Die Standesordnungen der freien Berufe, S. 1269.
119 *Taupitz*, Die Standesordnungen der freien Berufe, S. 1269.
120 *Taupitz*, Die Standesordnungen der freien Berufe, S. 1269.
121 *Taupitz*, Die Standesordnungen der freien Berufe, S. 1270; a. A.: BGH NJW 1981, 2007, 2008.

Rechtsfolge für Verstöße gegen sie angeordnet, die nicht dem Willen des Normgebers der Verhaltensnorm entsprechen muss. Der Inhalt der Norm wird nicht ins Deliktsrecht eingegliedert sondern ihr Schutzzweck wird effektuiert durch die hinzutretende deliktsrechtliche Folge.[122]

Da die in Rede stehenden Berufsordnungen ausschließlich von Angehörigen des Berufsstandes verletzt und damit auch nur diese schadensersatzpflichtig werden können, stellt sich vorliegend auch nicht das bei Verweisungen gelegentlich gegebene Problem, dass durch die verweisende Norm Adressaten verpflichtet werden, denen gegenüber der Normgeber der Norm, auf die verwiesen wird, gar nicht rechtssetzungsbefugt oder nicht ausreichend legitimiert ist.

Auch die Rechtssicherheit ist von der Zulassung von Standesrecht als Schutzgesetz im Sinne des § 823 II BGB nicht betroffen.

Dem Standesrecht ist eigen, dass die Berufsangehörigen es regelmäßig besser kennen als das allgemeine Recht und so eine Verletzung und Schadensersatzpflicht zumutbar vermeiden können.[123]

Schließlich ist auch das Schadensersatzrecht aus Berufspflichtverletzung keine nach der Wesentlichkeitstheorie vom Parlament selbst zu reglementierende Materie. Die Schadensersatzfolge beinhaltet neben der bewehrten Verhaltenspflicht keine zusätzliche Berufsausübungsregelung im Sinne von Art. 12 GG.

Ebenfalls bestimmt § 823 II BGB die erforderliche Schutzrichtung der ausfüllenden Vorschrift und die Kriterien für die Geeignetheit einer Norm zur Ausfüllung sind in Rspr. und Literatur hinreichend bestimmt, so dass auch der Tatbestandsbestimmtheit mit dieser Technik genüge getan ist.

Zwischenergebnis zu Teil 1, B, IV., 1. :

Weder der untergesetzliche Rang des Standesrechts noch die landesrechtliche Ermächtigungsgrundlage vermögen also die Zulassung der standesrechtlichen Schweigepflicht als Schutzgesetz zu hindern.

Im Ergebnis eignet sich die standesrechtliche Schweigepflicht aus den Berufsordnungen der Landesärztekammern als ausfüllendes Gesetz im Sinne des § 823 II BGB[124].

2. § 203 I Nr. 1 StGB als Schutzgesetz im Sinne von § 823 II BGB

Erst recht ist § 203 I Nr. 1 StGB, der die Verletzung des ärztlichen Berufsgeheimnisses unter Strafe stellt, taugliches Schutzgesetz im Sinne von § 823 II BGB.[125]

---

122 *Taupitz*, Die Standesordnungen der freien Berufe, S. 1272.

123 *Taupitz*, Die Standesordnungen der freien Berufe, S, 1272.

124 So trotz grundsätzlicher Zurückhaltung bei der Zulassung anderweitiger Normen des Standesrechts als Schutzgesetze für die Schweigepflicht zustimmend: *Taupitz*, Die Standesordnungen der freien Berufe, S. 1277; a. A.: *Lilie*, Medizinische Datenverarbeitung, Schweigepflicht und Persönlichkeitsrecht im deutschen und amerikanischen Recht, S. 78.

125 *Lilie*, Medizinische Datenverarbeitung, Schweigepflicht und Persönlichkeitsrecht im deutschen und amerikanischen Recht, S. 79; *Palandt/Thomas*, § 823, Rn. 149; OLG Hamm Medizinrecht 95, 328.

Wie unten noch näher zu zeigen sein wird, bezweckt § 203 StGB nicht lediglich den Schutz des Vertrauens der Allgemeinheit in die Ärzteschaft und damit den Schutz der öffentlichen Gesundheitspflege, sondern gleichermaßen den Schutz der individuellen Geheimsphäre und des Selbstbestimmungsrechts des einzelnen Patienten und erfüllt damit die Voraussetzung eines (auch) drittschützenden Gesetzes im Sinne von § 823 II BGB.

3. Schweigepflichtverletzung durch Ärzte als Verletzung in § 823 I BGB geschützter Rechtsgüter

§ 823 I BGB sanktioniert neben der Verletzung von Leben, Körper, Gesundheit, Freiheit und Eigentum auch die Verletzung sonstiger Rechte. Hierunter ist nicht jedwedes Interesse zu verstehen, sondern vielmehr nur ein Recht, das wie die namentlich aufgeführten Schutzgüter von jedermann zu achten ist, also ein absolutes Recht ist. Anerkanntermaßen gilt als solches unter anderem das allgemeine Persönlichkeitsrecht und die informationelle Selbstbestimmung aus Art. 2 I i. V. m. 1 I GG.[126]

Bezüglich Schweigepflichtverletzungen liegt ein Verstoß gegen die informationelle Selbstbestimmung bzw. allgemein gegen das allgemeine Persönlichkeitsrecht am nächsten.

In besonders gelagerten Fällen kommt allerdings auch eine Beeinträchtigung eines der anderen Schutzgüter der Vorschrift in Frage.

a.) Schweigepflichtverletzung als Persönlichkeitsverletzung

Der BGH fällte im Jahre 1957 eine für die Einordnung medizinischer Informationen in den Schutzbereich des allgemeinen Persönlichkeitsrechts grundlegende Entscheidung,[127] in der er Informationen über den Gesundheitszustand eines Patienten zu der für jedermann geschützten Geheimsphäre zählte. Dies beinhaltete eine Zuordnung medizinischer Daten, die regelmäßig höchstpersönlichen häufig geradezu intimen Charakter haben, zu den besonders sensiblen und schutzwürdigen Daten.

Gerade die Bezeichnung Arzt*geheimnis* ist sehr treffend, da es um Informationen geht, die Arzt und Patient aufgrund ihres für die (häufig notwendige) Behandlung erforderlichen Vertrauensverhältnisses teilen.

Diese Informationen sind für den Betroffenen nicht lediglich in Bezug auf seine Gesundheit von erheblicher Bedeutung, sondern haben nicht selten auch Einfluss auf dessen soziale oder wirtschaftliche Belange der unterschiedlichen Art.

So ändert sich mit der Kenntnis über den medizinischen Zustand einer Person bzw. mit der Kenntnis über den Hintergrund dieses Zustandes das Bild, das von dieser Person in deren und/oder in anderer Leute Vorstellung existiert. Dies hat zur Folge, dass der Betroffene durch unerwünschte Publizität medizinischer Umstände in seinem Handlungsspielraum beeinträchtigt wird, etwa durch negative Reaktionen seiner Umwelt oder auch nur durch seine Sorge darum.

126 *Palandt/Thomas*, § 823, Rn. 176.
127 BGHZ 24, 72.

Dies stellt in jedem Fall eine gravierende Beeinträchtigung des Betroffenen in seiner Persönlichkeit dar.[128]

aa) Schutzintensität medizinischer Daten gegen unbefugte Offenbarung

Angelehnt an das sog. Schutzsphärensystem[129], kann man die eine Seite der Persönlichkeit die Öffentlichkeitssphäre und die andere Seite die Privatsphäre, die sich wiederum in die Geheim- und in die Intimsphäre gliedert, nennen.

So lässt sich der Schutz je nach Qualität der geschützten Information der Intensität nach abstufen.

Es existieren Informationen, die der Allgemeinheit grds. zugänglich sein dürfen, bei deren Preisgabe also ein Arzt nichts Geheimes verrät. Diese könnte man der Öffentlichkeitssphäre zuordnen.

Es existieren aber auch Informationen, die niemandem zugänglich sein dürfen, die also in jedem Fall der Privatsphäre zuzurechnen sind.

Hier unterscheiden sich weiterhin Informationen, die so weit wie möglich geheim zu halten sind – d.h. soweit es kein höherwertiges Gut beeinträchtigt – und Informationen, die unbedingt und ohne Abwägung konkurrierender Interessen unter allen Umständen geheim zu halten sind. Erstere könnte man der Geheim- und letztere der Intimsphäre zuordnen.

Zu berücksichtigen ist aber, dass diese Zuordnungen nicht objektiv und statisch, sondern subjektiv geprägt und flexibel sind.So kann ein Patient an der Geheimhaltung eines Umstands Interesse haben, der für einen anderen keinerlei geheime Bedeutung hat. Hier spielen die persönliche Situation, der Moment der Geheimnisoffenbarung, sowie die Art der Offenbarung und die Position des Offenbarenden eine Rolle.

Es kann im Einzelfall also eine Information isoliert betrachtet der Öffentlichkeitssphäre zuzuordnen sein, allein aufgrund ihrer Offenbarung durch einen Arzt oder gar Facharzt aber der Intimsphäre unterfallen.

Lässt sich z.B. bei der Preisgabe einer Information, die als solche der Öffentlichkeit ohnehin zugänglich wäre (Name/Adresse des Patienten/behandelnden Arztes) aus dem Kontext darauf schließen, dass der Betroffene in Behandlung eines Arztes bestimmter Fachrichtung ist, sind mit der Offenbarung möglicherweise bereits hochsensible Belange betroffen.

Es lässt sich also nicht pauschal abgrenzen welche Art von Information welcher Schutzsphäre zuzurechnen ist.

Vielmehr spielen hierbei auch die Verhältnisse der heutigen Zeit eine gewisse Rolle.

So befand sich früher das Zentrum des Privatlebens im häuslichen Bereich.

Heute lässt sich das nicht mehr so deutlich sagen.

Unter dem Einfluss nicht nur der zunehmenden infrastrukturellen Vernetzung sondern auch der ständig dichter werdenden rechtlichen Reglementierung der Beziehungen im zwischenmenschlichen, sozialen, kulturellen, wirtschaftlichen und politi-

---

128 *Lilie,* Medizinische Datenverarbeitung, Schweigepflicht und Persönlichkeitsrecht im deutschen und amerikanischen Recht, S. 60.

129 Vgl.: *Lilie,* Medizinische Datenverarbeitung, Schweigepflicht und Persönlichkeitsrecht im deutschen und amerikanischen Recht, S. 60, basierend auf: *Hubmann,* Der zivilrechtliche Schutz der Persönlichkeit gegen Indiskretion, JZ 1957, 521, 524.

schen Leben, lässt sich ohnehin kaum noch ein zuverlässiger Schutz des Privatlebens erreichen.

So ist heute für viele Leistungen aber auch für die Durchsetzung von Ansprüchen und in vielen anderen Situationen die Preisgabe privater Daten erforderlich[130].

Gerade weil sich daher nicht mehr alle Privatsachen geheim halten lassen, bedarf es eines gesteigerten Schutzes der privaten Informationen, die der Öffentlichkeit zufließen. Es ist mithin nicht jedes Datum, das in der Öffentlichkeit kursiert auch dem Schutz des Persönlichkeitsrechts entzogen. Die Trennung in Privat- und Öffentlichkeitssphäre kann also allenfalls grundsätzliche Bedeutung haben. Im Einzelfall ist genau zu untersuchen, ob ein Datum eines bestimmten Patienten, in Behandlung eines bestimmten Arztes, unter den gegebenen Umständen, im einschlägigen Zusammenhang einem bestimmten Empfänger gegenüber überhaupt zu schützen ist und wenn ja wie strikt.

bb) Informationelle Selbstbestimmung und Schutz der Verfügungsbefugnis des Berechtigten über seine Daten/Schutzumfang

Ganz allgemein sagen lässt sich jedoch, dass hierbei auch die bloße Verfügungsbefugnis des Berechtigten eine entscheidende Rolle spielt.

Geschützt vom allgemeinen Persönlichkeitsrecht sind nicht lediglich Daten, an deren Geheimhaltung der Berechtigte ein billigenswertes Interesse hat.

Ganz allgemein geschützt ist dessen bloße Verfügungsbefugnis über seine Daten.

Jedermann hat grds. das Recht, das Bild, das die Öffentlichkeit von ihm hat, selbst zu prägen.

Dritte sollen von der Möglichkeit der Einwirkung auf die Darstellung eines Persönlichkeitsbildes nach außen so weit wie möglich ausgeschlossen werden[131].

Es muss also grds. kein nachvollziehbares oder auch nur objektiv vernünftiges Interesse an der Geheimhaltung bestehen um dem Betroffenen die ausschließliche Befugnis zuzusprechen, zu entscheiden wem er ihn betreffende Informationen offenbart und wem nicht.

Eine Ausnahme ist allenfalls für Informationen zu machen, an denen ein Geheimhaltungsinteresse sich als reine Willkür darstellen würde, auch das bedarf jedoch der Einzelfallentscheidung.Wie oben schon bei der Frage nach der Schutzintensität erwähnt, lässt sich auch bezüglich des Schutzumfanges eine pauschale Differenzierung nach Art oder Bedeutung einer Information nicht vornehmen.

So kann ein Schnupfen, der dem Betroffenen buchstäblich ins Gesicht geschrieben steht, als offenkundig für einen normalen Durchschnittsbürger keine geheimhaltungswürdige Bedeutung haben, für einen Sänger aber gleichwohl ausschlaggebend für das nächste Engagement sein.

Ebenso kann der Behandlungsort genauso schutzwürdig sein wie die Diagnose selbst, so z.B. für Patienten von Sucht- und Kurkliniken.

Auch bei der Frage nach der Willkür des Geheimhaltungsinteresses sind also individuelle Parameter zu beachten.

---

130 *Lilie*, Medizinische Datenverarbeitung, Schweigepflicht und Persönlichkeitsrecht im deutschen und amerikanischen Recht, S. 63.

131 *Lilie*, Medizinische Datenverarbeitung, Schweigepflicht und Persönlichkeitsrecht im deutschen und amerikanischen Recht,S. 64.

Im Arzt-Patienten-Verhältnis ist oftmals die unvermeidbare Offenbarung an den Arzt selbst für den Patienten Beeinträchtigung genug und so gilt bei den hier betroffenen Daten, die die Persönlichkeit in kaum zu überschätzender Weise prägen, dass nicht der Schutz, sondern die Preisgabe der in Rede stehenden Daten besonders zu rechtfertigen ist.

Geschützt sind also grundsätzlich sämtliche Informationen, die der Arzt von seinem Patienten kennt, ohne Rücksicht auf deren Wahrheitsgehalt. Selbst die Verbreitung unwahrer Daten verletzt das Persönlichkeitsrecht aufgrund der Tatsache, dass falsche Annahmen geschürt werden sowie im Fall von Ärzten aufgrund ihrer in der Öffentlichkeit besonders glaubwürdigen Position.

Geschützt sind auch Drittgeheimnisse[132].

Der Schutz gilt auch postmortal.

b.) Schweigepflichtverletzung als Gesundheits- bzw. Freiheitsverletzung

Wie oben schon kurz erwähnt, kommt in besonders gelagerten Einzelfällen auch die Verletzung eines der anderen Schutzgüter des § 823 I BGB in Betracht, namentlich die Verletzung von Gesundheit oder Freiheit durch eine widerrechtliche Offenbarung schutzwürdiger Daten.

Die Gesundheitsverletzung bezeichnet die Störung innerer Lebensvorgänge körperlicher, geistiger oder seelischer Art durch physische oder psychische Einwirkung.[133]

Mit der Preisgabe medizinischer Daten kann für den Betroffenen eine erhebliche Belastung einhergehen.

Durch das Schamgefühl, das Gefühl sich anderen gegenüber rechtfertigen zu müssen kann der Betroffene in so erheblicher Weise belastet sein, dass er gar nicht mehr aus dem Haus gehen möchte, dass dies seelische und in der Folge sogar körperliche Beschwerden nach sich ziehen kann. Auch kann er Repressalien Dritter ausgesetzt sein.

Hierin kann eine Gesundheitsverletzung zu sehen sein.

Bei der Prüfung des Verschuldens ist hier allerdings erhebliche Vorsicht bezüglich der Zurechnung der Verletzung geboten. Es kann hier nur um gravierende Ausnahmefälle gehen.

Was eine mögliche Freiheitsverletzung angeht, so kann hier einmal die Handlungsfreiheit und einmal die Bewegungsfreiheit betroffen sein.

Da die Beschränkung der Handlungsfreiheit in der Regel aus einer Persönlichkeitsverletzung resultiert, ist hier eher auf die Verletzung des Persönlichkeitsrechts abzustellen.[134]

Anders bei einer Verletzung der Bewegungsfreiheit durch eine Information, die zur Internierung oder Zwangsbehandlung des betroffenen Patienten führt.

Hier kann eine Freiheitsverletzung vorliegen, so z.B. bei Weiterleitung falscher Daten, die zu einem ungerechtfertigten Freiheitsentzug führt.[135]

---

132 Der Begriff des Drittgeheimnisses wird – der Ausrichtung der Arbeit entsprechend – im Rahmen von § 203 StGB erläutert werden.

133 BGHZ 8, 243, 248; 56, 163.

134 *Lilie*, Medizinische Datenverarbeitung, Schweigepflicht und Persönlichkeitsrecht im deutschen und amerikanischen Recht, S. 57.

135 *Lilie*, Medizinische Datenverarbeitung, Schweigepflicht und Persönlichkeitsrecht im deutschen

c.) Widerrechtlichkeit und Verschulden

An dieser Stelle soll ein Hinweis darauf genügen, dass auch für den zivilrechtlichen Schadensersatzanspruch das Geheimhaltungsinteresse für die Beurteilung der Widerrechtlichkeit der Offenbarung gegen Informationsinteressen anderer abzuwägen ist.[136]

Der Schadensersatzanspruch setzt des Weiteren Verschulden des offenbarenden Arztes voraus, im Unterschied zum Vorsatzerfordernis des § 203 I Nr. 1 StGB genügt für eine Haftung aus § 823 BGB Fahrlässigkeit (§ 276 BGB).

d.) Konkurrenz zwischen den Ansprüchen aus Delikts- und Vertragsrecht

Die deliktische Haftung des Arztes überschneidet sich mit der Haftung aus der Verletzung des Behandlungsvertrages.

Die Ansprüche bestehen kumulativ[137].

Hiefür spricht einmal, dass die allgemeine Pflicht, einen anderen nicht in seiner Persönlichkeit zu verletzen von der besonderen Vertragspflicht nicht verdrängt, sondern verstärkt wird.

Zum anderen ist für die Persönlichkeitsverletzung ein Schmerzensgeld aus § 253 II BGB zu erlangen, welches aus der Vertragsverletzung nicht resultiert. Diese zieht nur einen Schadensersatzanspruch nach sich.

V. Die Schweigepflicht und das Prozessrecht

Auch im Verfahrensrecht findet die ärztliche Schweigepflicht Berücksichtigung. Sie wirkt sich u. a. in Zeugnisverweigerungsrechten und Beschlagnahmeverboten aus.

Es kommt hier ein Spannungsverhältnis zum tragen, wie es sich aus der Anerkennung zweier gegenläufiger, jedoch gleichermaßen wichtiger Rechtsgrundsätze ergibt.

Es geht um die erforderliche Abwägung zwischen prozessualer Wahrheitserforschung und Schutz des persönlichen Lebens- und Geheimbereichs[138].

Der prozessualen Wahrheitserforschung dient die allgemeine Zeugnispflicht. Dieser unterliegen grds. auch Ärzte.

Ein effektiver Geheimnisschutz setzt jedoch voraus, dass Ärzte ihre Schweigepflicht auch vor Gericht wahren können.

Beide Prinzipien können nicht uneingeschränkt zur Geltung gelangen sondern müssen gegeneinander zum Ausgleich gebracht werden.

Im Zuge dessen hat der Gesetzgeber u. a. in §§ 383 I Nr. 6 ZPO und 53 I Nr. 3 StPO den Ärzten Zeugnisverweigerungsrechte eingeräumt und damit seine generelle Entscheidung für einen Vorrang des Geheimhaltungsinteresses vor der erschöpfenden Wahrheitserforschung zum Ausdruck gebracht[139].

---

und amerikanischen Recht, S. 57.

136 Näheres zur Abwägung widerstreitender Interessen im Rahmen der Darstellungen zu § 203 StGB.

137 BGHZ 9, 302 f.; 17, 217; 24, 72; 32, 302; 46, 141; 55, 395.

138 *Bartsch,* Ärztliche Schweigepflicht und Zeugnisverweigerungsrecht im Strafprozess, S. 1.

139 *Bartsch,* Ärztliche Schweigepflicht und Zeugnisverweigerungsrecht im Strafprozess, S. 3.

Doch existieren im Einzelfall Problemkreise, die von dieser generellen Entscheidung eine Ausnahme zu machen verlangen.

Als Beispiel sei zunächst die Entbindung von der Schweigepflicht genannt. Mit dieser lebt die Zeugnispflicht wieder auf.

Für die durch Notstandsrecht gerechtfertigte Geheimnisoffenbarungsbefugnis ist ein Aufleben der Zeugnispflicht nicht eindeutig geregelt. Fraglich ist auch, ob eine solche Regelung sachgerecht wäre oder ob zwischen Einwilligung in die Offenbarung und deren anderweitiger Rechtfertigung doch ein Unterschied zu machen ist.

Ein weiteres Beispiel, das gesetzlich nicht geregelt ist, ist die Frage, wie sich eine materiell rechtswidrige Offenbarung eines Arztes auf die Verwertbarkeit seiner Zeugenaussage auswirkt. Hier ist möglicherweise die Gefahr prozessualer Doppelmoral zu besorgen.

Auf diese Problemkreise soll jedoch nur hingewiesen werden, sie abschließend zu erörtern würde den Rahmen der vorliegenden Arbeit sprengen.

Die wesentlichen prozessrechtlichen Regelungen sollen daher nur in Grundzügen dargestellt werden.

1. Das Zeugnisverweigerungsrecht nach § 383 I Nr. 6 ZPO

Ärzte haben nach § 383 I Nr. 6 ZPO das Recht, über die Tatsachen, auf die sich ihre Schweigepflicht bezieht, auch im Zivilprozess das Zeugnis zu verweigern.

Das Zeugnisverweigerungsrecht ist, außer bei Ärzten des öffentlichen Dienstes (Amtsarzt), nicht von Amts wegen zu beachten[140].

Für die Berechtigung die Aussage zu verweigern genügt, dass durch die Aussage des Arztes die Vertrauenssphäre Dritter berührt wird, diese müssen nicht notwendig die Prozessparteien sein.[141]

Mit der Entbindung von der Schweigepflicht durch den Geschützten entfällt das Zeugnisverweigerungsrecht, § 385 II ZPO. Für Angehörige des öffentlichen Dienstes ist die Aussagegenehmigung des Dienstherren zusätzliche Voraussetzung.

Eine Entbindung von der Schweigepflicht gestattet dem Arzt allerdings nicht automatisch auch die Vorlage von Krankenblättern.

In diesen Unterlagen notiert der Arzt sämtliche den Patienten betreffende Wahrnehmungen, ohne dass diese im einzelnen mit dem Patienten besprochen würden.

Somit ist dem Patienten in der Regel nicht bekannt, welche Informationen genau der Arzt über ihn festgehalten hat. Auch der Umfang der Dokumentation ist dem Patienten regelmäßig nicht bekannt und geht meist weit über den vom Patienten bestimmten Anlass der Konsultation hinaus. Es fehlt dem Patienten also an der Fähigkeit, die Bedeutung einer Einwilligung in eine Vorlage seiner Akten abzuschätzen, mithin fehlt die Einwilligungsfähigkeit bzgl. einer solchen Offenbarung überhaupt[142].

Der Patient kann einer Vorlage seiner Krankenakten nicht wirksam zustimmen, vielmehr beschränkt sich seine Einwilligung auf die Offenbarung der Umstände, die

---

140 *Greger, in: Zöller,* Zivilprozessordnung – Kommentar, § 383, Rn. 16.

141 *Greger, in: Zöller,* Zivilprozessordnung – Kommentar, § 383, Rn. 16.

142 *Göppinger* NJW 1958, 241, 244.

konkret streitgegenständlich sind. Allein an diesen Umständen dürfte auch ein öffentliches Interesse anzuerkennen sein.

Das Zeugnisverweigerungsrecht besteht grds. auch über den Tod des Geschützten hinaus, Erben können nur eingeschränkt (soweit das geschützte Rechtsgut auf sie übergegangen ist, regelmäßig nur vermögensbezogen, nicht intime Daten betreffend) von der Schweigepflicht entbinden.[143]

Eine Schweigebefugnis im Zivilprozess kommt auch dem im Strafprozess zur Pflichtuntersuchung des Angeklagten zum Sachverständigen bestellten Arzt zu[144].

Ein prozessuales Schweige*recht* besteht selbst für Daten, für deren Offenbarung dem Arzt ein Rechtfertigungsgrund zur Seite stünde.

Das Notstandsrecht lässt also nicht wie die Schweigepflichtentbindung das Zeugnisverweigerungsrecht entfallen, es berechtigt lediglich zur Aussage, verpflichtet jedoch nicht. Dies trägt dem Umstand Rechnung, dass bei der Güterabwägung des Notstandsrechtes der Wille des Geheimnisgeschützten lediglich als objektives Interesse einfließt. Subjektiv läuft eine Offenbarung dem tatsächlichen Willen des Geschützten jedoch nicht selten zu wider.

So muss dem Arzt – mit Blick auf den Gewissenskonflikt, in dem er sich befindet und mit Rücksicht auf das Vertrauen der Allgemeinheit in die Ärzteschaft – in Fällen des Notstandes, dem Vertrauen seines Patienten entsprechend, das Recht zu schweigen verbleiben. Hieran besteht ein individuelles wie öffentliches Interesse.

Diese Notwendigkeit besteht in den Fällen der Entbindung von der Schweigepflicht durch den Geschützten nicht denn hier wird dem Arzt kein Vertrauen auf seine Verschwiegenheit mehr entgegen gebracht, das sein Schweigen rechtfertigen würde.

Das Interesse an der Wahrheitsfindung vor Gericht erfordert daher seine Aussage.

2. Das Zeugnisverweigerungsrecht nach § 53 I Nr. 3 StPO und das Beschlagnahmeverbot des § 97 I StPO

Im Strafprozess wird der Schweigepflicht durch das ärztliche Zeugnisverweigerungsrecht des § 53 I Nr. 3 StPO und durch das Beschlagnahmeverbot des § 97 I StPO Rechnung getragen.

Diese Vorschriften sind ihrer Natur nach Beweisverbote, deren Verletzung Revisionsgrund (§ 337 I StPO) ist.

Beweise, die durch einen Verstoß gegen diese Vorschriften erhoben werden, sind nicht verwertbar[145].

a.) Das Zeugnisverweigerungsrecht des Arztes, § 53 I Nr. 3 StPO

§ 53 I Nr. 3 StPO gewährt dem Arzt das Recht, im Strafprozess über alles zu schweigen, was ihm in seiner ärztlichen Eigenschaft bekannt geworden ist.

Der Wortlaut beschränkt sich aus gutem Grund nicht auf Geheimnisse. Die zur Feststellung des Geheimnischarakters einer Tatsache notwendigen Untersuchungen würden

143 *Greger, in: Zöller,* Zivilprozessordnung – Kommentar, § 383, Rn. 5.
144 BGH NJW 64, 449.
145 *Bartsch,* Ärztliche Schweigepflicht und Zeugnisverweigerungsrecht im Strafprozess, S. 53.

das Strafverfahren verkomplizieren, außerdem müsste der Arzt für diese Feststellung bereits die Tatsache offenbaren, was bei Tatsachen, die sich später als Geheimnisse erweisen, nicht hingenommen werden kann.

Das Zeugnisverweigerungsrecht besteht über die Zeit der Berufstätigkeit des Arztes hinaus und überdauert auch den Tod des Geheimnisgeschützten.

Die Vorschrift des § 53 I Nr. 3 StPO dient einmal dem Ausgleich des persönlichen Gewissenskonfliktes, in dem der Arzt sich befindet; zum anderen dient sie dem öffentlichen Interesse am Geheimnisschutz.[146]

Auch der BGH hat in seiner Rechtsprechung zum Wesen des Strafprozesses zum Ausdruck gebracht, dass es keinen Grundsatz gebe, die Wahrheit um jeden Preis zu erforschen. Vielmehr schütze schon die StPO selbst in verschiedenen Vorschriften (am deutlichsten in § 136 a) hochrangige Rechtsgüter und nimmt dabei in Kauf, dass u.U. auch das einzige Beweismittel für die Wahrheitsfindung ungenutzt bleiben muss[147].

So sind Aufklärungspflicht und Aufklärungsrecht schon in ihrem Kern begrenzt. Der Strafprozess dient nicht lediglich dem Schutz sozialethischer Werte, sondern ist selbst im Lichte der grundgesetzlichen Wertordnung zu sehen, welche ihm die Achtung konkurrierender außerprozessualer Werte sittlicher wie rechtlicher Art abverlangt.[148]

Das Gericht hat den Arzt jedoch trotz seines Zeugnisverweigerungsrechtes gem. § 244 II, III StPO zu laden. Auch hat der Arzt trotz des Zeugnisverweigerungsrechtes die Pflicht, auf Ladung vor Gericht zu erscheinen.

Über das Zeugnisverweigerungsrecht aus Berufsgründen ist eine Belehrung nicht vorgeschrieben, sie ist jedoch zulässig.[149]

Allerdings darf eine Belehrung des Zeugen nicht über die Information, dass er seine Entscheidung, auszusagen oder zu schweigen, nach pflichtgemäßem Ermessen zu treffen habe hinausgehen. Das Gericht hat sich jeder Einflussnahme auf die Entscheidung des Zeugen zu enthalten. Auch hat es den Zeugen – wenn er sich für eine Aussage entscheidet – zur Sache zu vernehmen.[150]

Hat der Geheimnisgeschützte den Arzt von der Schweigepflicht entbunden, lebt gem. § 53 II StPO dessen Zeugnispflicht wieder auf.

Für durch Notstandsrecht oder anderweitig gerechtfertigte Aussagen ist dies nicht geregelt.

Wie allerdings schon bei § 383 I Nr. 6 ZPO dargestellt, ist diese Differenzierung sachgerecht.

Bei der Entbindung von der Schweigepflicht besteht kein Interesse am Geheimnisschutz mehr, so dass das Wahrheitserforschungsprinzip in den Vordergrund tritt.

Bei lediglich notstandsrechtlich gerechtfertigter Aussage, ist der Geheimnisschutz für den Betroffenen noch von Interesse und daher auch von der Rechtsordnung zu achten. Es steht im Ermessen des Arztes, auszusagen oder nicht.

---

146 *Bartsch*, Ärztliche Schweigepflicht und Zeugnisverweigerungsrecht im Strafprozess , S. 55.

147 BGHSt 14, 358 (Tonband). Andere Prioritäten setzt hier z.B. das us-amerikanische Recht: Eingehende Gegenüberstellung des amerikanischen und des deutschen Rechts in diesem Punkt: *Lilie*, Ärztliche Dokumentation und Informationsrechte des Patienten, v.a. .S. 85–100.

148 *Peters*, Beweisverbote im deutschen Strafverfahren, S. 93.

149 *Bartsch*, Ärztliche Schweigepflicht und Zeugnisverweigerungsrecht im Strafprozess, S. 57.

150 BGHSt 15, 200, 202.

Eine materielle Rechtfertigung einer im Sinne des § 203 I Nr. 1 StGB unbefugten Zeugenaussage des Arztes geht, aufgrund der Tatsache, dass § 53 I Nr. 3 StPO nur ein Zeugnisverweigerungsrecht und kein Aussageverbot enthält, mit der prozessordnungsgemäßen Vernehmung nicht einher.[151]

Für Ärzte besteht, soweit das Zeugnisverweigerungsrecht reicht, gerade keine Aussagepflicht. Auf eine solche kann sich ein Arzt also auch nicht rechtfertigend berufen, wenn er sich frei zur Aussage entschlossen hat[152].Ein Aussageverbot erscheint im übrigen wenig sinnvoll denn auch in Fällen, in welchen der Arzt grds. an die Schweigepflicht gebunden ist, kann eine Aussage zulässig sein.Steht dem Arzt nämlich ein materieller Rechtfertigungsgrund (z.B. § 34 StGB) zur Seite, lebt zwar die Zeugnispflicht nicht wieder auf, ein Aussagerecht muss der Arzt jedoch zum Wohle höherrangiger Rechtsgüter haben. Die erforderliche Güterabwägung im Einzelfall kann nur der Arzt selbst treffen. Sowenig daher ein Wiederaufleben der Zeugnispflicht sachgerecht ist, sowenig ist es ein generelles Aussageverbot, da die verschiedenen Konstellationen vom Gesetzgeber nicht vorausgesehen werden können.Das Zeugnisverweigerungsrecht ist verzichtbar, der Verzicht kann entsprechend § 52 II 2 StPO widerrufen werden, woraufhin die Vernehmung abzubrechen ist.

Eine Rückwirkung kommt dem Widerruf allerdings nicht zu, eine gemachte Aussage ist verwertbar.[153]

Streitig ist der Fall, in dem der Arzt vor der Hauptverhandlung ausgesagt und in der Hauptverhandlung das Zeugnis verweigert hat. Zwar darf das Vernehmungsprotokoll dann nicht verlesen werden. Ob aber der früher vernehmende Richter in der Hauptverhandlung gehört werden darf ist fraglich.

Laut BGH soll dies zulässig sein.[154]

Dagegen wendet sich *Eberhard Schmidt*.[155]Er weist darauf hin, dass das Urteil nur auf der Hauptverhandlung beruhen darf und dass daher mit der Zeugnisverweigerung in der Hauptverhandlung die früheren Aussagen des Zeugen als Grundlage für die Entscheidung des Gerichts endgültig auszuscheiden hätten.

Nach Ansicht der Verfasserin ist zu beachten, dass generell eine Fernwirkung von Beweisverwertungsverboten nur in Ausnahmefällen angenommen wird, in welchen die Rechtsordnung hinreichend schwer verletzt worden ist.

In vorliegendem Fall hat der Arzt, sofern ihm kein Rechtfertigungsgrund zur Seite stand, mit der Aussage vor der Hauptverhandlung bereits den Kreis der Wissenden in unzulässiger Weise erweitert. Dies ist mit der Zeugnisverweigerung in der Hauptverhandlung nicht mehr zu heilen, lediglich wird eine weitere Erweiterung dieses Kreises vermieden. Ist es schon zu einer Geheimnisverletzung gekommen, kann deren Verwertung durch Vernehmung einer, zwar den Kreis der Wissenden erneut erweiternden, jedoch die ärztliche Schweigepflicht nicht verletzenden Person, den Geheimnisschutz nicht mehr in der Weise beeinträchtigen, dass dieser dem Wahrheitserforschungsprinzip vorzugehen hätte. Erst recht geht die Wahrheitserforschung dem Geheimnisschutz vor, soweit dem Arzt bei seiner früheren Aussage ein Rechtfertigungsgrund zur Seite stand.

151 H.M., vgl. *Woesner*, Fragen ärztlicher Geheimhaltungspflicht, S. 694.

152 *Bartsch*, Ärztliche Schweigepflicht und Zeugnisverweigerungsrecht im Strafprozess, S. 58.

153 RGSt 63, 302.

154 BGH NJW 1958, 268; 1960, 584; 1962, 1875; 1966, 740; 1967, 222.

155 *Schmidt*, Lehrkommentar zur Strafprozessordnung und zum Gerichtsverfassungsgesetz, Bd. I, §§ 261, 264 StPO.

Ist also die Erweiterung des Kreises der Wissenden durch den Arzt nicht mehr zu heilen sondern allenfalls noch zu begrenzen, so ist in der Vernehmung des Richters als Zeugen vom Hörensagen keine derart gravierende Verletzung des Geheimnisschutzes und damit der Rechtsordnung zu sehen, dass dies die Fernwirkung eines Beweisverwertungsverbotes rechtfertigte.

Dem BGH soll daher der Vorzug gebühren. Der Richter darf gehört werden.

Nach § 172 Nr. 3 GVG kann für den Fall, dass ein Arzt zur Sache aussagen will, die Öffentlichkeit vom Gericht ausgeschlossen werden.

Ein Anspruch auf Zeugnisverweigerung durch den Arzt kommt dem Angeklagten, gleich ob er geheimnisgeschützt ist oder nicht, nicht zu.

Die Verweigerung des Zeugnisses durch den Arzt darf ihrerseits nicht zum Gegenstand der Beweiswürdigung gemacht werden.

b.) Das Beschlagnahmeverbot, § 97 I StPO

Das Beschlagnahmeverbot des § 97 I StPO ist eine notwendige Ergänzung zum Zeugnisverweigerungsrecht, ohne die ersteres nur geringe Wirkung hätte.

Was der Arzt auszusagen verweigerte, könnte sonst durch unmittelbaren Zugriff auf das seiner Aussage zugrunde liegende Material an die Öffentlichkeit getragen werden.

Zweck des Beschlagnahmeverbotes ist es also, die Umgehung des Zeugnisverweigerungsrechtes zu verhindern.

Hieraus ergeben sich die Tatbestandsmerkmale der Vorschrift des § 97 I StPO[156].

So muss der Aussagegehalt der dem Beschlagnahmeverbot unterliegenden Gegenstände vom Zeugnisverweigerungsrecht gedeckt sein.Es unterliegen dem Beschlagnahmeverbot also die Mitteilungen zwischen Geheimnisgeschütztem und zeugnisverweigerungsberechtigter Person, sowie alle Aufzeichnungen, die der Zeugnisverweigerungsberechtigte sich in seiner ärztlichen Eigenschaft macht. Der Begriff Aufzeichnungen ist extensiv auszulegen. Er umfasst Krankengeschichten, Karteiblätter, sonstige Notizen jedweder Art, technische Untersuchungsbefunde wie Röntgenaufnahmen, vom Körper des Beschuldigten entfernte Fremdkörper, anatomische Präparate, Blutbilder oder Blutalkoholmessungen.[157]

Auch hier gilt, was oben zur Vorlage von Krankenblättern im Zivilprozess gesagt wurde.

In Ermangelung der Fähigkeit des Patienten, den Arzt bezüglich der Krankenunterlagen umfassend von der Schweigepflicht zu entbinden, kann ein bestehendes Beschlagnahmeverbot nicht allein mit der Entbindung von der Schweigepflicht suspendiert werden. Das Beschlagnahmerecht lebt also nicht automatisch mit der Schweigepflichtentbindung durch den Patienten wieder auf.

Da der eine Beschlagnahme anordnende Richter so wenig über Art und Umfang der Krankenakten Kenntnis hat wie der Patient, den sie betreffen, kann allein der Arzt beurteilen ob die Schweigepflichtentbindung des Patienten soweit reicht, dass sie eine Vorlage der Krankenblätter rechtfertigt. An seiner Freiheit vor Beschlagnahme gegen seinen Willen hat der Arzt also nach wie vor ein beachtliches öffentliches Interesse.[158]

---

156 *Bartsch,* Ärztliche Schweigepflicht und Zeugnisverweigerungsrecht im Strafprozess, S. 63.

157 *Bartsch,* Ärztliche Schweigepflicht und Zeugnisverweigerungsrecht im Strafprozess, S. 63/64.

158 *Göppinger* NJW 1958, 241, 245.

Zwei weitere Voraussetzungen müssen zu der Einordnung der Gegenstände unter die Schweigepflicht hinzutreten.

Sie müssen sich in Gewahrsam der nach §§ 53 I Nr. 3 oder 53 a StPO zur Zeugnisverweigerung Berechtigten oder in Gewahrsam einer Krankenanstalt befinden und sie müssen einen Beschuldigten betreffen, wobei unter Beschuldigter hier jeder einer Tat Verdächtige zu verstehen ist, sofern gegen ihn behördlich vorgegangen wird.[159]

Um die Beschlagnahmefreiheit zu beenden muss der Gewahrsam des Zeugnisverweigerungsberechtigten ganz beendet sein. Vorübergehende Weitergabe an dem Zeugnisverweigerungsberechtigten gegenüber schweigepflichtige Stellen, wie die privatärztliche Verrechnungsstelle, oder bloßer Mitgewahrsam des Zeugnisverweigerungsberechtigten hindern die Beschlagnahmefreiheit nicht[160].

Das Beschlagnahmeverbot muss für seine Wirksamkeit nicht durch den Arzt geltend gemacht werden, vielmehr darf ohne seine explicite Zustimmung die Beschlagnahme weder beantragt noch angeordnet werden[161].

Der Gewahrsam einer Krankenanstalt genügt, s. o., auch für ein Beschlagnahmeverbot.

Der Begriff Krankenanstalt ist extensiv auszulegen. Gemeint sind Sanatorien, Krankenhäuser, Suchtkliniken, Pflegeanstalten, Kranken- und Revierabteilungen der Bundeswehr, der Polizei oder Gefängniskrankenhäuser.

Der zeugnisverweigerungsberechtigte Arzt muss nicht in der Anstalt tätig sein, auch braucht der Beschuldigte nicht in ihr behandelt worden zu sein. Es genügt, dass sich in ihrem Besitz die Gegenstände befinden, auf welche die Beschlagnahme sich erstrecken soll. Der Gewahrsam kann auch durch bloße Übertragung begründet sein.[162]

Ein Beschlagnahmeverbot besteht nicht wenn die Gegenstände, auf die es sich beziehen soll aus einer Straftat stammen oder der Begehung einer solchen dienen sollten oder gedient haben. Ebenfalls ist die Beschlagnahme statthaft wenn der Arzt oder ihm gleichgestellte Personen neben dem Geheimnisgeschützten der Teilnahme an einer Straftat verdächtig oder deren Begünstigte sind (§ 97 II StPO). Die Zeugnisverweigerungsberechtigten sollen sich nicht unter missbräuchlicher Berufung auf ihre Schweigepflicht selbst der Strafverfolgung entziehen können. Insoweit tritt die Zeugeneigenschaft hinter der Beschuldigteneigenschaft des Arztes zurück[163].

Die Beschlagnahme ist ferner zulässig wenn der Arzt nicht nur neben dem Geheimnisgeschützten sondern allein verdächtig ist. Grundlage ist hier nicht § 97 II StPO; die Vorschrift steht allerdings der Zulässigkeit auch nicht entgegen[164].

Erkenntnisse, die durch eine nach § 97 II StPO aufgrund der Mitbeschuldigteneigenschaft des Arztes erfolgte Beschlagnahme dem Gericht bekannt werden dürfen, soweit sie den mitbeschuldigten Patienten betreffen, nicht verwertet werden.

Die Ausnahmevorschrift soll die Strafverfolgung gegen den Arzt ermöglichen, sie soll nicht den geheimnisgeschützten Patienten schlechter stellen. Wäre dieser allein be-

159 *Bartsch,* Ärztliche Schweigepflicht und Zeugnisverweigerungsrecht im Strafprozess, S. 64.
160 *Bartsch,* Ärztliche Schweigepflicht und Zeugnisverweigerungsrecht im Strafprozess, S. 64.
161 RGSt 20, 91.
162 *Peters,* Beweisverbote im deutschen Strafverfahren, S. 133.
163 *Bartsch,* Ärztliche Schweigepflicht und Zeugnisverweigerungsrecht im Strafprozess, S. 66.
164 OLG Celle NJW 1963, 406, 407 f. .

schuldigt, würde das Beschlagnahmeverbot eingreifen. Die Vorschrift des § 97 II StPO ist daher restriktiv auszulegen.[165]

– *Exkurs: Das Insolvenzverfahren/Mitwirkungspflichten des Arztes als Insolvenzschuldner und namentliche Nennung von Privatpatienten?*

Im Unterschied zu den oben dargestellten Schutzvorschriften der Gerichtsverfahrensordnungen erfährt die ärztliche Schweigepflicht im Insolvenzverfahren gegen den Arzt als Schuldner nicht unerhebliche Einschränkung wie der BGH in seinem Beschluss vom 17.02.2005 – IX ZB 62/04 klar gemacht hat.

In diesem Beschluss bestätigte der BGH die Rechtmäßigkeit einer Haftanordnung gegen einen Arzt, der die namentliche Nennung der von ihm nach Eröffnung des Insolvenzverfahrens behandelten Privatpatienten und die Angabe der genauen Forderungen gegen diese unter Berufung auf seine Schweigepflicht verweigert hatte.

In den Urteilsgründen stellt der BGH eine klare Güterabwägung dar, die zu Gunsten der Gläubigerinteressen ausgeht.

Die aus privatärztlichen Behandlungsverträgen resultierenden Forderungen sind pfändbar und gehören daher zur Insolvenzmasse. Dem stehen die jeweiligen Vorschriften zum Schutze der Verschwiegenheit nicht entgegen.

Vergleichbares hatte der BGH schon früher, Rechtsanwälte und Steuerberater betreffend, präjudiziert[166]und mit vorliegendem Beschluss nun auf Ärzte ausgeweitet.

Zwar unterliegt grds. auch die bloße Tatsache, dass eine bestimmte Person einen bestimmten Arzt aufsucht und Forderungen in bestimmter Höhe entstehen der Schweigepflicht, da sie Rückschlüsse auf Art und Umfang der Behandlungsbedürftigkeit zulässt und so die vom allgemeinen Persönlichkeitsrecht aus Art. 2 I i.V.m. 1 I GG geschützte Privatsphäre betrifft.

Jedoch werden die Gläubigerinteressen an der Befriedigung ihrer Forderungen durch das Eigentumsgrundrecht aus Art. 14 I GG geschützt. Hier stehen sich also Interessen gleichen Ranges gegenüber, so dass demjenigen der Vorzug gebührt, das andernfalls die größere Beeinträchtigung erführe. Im Insolvenzverfahren also dem Gläubigerinteresse.

Der Arzt ist für die Erfüllung seiner Auskunftspflicht dem Insolvenzverwalter gegenüber nicht zur Preisgabe jeder Güterabwägung entzogener Angaben zum Intimbereich seiner Patienten verpflichtet. Genaue Diagnosen und sonstige Wahrnehmungen sind zur Zuordnung der Masse-Forderungen weder erforderlich noch werden sie vom Arzt verlangt.

Erforderlich sind demgegenüber die Angaben zu Patientennamen, Höhe und Entstehungsdatum der Honorarforderungen. Entgegen der Meinung der Rechtsbeschwerde, die den Anlass zu obigem Beschluss gegeben hatte, genügt die Vorlage anonymisierter Rechnungen auch dann nicht, wenn der Insolvenzverwalter vorhandene Bankverbindungen in Erfahrung bringen und kontrollieren könnte. Allein die Offenlegung der Beträge, die der Schuldner an der Masse vorbei liquidiert hat, genügt den Gläubigerinteressen nicht.

Die Gläubiger sind berechtigt nachvollziehen zu können, inwieweit Zahlungen an den Schuldner erfolgt sind, auf welche konkreten Forderungen ihm gegenüber geleistet

165 *Peters*, Beweisverbote im deutschen Strafverfahren, S. 133.

166 BGHZ 141, 173, 176ff. .; BGHZ 158, 212.

worden und wohin das Geld geflossen ist. Dies ergibt sich aus § 81 InsO. Nur so kann geprüft werden, in welchem Umfang noch Ansprüche der Insolvenzmasse geltend gemacht werden können.

Gegenüber diesem schutzwürdigen Interesse, werden die Patientenrechte nicht unverhältnismäßig beeinträchtigt wenn der Arzt Namen der Drittschuldner, Datum und Höhe der Forderungen gegen diese offenbart.

Ernstlich genaue Rückschlüsse auf Behandlungstatsachen der betroffenen Patienten sind wohl kaum vorstellbar; darüber hinaus dürfen die dem Insolvenzverwalter zugänglich gemachten Daten von diesem (neben dessen eigener Schweigepflicht) ausschließlich im zur Erfüllung der ihm im Insolvenzverfahren obliegenden Aufgaben erforderlichen Umfang verwertet werden.

Daneben stellt das Insolvenzgericht bei der Auswahl des Verwalters hohe Anforderungen an dessen Person. Neben fachlicher Qualifikation wird auch Integrität verlangt.

Dies alles bietet eine ausreichende Grundlage für die vertrauliche Behandlung der aus dem Insolvenzverfahren bekannt werdenden Informationen.

Insoweit ist der Rahmen gewahrt, innerhalb dessen die ärztliche Schweigepflicht ohnehin gegenüber kollidierenden Interessen zurückzutreten hat. Soweit daher die Insolvenzordnung aufgrund § 97 I den Schuldner zur Auskunft über alle, das Verfahren betreffenden Verhältnisse verpflichtet, offenbart der Arzt nicht unbefugt im Sinne von § 203 I Nr. 1 StGB.[167]

Zum strafrechtlichen Schutz der ärztlichen Schweigepflicht, § 203 I Nr. 1 StGB, nun ausführlich Teil 2.

---

167 Zusammengefasst nach *Bruns,* Mitwirkungspflichten des Arztes als Schuldner im Insolvenzverfahren, ArztRecht 2006, Heft 7, S. 184–186.

Teil 2
Der strafrechtliche Schutz des Arztgeheimnisses nach § 203 I Nr. 1 StGB, sein Umfang und seine Grenzen – Ein Überblick über die Voraussetzungen des § 203 I Nr. 1 StGB und seine Durchbrechungen zum Schutze widerstreitender Güter und Interessen

Wie oben bereits gesagt, steht die Strafnorm des § 203 I Nr. 1 StGB in systematischem Zusammenhang mit den außerstrafrechtlichen Schutznormen der ärztlichen Schweigepflicht.

Verankert ist der Gedanke der Schutzbedürftigkeit sensibler Daten – allen entsprechenden Normen gleichermaßen immanent – in der Verfassung, im allgemeinen Persönlichkeitsrecht in seiner Ausprägung als Recht der informationellen Selbstbestimmung (Art. 2 I i.V.m. 1 I GG).

Jeder Träger sensibler Informationen, jeder Geheimnisträger im Sinne der im Folgenden darzustellenden Strafnorm, hat grds. das ausschließliche Verfügungsrecht über diese Informationen. Er darf, soweit nicht höherrangige Belange entgegenstehen, entscheiden, ob, wem, wann und zu welchem Zweck ihn betreffende Informationen fließen.

Dies ist erforderlich, weil der Kernbereich der Persönlichkeit von medizinisch relevanten Informationen betroffen ist. Dies findet im Standesrecht, im Datenschutzrecht und im Vertragsrecht Berücksichtigung, alle diese Rechtsbereiche konkretisieren damit ein verfassungsrechtliches Gebot. Dies ist konstitutiv für die Gewährleistung einer jedem zumutbaren, von jedem benötigten und von jedem in Anspruch zu nehmenden Gesundheitsfürsorge. Diese Erkenntnis ist, wie aus diesem Werk bereits ersichtlich, eben so alt wie die Bemühungen der Medizin um die Gesundheit des Menschen selbst.

Das Strafrecht hat, da gleichwohl nicht von jedem die überragende Bedeutung der informationellen Selbstbestimmung erkannt und beachtet wird, insoweit dienende Funktion im Schutzsystem, als es die Einhaltung aller entsprechenden Rechtsgrundsätze bewehrt, deren Bedeutung verstärkt und ihre Durchsetzung ermöglicht.

Inwieweit daher die Normen des Standes-, des Zivil- und des öffentlichen Rechts in ihrer Auslegung Einfluss auf die Interpretation der Strafvorschrift haben, inwieweit sie diese determinieren und in welchem Verhältnis ihr jeweiliger Schutzumfang zu dem der Strafvorschrift steht, soll im Folgenden entwickelt werden. Dabei wird auch zu klären sein, wie sich das Doppelbestrafungsverbot ne bis in idem Art. 103 III GG zur Sanktionierung der Schweigepflichtverletzung durch die Straf- und die Ehrengerichtsbarkeit verhält.

Zunächst eine Darstellung des Schutzumfanges des Arztgeheimnisses nach § 203 I Nr. 1 StGB.

A. § 203 I Nr. 1 StGB, Der Schutzumfang des Arztgeheimnisses im Strafrecht

– Vorüberlegung: Die Schutzrichtung der Vorschrift

Die Schutzrichtung der Vorschrift des § 203 I Nr. 1 StGB ist umstritten. Eine Entscheidung dieses Streits ist für die Auslegung und Anwendung der Norm bedeutsam, ebenso zeichnet die Entscheidung für eine Schutzrichtung die Möglichkeiten und Voraussetzungen einer Rechtfertigung von Verletzungen vor[168]. Die vorliegende Arbeit beschränkt sich auf die Darstellung der zu diesem Meinungsstreit vertretenen Grundpositionen.

– – Gemeinschaftsschutzlehre

Eine Ansicht, die sog. Gemeinschaftsschutzlehre, wird vorwiegend in der Literatur vertreten.[169]

Diese Ansicht sieht in § 203 I Nr. 1 StGB eine Vorschrift, die ausschließlich dem Schutz des Gemeinschaftsinteresses an einer funktionsfähigen und durch Diskretion von allen in Anspruch zu nehmenden Gesundheitspflege dient. Normzweck soll demnach das Vertrauen der Allgemeinheit in die Verschwiegenheit der Ärzteschaft sein.

Welche Bedeutung dieses Vertrauen auf die ärztliche Diskretion für die Effizienz des Gesundheitswesens unbestritten hat, wurde im Rahmen dieser Arbeit schon mehrfach gesagt.

Es ist nicht von der Hand zu weisen, dass wohl kaum jemand sich in ärztliche Behandlung begäbe, könnte er nicht bedingungslos auf die Wahrung seiner Geheimsphäre vertrauen.

Dass dies allerdings der einzige Schutzzweck des § 203 I Nr. 1 StGB sein soll greift bei weitem zu kurz. Vielmehr verlangt gerade der Umstand, dass dem Einzelnen die Geheimsphäre oftmals wichtiger ist als seine Gesundheit danach, dass jedermann der Schutz seiner Geheimnisse garantiert wird. Volksgesundheit kann es – und eben dies wird gerade von der Gemeinschaftsschutzlehre treffend erkannt – nur geben, wenn jeder Einzelne die Möglichkeit hat sich um seine Gesundheit zu kümmern. Nun kann Krankheit jedoch nicht nur daher rühren, dass man sich etwas zuzieht und es nicht behandeln lässt. Auch durch psychischen, gesellschaftlichen, wirtschaftlichen und sozialen Druck entstehen bisweilen schwerste Krankheiten. Dieser Druck wird erheblich verringert wenn der Einzelne seine dementsprechenden Geheimnisse gewahrt weiß. Es erleichtert den Umgang mit den eigenen Schwächen erheblich wenn man gerade mit Ärzten über diese sprechen kann ohne deren Geschwätzigkeit fürchten zu müssen. Ein eigener Anspruch des Einzelnen auf Diskretion, neben dem der Gemeinschaft bestehend, stärkt

168 *Eichelbrönner,* Die Grenzen der Schweigepflicht des Arztes und seiner berufsmäßig tätigen Gehilfen nach § 203 StGB im Hinblick auf Verhütung und Aufklärung von Straftaten, S. 56, m. w. N. .

169 So u. a. von: *Lenckner, in: Schönke/Schröder,* Kommentar zum StGB, § 203, Rn. 3.

also auch die Volksgesundheit weit mehr als die Beschränkung des einzelnen Bürgers auf einen abgeleiteten Anspruch.

– – *Die Individualschutzlehre*

Entsprechend vertritt eine andere Ansicht, die sog. Individualschutzlehre, als alleinigen Normzweck den Schutz des Einzelnen vor ärztlicher Indiskretion.[170]

Die Geister scheiden sich hier jedoch noch in der Betonung des konkreten Schutzgutes.

Die einen sehen als Schutzgut die Geheimsphäre des Einzelnen, die anderen das Vertrauensverhältnis zwischen Arzt und Patient.

Die besseren Argumente sprechen an dieser Stelle für den Schutz der individuellen Geheimsphäre. Wird diese vom Arzt gewahrt, besteht ein ausreichender Schutz auch für das Vertrauen in diesen. Davon abgesehen, dass die Vertrauensbeziehung zwischen Arzt und Patient wesentlich komplexer ist als im Rahmen von § 203 I Nr. 1 StGB relevant. Sie umfasst auch das Vertrauen in die medizinisch-fachliche Kompetenz, in die Bereitschaft umfassend zu beraten und dem mündigen Patienten die ihn betreffenden Entscheidungen zu überlassen. All dies geht über die Verschwiegenheit hinaus, so dass sich der Schutz des Vertrauensverhältnisses im Ganzen als im Zivil- und Vertragsrecht besser aufgehoben darstellt. Im Strafrecht werden jeweils nur partikuläre Ausschnitte dieses Vertrauens geschützt, einer davon im Rahmen des Geheimnisschutzes, ein anderer ggf. im Bereich der Körperverletzungsdelikte. So wie im Bereich der Körperverletzungsdelikte primär die körperliche Unversehrtheit und erst sekundär die Selbstbestimmung über körperliche Heileingriffe oder das Vertrauen in eine Behandlung lege artis geschützt werden (letztere wird regelmäßig eher vorausgesetzt), stellt sich im Rahmen der Schweigepflicht der Geheimnisschutz selbst als vordergründig dar. Nur so erklärt sich auch die Erweiterung der strafbewehrten Schweigepflicht auf Gehilfen des Arztes, sowie auf Amtsärzte, Gutachter und andere mehr, zu denen gar kein Vertrauensverhältnis besteht.

Gerade wo es an Vertrauen fehlt, ist die davon unabhängige Garantie der Verschwiegenheit essentiell.

Die Individualschutzlehre verbucht gegenüber der Gemeinschaftsschutzlehre für sich die besseren Argumente. So ist schon im historischen Teil der Arbeit auf die im Lauf der Zeit stetig zunehmende Betonung des Individualinteresses hingewiesen worden. Die Entstehungsgeschichte der Norm deutet daher auf Individualschutz. Ebenso die systematische Stellung im 15. Abschnitt der Delikte gegen den persönlichen Lebens- und Geheimbereich. Weitere Punkte sind das Strafantragsbedürfnis des § 205 StGB und der postmortale Geheimnisschutz.[171]

Allerdings begegnet auch die Ansicht der Geheimnisschutz sei alleiniger Schutzzweck dem Vorwurf der Unvollständigkeit.

So ist eine, beiden Theorien immanente einseitige Schutzrichtung in der Handha-

---

170 Vertreten u. .a von: *Eser,* Medizin und Strafrecht, S. 40 f. .

171 *Eichelbrönner,* Die Grenzen der Schweigepflicht des Arztes und seiner berufsmäßig tätigen Gehilfen nach § 203 StGB im Hinblick auf Verhütung und Aufklärung von Straftaten, S. 60/61. Für die Individualschutzlehre, den Gemeinschaftsschutz als Reflex herausarbeitend: *Lilie,* Ärztliche Dokumentation und Informationsrechte des Patienten, S. 95, 96.

bung nicht flexibel genug und auch häufig nicht sachgerecht. Zunächst stärkt nicht nur der Individualschutz auch die Ziele der Gemeinschaft sondern auch andersrum. Wissen die Ärzte ihr Schweigen als der Gemeinschaft aller geschuldet, so erhält es eine andere Dimension und die Diskretion als Voraussetzung der Volksgesundheit wird gefördert.

Auch in der Entscheidung über Rechtfertigungsgründe kann es helfen der Schweigepflicht neben Individual- auch Gemeinschaftsschutz anheim zu stellen. Dadurch wird z.B. im Gerichtsverfahren der Weg zur praktischen Konkordanz frei, stehen sich dadurch zwei öffentliche Interessen gegenüber.

§ 203 I Nr. 1 StGB ist daher am treffendsten als Vorschrift mit dualer Schutzrichtung zu verstehen. Die Vorschrift schützt sowohl die Geheimsphäre des Einzelnen als auch das Interesse der Allgemeinheit am Vertrauen in die Ärzteschaft. Priorität jedoch kann aus genannten Gründen der Individualschutz der Geheimsphäre für sich beanspruchen.

I. Objektiver Tatbestand

Zur Darstellung des objektiven Tatbestandes ist zunächst eine Erläuterung des Tatgegenstandes unerlässlich.

1. Tatgegenstand, Schutzgut

Tatgegenstand bzw. Schutzgut sind fremde Geheimnisse.

a.) Der Begriff des Geheimnisses

Damit bezeichnet § 203 I Nr. 1 StGB nicht wie § 9 MBO-Ä schlechthin alles, was dem Arzt in seiner Eigenschaft als solcher anvertraut wird.

Der strafrechtliche Begriff ist – der Restriktion des Strafrechts als ultima ratio und dem verfassungsrechtlichen Bestimmtheitsgebot entsprechend – präziser als der standesrechtliche.

Geheimnis im Sinne der Norm ist eine Tatsache, deren Kenntnis sich auf einen bestimmten, abgrenzbaren Personenkreis beschränkt (faktisches, objektives Merkmal) und an deren dementsprechender Geheimhaltung der Patient ein schutzwürdiges Interesse hat[172] (normatives, subjektiv-individuelles Merkmal).

Der Geheimnisbegriff ist, obgleich er nicht schlechthin jede Laune des Patienten umfasst, weit auszulegen. Damit entspricht er im Schutzumfang trotz präziserer Formulierung der standesrechtlichen Schweigepflicht. Er umfasst nicht lediglich Art und Verlauf der Krankheit, Anamnese, Diagnose, Therapie, Prognose sowie körperliche, psychische oder geistige Besonderheiten, Krankenakten, Röntgenbilder und anderes medizinisches Untersuchungsmaterial. Er umfasst genau so persönliche, familiäre, berufliche, wirtschaftliche, finanzielle Gegebenheiten, sowie Äußerungen über die religiöse oder politische Weltanschauung. Ebenfalls umfasst er die Identität des Patienten und den Umstand einer Konsultation überhaupt.

---

172 *Langkeit* NStZ 1994, 6.

Dass sich diese Aufzählung nicht als abschließende begreift, versteht sich.

Generell ist irrelevant, ob die dem Arzt anvertraute oder anderweit bekannt gewordene Tatsache dem privaten oder öffentlichen Lebensbereich angehört bzw. welcher Art ein Geheimnis i. S. d. § 203 I Nr. 1 StGB ist.

Voraussetzung allerdings ist, dass es sich um eine Tatsache handelt, die bisher nur einem nach Person und Zahl überschaubaren Kreis von Wissenden bekannt ist. Es muss von Bedeutung für den Patienten sein, wenn dieser Kreis um eine weitere Person erweitert wird.

Die Grenze des Geheimnisschutzes ist dort erreicht, wo es sich um eine sog. offenkundige Tatsache handelt.[173]

Dies ist dann der Fall wenn die Tatsache entweder einer Vielzahl von Personen bekannt oder beliebigen Dritten zugänglich ist.[174]

Offenkundigkeit entsteht nicht durch von einer Vielzahl von Leuten verbreitete jedoch unbestätigte Gerüchte, wohl aber durch die öffentliche Verhandlung einer Sache vor Gericht. Letzteres soll auch dann zu Offenkundigkeit führen wenn keine Zuhörer anwesend sind, durch die Öffentlichkeit der Verhandlung aber jederzeit teilhaben könnten.[175]

Dies begegnet nach Ansicht der Verfasserin deshalb Bedenken, weil der Öffentlichkeit mit der Möglichkeit der Teilnahme an der Hauptverhandlung hinreichend Gelegenheit gegeben wird, sich Kenntnis über die Dinge zu verschaffen, die sie interessieren. Lässt sie diese ungenutzt verstreichen, kann es kein billigenswertes Interesse mehr geben, mehr in Erfahrung zu bringen als aus der Veröffentlichung des Urteils zu erfahren ist. Hat ein Geheimnisträger also das Glück, ohne Zuhörer vor Gericht zu stehen, so ist sein Geheimhaltungsinteresse schon durch die Anwesenheit der Prozessbeteiligten in der Regel hinreichend beeinträchtigt.

Diese Beeinträchtigung ist gerechtfertigt durch das öffentliche Interesse an der gerichtlichen Klärung des betreffenden Falles. Eine weitergehende Beeinträchtigung über diese Klärung hinaus kann nicht hingenommen werden, da auch strafgerichtlich verurteilte Personen den Schutz des allgemeinen Persönlichkeitsrechts genießen. So ist zu verlangen, dass ein Arzt – mag er sich auch gerechtfertigt in der Verhandlung zur Aussage entschlossen haben – danach den Kreis der Wissenden nicht allein deshalb uferlos erweitert weil eine Tatsache aus dem Schutz der Schweigepflicht herausfällt. Die Öffentlichkeit vor Gericht dient der verfassungsrechtlich gebotenen Kontrolle der Gerichtsbarkeit durch das Volk, von welchem alle Staatsgewalt – so auch die Judikative – letztlich auszugehen hat. So ist die Möglichkeit an einer Verhandlung teilzunehmen staatstheoretisch erforderlich wie in der Praxis wünschenswert. Sie ist jedoch auch ausreichend. Es wird nicht gefordert, dass jedermann tatsächlich Zutritt zu einer Verhandlung verlangen kann. Vielmehr ist die Teilnahme schon durch die örtlichen Gegebenheiten begrenzt auf die vorhandene Anzahl an Plätzen. Die Öffentlichkeit ist also nicht Selbstzweck und daher auch nicht geeignet den Schutzzweck einer Norm zu beschränken. Ein Geheimhaltungsinteresse darf in höherrangigem Interesse durchbrochen werden. Über den im Verfahren tatsächlich anwesenden Teil der Öffentlichkeit hinaus jedoch ist kein Grund

173 *Lenckner, in: Schönke/Schröder,* Kommentar zum StGB, § 203, Rn. 6 m. w. N. .

174 *Lenckner, in: Schönke/Schröder,* Kommentar zum StGB, § 203, Rn. 6.

175 BGHZ 122, 115, 118.

ersichtlich, weshalb weitere Personen von einem im Verfahren verhandelten Umstand sollten Kenntnis erhalten dürfen.

Zustimmung jedoch verdient das Postulat, dass ein Ereignis, welches sich in der Öffentlichkeit abspielt unabhängig von der Zahl der Beobachter nicht mehr als geheim gelten und daher auch nicht mehr schutzwürdig sein kann.

Indes setzt dies nach Ansicht der Verfasserin voraus, dass es überhaupt einen Beobachter gegeben hat. Hier ist, dem Charakter des Geheimhaltungsinteresses entsprechend, ein realer, nicht – wie bei einer von der Öffentlichkeit gemiedenen Verhandlung – ein fiktiver Beobachter zu verlangen.

Wo kein Zuhörer anwesend war, kann sich ein Ereignis auch nicht im Sinne der Norm in der Öffentlichkeit abgespielt haben.

In diesem Sinne vor den Augen der Öffentlichkeit spielen sich demgegenüber Dinge ab, die unvermeidlich und auch tatsächlich von sämtlichen Personen wahrgenommen werden, die mit dem Geheimnisträger in Kontakt kommen. So zum Beispiel augenfällige körperliche Beeinträchtigungen oder offensichtliche Gipsverbände. Da hier in jedem Fall irgendjemand die Tatsache wahrgenommen haben muss ist hier in der Tat nicht entscheidend, für wen oder für wieviele genau dies gilt.

Generell kann auch die Offenkundigkeit einer Tatsache durch Zeitablauf erlöschen, womit die Tatsache wieder in den Schutzbereich des Arztgeheimnisses fällt. Dies ist dann der Fall wenn anzunehmen ist, dass die Tatsache zwischenzeitlich wieder in Vergessenheit geraten ist.[176]

Das Geheimhaltungsinteresse des Patienten meint, wie oben schon angesprochen, nicht jede Laune des Geheimnisträgers. So ist ein schlechterdings niemandem nachvollziehbarer Geheimhaltungswille nicht beachtlich. Generell aber muss der Geheimhaltungswille nicht objektiv nachvollziehbar sein. Es ist also für die rechtliche Billigung des Geheimhaltungsinteresses nicht erforderlich, dass andere Patienten in gleicher Situation auch ein solches Interesse hätten. Vielmehr genügt, dass ein Geheimhaltungsinteresse nicht schlechterdings jeder Grundlage entbehrt. Darüber hinaus gilt ein subjektiv-individueller Maßstab ohne rechtliche, ethische oder moralische Wertung[177]. Es unterliegt also auch die Tatsache, ein Verbrechen begangen zu haben oder zu planen oder die Absicht, ein begangenes Verbrechen zu verdecken grds. dem Schutz des Arztgeheimnisses.

Ebenfalls geschützt ist das mutmaßliche Interesse eines Patienten, eine Tatsache geheim zu halten wenn dieser sie selbst nicht kennt[178]. Z.B. eine Wahrnehmung zum seelischen Zustand des Patienten, die der Arzt, ohne dies mit dem Patienten zu besprechen, anlässlich einer Routinekontrolle gemacht hat.

b.) Der Begriff „fremd"/ geschützte Geheimnisträger

Zu klären ist weiterhin, was unter dem Begriff des fremden Geheimnisses zu verstehen ist.

Das Merkmal „fremd" bezieht sich auf die Perspektive des Arztes.

---

176 RGSt 31, 90, 91.

177 *Ulsenheimer, in: Laufs/Uhlenbruck,* Handbuch des Arztrechts, § 70, Rn. 3.

178 *Ulsenheimer, in: Laufs/Uhlenbruck,* Handbuch des Arztrechts, § 70, Rn. 3.

Es muss sich demnach um das Geheimnis einer anderen Person handeln. Mithin um ein Geheimnis des Patienten bzw. um das Geheimnis eines Dritten[179].

aa) Drittgeheimnisse

Fraglich ist, was unter dem Begriff Drittgeheimnis zu verstehen ist sowie ob an der Geheimhaltung von Tatsachen, die nicht den Patienten sondern eine dritte Person betreffen der Dritte oder aber der Patient dem Arzt gegenüber ein schutzwürdiges Interesse haben muss.

aaa) Der Begriff des Drittgeheimnisses

Der Begriff des Drittgeheimnisses meint zum einen ein Geheimnis des Patienten, das dem Arzt durch einen Dritten zugetragen wird; zum anderen ein Geheimnis, das der Patient dem Arzt über einen Dritten zuträgt.

Beide Formen des Drittgeheimnisses sind von § 203 I Nr. 1 StGB geschützt.

Es kommt in der ärztlichen Tätigkeit sehr häufig vor, dass der Arzt mit Dritten in Kontakt kommt und dabei Dinge über den Patienten erfährt oder eben auch über diese selbst. So kann er während eines Hausbesuchs die Drogenabhängigkeit eines Familienangehörigen entdecken; auch kann es zur Klärung des Gesundheitszustandes eines Patienten erforderlich sein, in Erfahrung zu bringen ob in einer Familie Erbkrankheiten bestehen. Auch bei psychischen Belastungsreaktionen kann zu Tage treten, dass diese im sozialen Umfeld ihren Ursprung haben. Dies sind nur Beispiele für die Vielfalt der Informationen die der Arzt – teilweise nicht einmal gezielt – täglich bei seiner Tätigkeit erhebt.

Der Schutz der Schweigepflicht wäre unvollkommen, müsste der Arzt nicht über alles schweigen, was die Personen betrifft, mit denen er in Ausübung seiner Tätigkeit in Kontakt kommt.[180]

bbb) Interessenträger der Geheimhaltung

Streitig ist jedoch, wer in Bezug auf die Geheimnisse Dritter der Geheimnisgeschützte ist. Der Dritte selbst oder der Patient. Von der Beantwortung der Frage, zu wessen Gunsten die Schweigepflicht besteht bzw., wer durch eine unbefugte Offenbarung verletzt ist hängt ab, wer von der Schweigepflicht wirksam entbinden und dadurch in eine Offenbarung einwilligen kann.[181]

Eine Ansicht fordert für den Geheimnisschutz ein persönliches Vertrauensverhältnis zum betreffenden Arzt. Die Schweigepflicht besteht danach zu Gunsten desjenigen, in dessen Person dieses Vertrauensverhältnis vorliegt. Unstreitig ist dies immer in der Person des Patienten gegeben. Bei Dritten soll es darauf ankommen ob diese in vergleichbarer Weise Vertrauen in den Arzt gesetzt haben wie der Patient[182]. Dies soll z. B. der Fall sein wenn ein Arzt beim Hausbesuch etwas über Angehörige erfährt, die ihm ihr Haus zur Behandlung des Patienten geöffnet haben; nicht aber wenn der Patient

179 *Ulsenheimer, in: Laufs/Uhlenbruck,* Handbuch des Arztrechts, § 70, Rn. 4.
180 *Bartsch,* Ärztliche Schweigepflicht und Zeugnisverweigerungsrecht im Strafprozeß, S. 45/46.
181 *Bartsch,* Ärztliche Schweigepflicht und Zeugnisverweigerungsrecht im Strafprozess, S. 46.
182 *Kohlhaas,* Herausgabepflicht und Beschlagnahme ärztlicher Aufzeichnungen, S. 1165.

in der Sprechstunde über Umstände eines nicht anwesenden Dritten spricht. Nur diese Auslegung werde dem Zweck der Vorschrift gerecht, welcher vornehmlich darin bestehe, Kranke aus dem Zwiespalt zu befreien ob sie Geheimnisse gewahrt wissen oder eine ärztliche Heilbehandlung in Anspruch nehmen wollen. Diesem Dilemma sei ein unbeteiligter Dritter nicht ausgesetzt. Diese Ansicht stellt bezüglich der Schutzrichtung der ärztlichen Schweigepflicht ausschließlich auf das Interesse der Allgemeinheit an der Funktionsfähigkeit der Gesundheitsfürsorge ab. Die Vorschrift soll gewährleisten, dass der Kranke zum Arzt geht.

Dies ist so aber nicht allein Sinn des § 203 I Nr. 1 StGB. Vielmehr hat die Vorschrift dieses Allgemeininteresse zwar durchaus im Blick, ebenso schützt sie aber auch – und dies vorrangig – das Interesse des Einzelnen an seiner Persönlichkeit und Privatsphäre (vgl. oben).

Dem wird diese Ansicht nicht gerecht. Auch derjenige Dritte, der nicht in persönlichen Kontakt zu dem Arzt tritt hat ein Interesse an der Wahrung seiner Geheimnisse und stellt diese nicht ohne weiteres zur Disposition des Patienten, dem es damit anheim stünde, den Arzt von der Schweigepflicht zu entbinden.Würde man dies ignorieren, hätte man außerdem die Frage zu beantworten, weshalb dann Geheimnisse Dritter, die nicht mit dem Arzt in Verbindung stehen überhaupt Geheimnisse im Sinne der Norm sein sollten. Man könnte dann auch darauf abstellen, der Arzt habe diese nicht in Ausübung seiner Tätigkeit erlangt, ist er doch nicht dem Dritten gegenüber als Arzt aufgetreten. Vielmehr muss der Dritte – egal ob persönlich involviert oder nicht – zumindest neben dem Patienten einen für eine wirksame Schweigepflichtentbindung konstitutiven Geheimnisschutz genießen. Gerade wenn der Dritte nicht mit dem Arzt in Verbindung steht hat er regelmäßig auch keinen Einfluss auf dessen Vereinbarungen mit dem Patienten. Seine Geheimsphäre bedarf also gerade dann eines Schutzes, der ihm persönlich den Einfluss auf die Wahrung der Schweigepflicht sichert.Daneben besteht selbstverständlich generell Geheimnisschutz für den Patienten. Dieser kann jedoch nicht wirksam in die Offenbarung von Geheimnissen anderer einwilligen.

bb) Postmortaler Geheimnisschutz

Für die Frage inwieweit auch Geheimnisse Verstorbener der Schweigepflicht unterliegen ist zu unterscheiden:

Einmal geht es um den Schutz von Geheimnissen, die ein zwischenzeitlich verstorbener Patient einem Arzt noch zu Lebzeiten mitgeteilt hat.

Etwas anderes sind die Tatsachen, die am verstorbenen Patienten durch den Sektions-, Leichenschau- oder Obduktionsarzt festgestellt werden oder auch durch den Notarzt, dessen Rettungsversuch zu spät kommt.

aaa) Geheimnisse zwischenzeitlich verstorbener Patienten, die einem Arzt noch zu deren Lebzeiten zuteil geworden sind

Zu Geheimnissen, die ein zwischenzeitlich Verstorbener seinem Arzt noch zu Lebzeiten offenbart hat wurde früher vereinzelt vertreten, diese unterlägen nach dem Tod des Geheimnisträgers nicht mehr dem selben Schutz wie zu Lebzeiten. Dies wurde damit begründet, dass nach dem Tod Persönlichkeitsinteressen und körperliche Merkmale an

Bedeutung verlören und so die Notwendigkeit der Rücksichtnahme auf persönliche Interessen des Verstorbenen abnehme.[183]

Außerdem sei nach dem Tod keine Schweigepflichtentbindung mehr möglich, da die Einwilligungsbefugnis als höchstpersönliches Recht nicht übertragbar und nicht vererblich sei.

Durch ein damit uneingeschränktes Zeugnisverweigerungsrecht des Arztes könnten somit ggf. gewichtige schützenswerte Belange beeinträchtigt werden. Als Beispiel wurde auf die Gültigkeit eines Testaments verwiesen, soweit es um eine Geisteskrankheit des Erblassers geht.[184]

Die Schweigepflicht bestehe nur noch insoweit fort als erhebliche Interessen des Verstorbenen, beispielsweise die Erhaltung seines Ansehens dies erforderten.

Diese Ansicht ist abzulehnen. Anderes ist inzwischen auch in § 203 IV StGB geregelt.

Es stand dem Verstorbenen selbst anheim zu definieren, wann sein Ansehen von der Offenbarung einer Tatsache beeinträchtigt ist. Nur er war in der Lage diesbezüglich Maßstäbe zu setzen. Gerade deshalb ist das Recht in eine Offenbarung einzuwilligen grds. nicht vererblich. Dieser Umstand zeigt gerade, dass das Persönlichkeitsrecht und damit auch die Geheimsphäre auch nach dem Tode uneingeschränkt schutzwürdig bleiben, soll doch den Erben nicht ohne Grund die Verfügung darüber entzogen sein. Körperliche Merkmale und Facetten einer Persönlichkeit verlieren nach dem Tod auch deshalb nicht an Bedeutung weil jeder Mensch das Recht hat, so in Erinnerung zu bleiben, wie man ihn zu Lebzeiten wahrgenommen hat. Da er nach seinem Tod hierauf keinen Einfluss mehr nehmen kann, verlangt es eine gewisse Pietät an seinem Andenken nicht ohne gewichtigen Grund zu rühren[185].

Ein solch gewichtiger Grund kann nicht in der Beeinträchtigung der Belange der Erben oder der Klärung gesellschaftlicher oder strafrechtlicher Angelegenheiten bestehen. Zwar hat der Arzt ein uneingeschränktes Zeugnisverweigerungsrecht bezüglich ihm bekannter Umstände seines Patienten. Dasselbe Zeugnisverweigerungsrecht hat er aber auch zu Lebzeiten des Patienten schon gehabt, so dass hierin keine unbillige Erschwerung der Wahrheitsforschung zu besorgen ist. Auch nach dem Tode besteht die Möglichkeit für Ärzte, sich für eine Offenbarung nach den Grundsätzen der allgemeinen Rechtfertigungsgründe zu entscheiden. Es werden häufig Dinge zu klären sein – verwiesen sei hier auf den Fall des Testaments eines Geisteskranken – zu denen der Geheimnisträger wohl ohnehin nicht von der Schweigepflicht entbunden hätte. Hier ist also auch das mutmaßliche Einverständnis kein gangbarer Weg. Wo die Sachlage so ist, ist es nicht angebracht, die Entscheidung eines Verstorbenen durch postmortale Verkürzung seiner Persönlichkeitsinteressen zu untergraben. Insoweit müssen schon Zweifel an der Gültigkeit eines Testaments mangels entgegenstehender Beweise verneint werden, kann man nicht über das Notstandsrecht zu einer Rechtfertigung einer Offenbarung des Arztes gelangen (zu diskutieren könnte dies z. B. bei der Übergehung von Pflichtteilsberechtigten sein).

Um noch auf den gesellschaftlichen Aspekt der Schweigepflicht zurückzukommen: Ärzte werden wohl von allen auch im Vertrauen darauf konsultiert, dass sie nicht nur

183 OLG Düsseldorf NJW 1959, 821.
184 OLG Düsseldorf NJW 1959, 821.
185 BGHZ 50, 133, 135; 137.

generell zum Schweigen verpflichtet sind sondern auch nach dem Tode noch entsprechende Geheimnisse zu wahren haben. Dieses Vertrauen ist zwar wie schon ausgeführt nicht der primäre Schutzgegenstand der Schweigepflicht, spielt jedoch neben der Geheimsphäre doch auch eine gewisse Rolle. Die nunmehrige gesetzliche Regelung des den Tod überdauernden Geheimnisschutzes in § 203 IV StGB ist also allein adäquat.

Es ist demnach festzuhalten, dass Geheimnisse eines zwischenzeitlich verstorbenen Patienten, die ein Arzt zu dessen Lebzeiten erfahren hat, auch nach seinem Tode grds. uneingeschränkt schutzwürdig sind und dieser Schutz nur nach den auch für lebende Geheimnisträger geltenden allgemeinen Rechtfertigungsregeln durchbrochen werden darf. Seine Einschränkung ist also nicht Regelfall sondern Ausnahme.

bbb) Tatsachen, die an einem Leichnam im Rahmen der Leichenschau, Sektion oder Obduktion zu Tage treten bzw. Feststellungen des nur noch einen Leichnam vorfindenden Notarztes

Was die Tatsachen betrifft, die der Mediziner an einem bereits toten Menschen feststellt, ist vor allem die Frage problematisch, wie es um die Schweigepflicht gegenüber Strafverfolgungsbehörden bezüglich der Umstände steht, die auf eine Straftat hinweisen.

Die Praxisrelevanz dieser Fragestellung ist erheblich, da gerade der Arzt, der Leichenschau, Sektion oder Obduktion vornimmt zum einen aufgrund seiner speziellen Qualifikation und zum anderen aufgrund seiner Sensibilisierung gerade auf Spuren von Straftaten, solche Spuren regelmäßig auch bemerken wird[186].

Die Antwort auf die Frage nach einer diesbezüglichen Schweigepflicht lässt sich nicht § 203 IV StGB entnehmen. Dieser hat die vorliegende Fallkonstellation nicht im Blick.

Auch im Rahmen dieser Diskussion wird u.a. eine Position vertreten, die in ihren Gründen vornehmlich auf das zwischen lebendem Patienten und Arzt bestehende Vertrauensverhältnis abstellt. Diese Ansicht will den einen Toten untersuchenden Arzt niemals einer Schweigepflicht über Tatsachen unterstellen, die er an dessen Körper wahrnimmt. Es könne denknotwendig niemals schutzwürdiges Vertrauen zwischen einem Toten und dem Arzt geben[187]. Auch ist das Argument zu lesen, Feststellungen an einem Toten nehme der Arzt nicht in seiner Eigenschaft als solcher, sondern lediglich als medizinischer Sachverständiger wahr. Als Arzt beschränke sich seine Tätigkeit auf Heilbehandlungen Lebender[188].

Beides ist keine sachgerechte Betrachtungsweise.

Insbesondere im Falle des zur Rettung alarmierten Notarztes, der einen Leichnam vorfindet wäre es lediglich vom Zufall abhängig ob eine Schweigepflicht entsteht oder nicht.

Eine weitere Ansicht unterscheidet zwischen dem amtlich zur Untersuchung einer Leiche bestellten Arzt und einem privat (z.B. von Angehörigen) beauftragten Mediziner[189].

---

186 *Eichelbrönner,* Die Grenzen der Schweigepflicht des Arztes und seiner berufsmäßig tätigen Gehilfen nach § 203 StGB im Hinblick auf Verhütung und Aufklärung von Straftaten, S. 83.

187 *Kohlhaas,* Ärztliche Leichenschau und Meldepflicht gewaltsamer Todesfälle, S. 407.

188 *Bockelmann, in: Ponsold,* Lehrbuch der gerichtlichen Medizin, S. 15, Fn. 32.

189 LG Berlin NStZ 1999, 86.

Die Beziehung des ersteren sei rein öffentlicher Natur, die des letzteren habe durchaus Elemente des Vertrauensverhältnisses, was z. B. aus der freiwilligen Hinzuziehung durch die Angehörigen zu schließen sei. Ersterer diene der Beweisfindung für die Verfolgungsbehörden und unterliege daher nicht der Schweigepflicht. Vielmehr seien seine Ergebnisse gerade zur Preisgabe an die Behörden bestimmt. Letzterer hingegen habe über Tatsachen, an deren Geheimhaltung die Angehörigen ein Interesse haben zu schweigen.

Es wird aber auch gelegentlich auf die innere Einstellung des Mediziners abgestellt. Nach dieser Ansicht soll es nicht auf die Amtlichkeit der ärztlichen Tätigkeit ankommen. Dieses Kriterium sei allein für die Frage nach der Rechtfertigung einer Offenbarung relevant. Für die Frage ob eine Tatsache überhaupt den Schutz des Arztgeheimnisses genießt, soll es darauf ankommen, ob der Mediziner den Patienten in der Absicht der Hilfeleistung oder Rettung aufsucht oder ob er zur Untersuchung eines Leichnams tätig wird.[190]

Nach dieser Ansicht umfasst der Geheimnisschutz auch Wahrnehmungen am Körper des Toten, solange der Arzt diesen in der Absicht der Heilung oder Rettung aufgesucht hat. Wird der Arzt jedoch von vorne herein zur Begutachtung eines Leichnams gerufen, unterliegen die Feststellungen, die er an diesem erhebt nicht der Schweigepflicht, da er diese nicht in seiner ärztlichen Eigenschaft gemacht hat.

Zu allen dargestellten Ansichten ist zu sagen, dass ihre Argumente zum einen vom Gesetzeswortlaut des § 203 I Nr. 1 StGB nicht gestützt werden, zum anderen haben alle Ansichten auch gravierende Argumente gegen sich.

Zur Ansicht, es komme auf die private Beauftragung eines Mediziners an, um eine Schweigepflicht zu begründen ist insbesondere zu sagen, dass, wie oben bereits gesagt, das Verfügungsrecht über Geheimnisse des Toten, über dessen Persönlichkeitsrecht den Angehörigen entzogen ist. Ein solches Verfügungsrecht steht allein dem verstorbenen Geheimnisträger zu, es ist nicht vererblich. Daraus folgt klar, dass weder eine Beauftragung eines Mediziners mit der Heilung oder Rettung eines Menschen oder auch mit der Begutachtung eines Leichnams durch Angehörige des Betroffenen eine Schweigepflicht zu begründen; noch das Fehlen einer solchen Beauftragung eine Schweigepflicht zu hindern vermag.

Allen Ansichten gemein ist die Tatsache, dass sie keine sachgerechte Problemlösung bieten, da in jedem Fall ein gewichtiges Interesse am Geheimnisschutz besteht und es in den dargestellten Lösungsvorschlägen jeweils vom Zufall abhängt ob ein solcher versagt wird. Es kann für den Geheimnisschutz weder auf den Zeitpunkt des Versterbens noch auf die innere Willensrichtung des begutachtenden Mediziners und aus eben gezeigtem Grund auch nicht auf die Natur seiner Beauftragung ankommen. Solche Differenzierungen sind auch im Standesrecht nicht vorgesehen[191].

Unzutreffend erscheint auch die These, der Arzt nehme Feststellungen an einem Leichnam nicht in seiner ärztlichen Eigenschaft sondern lediglich als medizinischer Sachverständiger wahr. Würde sich ein Arzt nicht wie mit dem Leben auch mit dem Tod beschäftigen, käme er dem umfassenden Tätigkeitsfeld der Medizin wohl nicht genügend nach. Dies stützt nicht zuletzt die Tatsache, dass der Tod als solcher medizinische Defi-

---

190 *Hackel,* Schweigepflicht über Befunde an Toten, S. 1381.

191 *Eichelbrönner,* Die Grenzen der Schweigepflicht des Arztes und seiner berufsmäßig tätigen Gehilfen nach § 203 StGB im Hinblick auf Verhütung und Aufklärung von Straftaten, S. 87.

nitionsfrage ist, über welche die Auffassungen auch nicht immer ungeteilt waren. War früher der Herzstillstand entscheidend ist unter den heutigen technischen Bedingungen (Herz-Lungen-Maschine, Hirnstrommessung) der Hirntod wohl ausschlaggebend.

Ebenfalls würde die Facharztordnung[192] wohl kaum einen Facharzt für Pathologie vorsehen, würde sich dieser nicht im Tätigkeitsbereich eines Arztes aufhalten.

Es ist zu fordern, dass jeder Arzt in gleicher Weise über die Geheimnisse eines – lebenden oder toten – Patienten zu schweigen hat, mit denen er in Ausübung seines Berufes in Berührung kommt.

Unbestritten kann der Geheimnisschutz jedoch nicht für Tatsachen gelten, die durch auf gesetzlicher Grundlage zum Zwecke der Klärung im öffentlichen Interesse stehender Umstände angeordnete Untersuchungen zu Tage gefördert werden.

Ein besseres Abgrenzungskriterium für die Geheimhaltungspflicht am Körper eines Toten festgestellter Tatsachen scheint der Verfasserin daher die Natur nicht des Untersuchungsauftrages sondern der Tatsachen selbst zu sein[193].

Sachgerecht erscheint hier die Lösung, dass die Schweigepflicht für die Tatsachen, deren Erhebung Sinn und Zweck eines behördlich, gerichtlich oder privat anberaumten Untersuchungsauftrages (sofern dieser sich auf eine rechtmäßige Grundlage stützen kann) ist, suspendiert wird, so dass diese Informationen zur Erfüllung des Auftrages fließen dürfen.

Insoweit handelt es sich ergo nicht um unbefugtes Offenbaren.

Die Grenze ist dort zu ziehen, wo eine Untersuchung an einer Leiche mehr als zur Erfüllung des der Untersuchung zugrunde liegenden Auftrages erforderlich ist zu Tage fördert.

Über alle, das Untersuchungsziel überschreitenden Informationen hat der Arzt – außer bei Eingreifen der allgemeinen Rechtfertigungsregeln – zu schweigen[194].

2. Schweigepflichtige Personen

§ 203 I Nr. 1 StGB unterstellt neben den Ärzten, auf welche sich die Ausführungen des vorliegenden Teils beschränken werden, auch Zahnärzte, Tierärzte, Apotheker und die Angehörigen anderer Heilberufe, die für die Berufsausübung oder die Führung der Berufsbezeichnung eine staatlich geregelte Ausbildung erfordern der Pflicht, über fremde Geheimnisse, die ihnen in Ausübung ihrer berufsmäßigen Tätigkeit bekannt werden zu schweigen.

Die Aufzählung der sog. qualifiziert schweigepflichtigen Berufsgruppen in § 203 StGB ist abschließend, was bei Schaffung neuartiger Berufsbilder die Gefahr lückenhaften Schutzes in sich birgt.[195] Auf die Verlängerung des Geheimnisschutzes aus § 203

---

192 Abschnitt B, 22.2 der (Muster-) Weiterbildungsordnung der Bundesärztekammer vom Mai 2003, Fassung vom 28.03.2008.

193 Hierfür spricht sich auch *Eichelbrönner* aus: „Die Grenzen der Schweigepflicht des Arztes und seiner berufsmäßig tätigen Gehilfen im Hinblick auf Verhütung und Aufklärung von Straftaten“, S. 89.

194 *Kohlhaas,* Anzeigen des Leichenschauarztes in Konflikt mit den Schweigepflichten und Schweigerechten des Arztes, S. 1933.

195 *Eichelbrönner,* Die Grenzen der Schweigepflicht des Arztes und seiner berufsmäßig tätigen Gehilfen nach § 203 StGB im Hinblick auf Verhütung und Aufklärung von Straftaten, S. 43, m. w. N.

I Nr. 1 StGB durch § 203 I Nr. 6 StGB im Hinblick auf den Umgang mit geheimnisgeschützten Daten durch Angehörige privater Versicherungsgesellschaften wird in Teil 3 noch einzugehen sein.

Das Berufsbild des Arztes bereitet keine Subsumptionsprobleme. Es handelt sich um eine geschützte Berufsbezeichnung, deren Voraussetzungen in speziellen staatlichen Regelungen zu Aus- und Weiterbildung verankert sind. Das widerrechtliche Führen dieser Berufsbezeichnung ist in § 132 a I Nr. 2 StGB strafbewehrt.

3. Art der Kenntniserlangung/berufsspezifische Konnexität zwischen Kenntniserlangung und beruflicher Tätigkeit

Soll ein Geheimnis am Schutz der ärztlichen Schweigepflicht aus § 203 I Nr. 1 StGB teilnehmen, so muss es dem Arzt in Ausübung seiner berufsmäßigen Tätigkeit bekannt werden. Eine Kenntniserlangung als Privatperson genügt nicht.

Die Vorschrift schützt demnach ausschließlich Informationen, die dem Arzt durch Vertrauensbekundung oder doch zumindest im Rahmen eines auf Vertrauen beruhenden Sonderverhältnisses zur Kenntnis gelangen.[196]

Dies ist sachgerecht, da § 203 I Nr. 1 StGB eine unverhältnismäßige Sanktion beinhaltete, würde er auch Geheimnisse umfassen, die der Arzt auf gleiche Weise erfahren hat wie andere Privatleute, die keiner Pflicht zur Verschwiegenheit unterliegen und von denen auch kein Schweigen erwartet werden darf.

Hätte eine Weitergabe derartiger Informationen eine Strafbarkeit zur Folge, wäre diese allein an die – im privaten Rahmen zufällige – Tatsache geknüpft, dass jemand den Beruf des Arztes erlernt hat. Die Strafbarkeit würde hier also nicht an ein strafwürdiges Verhalten, sondern an eine in keinem Zusammenhang mit der Geheimnisverletzung stehende persönliche Eigenschaft anknüpfen.

Von verfassungsrechtlichen Bedenken abgesehen, ist auch dem deutschen Strafrecht ein solcher Gedanke fremd.

Auf welche Weise das Geheimnis dem Arzt im Rahmen seiner Tätigkeit zur Kenntnis gelangt, ist irrelevant. Die berufsspezifische Konnexität ist zwar erforderlich aber auch genügend.

Sie ist neben der Tätigkeit in der Praxis beispielsweise auch beim Hausbesuch oder auch bei der gutachterlichen Tätigkeit gegeben (zur Tätigkeit der Gesellschaftsärzte privater Versicherungsunternehmen insoweit näher unten Teil 3) nicht hingegen auf einem Medizinerkongress oder auf einer privaten gesellschaftlichen Veranstaltung.

Als Momente der Preisgabe von Geheimnissen gegenüber Ärzten nennt § 203 StGB namentlich das Anvertrauen und das sonstige „Bekanntgewordensein“.

Das Anvertrauen meint die Mitteilung eines Geheimnisses unter dem Siegel der Verschwiegenheit oder unter Umständen, aus denen sich diese Pflicht ergibt.[197]

Das Bekanntgewordensein deckt, solange die berufsspezifische Konnexität gegeben ist, alle anderen Möglichkeiten ab, durch die der Arzt von einem Geheimnis erfahren kann. Denkbar ist hier z. B. seine eigene Wahrnehmung oder auch die Information durch Dritte.

---

196 *Ulsenheimer, in: Laufs/Uhlenbruck,* Handbuch des Arztrechts, § 70, Rn. 5.

197 OLG Köln NStZ 1983, 412.

Für den Geheimnisschutz irrelevant ist – immer berufsspezifische Konnexität von Kenntniserlangung und ärztlicher Tätigkeit vorausgesetzt – das tatsächliche Vorliegen von Vertrauen auf Seiten des Patienten. Ob dieser sich freiwillig oder bewusstlos oder auch (man denke an die Justizvollzugsanstalt) gezwungenermaßen in ärztliche Betreuung begibt, ist nicht von Bedeutung.

4. Tathandlung

Tathandlung ist das Offenbaren eines dem Schutz der Schweigepflicht unterliegenden Geheimnisses.

„Offenbaren“ bedeutet die Weitergabe des Geheimnisses und im Zusammenhang des Geheimnisträgers an einen Dritten, dem die betreffende Tatsache noch nicht oder noch nicht definitiv bekannt ist und der nach dem Willen des Berechtigten (Geheimnisträgers) auch nicht berufen ist, die Tatsache zu erfahren. An der Tatbestandsmäßigkeit ändert der Umstand, dass ein Dritter seinerseits schweigepflichtig ist nichts.[198]

Erfolgen kann das Offenbaren durch Wort, Schrift, Bild oder auf sonstige Weise, sowie durch Unterlassen ordnungsgemäßer Verwahrung Geheimnisse enthaltender Dokumente in Garantenstellung (bei Ärzten regelmäßig gegeben).[199]

Kein Offenbaren liegt hingegen in der Weitergabe von Informationen innerhalb eines Kreises im konkreten Fall zum Wissen Berufener (bzw. bereits Wissender). In einer Klinik sind dies z. B. regelmäßig die behandelnden Ärzte, ihre Assistenten aber auch Krankenschwestern, Pfleger und andere planmäßig in das Behandlungsgeschehen einbezogene Hilfskräfte[200]. Diese dürfen bzw. sollen geradezu im obigen Sinne nach dem Willen des Geheimnisträgers mit den betreffenden Tatsachen in Berührung kommen.

II. Subjektiver Tatbestand, Vorsatzerfordernis

Für eine Strafbarkeit nach § 203 I Nr. 1 StGB ist Vorsatz erforderlich. Jede noch so leichtfertige Handhabung von Patientendaten ist nicht geeignet, eine Strafbarkeit zu be-

198 OLG Stuttgart NJW 1987, 1491; BGH NJW 1992, 737, 739; LK – *Jähnke,* 10. Auflage, 5. Band 1989, § 203, Rn. 39; *Lenckner, in: Schönke/Schröder,* Kommentar zum StGB, § 203, Rn. 19; *Langkeit* NStZ 1994, 6.

199 *Langkeit* NStZ 1994, 6; *Lenckner, in: Schönke/Schröder,* Kommentar zum StGB, § 203, Rn. 20 sieht im Falle des Unterlassens eine Offenbarung nur dann als gegeben an, wenn ein Dritter tatsächlich Kenntnis von der geheimzuhaltenden Tatsache genommen hat. Die bloße Möglichkeit soll nicht genügen. Da es aus organisatorisch-praktischen Gründen im Praxis- und Klinikbetrieb selbst bei größtmöglicher Sorgfalt vereinzelt vorkommen kann, dass Dokumente potentiell in falsche Hände geraten können, scheint die ultima ratio des Verwirkens einer Kriminalstrafe in der Tat nur dann gerechtfertigt, wenn es tatsächlich auch zur Rechtsgutsverletzung (also zur Erweiterung des Kreises der Wissenden) gekommen ist.Auch sprachlich ist eine Offenbarung nur denkbar wo ein entsprechender Adressat zugegen ist.

200 *Langkeit* NStZ 1994, 6, 7; *Lenckner, in: Schönke/Schröder,* Kommentar zum StGB, § 203, Rn. 19; LK – *Jähnke,* 10. Auflage, 5. Band 1989, § 203, Rn. 39, 41.

gründen, insoweit haftet der Arzt lediglich nach den Grundsätzen des Zivil- und Standesrechts.

Für eine Strafbarkeit genügt allerdings bedingter Vorsatz.

Der Arzt muss lediglich wissen, dass er ein, ihm aufgrund seiner berufsmäßigen Tätigkeit zu Kenntnis gelangtes fremdes Geheimnis offenbart, dass er zum potentiellen Täterkreis strafbewehrter Verletzung von Privatgeheimnissen gehört, dass er eine Tatsache mit Geheimnischarakter preisgibt und dass er dies dem Geheimhaltungsinteresse des Geheimnisträgers zuwider tut.[201]

Diesen Verstoß muss er entweder wollen oder wenigstens billigend in Kauf nehmen.

Nicht von seinem Vorsatz umfasst sein muss hingegen die Tatsache, dass es sich bei der Offenbarung um eine „unbefugte" im Sinne von § 203 I Nr. 1 StGB handelt. Dass sich der Vorsatz hierauf nicht zu erstrecken braucht, ist der – wie gleich zu zeigen sein wird sachgerechten – Einordnung des Merkmals „unbefugt" als Rechtswidrigkeitsmerkmal geschuldet. Es handelt sich gerade nicht um ein Merkmal des gesetzlichen Tatbestandes[202].

1. Einordnung des Merkmals „unbefugt" im Wortlaut des § 203 I Nr. 1 StGB

Was die Einordnung des Merkmals „unbefugt" im Wortlaut des § 203 I Nr. 1 StGB in den Tataufbau anbelangt, stehen sich zwei kontroverse Meinungen gegenüber.

Für die eine Auffassung ist der Tatbestand des § 203 StGB ohne den Hinweis, dass nur die Offenbarung ohne Einwilligung des Geheimnisträgers erfasst sein soll, indifferent. Den daher erforderlichen Hinweis sehen sie in dem Wort „unbefugt", das eine schlichte Kurzform für „ohne Befugnis" – im engeren Sinne: „ohne Einwilligung" – sein soll. Nach dieser Auffassung handelt es sich um ein Merkmal des gesetzlichen Tatbestandes.[203]

Der anderen Auffassung nach liegt die Bedeutung des Merkmals „unbefugt" in dem Hinweis auf die generelle Möglichkeit, eine Offenbarung zu rechtfertigen. Diese Auffassung unterscheidet insoweit nicht wie die erstgenannte zwischen Einwilligung und gesetzlicher Befugnisnorm oder Notstandsrecht. Das Merkmal „unbefugt" dient nach dieser Auffassung dazu, klarzustellen, dass der – auch ohne dieses Merkmal keinesfalls indifferente, sondern das Tatunrecht präzise beschreibende – Tatbestand nur dann in strafbarer Weise zu verwirklichen ist, wenn dem Arzt keine Rechtfertigung für die Offenbarung zur Seite steht. Nach dieser Auffassung handelt es sich um ein Rechtswidrigkeitsmerkmal.[204]

Letztgenannte Auffassung ist schon aus sachlichen Gründen vorzugswürdig. § 203 StGB sanktioniert in Anknüpfung an die persönliche Tätereigenschaft, einen vertrauensgeprägten Beruf auszuüben, ein ansonsten alltägliches gesellschaftliches Verhalten, die Preisgabe von Information über andere Menschen. Diese Sanktion muss schon aus

201 *Ulsenheimer, in: Laufs/Uhlenbruck,* Handbuch des Arztrechts, § 72, Rn. 1.

202 So auch *Ulsenheimer, in: Laufs/Uhlenbruck,* Handbuch des Arztrechts, § 71, Rn. 1; § 72, Rn. 1.

203 OLG Köln NJW 1962, 686.

204 OLG Bremen MedR 1984, 112; OLG Schleswig NJW 1985, 1092; *Rogall,* Die Verletzung von Privatgeheimnissen (§ 203 StGB), S. 6; *Ulsenheimer, in: Laufs/Uhlenbruck,* Handbuch des Arztrechts, § 71, Rn. 1; § 72, Rn. 1.

dem Tatbestand ersichtlich beschränkt sein auf die Rechtswidrigkeit einer Offenbarung. Diese resultiert und darauf allein weist das Merkmal „unbefugt" hin, nicht lediglich aus der Zugehörigkeit des Täters zu einer bestimmten Berufsgruppe, sondern kumulativ aus der konkreten Pflichtwidrigkeit einer Offenbarung wie sie im Alltag der Medizin nicht Regelfall sondern Ausnahme ist. Dieser Hinweis lässt Raum für die vielen im Interesse des geheimnisgeschützten Patienten und seiner Behandlung zwingend erforderlichen Formen des Informationsflusses.

Das Merkmal „unbefugt" ist ein Blankett.[205]Sein strafrechtlicher Gehalt ergibt sich aus der Gesamtrechtsordnung, wobei allein Parlamentsgesetze (allerdings auch landesrechtlicher Art[206]) und aufgrund ausreichender Ermächtigung erlassene Rechtsverordnungen geeignet sind, Offenbarungsbefugnis zu vermitteln.

Nicht ausreichend sind demgegenüber untergesetzliche Rechtsnormen, Verwaltungsvorschriften und Berufsordnungen.[207]

Gewährt eine i. d. S. geeignete Norm eine Offenbarungsbefugnis, so muss sie dies nicht ausdrücklich in ihrem Wortlaut tun, es genügt, dass sich die Befugnis aus ihrer Auslegung ergibt.[208]

2. Irrtumsauswirkungen

Irrt der Arzt über die Tatsache, dass ein Geheimnis dem Offenbarungsadressaten nicht bereits bekannt ist oder darüber, dass der Patient eine Tatsache nach wie vor geheim halten will, so handelt es sich um einen Tatbestandsirrtum im Sinne von § 16 StGB. Der Vorsatz entfällt.

Selbiges gilt für einen Irrtum über die Mitgliedschaft des Offenbarungsadressaten im Kreis der zum Wissen Berufenen und für Irrtümer über die tatsächlichen Voraussetzungen eines von der Rechtsordnung anerkannten Rechtfertigungsgrundes aufgrund dessen sich der Arzt für offenbarungsbefugt hält. Eine Strafbarkeit entfällt im letztgenannten Fall entsprechend § 16 StGB auch bei Vermeidbarkeit des Irrtums, da keine Fahrlässigkeitsstrafbarkeit gegeben ist.[209]

Anders ist es bei einem Irrtum über das Bestehen eines von der Rechtsordnung nicht anerkannten Rechtfertigungsgrundes.

Ein Beispiel ist die Annahme eines Arztes, gegenüber schweigepflichtigen Kollegen sei er zur Offenbarung befugt obwohl diese nicht an der Behandlung beteiligt, also nicht zum Wissen berufen sind.[210]

Ein weiteres prominentes Beispiel aus dem Berufsalltag der meisten Ärzte ist die Annahme, es bestehe eine Verpflichtung auf Anfragen der Versicherungsgesellschaften zum Gesundheitszustand eines Patienten Auskunft zu erteilen. Irrt der Arzt hier

205 BVerfGE 55, 274, 324f. .

206 *Rogall,* Die Verletzung von Privatgeheimnissen (§ 203 StGB), S. 7.

207 So für untergesetzliche Rechtsnormen: BSGE 55, 150; BSG NJW 1986, 1574; für Verwaltungsvorschriften: *Lenckner, in: Schönke/Schröder,* Kommentar zum StGB, § 203, Rn. 53; für Berufsordnungen: AG Düsseldorf MedR 1986, 83.

208 BSG NJW 1986, 1574.

209 *Ulsenheimer, in: Laufs/Uhlenbruck,* Handbuch des Arztrechts, § 72, Rn. 4.

210 *Ulsenheimer, in: Laufs/Uhlenbruck,* Handbuch des Arztrechts, § 72, Rn. 5.

nicht lediglich über seine Entbindung von der Schweigepflicht durch die Unterschrift des Patienten unter dem Versicherungsvertrag (Irrtum über Vorliegen eines anerkannten Rechtfertigungsgrundes = § 16 StGB entsprechend) sondern irrt er auch über den Umfang, in welchem sich die Auskunft zu halten hat, so liegt ein Verbotsirrtum nach § 17 StGB vor, der die Strafbarkeit unberührt lässt. Hier kennt der Arzt alle Voraussetzungen des gesetzlichen Tatbestandes und irrt lediglich über seine Verpflichtung zur Geheimhaltung, über welche er sich jedoch zumutbarer Weise zu informieren hat, wird von ihm doch zurecht verlangt, dass er die seiner Berufsausübung zugrunde liegenden Verhaltensnormen kennt.

Allein wenn der Irrtum auch bei gehöriger Gewissensanspannung und bei Ausschöpfung aller eigenen geistig-sittlichen Erkenntniskräfte und Erkundigungsmöglichkeiten nicht zu vermeiden war (z.B. wenn der Arzt im Notstandsfalle trotz redlichen Bemühens verkennt, dass die Gefahr anderweitig abzuwenden gewesen wäre) entfällt die Schuld (§ 17 Satz 1 StGB).[211]

Verzichtet der Arzt also als Rechtsunkundiger auf die zumutbare Einholung juristischer Beratung und fällt dadurch einem vermeidbaren Verbotsirrtum anheim, so kann die Strafe allenfalls gemildert werden (§ 17 Satz 2 StGB).

Dies stellt für die Ärzteschaft ein erhebliches Risiko dar.[212]

III. Rechtsfolgen unbefugter Offenbarung Rechtswidrigkeit, Schuld und – für das Strafrecht – Strafantrag nach § 205 StGB vorausgesetzt

Dieses Risiko soll eine konkrete Gestalt erhalten, indem ein kurzer Überblick über die Rechtsfolgen unbefugter Offenbarung gegeben wird, Rechtswidrigkeit (auf Rechtfertigungsgründe soll in Teil 2 B noch ausführlich eingegangen werden) und Schuld und – für die strafrechtliche Ahndung – Strafantrag nach § 205 StGB vorausgesetzt.

Die Rechtsfolgen unbefugten Geheimnisbruchs durch Ärzte sind weitreichend und können für den Delinquenten einschneidende Konsequenzen mit sich bringen.

Neben den zivilrechtlichen Konsequenzen, d.h. je nach Sachlage vertragliche Schadensersatzansprüche, deliktische Haftung aus § 823 II BGB in Verbindung mit der Verletzung des § 203 I Nr. 1 StGB als Schutzgesetz bzw. direkte Haftung aus § 823 I BGB wegen Persönlichkeitsverletzung (hier ist auch ein Schmerzensgeld nach § 253 II BGB denkbar), eventuell sogar Haftung für Drittschäden, soweit Dritte in den vertraglichen Schutzbereich mit einbezogen oder aus § 823 BGB direkt berechtigt sind, steht die strafgerichtliche Verurteilung nach § 203 I Nr. 1 StGB sowie die ehrengerichtliche Sanktionierung im Raum.

Aus standesrechtlicher Sicht stellt die vorsätzliche (auch die bedingt vorsätzliche) und schuldhafte Verletzung von Privatgeheimnissen eine grobe Verletzung der ärztlichen Berufspflichten dar, hat doch die Verschwiegenheit von alters her immenses Gewicht in der Ärzteschaft und ihrer Standesethik.

---

211 *Ulsenheimer, in: Laufs/Uhlenbruck,* Handbuch des Arztrechts, § 72, Rn. 5.

212 *Ulsenheimer, in: Laufs/Uhlenbruck,* Handbuch des Arztrechts, § 72, Rn. 5.

Deshalb kann gegen den indiskreten Arzt aufgrund landesgesetzlicher Regelungen (Kammergesetze, Heilberufsgesetze) ein ehrengerichtliches Verfahren eingeleitet werden (wenn dieses auch nicht parallel zum strafgerichtlichen Verfahren laufen darf, § 56 I, II KG-BW). Hiervon machen die Kammern aufgrund der Auswirkungen auf das Ansehen des Berufsstandes auch Gebrauch, soweit die strafgerichtliche Verurteilung nicht zur Bewährung der Standesehre ausreicht (§ 56 III 2 KG-BW).

Hier sticht natürlich sofort das Verbot der Doppelbestrafung, der Grundsatz ne bis in idem (Art. 103 III GG) ins Auge, gegen welchen die Kammergerichtsbarkeit jedoch nicht verstößt.

Das BVerfG hat in einem grundlegenden Beschluss ausgeführt, eine Handlung könne sowohl ein Strafgesetz als auch die Berufspflichten verletzen[213].

Dies gilt für die allgemeinen Strafdelikte wie für die Sonderdelikte, zu denen die Schweigepflichtverletzung zählt gleichermaßen. Zwar wird bei der Schweigepflichtverletzung als Sonderdelikt bereits im Strafverfahren auf die Arzt-Eigenschaft als Tatvoraussetzung Bezug genommen, jedoch kann aufgrund der Auswirkungen auf den Berufsstand als Ganzen durchaus trotzdem geboten sein, eine über die Kriminalstrafe hinausgehende besondere Missbilligung durch ehrengerichtliche Reaktion auszudrücken. Da diese Missbilligung unter anderem Aspekt erfolgt als die Strafsanktion, steht dies grds. nicht mit dem Doppelbestrafungsverbot in Widerspruch. Sanktioniert wird also ein anderer Verfahrensgegenstand[214].

Gefordert werden darf und muss insoweit aber ein tatsächlicher berufsspezifischer Unrechtsüberhang. Grund und Zweck der berufsgerichtlichen Sanktion dürfen nicht bereits mit dem Strafurteil erfüllt bzw. erreicht sein. Es handelt sich hier um eine im jeweiligen Einzelfall zu entscheidende Frage. Ein berufsrechtlicher Überhang in diesem Sinne besteht nur wenn das dem Arzt zur Last gelegte Verhalten den Kern seiner berufsrechtlichen Pflichten berührt, wobei gerade dies noch nicht hinreichend im Strafurteil Berücksichtigung gefunden haben darf. Es handelt sich um Ausnahmefälle. In der Regel wird mindestens bei der Strafzumessung aber schon der ehrenrechtlichen Dimension einer Tat Rechnung getragen werden. Dies ist ein gutes Beispiel für die Determinierung der Handhabung des Strafrechts durch Gedanken und Wert- bzw. Unwerturteile anderer Bereiche der Rechtsordnung, bzw. der Gesamtrechtsordnung als solcher.

Dieser Gedanke ist im Baden-Württembergischen Heilberufe-Kammergesetz auch zu finden, man beachte insoweit § 56 III KG-BW.

Dieser lautet:

> „Hat das Strafverfahren mit Freisprechung oder Einstellung des Verfahrens wegen fehlenden Tatbestandes oder Beweises geendet, so ist auch für das berufsgerichtliche Verfahren entschieden, dass eine Straftat nicht vorliegt. Wenn die Handlungen, wegen derer das Strafverfahren eingeleitet war, trotzdem als berufsunwürdig anzusehen sind, so hat sich der Beschuldigte noch im berufsgerichtlichen Verfahren zu verantworten."

Ebenfalls denkbar ist, soweit das Datenschutzrecht im Einzelfall einschlägig ist, eine datenschutzrechtliche Sanktionierung, diese kann sich auf §§ 43, 44 BDSG stützen. In § 43 BDSG werden Ordnungswidrigkeiten verschiedenen Grades beschrieben, die je nach dem mit Geldbuße bis zu 50.000 bzw. bis zu 300.000 € geahndet werden können. Handelt

213 BVerfGE 27, 180.
214 BVerfGE 27, 180.

der Arzt ordnungswidrig unter den sanktionsverschärfenden Voraussetzungen des § 44 I BDSG, so kann dem sogar eine Freiheitsstrafe von bis zu zwei Jahren nachfolgen.

Was die Dimension der Folgen angeht, denen sich Ärzte je nach Sachlage der zivil- und strafrechtlichen Beurteilung augesetzt sehen, kann es sich im Zivilrecht *unter anderem* um den Ersatz von Einkommenseinbußen, des Arbeitsplatzverlusts (z.B. bei Indiskretion bzgl. Verfehlungen im Rahmen des Arbeitsverhältnisses, bzw. bzgl. körperlicher Mängel, die die Eignung für einen Arbeitsplatz betreffen), des Wohnungsverlusts (Indiskretion über finanzielle Verhältnisse o.ä.), bei Ehescheidung aufgrund ärztlicher Indiskretion der Scheidungsfolgelasten sowie um Schmerzensgeld handeln[215].

Im Strafrecht steht eine Verurteilung zu Geldstrafe oder Freiheitsstrafe bis zu einem Jahr, unter strafschärfenden Voraussetzungen bis zu zwei Jahren (§ 203 V StGB) zu Gebote.

Ebenfalls kann der Arzt ein Berufsverbot nach § 70 I StGB und – vor seiner Verurteilung – nach § 132 a StPO verwirken. Für letzteres ist allerdings Voraussetzung, dass die Gesamtwürdigung der Tatumstände und des Täters die Gefahr erkennen lässt, dass der Täter die weitere Berufsausübung auch zu weiteren rechtswidrigen Taten oder zum groben Verstoß gegen Berufspflichten missbrauchen wird[216]. Zivil- und strafrechtliche Folgen stehen im Unterschied zu Straf- und Standesrechtsfolgen immer kumulativ nebeneinander. Es ist der Rechtsordnung geradezu ein Bedürfnis, Täter nicht nur für ihr Tun zu strafen, sondern auch zur Beseitigung der Folgen ihres Handelns anzuhalten.

Zwar sind die in Rede stehenden Folgen des Unrechts der Indiskretion , welches auch moralisch empörend ist weitreichend, jedoch in der Gerichtspraxis zumindest der Strafgerichtsbarkeit, um welche es der vorliegenden Arbeit vornehmlich geht, von marginaler Bedeutung.

Man kann so weit gehen zu sagen, es sind nahezu keinerlei einschlägige Verfahren oder Verurteilungen bekannt[217].

Dies hat zweierlei Gründe. Einmal das absolute Strafantragserfordernis, ohne welches es unter keinen Umständen zur Erhebung öffentlicher Klage kommt und zum anderen das Vorsatzerfordernis, dessen Erfüllung in der Person des Täters sich regelmäßig kaum beweisen lässt. Insoweit handelt es sich in der Praxis meist um grobe Fahrlässigkeiten, die wie schon gesagt nicht ausreichend sind, Strafbarkeit zu begründen.

Wo im Einzelfall strafbarer Vorsatz gegeben ist und sei er nur bedingter Natur, wird aufgrund des doch zugrunde liegenden Vertrauensverhältnisses und aufgrund der gesellschaftlichen Dimension, die ein solches Verfahren für Patient und Arzt gleichermaßen hat, in den meisten Fällen kein Strafantrag gestellt.

Insgesamt beruht die Hauptwirkung der Norm des § 203 I Nr. 1 StGB also weniger auf ihrer Sanktion als mehr auf ihrer Appellfunktion an das Gewissen der Ärzte[218], Sorgfalt nicht nur in medizinischen sondern auch in verwaltungs- und informationstechnischen Dingen walten zu lassen.

Die Norm verdeutlicht, dass der Persönlichkeit vergleichbar gewichtige Bedeutung zukommt, wie der Gesundheit des Patienten.

---

215 Vgl. *Laufs/Uhlenbruck,* Handbuch des Arztrechts, § 77.

216 *Ulsenheimer, in: Laufs/Uhlenbruck,* Handbuch des Arztrechts, § 73, Rn. 13.

217 *Ulsenheimer, in: Laufs/Uhlenbruck,* Handbuch des Arztrechts, § 145, Rn. 3.

218 *Ulsenheimer, in: Laufs/Uhlenbruck,* Handbuch des Arztrechts, § 145, Rn. 3.

Insoweit kommt sie ganz dem oben schon einmal skizzierten dienenden Charakter des Strafrechts gleich, durch welchen der Bedeutung der Güter und Interessen des Einzelnen und der Gemeinschaft Nachdruck verliehen werden soll und durch welchen die Achtung dieser Bedeutung und damit die Wahrung der Belange anderer gesichert werden soll.

B. Die Grenzen des Schutzes des Arztgeheimnisses, Die Rechtfertigung von Durchbrechungen der Schweigepflicht in schutzwürdigem Interesse

Wie die Voraussetzung, dass eine Offenbarung „unbefugt" sein muss um eine Strafbarkeit nach sich zu ziehen im Tatbestand des § 203 I Nr. 1 StGB anzeigt, kann die Weitergabe von Informationen über einen Patienten im Einzelfall auch gerechtfertigt und eine Ausnahme von stoischer Verschwiegenheit zu machen sein.

Wann dies der Fall oder jedenfalls zu überlegen ist, soll der folgende Abschnitt zeigen.

I. Gesetzliche Auskunfts- und Meldepflichten

Teilweise normiert die Rechtsordnung selbst der Schweigepflicht zuwider laufende anderweitige Rechtspflichten, die den Arzt zur Auskunft oder zur Meldung bestimmter einen Patienten betreffender Umstände anhalten.

Im Folgenden werden einige dieser gesetzlichen Auskunfts- und Meldepflichten dargestellt, diese Normbeispiele dienen der Vermittlung eines Bildes über den Widerstreit gegenläufiger Verpflichtungen, sind jedoch nicht abschließend.

1. §§ 6, 7 Infektionsschutzgesetz (IfSG)

Meldepflichten enthalten beispielsweise §§ 6 und 7 des Gesetzes zur Verhütung und Bekämpfung von Infektionskrankheiten beim Menschen, Infektionsschutzgesetz (IfSG).

§ 6 IfSG statuiert die Pflicht, bestimmte Krankheiten bzw. den Verdacht auf und den Tod an bestimmten Krankheiten dem für den betroffenen Patienten zuständigen Gesundheitsamt namentlich zu melden.

Es handelt sich bei den enumerativ aufgezählten Krankheiten um hochansteckende und daher potentiell für die Allgemeinheit gefährliche Erkrankungen.

Die namentliche Meldung ist in § 9 IfSG näher geregelt, aus dieser Norm ergibt sich, welche Daten im einzelnen über den Betroffenen herauszugeben sind.

Trotz auch beim Gesundheitsamt vertraulicher Behandlung solcher Daten ist deren meldepflichtiger Umfang für betroffene Patienten erheblich, zumal Sinn und Zweck der Meldepflichten die Möglichkeit ist, das Gesundheitsamt in die Lage zu versetzen, den betroffenen Patienten gegenüber Maßnahmen zu ergreifen, die eine Ausbreitung der betreffenden Krankheiten im Infektionswege zu verhindern bzw. mindestens zu begrenzen geeignet sind. Zur Folge haben kann dies unter anderem die Elimination von Patienten aus ihrem sozialen Umfeld. Diese einschneidende Wirkung der Meldepflichten ist allein aus dem Gedanken heraus zu rechtfertigen, dass es sich um für die Allgemeinheit unüberschaubar gefährliche und die Gefahr von Epidemien bergende Erkrankungen handelt, deren Verlaufsform potentiell tödlich ist. Es geht mithin um die im Interesse eines jeden Einzelnen aber auch des Staates liegende Vermeidung abwendbarer Infektionen und damit um den Schutz von Leib und Leben einer Vielzahl von Menschen. Dies verdeutlicht die, allen gesetzlichen Auskunfts- und Meldepflichten (auch den außerhalb des Gesundheitswesens selbst liegenden Regelungen) gemeinsame Kollision zweier hochrangiger Güter: Persönlichkeitsrecht des Patienten und (als Beispiel) Leib und Leben anderer Menschen. Hier geht schon aufgrund der andernfalls mangelnden Kontrolle über die Ausbreitung infektiöser Krankheiten und aufgrund der mangelnden Überschaubarkeit der Zahl möglicher Infektionen die Abwägung in Bezug auf das Risiko klar zu Gunsten des Gesundheitsschutzes aus. Erst recht mit Blick auf die demgegenüber hinreichend zu wahrende Vertraulichkeit des Datenflusses trotz Meldepflicht.

§ 7 IfSG statuiert in Abs. 1 die namentliche Meldung des Nachweises bestimmter Krankheitserreger, in Abs. 2 die namentliche Meldung nicht im Katalog von Abs. 1 erfasster Krankheitserreger soweit eine ernste Gefahr für die Allgemeinheit bei einem Erreger aufgrund dessen örtlicher und zeitlicher Häufung zu besorgen ist und in Abs. 3 die nichtnamentliche Meldung bestimmter Erreger.

Die nichtnamentliche Meldung regelt § 10 IfSG. Hier werden weit weniger Daten über Betroffene erhoben, diese können nicht persönlich identifiziert werden, wohl aber erhält das Gesundheitsamt einen Überblick über die gebietsmäßige Verbreitung von Erregern.

Dieser Einschnitt ist weit weniger gewichtig als die namentliche Meldung und daher aus selbigen Gründen gerechtfertigt. Vorgesehen ist er jedoch aufgrund der erheblich geringeren Effizienz in Bezug auf die Bekämpfung der Erreger, als sie bei namentlicher Meldung zu erzielen wäre, lediglich bei Erregern, deren Gefahrenpotential als nicht hinreichend groß einzuschätzen ist. Aus eben diesem Grund ist hier andererseits eine namentliche Nennung von Betroffenen auch nicht verhältnismäßig.

Die eben gemachten Ausführungen zeigen, dass in jedem Einzelfall, d.h. nicht bei jedem Patienten aber bei jedem Krankheitsbild individuell abzuwägen ist, in welchem Verhältnis die Gefährdung der Bevölkerung zur Gefährdung der Persönlichkeit Betroffener steht.

Hierbei ist nicht allein die Gefahr für Leib und Leben sondern gleichfalls der Grad der zu erwartenden Verbreitung, deren Geschwindigkeit, die Möglichkeit anderweitiger Schutzmaßnahmen (Impfungen...), deren Effizienz und die Folgen einer Offenbarung für den Einzelnen in seinem sozialen, beruflichen und gesellschaftlichen Umfeld, sowie für sein Befinden ganz allgemein zu berücksichtigen. Kurz gesagt, es haben alle Parameter eines jeden denkbaren Verlaufs des betreffenden Krankheitsfalles in Bezug auf beide Seiten (Kranker, gesunder Teil der Gesellschaft) in die Erwägungen einzufließen wenn eine gesetzliche Meldepflicht für eine Krankheit statuiert wird.

Diese Erwägungen trifft der Gesetzgeber und entlastet damit den Arzt im einzelnen Fall einer Katalogkrankheit. Damit ist gewährleistet, dass die Patientenrechte weitest möglich gewahrt bleiben und das Vertrauen in die Ärzteschaft gerade auch in Fällen von Krankheiten gerechtfertigt bleibt, die ärztliche Behandlung besonders dringend erfordern.

Im Raum steht nun auch in Bezug auf die anderen gesetzlichen Auskunfts- und Meldepflichten, dass es sich immer um die Wahrung dem Persönlichkeitsrecht vergleichbarer Rechtsgüter handeln muss und dass es um Belange gehen muss, die nur unter Preisgabe des Geheimnisschutzes hinreichend berücksichtigt werden können. Ebenfalls muss für die gegen die Schweigepflicht abzuwägenden Belange ein mindestens vergleichbarer Grad an Gefahr drohen. Der Gesetzgeber zieht also bei der Fassung gesetzlicher Auskunfts- und Meldepflichten quasi die im Strafrecht allgemein übliche Güter- und Gefahrenabwägung an sich und macht sie durch Kodifikation für den rechtsanwendenden Arzt im unter eine statuierte Meldepflicht zu summierenden Einzelfall entbehrlich aber auch unzulässig. Die Abwägung ähnelt in der Sache der des übergesetzlichen Notstandes, ist durch die fachlich-qualifizierte Beratung in den Ausschüssen der Legislativorgane jedoch detaillierter und umfassender und ist daher für im voraus definierbare Konfliktsituationen allein adäquat. Wenig wünschenswert für die Bekämpfung ansteckender Krankheiten wäre demgegenüber die Entscheidung eines jeden mehr oder weniger erfahrenen Arztes über eine Meldung aufgrund Notstandsrechts. Für den Geheimnisschutz würde dies zum einen eine mindestens genauso erhebliche Beeinträchtigung bedeuten, wäre doch u.a. die vertrauliche Behandlung ohne gesetzliche Regelung nicht vergleichbar gewährleistet, sowie die Abwägung nicht vergleichbar klar determiniert. Zum anderen wäre auch die Effizienz für den Gesundheitsschutz nicht annähernd vergleichbar.

Andererseits ist zu bedenken, dass im Falle gesetzlicher Meldepflichten dem Arzt in der Tat kein Abwägungsspielraum verbleibt. Ist z.B. eine meldepflichtige Krankheit gegeben, hat die Meldung zu erfolgen. Dies ist neben dem Eingriff in das Persönlichkeitsrecht des Patienten auch für den Arzt eine gewichtige Beeinträchtigung. Er verliert zwangsläufig Vertrauen und kann u.U. nicht nach seinem Gewissen handeln, da ihm – wie gesagt – diese Entscheidung nicht obliegt. Dies verlangt aus Gründen der Verhältnismäßigkeit, dass sich der Gesetzgeber nur vereinzelt und zum Schutze überragend wichtiger Güter in der Schaffung von Meldepflichten betätigt.

Die Meldepflichten des IfSG sind nach alledem als adäquate und für die Gesundheitsfürsorge erforderliche Rechtfertigungsgründe für Durchbrechungen der Schweigepflicht zu bezeichnen, soweit die Meldepflicht sich jeweils im Rahmen des medizinischen Fortschrittes hält. Wo eine Krankheit ihre Bedrohlichkeit aufgrund von Heilungs- und Präventionsmaßnahmen verliert, muss eine Meldepflicht überdacht werden. Die gebotene Zurückhaltung des Gesetzgebers findet indes, wie die überschaubare Zahl meldepflichtiger Erkrankungen, sowie die Anpassungsregelungen in § 15 IfSG zeigen, bereits Berücksichtigung.

– Auf der Grundlage des IfSG erlassene Rechtsverordnungen über die Meldepflicht von Infektionskrankheiten

Auf eben der Ermächtigungsgrundlage des § 15 IfSG hat das Bundesministerium für Gesundheit erst in jüngerer Zeit Rechtsverordnungen über die Meldepflicht zweier potentiell die Gefahr der Pandemie bergender neuartiger Infektionskrankheiten erlassen.

1a. Aviäre-Influenza (Vogelgrippe)-Meldepflichtverordnung

Zunächst wurde am 11. Mai 2007 auf der Grundlage von § 15 I IfSG (mit Zustimmung des Bundesrates) die Aviäre-Influenza-Meldepflichtverordnung ausgefertigt[219].

219 BGBl. I S. 732.

Diese dehnt in ihrem § 1 die namentliche Meldepflicht nach § 6 I S. 1 Nr. 1 IfSG auf den Verdacht auf die Erkrankung eines Menschen, die Erkrankung eines Menschen und den Tod eines Menschen an Aviärer Influenza aus .

1b. Schweinegrippe-Meldepflichtverordnung

Weiteren Gebrauch machte das Ministerium am 30. April 2009 von der Ermächtigungsgrundlage des § 15 I IfSG, diesmal i. V. m. § 15 II IfSG (d. h. ohne Zustimmung des Bundesrates), zum Erlass der Schweinegrippe-Meldepflichtverordnung[220].

Diese dehnte in ihrem § 1 die namentliche Meldepflicht nach § 6 I S. 1 Nr. 1 IfSG zunächst auf den Verdacht auf die Erkrankung eines Menschen, die Erkrankung eines Menschen und den Tod eines Menschen an Influenza aus, die durch das erstmals im April 2009 in Nordamerika aufgetretene neue Virus hervorgerufen wird (sog. neue Grippe).

Diese Ausdehnung der Meldepflicht sollte allerdings ursprünglich, soweit nicht eine anderweitige Verordnung **mit Zustimmung des Bundesrates** ergangen wäre, am 01. Mai 2010 außer Kraft treten (vgl. § 15 II S. 2 IfSG). Statt dessen wurde am 09. November 2009 (Bundesanzeiger Amtlicher Teil Nummer 172 – Seite 3884 vom 13. 11. 2009) die namentliche Meldepflicht für die sog. neue Grippe auf die Meldepflicht bzgl. des Todes eines Menschen an der Influenza A H1N1 eingeschränkt. Damit ist die Meldepflicht bzgl. des Erkrankungsverdachts und bzgl. der Erkrankung von Menschen an dem neuen Virus aufgehoben.

2. §§ 138, 139 III StGB

Auch im Strafrecht findet sich eine normierte Grundlage für die Durchbrechung der ärztlichen Schweigepflicht.

Zwar verpflichtet § 138 StGB nicht speziell Ärzte, sondern jedermann zur Anzeige bestimmter (drohender) Straftaten, doch ist die Vorschrift die einzige (im Zusammenhang mit § 139 StGB), die im strafrechtlichen Regelungsbereich konkrete Verhaltensmaßregeln für die schweigepflichtigen Berufsgruppen wie die Ärzte vorgibt wenn es um die Pflichtenkollision Schweige- vs. Offenbarungspflicht geht[221].

a.) Die Anzeigepflicht für drohende Verbrechen nach § 138 StGB

Die in § 138 StGB statuierte Anzeigepflicht ist gegenüber der in § 203 I Nr. 1 StGB normierten Schweigepflicht im Kollisionsfalle höherrangig.

Dies zeigt einmal der Vergleich der Strafdrohungen beider Vorschriften: Während § 203 I Nr. 1 StGB mit bis zu einem Jahr Freiheitsstrafe oder mit Geldstrafe droht, stellt § 138 StGB für die vorsätzliche Unterlassung der Anzeige bestimmter drohender Verbrechen Freiheitsstrafe bis zu fünf Jahren oder Geldstrafe in Aussicht, gemildert wird diese Drohung lediglich für die leichtfertige Unterlassung, also für die grobe Fahrlässigkeit (§ 138 III StGB) und auch hier entspricht die Strafdrohung immerhin noch der des § 203 I Nr. 1 StGB.

220 Bundesanzeiger, Jahrgang 61, Sonderausgabe vom Sonnabend 02. Mai 2009, S. 1590.

221 *Eichelbrönner,* Die Grenzen der Schweigepflicht des Arztes und seiner berufsmäßig tätigen Gehilfen nach § 203 StGB im Hinblick auf Verhütung und Aufklärung von Straftaten, S. 108.

Aber auch die Voraussetzung für die Privilegierung der Ärzte in § 139 III StGB lässt erkennen, dass der Gesetzgeber für deren Straffreiheit nicht einfach verlangt, dass diese von einem geplanten Verbrechen in Ausübung ihrer berufsmäßigen Tätigkeit glaubhaft erfahren haben, sondern weiterhin, dass sie sich ernsthaft bemüht haben, die Tat oder deren Erfolg zu verhindern. Und selbst dann sind bestimmte Katalogtaten von der Privilegierung ausgenommen. Damit kommt die legislatorische Entscheidung klar zum Ausdruck, dass Ärzte grds. im Rahmen des § 138 StGB zur Anzeige verpflichtet sein sollen, auch wenn sie von der anzuzeigenden Tat im Rahmen ihrer Berufsausübung erfahren haben.

Die Norm des § 138 StGB beruht darauf, dass alle Menschen untereinander dergestalt sozial verbunden sind, dass der Schutz bestimmter überragend wertvoller Rechtsgüter allen gemeinsam obliegt.[222]

§ 138 StGB ist auch unter diesem Aspekt taugliche Rechtfertigungsgrundlage für eine Offenbarung von Arztgeheimnissen. Auch ein auf die Verschwiegenheit vertrauender Patient kann nicht ernstlich erwarten, dass der von ihm konsultierte Arzt schwerste und gemeinschädliche Straftaten deckt. Eine Anzeigepflicht für vereinzelte besonders schwere Straftaten ist für ein Gemeinwesen unverzichtbares Instrument zur Verhütung von Verbrechen oder wenigstens zur Schadensbegrenzung.

Im Übrigen ist die Praxisrelevanz der in Rede stehenden Norm nicht hinreichend groß, der Schweigepflicht und dem Vertrauen darauf Abbruch zu tun.

Ärzte werden, soweit sie Straftäter behandeln, regelmäßig eher mit Straftaten konfrontiert, die nicht dem nach § 138 StGB anzeigepflichtigen Katalog zugehören.

Wo im Einzelfall eine Katalogtat einem Arzt zur Kenntnis gelangt, ist die ihrerseits auch dem Gemeinwesen dienende Schweigepflicht nicht Selbstzweck, sondern hat im Rang hinter die Anzeigepflicht zurückzutreten, was auch der inneren Haltung der meisten Ärzte wohl entsprechen dürfte, deren Anliegen und Aufgabe es ist, Menschen zu schützen und Schaden von ihnen abzuwenden.

Zu bemerken ist schließlich noch, dass der Wortlaut des § 138 StGB die Anzeigepflicht ausdrücklich auf bevorstehende bzw. im Gange befindliche Taten beschränkt. Ist die Tat begangen, so unterliegt sie auch als Katalogtat der ärztlichen Schweigepflicht.

b.) Die Privilegierung von Ärzten nach § 139 III Satz 2 StGB

Die Privilegierung von Ärzten, neben anderen Berufsgeheimnisträgern, in § 139 III Satz 2 StGB dient trotz der Tauglichkeit von § 138 StGB als Rechtfertigungsgrund im Rahmen des § 203 I Nr. 1 StGB eigens der Berücksichtigung, dass der Arzt in besonderem Maße das Vertrauen seiner Patienten für sich einnimmt und für seine Berufsausübung auch benötigt.

Die Vorschrift stellt die Ärzte und anderen Berufsgeheimnisträger im Hinblick auf die Möglichkeit, Straffreiheit zu erlangen, den Angehörigen des Täters gleich.

Bemüht der Arzt sich redlich, die Tat oder deren Erfolg ohne eine Anzeige zu verhindern, so ist die unterlassene Anzeige straffrei, es sei denn, es handelt sich um eine in § 139 III StGB nochmal eigens katalogisierte besonders schwere Straftat.

Die Notwendigkeit dieser Privilegierung wurde lange Zeit bestritten. Im dritten Strafrechtsänderungsgesetz von 1953 setzte sie sich dennoch durch.

222 LK – *Hanack,* 11. Auflage, 4. Band 1996, § 138, Rn. 1.

Der Gesetzgeber sah die geheimnistragenden Berufsgruppen in der Pflicht, „auf anderem Wege als durch Anzeige alles Erdenkliche zu versuchen, die geplante Straftat zu verhindern“[223].

Daran zeigt sich ein weiteres Mal die gesetzgeberische Bemühung um einen möglichst schonenden Ausgleich zwischen Opferschutz und Schweigepflicht.[224]

Wie die Bemühungen des Arztes um die Verbrechensverhinderung auszusehen haben, hängt von den Umständen des Einzelfalles ab.

In jedem Fall muss der Einsatz dem Arzt möglich und zumutbar sein. Denkbar ist insoweit das nachdrückliche Einwirken auf den Täter aber auch die Drohung mit der Anzeige als minus zur Anzeige selbst. Ebenfalls in Betracht kommt die Warnung der Opfer[225].

Für die Straffreiheit nicht erforderlich ist der Erfolg der Bemühungen des Arztes um die Verhinderung der Tat.

Wichtig ist zu bemerken, dass die eine Privilegierung ermöglichenden Bemühungen um Einfluss auf den Täter dem Arzt nicht dergestalt zur Pflicht auferlegt sind, dass dieser erst anzeigen dürfte wenn er alles ihm Zumutbare versucht hat[226]. Die Anzeige ist also nicht subsidiär, so dass eine Anzeige nicht zu einer Strafbarkeit nach § 203 I Nr. 1 StGB führen kann wenn es sich um eine Katalogtat des § 138 StGB handelt.

Der Geheimnisträger hat vielmehr die Wahl. Diese soll lediglich sein Gewissen erleichtern.

Diese Wahl entfällt allerdings an der Grenze der in § 139 III StGB katalogisierten von besonders hohem Unrechtsgehalt geprägten Straftaten. Hier ist eine Anzeige auch für Ärzte Pflicht. Für eine Privilegierung nach § 139 III StGB ist die gleiche berufsspezifische Konnexität zwischen Kenntniserlangung bzgl. der Straftat und Ausübung der berufsmäßigen Tätigkeit erforderlich wie bei § 203 I Nr. 1 StGB für den Geheimnisschutz selbst. Nur wo diese besteht ist eine Privilegierung gerechtfertigt, in allen anderen Situationen stehen Ärzte sonstigen Mitwissern gleich.

3. Weitere gesetzliche Rechtsgrundlagen für eine gerechtfertigte Offenbarung von Berufsgeheimnissen des Arztes

Es wären an dieser Stelle noch einige anderweitige gesetzliche Rechtsgrundlagen für die Rechtfertigung von Offenbarungen ärztlicher Berufsgeheimnisse zu nennen, die ausführliche Darstellung aller würde jedoch den Rahmen der vorliegenden Arbeit sprengen.

Im Rahmen von Teil 3 wird zur Untersuchung der Belange der Krankenversicherungsträger noch auf die Sozialgesetzgebung einzugehen sein, daneben stellt auch das Landesrecht[227] einige Offenbarungsbefugnisnormen zur Verfügung. So z.B. §§ 22 III, 23 Landesbestattungsgesetz BW; § 4 Landeskrebsregistergesetz BW.

223 BT-Drucksache 1/1307, S. 46.

224 *Eichelbrönner*, Die Grenzen der Schweigepflicht des Arztes und seiner berufsmäßig tätigen Gehilfen nach § 203 StGB im Hinblick auf Verhütung und Aufklärung von Straftaten, S. 111.

225 *Eichelbrönner*, Die Grenzen der Schweigepflicht des Arztes und seiner berufsmäßig tätigen Gehilfen nach § 203 StGB im Hinblick auf Verhütung und Aufklärung von Straftaten, S. 111.

226 *Eichelbrönner*, Die Grenzen der Schweigepflicht des Arztes und seiner berufsmäßig tätigen Gehilfen nach § 203 StGB im Hinblick auf Verhütung und Aufklärung von Straftaten, S. 112.

227 Vorliegend soll das des Landes Baden-Württemberg statt aller genannt werden.

Die prozessualen Zeugnispflichten sind allein dann taugliche Befugnisnormen für Offenbarungen wenn eine entsprechende Schweigepflichtentbindung des Patienten vorliegt.

Wo dies nicht der Fall ist, macht sich der Arzt im Falle seiner Aussage u. U. der Schweigepflichtverletzung nach § 203 I Nr. 1 StGB schuldig, da dem Arzt ein Zeugnisverweigerungsrecht zusteht, von dem er Gebrauch machen sollte, soweit er nicht aufgrund rechtfertigenden Notstandes zur Aussage berechtigt ist. Wo nämlich eine Schweigepflichtentbindung nicht gegeben ist, besteht (sogar im Falle des Notstandsrechts) keine Zeugnispflicht für die Angehörigen schweigepflichtiger Berufsgruppen. Auch im Notstandsfalle handelt es sich insoweit lediglich um ein prozessuales Aussagerecht, vgl. oben.

II. Einwilligung in die Offenbarung

Während die gesetzlichen Auskunfts- und Meldepflichten wie sie eben dargestellt wurden dem Mediziner die Pflicht auferlegen, gegen den Willen des Geheimnisgeschützten ihr Wissen zu offenbaren, stellt den wohl praxisrelevantesten Fall der Offenbarungsbefugnis die Einwilligung dar. Diese ermöglicht die Offenbarung geheimer Tatsachen mit dem Einverständnis des Geschützten. Im Gegensatz zu den gesetzlichen Auskunfts- und Meldepflichten begründet die Einwilligung jedoch – außer in den Fällen der prozessualen Zeugnispflicht durch Entfallen des Zeugnisverweigerungsrechts – keine Offenbarungspflicht sondern lediglich ein Offenbarungsrecht des Arztes, soweit der Geheimnisgeschützte kein schutzbedürftiges Interesse mehr an der Geheimhaltung hat.[228]

Grund für die Offenbarungsbefugnis des Arztes ist im Falle der Einwilligung der freiwillige Verzicht des Geschützten auf Geheimhaltung. Dem steht, laut der Zustimmung verdienenden Ansicht von *Lenckner*[229] nicht entgegen, dass die Schweigepflicht neben der individuellen Geheimsphäre auch das öffentliche Interesse an der Diskretion und Vertrauenswürdigkeit des Ärztestandes schützt und dieses Schutzgut der Verfügung des Einzelnen entzogen ist.

Dieses geschützte öffentliche Vertrauen bezieht sich ausschließlich darauf, dass der Arzt nicht „unbefugt" offenbart. Offenbart er also befugt, so kann dies nicht geeignet sein, redlichem Vertrauen Abbruch zu tun.

Gleichwohl ändert der Verzicht auf Geheimhaltung in einem konkreten Offenbarungsfall nach Ansicht der Verfasserin nichts am Geheimnischarakter einer Tatsache in sämtlichen von der Einwilligung nicht erfassten Offenbarungsmöglichkeiten. Daher wird die Einwilligung hier auch nicht als tatbestandsausschließend, sondern lediglich als im Einzelfall rechtfertigend behandelt.[230] Der Geheimhaltungswille des Patienten, der – unstreitig – Voraussetzung des Geheimnischarakters einer Tatsache ist, wird vom Einwilligenden nur für die konkrete Offenbarung an einen oder mehrere konkrete Empfänger aufgegeben, gegenüber allen anderen potentiellen Empfängern einer Offenbarung ist

228 *Eichelbrönner,* Die Grenzen der Schweigepflicht des Arztes und seiner berufsmäßig tätigen Gehilfen nach § 203 StGB im Hinblick auf Verhütung und Aufklärung von Straftaten, S. 99.

229 *Lenckner, in: Göppinger,* Arzt und Recht, „Ärztliches Berufsgeheimnis", S. 177.

230 A. A. LK – *Jähnke,* 10. Auflage, 5. Band 1989, § 203, Rn. 56, m. w. N. .

nach wie vor ein Geheimhaltungswille gegeben. Hierfür streitet schon das später darzustellende Erfordernis der Bestimmtheit der Einwilligung. Wird z.B. in die Benachrichtigung von Angehörigen durch den Arzt eingewilligt, rechtfertigt dies nicht auch die Offenbarung an die Nachbarn. Insoweit bleibt eine Tatsache geheim im tatbestandlichen Sinne, so dass der obigen Einordnung des Merkmals „unbefugt" als Rechtswidrigkeitsmerkmal konsequenter Weise die Einordnung der Einwilligung als Befugnis und damit als Rechtfertigung nachfolgen soll.

1. Die ausdrückliche Einwilligung

Eine Einwilligungserklärung kann nicht fiktiv sondern muss ausdrücklich abgegeben werden[231] (auf den Sonderfall der konkludenten Einwilligung wird noch einzugehen sein).

Zunächst eine Darstellung der Wirksamkeitserfordernisse einer solchen ausdrücklichen Einwilligung.

a.) Der Patient als Träger des Rechtsgutes; die Disposition über das Rechtsgut

Der in eine Offenbarung einwilligende Patient muss Träger des zu offenbarenden Geheimnisses sein. Nur dann unterliegt das Geheimnis als Schutzgut auch seiner Disposition[232].

Demgegenüber wird gelegentlich auch die Auffassung vertreten, Verfügungsberechtigter bzgl. der Einwilligung in Geheimnisoffenbarungen durch Ärzte sei allein der unmittelbar an dem ärztlichen Vertrauensverhältnis beteiligte Patient, gleich ob es sich um sein Geheimnis oder das eines Dritten handelt[233]. Ebenfalls ist die Auffassung zu lesen, verfügungsberechtigt sei immer derjenige, der dem Arzt ein Geheimnis anvertraut hat[234].

Diese beiden Theorien sind abzulehnen.

Da § 203 I Nr. 1 StGB nicht allein das Vertrauen in die Verschwiegenheit des Arztes sondern ebenso – und zwar primär – die Geheimsphäre, die von den dem Arzt offenbarten Tatsachen berührt wird schützt, kann allein derjenige zur Einwilligung in die Offenbarung berechtigt sein, dessen Geheimsphäre betroffen ist, auf den sich also ein Geheimnis bezieht.

Bei Drittgeheimnissen ist daher die Zustimmung des betroffenen Dritten zur Offenbarung erforderlich.[235]

231 *Weichert,* Die Krux mit der ärztlichen Schweigepflichtentbindung für Versicherungen, S. 1697.

232 RGSt 57, 13; OLG Hamburg NJW 1962, 689; *Ulsenheimer, in: Laufs/Uhlenbruck,* Handbuch des Arztrechts, § 71, Rn. 7.

233 *Woesner,* Fragen ärztlicher Geheimhaltungspflicht, S. 692; *Sauter,* Das Berufsgeheimnis und sein strafrechtlicher Schutz, S. 127.

234 RGSt 13, 60.

235 *Ulsenheimer, in: Laufs /Uhlenbruck,* Handbuch des Arztrechts, § 71, Rn. 7.

b.) Die Einwilligungsfähigkeit

aa) Willens- oder Geschäftsfähigkeit als Voraussetzung der Einwilligungsfähigkeit: Die Rechtsnatur der Einwilligung in die Offenbarung schweigepflichtiger Tatsachen; die Einwilligung als rechtsgeschäftliche bzw. rechtsgeschäftsähnliche Erklärung

Umstritten ist bzgl. der Einwilligungsfähigkeit, deren Vorliegen unverzichtbar ist ob hier auf den natürlichen oder den geschäftsmäßigen Willen abgestellt werden muss. Ob also für die Einwilligungsfähigkeit Geschäftsfähigkeit Voraussetzung ist oder nicht.

Während *Müller*[236]aufgrund der Einordnung der Einwilligung als rechtsgeschäftliche Handlung Geschäftsfähigkeit für deren Wirksamkeit verlangt und daher z. B. beim Minderjährigen die Erklärung des gesetzlichen Vertreters für erforderlich hält (daneben bei Einsichtsfähigkeit allerdings soweit diese reicht auch die Erklärung des Minderjährigen), genügt nach *Jähnke*[237] die bloße Einsichtsfähigkeit für die Wirksamkeit der Einwilligung.

Nach der Ansicht von *Jähnke* setzt die Einwilligung die Fähigkeit voraus, die Tragweite ihrer Folgen abzuschätzen, so z. B. die Konsequenzen einer Offenbarung in Beruf, Gesellschaft und ggf. auch Justiz (prozessuale Zeugnispflicht des Arztes).

Diese Folgen können erheblich sein, so dass die bloße Willensfähigkeit, die Fähigkeit den Geheimhaltungswillen aufzugeben, unstreitig nicht genügen kann.

Reicht jedoch die geistig-sittliche Einsichtsfähigkeit bei Minderjährigen oder Geschäftsunfähigen soweit, dass die Konsequenz einer Einwilligung in die Offenbarung einer Tatsache dem Betroffenen klar ist, so genügt nach *Jähnke* seine Erklärung ohne die seines gesetzlichen Vertreters.

In diesem Fall steht ihm die Erklärung allein zu, der Vertreter ist insoweit ausgeschlossen. Diese Ansicht ist sachgerecht, da es bei der Einwilligung um das Korrelat zum geschützten Geheimhaltungswillen geht. Dieser knüpft neben dem objektiven Geheimhaltungsinteresse, das auch in der Person des Sorgeberechtigten (evtl. sogar ausschließlich in seiner Person) vorliegen kann, auch an die betroffene Geheimsphäre an und insoweit ist ausschließlich auf die Geheimsphäre des Geschäftsunfähigen abzustellen. Andernfalls würde das Persönlichkeitsrecht des Betroffenen verkürzt, was bei bestehender Einsichts- und Urteilsfähigkeit, ohne dass mangelnde Geschäftsfähigkeit insoweit maßgeblich sein könnte, nicht hingenommen werden kann[238].

Für das Vorliegen der Einsichtsfähigkeit, bzw. für die Beurteilung ihres Grades haben gesetzlich geregelte Teilmündigkeiten indizielle Wirkung, z. B. bzgl.Tatsachen aus dem Arbeitsverhältnis § 113 BGB.[239]Erklärung des Personensorgeberechtigten ist allein in den Fällen maßgeblich, in welchen neben der Geschäftsfähigkeit auch die Einsichtsfähigkeit fehlt, z. B. bei der Behandlung von Kleinkindern.

236 *Müller, in: Mergen,* Die juristische Problematik in der Medizin, Bd. II, S. 75.

237 LK – *Jähnke,* 10. Auflage, 5. Band 1989, § 203, Rn. 57.

238 So im Ergebnis auch *Muschallik,* Die Befreiung von der ärztlichen Schweigepflicht und vom Zeugnisverweigerungsrecht im Strafprozeß, S. 77.

239 LK – *Jähnke,* 10. Auflage, 5. Band 1989, § 203, Rn. 57.

bb) Die Kenntnis des Erklärenden über den Inhalt der Einwilligung, die Bestimmtheit

Die Einwilligung des Geheimnisträgers in eine Offenbarung muss hinsichtlich des Offenbarenden, des Offenbarungsempfängers und hinsichtlich des Offenbarungsgegenstandes hinreichend bestimmt sein um den umfassenden Geheimnisschutz zu gewährleisten[240].

Wie schon erwähnt, schließt die Einwilligung das Tatunrecht einer konkreten Offenbarung aus, für alle übrigen Fälle jedoch soll der Geheimnisschutz weiterhin zur Verschwiegenheit verpflichten. Dies setzt voraus, dass der die Einwilligung Erklärende konkrete Kenntnis darüber hat, wem gegenüber was genau offenbart werden soll und durch welchen Arzt. Letzteres gilt insbesondere für die – wie unten zu lesen sein wird zulässige – Erklärung gegenüber einem Dritten (v. a. einer Versicherung). Eine pauschale Schweigepflichtentbindung aller (auch künftig) behandelnder Ärzte kann daher keinen Bestand haben. Der Erklärende kann dabei im Zeitpunkt der Einwilligung nicht übersehen, wen er wofür entbunden haben wird. Ebenfalls erinnert er sich u. U. im Zeitpunkt, in welchem die Einwilligung ihre rechtliche Relevanz erlangt nicht mehr daran, wen er einmal wofür entbunden hat. Dies genügt den Anforderungen an die Bestimmtheit einer solchen Erklärung nicht. Unwirksam sind daher Versicherungsklauseln, nach welchen der Patient bei Abschluss des Versicherungsvertrages in eine umfassende Entbindung aller seiner Ärzte von der Schweigepflicht gegenüber Anfragen der Versicherung zur Prüfung von Risiko und Leistungspflicht einwilligt[241].Derartige Klauseln verstoßen daneben auch gegen § 307 BGB. Auch kann sich eine Einwilligung in die Offenbarung dem Arzt bekannter Tatsachen nur auf diejenigen Tatsachen beziehen, die auch dem Patienten bekannt sind, was bezüglich solcher Wahrnehmungen, die der Arzt selbst am Patienten anlässlich einer Behandlung macht, über die im Rahmen der Behandlung aber nicht immer gesprochen wird, nicht unbedingt der Fall ist. Häufig erstreckt sich die Kenntnis des Patienten lediglich auf den Anlass einer Konsultation und auf die diesem Anlass folgende Diagnose. Fast immer jedoch wird der Arzt in solchen Konsultationen aber weitere Dinge bemerken und notieren, die er mit dem Patienten mangels Bedürfnis oder auch zu dessen Schonung nicht bespricht. I. d. R. erstreckt sich die Kenntnis des Patienten daher keinesfalls auf die gesamte Patientenakte. In eine Übermittlung letzterer (z. B. an eine Versicherung) kann der Patient daher niemals wirksam einwilligen. Vielmehr geht das Recht der Versicherungsgesellschaften auf Überlassung von Unterlagen nur so weit, wie es zur Regulierung des konkreten Anspruchs erforderlich ist. Nur so weit kann der Patient erfassen, was hierfür offenbart werden muss.[242]

c.) Der Adressat der Erklärung

Die Erklärung über die Entbindung von der Schweigepflicht muss nicht unmittelbar dem Arzt gegenüber erklärt werden. Es genügt wenn sie einem Dritten (Mittler, z. B. Versicherung) gegenüber abgegeben wird[243], soweit sich die Erklärung im übrigen im Rahmen des oben zu Einsichtsfähigkeit und Inhalt Gesagten hält.

240 BGH NJW 1991, 2955; *Lenckner, in: Schönke/Schröder,* Kommentar zum StGB, § 203, Rn. 24, m. w. N. .

241 *Schlund, in: Laufs/Uhlenbruck,* Handbuch des Arztrechts, § 75, Rn. 4.

242 *Schlund, in: Laufs/Uhlenbruck,* Handbuch des Arztrechts, § 75, Rn. 5.

243 *Muschallik,* Die Befreiung von der ärztlichen Schweigepflicht und vom Zeugnisverweigerungsrecht im Strafprozeß, S. 63.

d.) Die Freiwilligkeit: Keine Drohung, Täuschung, kein Zwang

Die Einwilligung muss freiwillig erklärt sein. Sowohl Drohung und Zwang als auch Täuschung machen sie unwirksam.[244]

Ebenfalls ist die Erklärung frei widerrufbar.

Problematisch ist auch dieser Punkt wieder im Hinblick auf das Versicherungswesen.

Es wird auch unten in Teil 3 festzustellen sein, dass bzgl. einer Schweigepflichtentbindung, die konstitutiv für das Zustandekommen einer dringend benötigten Versicherung ist, nicht zweifelsfrei behauptet werden kann, dass sie in diesem Sinne freiwillig ist.

e.) Sonstige Wirksamkeitsvoraussetzungen der Einwilligung

Sonst ist für die Wirksamkeit der Einwilligung erforderlich, dass die Erklärung nach außen hin manifestiert ist (Schriftform ist jedoch grds. nicht erforderlich), dass der Arzt auf die Erklärung hin bzw. in deren Kenntnis handelt (subjektives Rechtfertigungselement) und dass die Offenbarung nicht gegen die guten Sitten verstößt (Rechtsgedanke des § 228 StGB). So darf der Arzt z.B. keinen HIV-Test auf eine mutmaßliche Einwilligung des Patienten in die Übersendung einer Probe ins Labor stützen, soweit der Patient von dem Test nichts weiß (Verbot der heimlichen Befunderhebung).

2. Die konkludente Einwilligung

Auch die konkludente Einwilligung ist im Strafrecht grds. anerkannt. Wann eine solche allerdings bzgl. einer Geheimnisoffenbarung anzunehmen ist, bedarf einer eingehenden Untersuchung.

Konkret geht es um die Frage, inwieweit durch eine bestimmte Zweckbindung ärztlicher Bemühungen eine konkludente Einwilligung in die Preisgabe entsprechender Informationen angenommen werden kann.

Vorweg ist festzuhalten, dass die ärztliche Schweigepflicht auch bei zweckgerichteten Untersuchungen umfassend gewährleistet ist. Will der Patient also z.B. eine Versicherungsleistung in Anspruch nehmen, für die er Befunde offenlegen muss, so steht es ihm frei, auf die Leistung zu verzichten und die Schweigepflichtentbindung zu verweigern, insoweit ist also stets die ausdrückliche Einwilligung vorrangig.

Es ist nicht allein aufgrund einer Zweckbestimmung ärztlicher Tätigkeit auch von einer konkludenten Einwilligung auszugehen.[245]

Etwas anderes kann jedoch gelten, wenn die Zweckbestimmung alleiniger oder wenigstens primärer Zweck der Untersuchung ist, der Patient also ohne die Zweckbestimmung gar keinen Arzt konsultieren würde. Weitere Voraussetzung ist die Freiwilligkeit einer solchen Untersuchung.

Beispiele sind die amtsärztliche Untersuchung zum Zwecke der Aufnahme in ein Beamtenverhältnis (in der Privatwirtschaft die betriebsärztliche Untersuchung) oder die ärztliche Begutachtung zu Beweiszwecken im gerichtlichen Verfahren.

---

244 LK – *Jähnke,* 10. Auflage, 5. Band 1989, § 203, Rn. 64, m.w.N. .

245 *Muschallik,* Die Befreiung von der ärztlichen Schweigepflicht und vom Zeugnisverweigerungsrecht im Strafprozeß, S. 65.

Auch hier ist zwar grds. Schweigepflicht gegeben, jedoch ist dem Patienten hier von Anfang an bewusst und wird vom Patienten auch von Anfang an erstrebt, dass die eigens zu diesem Zweck (freiwillig!) erhobenen Befunde dem Empfänger zur Erreichung des vom Patienten verfolgten Zieles (Einstellung oder Beweisführung) zur Verfügung gestellt werden[246].

Auch hier sind von einer konkludent durch die Veranlassung der Untersuchung erklärten Einwilligung allerdings nur die für die Erreichung des jeweiligen Zieles erforderlichen Daten erfasst. Kommen also bei der amtsärztlichen Untersuchung auch private Probleme des Patienten zur Sprache, unterliegen diese der Schweigepflicht soweit dessen Tauglichkeit für den öffentlichen Dienst nicht durch sie gemindert wird[247].

Auch bei Dienstunfähigkeitsbescheinigungen sind Angaben des Arztes auf das zwingend erforderliche Maß zu beschränken. Nicht alle zu Tage tretenden Geheimnisse sind für den Arbeitgeber von Interesse, ebenfalls geht auch der konkludent erklärte Wille, diesem Daten zugänglich zu machen lediglich dahin, die wesentlichen für die Nachvollziehbarkeit des Ausfalles maßgeblichen Informationen, nicht jedoch weitergehende zur Verfügung zu stellen. Die Angabe der Diagnose ist daher neben Dauer und Folgen der Dienstunfähigkeit nicht erforderlich. Will der Arbeitgeber die Richtigkeit der ärztlichen Entscheidung überprüfen oder die Aussichten einer Wiederherstellung der Arbeitsfähigkeit realistisch beurteilen, was sein legitimes Interesse ist, so hat er mit Rücksicht auf das gleichfalls legitime Interesse des Arbeitnehmers am Schutz seiner Geheimsphäre auf dessen ausdrückliche Einwilligung in die Offenlegung betreffender Daten hinzuwirken.[248] Was die Inanspruchnahme ärztlicher Leistungen unter Nutzung einer Krankenversicherung anbetrifft, ist zwischen privater und gesetzlicher Krankenversicherung zu differenzieren.Während in der privaten Krankenversicherung das Kostenerstattungsprinzip gilt, gilt in der gesetzlichen das Sachleistungsprinzip. Der Unterschied besteht hierbei darin, dass der privat versicherte Patient Leistungen zunächst auf eigene Rechnung in Ansruch nimmt.

Hier steht einer konkludenten Einwilligung in eine Datenübermittlung an die Versicherung schon entgegen, dass der Patient die freie Entscheidung darüber trifft, ob er die Kosten für seine Heilbehandlung überhaupt erstattet haben will. In jedem Fall setzt eine daraufhin erfolgende Übermittlung also sein ausdrückliches Einverständnis voraus. (Zum Vorgang der versicherungspraktischen Anfragen beim Arzt vgl. Teil 3). Der gesetzlich Versicherte nimmt ärztliche Leistungen in der Regel nicht als Selbstzahler sondern unter Vorlage seiner Versichertenkarte in Anspruch. Die Rechnung, die aus seiner Behandlung entsteht, geht zwar nicht unmittelbar der Kasse sondern zunächst der Kassenärztlichen Vereinigung zu, jedoch steht die Krankenkasse zur Prüfung ihrer Leistungspflicht dahingehend unmittelbar mit dem Arzt in Verbindung als jedenfalls keine Zwischenschaltung des Patienten für die Abrechnung erfolgt. Im Lichte von § 60 I Nr. 1 SGB I, wonach jeder, der Sozialleistungen beantragt oder erhält alle Tatsachen, die für die Leistung erheblich sind anzugeben und auf Verlangen des zuständigen Leis-

246 *Muschallik*, Die Befreiung von der ärztlichen Schweigepflicht und vom Zeugnisverweigerungsrecht im Strafprozeß, S. 65.

247 *Muschallik*, Die Befreiung von der ärztlichen Schweigepflicht und vom Zeugnisverweigerungsrecht im Strafprozeß, S. 66.

248 *Muschallik*, Die Befreiung von der ärztlichen Schweigepflicht und vom Zeugnisverweigerungsrecht im Strafprozeß, S. 66.

tungsträgers der Erteilung der erforderlichen Auskünfte durch Dritte zuzustimmen hat, ist in der Vorlage der Krankenversicherungskarte eine konkludente Einwilligung in die Übermittlung der abrechnungsrelevanten Daten, allerdings auch nur dieser, zu sehen. Mit Rücksicht auf die Situation in Arztpraxen ist bei der gesetzlichen Krankenversicherung sinnvoll, nach Einlesen der Karten direkt mit der Kasse die Begleichung der Ansprüche abzuwickeln, was regelmäßig auch im Sinne eines, die Karte vorlegenden Patienten ist und von diesem auch erwartet wird. Schließlich nimmt der Patient bewusst Kassenleistungen in Anspruch wobei ein Vertragsverhältnis zwischen dem Kassenarzt (vertreten durch die Kassenärztliche Vereinigung) und der Krankenkasse besteht[249]. Will der Patient im Einzelfall einen Informationsfluss nicht, ist ihm zuzumuten, in diesem Fall den Arzt auf eigene Rechnung zu konsultieren, da er im Falle seiner Weigerung gegen die Übermittlung ohnehin die Kosten zu tragen hätte. Im Unterschied zur privaten Krankenversicherung sind bei der gesetzlichen Krankenversicherung auch keine vergleichbaren Nachteile mit der Übermittlung von Gesundheitsdaten verbunden, da sich gesetzliche Kassen nicht aufgrund von Risiken aus der Leistungspflicht ziehen, bzw.gravierende Risikozuschläge erheben können. Im Bereich der Krankenhausaufnahmeverträge kommt eine konkludente Einwilligung insofern in Betracht, als der Patient, der sich in Behandlung begibt, Leistungen des Krankenhauses in Anspruch nimmt und mit der zur Abwicklung des Vertragsverhältnisses erforderlichen Information der Verwaltung rechnet. Hiermit ist jedoch kein generelles Einsichtsrecht der Verwaltung in die ärztlichen Unterlagen verbunden.[250]

Bezüglich der Überweisung an einen Facharzt oder weiterbehandelnden Kollegen ist eine konkludente Einwilligung nach Ansicht der Verfasserin abzulehnen soweit es sich nicht um einen zur Behandlung von Anfang an zugezogenen Kollegen derselben Klinik oder Praxis handelt. Soweit dies der Fall ist, ist schon kein Offenbaren an einen außerhalb des Kreises der Wissenden stehenden Dritten und damit schon keine tatbestandliche Offenbarung gegeben. Wo dies nicht der Fall ist, der Patient also im Interesse seiner Gesundheit einen in anderer Praxis niedergelassenen Arzt oder einen am Klinikum beschäftigten Arzt aufsuchen soll, ist für die konkludente Einwilligung kein Raum. Bei der Ausstellung der Überweisung durch den Arzt bzw. mit deren Entgegennahme erklärt der Patient weder schlüssig sie überhaupt nutzen zu wollen noch, vorab dem zu konsultierenden Arzt Informationen zukommen lassen zu wollen. Im System der gesetzlichen Krankenversicherung nach der Gesundheitsreform ist vielmehr die Überweisung durch den Hausarzt an den Facharzt Voraussetzung für dessen Konsultation. In der Regel wünscht der Patient nicht dessen Information sondern teilt dem Facharzt seinerseits die maßgeblichen Dinge mit wenn er ihn konsultiert. Häufig ist mit dem Verlangen einer Überweisung auch nicht die Zwischenschaltung des Hausarztes gewünscht, diese dient vielmehr allein der Ermöglichung der fachärztlichen Untersuchung. Weder die Übersendung von Material im voraus noch der Arztbrief des Facharztes an den überweisenden Hausarzt sind daher von einer konkludenten Einwilligung gedeckt. In beiden Fällen ist die ausdrückliche Einwilligung erforderlich sowie möglich und zumutbar.

249 *Muschallik,* Die Befreiung von der ärztlichen Schweigepflicht und vom Zeugnisverweigerungsrecht im Strafprozeß, S. 68.

250 *Muschallik,* Die Befreiung von der ärztlichen Schweigepflicht und vom Zeugnisverweigerungsrecht im Strafprozeß, S. 69.

3. Die mutmaßliche Einwilligung

Von der konkludenten (neben der ausdrücklichen ein Unterfall der tatsächlichen Einwilligung) zu unterscheiden ist die mutmaßliche Einwilligung.

Die Rechtfertigung einer Schweigepflichtdurchbrechung aufgrund mutmaßlicher Einwilligung kommt im Wesentlichen bei der Benachrichtigung von Angehörigen Bewusstloser in Betracht.

Was die Behandlung Geistesschwacher oder Minderjähriger bei Bewusstsein betrifft, ist nach Ansicht der Verfasserin zu differenzieren was die Benachrichtigung Außenstehender betrifft:

Ist der Geistesschwache oder der Minderjährige im bereits zur Einwilligungsfähigkeit diskutierten Sinne einsichtsfähig, so genügt dies auch bei fehlender Geschäftsfähigkeit für den Vorrang seiner ausdrücklichen Einwilligung.

Ist er dies nicht, so ist die ausdrückliche Einwilligung seines Vormundes einzuholen wenn es um die Benachrichtigung von Außenstehenden geht. Diese geht dann der mutmaßlichen Einwilligung des Einsichtsunfähigen vor.

Was die Benachrichtigung des Vormundes selbst betrifft, ist dieser nicht Dritter im Sinne der ärztlichen Schweigepflicht, so dass insoweit gar keine tatbestandliche Offenbarung vorliegt.

Denknotwendig muss der Vormund, soll seine Einwilligung für die Rechtfertigung einer Offenbarung an Dritte maßgeblich sein, selbst zum Kreis der Wissenden zu zählen sein, da er sonst überhaupt keine Verfügungsbefugnis über das Geheimnis haben könnte.

Ohnehin wäre auch bzgl. des mutmaßlichen Willens im Verhältnis zum tatsächlichen Willen konsequenter Weise auf den des Vormundes abzustellen, so dass es bereits an der Fähigkeit des Einsichtsunfähigen fehlt, einen in diesem Sinne beachtlichen mutmaßlichen Willen zu bilden. Wie bzgl. Verstorbener noch zu sagen sein wird, setzt die Fiktion der mutmaßlichen Einwilligung aber gerade voraus, dass zumindest die Möglichkeit eines tatsächlichen, beachtlichen Willens besteht.

Besteht die theoretische Möglichkeit eines beachtlichen Willens, ist der Betroffene aber nicht in der Lage diesen Willen zu äußern, wie dies bei Bewusstlosen der Fall ist, so kommt die mutmaßliche Einwilligung dann zum Tragen, wenn der Arzt im Interesse des Patienten tätig wird und sein Handeln dem vermuteten Willen des Geheimnisträgers entspricht.Kein Fall der mutmaßlichen Einwilligung ist demgegenüber die Situation, in welcher der Patient sich lediglich nicht geäußert hat, jedoch eindeutig zu vermuten ist, er werde an der Geheimhaltung kein Interesse haben.[251] In diesem Fall nämlich ist tatbestandlich gar kein Geheimnis gegeben, dessen Offenbarung der Rechtfertigung bedürfte.[252]

Für die Annahme einer mutmaßlichen Einwilligung muss das Verhalten des Arztes dem Interesse und dem zu vermutenden Willen des Betroffenen entsprechen.

Während das Interesse objektiv determiniert ist, ist der Wille subjektiv geprägt.

Denkbare Anwendungsfälle sind zum Beispiel die Unterrichtung von Angehörigen eines bewusstlosen Patienten, zu Informationszwecken oder auch zur Unterweisung für die künftige Pflege sowie die Befragung von Angehörigen in Situationen, in denen sich

251 A. A. offenbar: *Ulsenheimer, in: Laufs/Uhlenbruck,* Handbuch des Arztrechts, § 71, Rn. 9.

252 LK – *Jähnke,* 10. Auflage, 5. Band 1989, § 203, Rn. 81, 25.

der Arzt ein Bild über die Haltung des selbst nicht äußerungsfähigen Patienten zu bestimmten indizierten Behandlungen machen muss.[253]

Der Arzt hat in jedem Fall die Belange des Betroffenen abzuwägen. Abzustellen hat er dabei auf dessen individuelle mutmaßliche Sicht. Der Arzt hat dabei die Interessen aller von der Offenbarung betroffener Geheimnisträger zu berücksichtigen. Ist eine einen Dritten betreffende Tatsache Teil der Information, hat er insoweit den Willen des betroffenen Dritten zugrunde zu legen bzw. dessen ausdrückliche Einwilligung einzuholen. Es kommt also bei der mutmaßlichen Einwilligung stets auf den Horizont desjenigen an, dem die Verfügungsbefugnis bei der ausdrücklichen Einwilligung zusteht.[254]

Gerade im Fall von Drittgeheimnissen solcher Dritter, die der Arzt nicht persönlich kennt, begegnet die Annahme einer mutmaßlichen Einwilligung mit Blick auf den zu berücksichtigenden, dem Arzt unbekannten Geheimhaltungswillen erheblichen Bedenken. Insoweit ist Zurückhaltung geboten. Die Offenbarung derartiger Geheimnisse zu Verwaltungszwecken scheidet aus[255], geht es um eine Notfallsituation im Interesse der Gesundheit eines Patienten ist, soweit nicht klar ein Einverständnis des Dritten anzunehmen ist, auf das Notstandsrecht zurückzugreifen.

In zwei häufig unter dem Aspekt mutmaßlicher Einwilligung diskutierten Fallgruppen kommt diese als Rechtfertigungsgrund nicht in Betracht.

Namentlich in den Fällen, in welchen post mortem Geheimnisse eines Toten offenbart werden sollen sowie in den Fällen, in welchen ein Arzt seine Praxis einem Nachfolger samt Patientenkartei übertragen will[256].

Im ersteren Fall kommt eine mutmaßliche Einwilligung deshalb nicht in Betracht, weil diese Fiktion zumindest die Möglichkeit eines tatsächlichen Willens voraussetzt, welchen ein Toter nicht mehr hat[257]. Im Unterschied zum objektiven Interesse setzt die Fiktion subjektiven Willens das Anknüpfungsmoment individueller Persönlichkeit voraus, an welcher es Toten fehlt.

Im letztgenannten Fall scheidet ein Rückgriff auf den Rechtfertigungsgrund der mutmaßlichen Einwilligung aus dem Grund aus, dass eine Befragung der von der Praxisübernahme betroffenen Patienten und damit die Einholung ihrer ausdrücklichen Einwilligung theoretisch möglich wäre und damit vorrangig ist[258]. Auch kann ganz generell nicht bezüglich sämtlicher in der Praxiskartei erfasster Patienten von einer mutmaßlichen Einwilligung ausgegangen werden, ihre Akte einem Nachfolger zu überantworten. Das Arzt-Patientenverhältnis ist in hohem Maße von Vertrauen geprägt, das nicht allein

---

253 Bsp. s. LK – *Jähnke*, 10. Auflage. 5. Band 1989, § 203, Rn. 81.

254 *Muschallik,* Die Befreiung von der ärztlichen Schweigepflicht und vom Zeugnisverweigerungsrecht im Strafprozeß, S. 70.

255 *Muschallik,* Die Befreiung von der ärztlichen Schweigepflicht und vom Zeugnisverweigerungsrecht im Strafprozeß, S. 70.

256 Dies hat der BGH unter Aufgabe seiner bisherigen Rechtsprechung in einer Grundsatzentscheidung am 11.12.1991 klargestellt: vgl. BGH NJW 1992, 737; BGHZ 116, 268. Seit dieser Entscheidung vertritt der BGH die Auffassung, dass die Übertragung der Patientenkartei an den Praxiserwerber ohne Einwilligung der betroffenen Patienten deren Persönlichkeitsrecht in seiner Ausprägung als Recht der informationellen Selbstbestimmung aus Art. 2 I, 1 I GG und damit die ärztliche Schweigepflicht aus § 203 I Nr. 1 StGB verletze. Nach § 134 BGB sei daher ein Praxisübernahmevertrag im Ganzen nichtig, wenn er eine entsprechende Klausel enthalte.

257 LK – *Jähnke,* 10. Auflage, 5. Band 1989, § 203, Rn. 53, m. w. N. .

258 LK – *Jähnke*, 10. Auflage, 5. Band, 1989, § 203, Rn. 70.

an die Arzteigenschaft einer Person anknüpft sondern vielmehr an die konkrete Person selbst. Nicht jeder Patient wird daher ein Interesse haben einer Praxis trotz Inhaberwechsels sein Vertrauen weiterhin zu schenken.

Noch einmal festzuhalten ist, dass die ausdrückliche Einwilligung, wo sie zu erlangen ist, der mutmaßlichen immer vorgeht.

Es ist bezüglich des gesamten Rechtsinstituts der mutmaßlichen Einwilligung äußerste Zurückhaltung geboten. Jemandes Willen abzuschätzen und seine Geltung zu fingieren muss schon aus Respekt vor der Privatautonomie auf Einzelfälle, in denen der zu vermutende Wille hinreichend klar zu konstatieren ist beschränkt bleiben. Kann von einer mutmaßlichen Einwilligung nicht mit überwiegender Wahrscheinlichkeit ausgegangen werden und ist eine ausdrückliche nicht zu erlangen, so ist zu prüfen, ob eine Notstandslage gegeben ist. Wo auch das nicht der Fall ist, beispielsweise weil ein höherwertiges Gut nicht gefährdet sondern die Offenbarung lediglich zweckmäßig, einer weiteren nicht zwingend erforderlichen Behandlung dienlich ist oder von Angehörigen erwartet wird, ohne dass sicher ist, ob diese nach dem Willen des Patienten benachrichtigt werden sollen[259], so hat eine Durchbrechung der Schweigepflicht zu unterbleiben. Ist mit überwiegender Wahrscheinlichkeit von der mutmaßlichen Versagung der Einwilligung auszugehen, so verbietet sich auch ein Rückgriff auf das Notstandsrecht, insoweit bleibt die Offenbarung rechtswidrig.

III. Die Notwehr nach § 32 StGB als Rechtfertigungsgrund einer Schweigepflichtdurchbrechung?

Die Notwehr nach § 32 StGB kommt bezüglich der Durchbrechung der ärztlichen Schweigepflicht nach § 203 I Nr. 1 StGB als Rechtfertigung nicht in Betracht.

Davon abgesehen, dass sich im medizinischen Bereich kaum ein gegenwärtiger rechtswidriger Angriff im Sinne des § 32 StGB vorstellen lässt[260]ist jedenfalls schwerlich denkbar, dass ein unmittelbar bevorstehender Schadenseintritt unmittelbar durch eine Schweigepflichtdurchbrechung abgewendet werden könnte[261]. Zwar ermöglicht die

259 Bei innerfamiliären Spannungen, zur Vermeidung der Beunruhigung und Sorge der Angehörigen aber auch aus vielen anderen persönlichen Gründen (Rückschlüsse über die Art der Erkrankung auf den Lebenswandel, unerwünschte Anteilnahme...) kann es dem Willen des Patienten trotz der normalerweise engen Verbundenheit gerade zuwiderlaufen, dass Angehörige benachrichtigt werden. Dies ist, auch wenn auf Seiten der Angehörigen ein moral-ethisch hoch zu bewertendes Informationsinteresse bestehen mag, mit Rücksicht auf den hohen Stellenwert der informationellen Selbstbestimmung unbedingt beachtlich.

260 Es stellt selbst die von einem Patienten in Kauf genommene oder gar geplante Ansteckung eines Dritten mit seiner Krankheit keinen Angriff in diesem Sinne dar: Eine Ansteckung ist immer lediglich möglich und so gut wie nie sicher, so dass das Mittel vom „Angreifer" nicht hinreichend beherrscht wird um davon zu sprechen dass die die Notwehrlage begründende Gefahr von ihm ausgehe.

261 Auch nicht soweit der Schadenseintritt aus einem anlässlich ärztlicher Konsultation zur Sprache gelangten außermedizinischen kriminellen Vorhaben herrührt, zu denken sein könnte an eine angekündigte oder gar an eine z. B. im Krankenhaus verübte Katalogtat des § 138 StGB wie Raub oder Totschlag.

Weitergabe von Information evtl. das Einschreiten der Polizei oder auch eine anderweitige Abwehrreaktion gleich welcher Art. Jedoch erfolgt die Gegenwehr letztlich dann durch die ermöglichte Reaktion selbst, so dass die Intervention des informierenden Arztes als bloßes Glied der Kausalkette, aus der die Angriffsabwehr schließlich erfolgt anzusehen ist. Zwar mag sie, um überhaupt eine Reaktion zu ermöglichen erforderlich sein, zur Angriffsabwehr im eigentlichen Sinne geeignet ist die Schweigepflichtdurchbrechung selbst jedoch nicht.

IV. Der rechtfertigende Notstand nach § 34 StGB

Anders liegen die Umstände bei einem der bedeutendsten Rechtfertigungsgründe auch im Bereich der ärztlichen Schweigepflichtdurchbrechung, dem rechtfertigenden Notstand nach § 34 StGB.

Hier steht kein rechtswidriger Angriff in Rede, sondern zunächst allein die Gefährdung eines hochrangigen Rechtsgutes.

Zwar muss auch diese Gefährdung für die Rechtfertigung einer Schweigepflichtverletzung konkret und nicht lediglich abstrakt sein, jedoch genügt hier grds. auch eine im obigen Sinne lediglich mittelbare Einflussnahme auf das gefahrträchtige Geschehen.

Es soll im Folgenden ein Überblick über denkbare Fallkonstellationen des rechtfertigenden Notstandes bei der Schweigepflichtdurchbrechung gegeben werden, ausführlich dargestellt wird aber lediglich eine der bedeutendsten.

– Einleitung: Der rechtfertigende Notstand, § 34 StGB

Da auf den rechtfertigenden Notstand nach § 34 StGB auch im Rahmen des Schwerpunktes der vorliegenden Arbeit in Teil 3 einzugehen sein wird, soll an dieser Stelle ein Überblick über die Grundstruktur dieses Rechtfertigungsgrundes gegeben werden.

a.) Rechtsnatur des § 34 StGB

§ 34 StGB statuiert eine Befugnis für den in einer gegenwärtigen, nicht anders abwendbaren Gefahr befindlichen Notstandstäter, ggf. auch unter Verwirklichung eines normalerweise strafbewehrten Verhaltens, Rechtsgüter des Notstandsopfers zu beeinträchtigen.

Nach § 34 Satz 1 StGB müssen die Täterinteressen dafür allerdings die Opferinteressen wesentlich überwiegen und nach § 34 Satz 2 StGB muss die Tat eine angemessene Maßnahme zur Gefahrabwendung sein.

Der Befugnis des Notstandstäters, fremde Rechtsgüter zu beeinträchtigen korrespondiert eine auf dem Solidaritätsgedanken gründende Pflicht des Notstandsopfers, eine entsprechende Rechtsgutseinbuße zu dulden und die damit verbundene Beschränkung seiner Autonomie hinzunehmen.[262]

Unter gleicher Voraussetzung darf auch zu Gunsten Dritter Notstandshilfe geleistet werden, so dass der Notstandstäter nicht zwingend zur Bewahrung eigener Rechtsgüter tätig werden muss.

---

262 SK – *Günther*, § 34, Rn. 1.

b.) Entstehungsgeschichte

Eine gesetzliche Kodifikation des rechtfertigenden Notstandes erfolgte erstmals durch das 2. Strafrechtsreformgesetz vom 04.07.1969.[263]

Seit der Aufklärung jedoch ist der Gedanke eines Sonderrechts für den Notstandsfall sowohl juristischer als auch philosophischer Diskussionsgegenstand.[264]

Der strafrechtliche rechtfertigende Notstand setzte sich zunächst in der Rechtspraxis durch. Erstmals in einer Entscheidung aus dem Jahre 1927 zur Rechtfertigung eines Schwangerschaftsabbruchs zur Abwendung der Suizidgefahr der Schwangeren.[265]

Das Reichsgericht entwickelte in der Entscheidung den übergesetzlichen rechtfertigenden Notstand, der fernerhin gewohnheitsrechtlich anerkannt war.

Das Reichsgericht legte seiner Entscheidung maßgeblich die Abwägung kollidierender Güter (ungeborenes Leben vs. Leben der Mutter) zugrunde und berücksichtigte dabei auch die Situation der Pflichtenkollision: In Lebenslagen, in denen eine tatbestandsmäßige Handlung das einzige Mittel sei, um ein Rechtsgut zu schützen oder eine Rechtspflicht zu erfüllen, sei die Frage der Rechtswidrigkeit der Handlung anhand des dem geltenden Recht zu entnehmenden Wertverhältnisses der im Widerstreit stehenden Rechtsgüter oder Pflichten zu entscheiden.[266]

Dic Vorschrift des § 34 StGB verankert, wie schon im Entwurf 1962 im dortigen § 39 vorgesehen, in ihrem Satz 1 das Interessenabwägungsprinzip und in ihrem Satz 2 findet die Zwecktheorie Berücksichtigung.

Das Verhältnis der beiden Sätze zueinander wird schon seit langem kontrovers diskutiert.

Einigkeit bestand demgegenüber schon immer über den Vorrang der zivilrechtlichen Notstandsvorschriften der §§ 228, 904 BGB.[267]

c.) Ratio legis

Es werden im Wesentlichen zwei Ansichten zur Deutung der beiden Sätze des § 34 StGB vertreten:

aa) Das kollektivistische Deutungsmodell

Das Argument des kollektivistischen Deutungsmodells ist die Einstufung der Notstandshandlung als Schadensbegrenzung. Der Notstandstäter bewirke durch seine Tat geringeren Schaden als er mit derselben abwende; er verhalte sich sonach sozialnützlich.

Nach dieser Ansicht liegt die Notstandstat im sozialen Gesamtinteresse[268]und wird daher von der Rechtsordnung gebilligt.

Die Konsequenz dieser Theorie müsste eigentlich die Rechtfertigung der Notstandshandlung schon beim geringsten Übergewicht des gefährdeten Interesses ohne Rück-

---

263 BGBl. I, S. 717.

264 SK – *Günther,* § 34, Rn. 4.

265 RGSt 61, 242.

266 RGSt 61, 242, 254; *Bergmann,* Die Grundstruktur des rechtfertigenden Notstandes (§ 34 StGB), S. 109.

267 SK – *Günther,* § 34, Rn. 7.

268 *Joerden,* Interessenabwägung im rechtfertigenden Notstand bei mehr als einem Eingriffsopfer, GA 1993, 245, 247.

sicht auf die Gefahrverursachung, Gefahrtragungspflichten oder die Unterscheidung defensiver oder aggressiver Notstandslage sein[269]. Als einzig maßgeblicher Rechtfertigungsgrund erscheint der Gesamtnutzen wie er sich aus einem Saldo der beiden möglichen Schadensereignisse ergibt. Wird der größere Schaden verhindert, ist die Handlung, die dies ermöglicht gerechtfertigt.

Diese Ansicht vermag jedoch nicht zu erklären, weshalb sie den Schranken des Gesetzgebers, wie sie in den Erfordernissen des wesentlichen Übergewichts des geschützten Interesses und der Angemessenheit im Sinne des § 34 Satz 2 StGB konkrete Gestalt erhalten, unterworfen ist[270]. Allein die positive Gesamtbilanz kann dem zur Folge nämlich nicht genügen.

bb) Das individualistische Deutungsmodell

Daher erscheint der alternativ vertretene individualistische Ansatz vorzugswürdig.

Dieser Ansatz grenzt die Freiheitssphären gleichgeordneter Bürger gegeneinander ab und gewinnt daraus die Erkenntnis, dass die auf der Gleichheit beruhende Freiheit und Eigenverantwortung nur ausnahmsweise durch den Solidaritätsgedanken des Notstandsrechts eingeschränkt werden darf.[271]Im Notstand ist das Opfer in seiner Autonomie dergestalt verkürzt, dass es seine Rechtsgüter zugunsten des Rechtsträgers eines gefährdeten Gutes aufopfern muss. Die Autonomie des Notstandstäters wird also auf Kosten der Autonomie des Notstandsopfers erweitert. Unter Gleichen kann es ein Gebot zur Aufopferung aber nur in eng begrenzten Ausnahmefällen geben.

Dieser Gedanke macht deutlich, weshalb beim Aggressivnotstand ein wesentliches und nicht lediglich ein geringfügiges Übergewicht des gefährdeten Interesses gegenüber dem in Anspruch genommenen bestehen muss, soll die Notstandstat gerechtfertigt sein.

Beim Defensivnotstand besteht der Rechtfertigungsgrund demgegenüber in der durch Ingerenz geschuldeten Gefahrtragungspflicht, geht doch in diesen Fällen die Gefahr für das zu schützende Interesse von der Rechtssphäre des Notstandsopfers selbst aus.

So macht der individualistische Deutungsansatz neben dem Erfordernis des wesentlichen Übergewichts auch deutlich, worin der Unterschied zwischen defensiver und aggressiver Notstandslage besteht, sowie, dass der Gedanke der Gefahrtragungspflicht als der Rechtsordnung ebenso immanent wie der Gedanke der Solidarität (welcher die Gefahrtragungspflicht letztlich auch zuzuordnen ist) Berücksichtigung zu finden hat[272].

d.) Die defensive im Unterschied zur aggressiven Notstandslage

§ 34 StGB vereint sowohl die defensive als auch die aggressive Notstandslage in seinem Geltungsbereich[273].

Dabei gelten spiegelbildliche Abwägungsmaßstäbe.

---

269 Vgl. *Meißner,* Die Interessenabwägungsformel in der Vorschrift über den rechtfertigenden Notstand (§ 34 StGB), S. 250 ff. .

270 SK – *Günther,* § 34, Rn. 10.

271 U.a. vertreten von *Kühl,* Freiheit und Solidarität bei den Notrechten, S. 265/266; *Renzikowski,* Notstand und Notwehr, S. 188, 191 ff. .

272 Vgl. SK – *Günther,* § 34, Rn. 11.

273 H.L., vgl. SK – *Günther,* § 34, Rn. 13, m.w.N. , Rn. 14 mit Blick auf Wortlaut und Entstehungsgeschichte.

Während dem Aggressivnotstandstäter unverhältnismäßig hohe Schäden drohen müssen um seine Verletzung fremder Güter zu rechtfertigen, muss der Defensivnotstandstäter lediglich um die Vermeidung unverhältnismäßig hoher Schäden bemüht sein.[274] Seine Verletzung der Güter desjenigen, aus dessen Sphäre die Gefahr rührt, ist wo er dies beachtet grds. gerechtfertigt.

Da die für alle Notstandslagen einheitliche Formulierung des § 34 StGB augenscheinlich auf die Aggressivnotstandslage des § 904 BGB zielt, ist nach h. L. im Maßstab des § 228 BGB eine Konkretisierung der Interessenabwägungsklausel des § 34 Satz 1 StGB zu sehen.[275]

Beiden Notstandslagen gemein ist das Erfordernis der gegenwärtigen Gefahr für Rechtsgüter des Notstandstäters oder eines anderen.

aa) Der Begriff der Gefahr

Gefahr ist ein dynamischer, auf Veränderung angelegter Vorgang, der bei ungestörtem Verlauf in die Schädigung eines notstandsfähigen Rechtsgutes zu münden droht, d. h. sie wahrscheinlich macht.[276]

Ein bereits eingetretener Schaden stellt keine Gefahr mehr dar; Rechtseinbußen, die der Täter rechtlich zu dulden hat, können ebenfalls keine Notstandslage begründen.[277]

Die Gefahrenquelle ist für die Begründung einer Notstandslage unbedeutend. Eine Notstandshandlung darf sich also, soweit sie daneben den gesetzlichen Anforderungen entspricht, sowohl gegen eine Gefahr richten, die aus Naturereignissen resultiert als auch gegen eine Gefahr, die von Sachen, Tieren oder Menschen ausgeht.[278]

Die Abgrenzung zwischen Defensiv- und Aggressivnotstandsgefahr richtet sich nach der Rechtssphäre, der die Gefahr zuzurechnen ist. Geht sie von der Sphäre des Notstandsopfers aus, liegt eine Defensivnotstandsgefahr vor, in allen übrigen Fällen eine Aggressivnotstandsgefahr[279].

bb) Das Prognoseurteil des Gefahrbegriffs

Das für den Gefahrbegriff nötige Prognoseurteil ist umstritten.

Nach vorzugswürdiger Ansicht jedoch gilt für die Einschätzung des Geschehensverlaufs zwischen dem Moment der Notstandshandlung und dem abzuwendenden Schadenseintritt ein objektivierter ex-ante-Maßstab.

Abzustellen ist insoweit auf einen verständigen Beobachter, jedoch mit Rücksicht auf Sonderwissen des Notstandstäters[280].

---

274 *Joerden,* Interessenabwägung im rechtfertigenden Notstand bei mehr als einem Eingriffsopfer, GA 1993, 245, 246; a. A.: *Meißner,* Die Interessenabwägungsformel in der Vorschrift über den rechtfertigenden Notstand (§ 34 StGB), S. 250 ff. .

275 *Wessels/Beulke*, AT, Rn. 313; *Roxin*, AT I, § 16, Rn. 75.

276 Vgl. die Definition von Unfallgefahr bei: BGHSt 18, 271, 272/273.

277 *Renzikowski,* Notstand und Notwehr, S. 243 verneint ein Abwehrrecht z. B. gegen einen rechtmäßigen Angriff.

278 SK – *Günther,* § 34, Rn. 19.

279 SK – *Günther,* § 34, Rn. 20.

280 SK – *Günther,* § 34, Rn. 21.

Ex post zu überprüfen ist, ob die im Zeitpunkt der Notstandshandlung vom Täter diagnostizierten bzw. prognostizierten[281]gefahrrelevanten Umstände tatsächlich gegeben waren.

Ist dies nicht der Fall, greifen die Irrtumsregelungen ein[282].

Das Wahrscheinlichkeitsurteil des Notstandstäters bzgl. eines Schadenseintritts muss, um Bestand zu haben, auf von diesem zutreffend festgestellte tatsächliche Umstände gründen[283].

Diese Handhabung ist der reinen ex post Betrachtung deshalb vorzuziehen, da die vom Täter anzustellende Prognose im zu beurteilenden Zeitpunkt notwendig zukunftsorientiert ist; der reinen (also subjektiven) ex ante Betrachtung aus Sicht des Täters ist sie ebenfalls überlegen, da die Rechtfertigung der Notstandshandlung von deren objektivem also tatsächlichem und gerade nicht irrtümlichen Erfolgswert abhängt.[284]

cc) Die notstandsfähigen Rechtsgüter

Notstandsfähig sind alle Individualrechtsgüter.

Die Aufzählung in § 34 Satz 1 StGB weist mit der Formulierung „[.....] oder ein anderes Rechtsgut [...]“ selbst darauf hin, dass Leben, Leib, Freiheit, Ehre und Eigentum nicht die einzigen notstandsfähigen Rechtsgüter sind.

Diese beispielhafte Aufzählung weist jedoch ihrerseits darauf hin, dass Kollektivrechtsgüter, d. h .solche der Allgemeinheit, nicht notstandsfähig sein sollen[285].

Dies ist sachgerecht, da die Rechtfertigung von Notstandstaten auf dem Gedanken der Solidarität unter Gleichen[286]in Notsituationen basiert.

Die Aufopferung von Rechtsgütern einzelner Notstandsopfer muss schon zu Gunsten gleichgeordneter Menschen Ausnahme sein[287]. Zu Gunsten der Allgemeinheit kann sie überhaupt nur aufgrund hoheitlichen Eingriffs in Betracht kommen.[288]Der Einzelne kann und soll sich im Zeichen des staatlichen Gewaltmonopols nicht zum Verteidiger der Gemeinschaft aufschwingen.

---

281 Diagnostiziert werden gefahrrelevante Umstände, die bereits im Zeitpunkt der Notstandshandlung vorliegen, also in der Vergangenheit angelegt waren und abgeschlossen sind; prognostiziert werden demgegenüber Umstände, die im Zeitpunkt der Notstandshandlung einzutreten drohen also zukünftiger Natur sind, deren Verlauf noch nicht abgeschlossen ist.

282 *Lenckner, in: Schönke/Schröder,* Kommentar zum StGB, § 34, Rn. 13 f. .

283 BGHSt 26, 179.

284 So: SK – *Günther,* § 34, Rn. 22.

285 A. A.: *Bergmann,* Die Grundstruktur des rechtfertigenden Notstandes (§ 34 StGB), S. 110, der den Ausschluss der Kollektivrechtsgüter nicht durch die beispielhafte Aufzählung von Individualrechtsgütern vorgezeichnet sieht, sondern in dem Hinweis, dass die Gefahr dem Täter „[...] oder einem anderen [...]“ drohen muss. Seiner Ansicht nach weist dies jedoch lediglich auf die Möglichkeit der Nothilfe hin, welche auch zu Gunsten der Allgemeinheit zulässig sein soll. A. A. auch die h. L. und die Rspr. : RGSt 62, 46; BGH NStZ 1988, 559; *Lenckner, in: Schönke/Schröder,* Kommentar zum StGB, § 34, Rn. 10. Die h. L. und die Rspr. lassen eine Straffreiheit des Notstandstäters bei der Verteidigung von Allgemeingütern allerdings in der Regel an der aufgrund des Vorrangs obrigkeitlicher Intervention mangelnden Erforderlichkeit der Notstandshandlung scheitern.

286 Vgl. oben.

287 Vgl. oben.

288 SK – *Günther,* § 34, Rn. 23.

Eine Ausnahme dieses Prinzips ist allein da gerechtfertigt, wo die Verteidigung von Rechtsgütern der Allgemeinheit nicht primär mit Blick auf die abstrakt gefährdete Allgemeinheit erfolgt, sondern zunächst auf die Abwendung der Gefahr von konkret durch dieselbe gefährdeten Einzelnen zielt[289].

dd) Die Gegenwärtigkeit der Gefahr

Gegenwärtig ist eine Gefahr, deren ungehinderter Verlauf alsbald zum Schadenseintritt führt.[290]

In Betracht kommt auch eine Dauergefahr, sofern mit einem Schadenseintritt zu jeder Zeit zu rechnen ist.[291]

Ebenfalls kommt als gegenwärtig eine Gefahr in Betracht, aus der ein Schaden zwar wohl erst zu späterer Zeit resultiert, die Abwendung dieses Schadens jedoch sofort erfolgen muss, weil spätere Maßnahmen nicht effizient sind. In diesem Fall muss eine Steigerung der Schadensneigung nicht abgewartet werden.[292]

e.) Die Abwendung der Gefahr durch die Notstandshandlung

Die Notstandshandlung muss erforderlich, dem Schutz wesentlich überwiegender Interessen dienlich und angemessen im Sinne des § 34 Satz 2 StGB sein.

– Die Erforderlichkeit

Die Erforderlichkeit findet ihre Stütze im Gesetzeswortlaut selbst. Die Gefahr darf nicht anders abwendbar sein.

Hiermit ist nicht, wie streng genommen anzunehmen wäre gemeint, dass ausschließlich Gefahren, zu deren Abwendung nur ein einziges Mittel zur Verfügung steht Notstandslagen begründen, da die Gefahr in allen anderen Fällen stets auch anders abwendbar wäre.

Vielmehr weist diese Formulierung lediglich auf das, jeder Rechtfertigung als generelles Strukturprinzip[293]eigene Erfordernis der Wahl des mildest möglichen Mittels hin[294].

Gewählt werden muss ein Mittel, das zur Gefahrabwendung geeignet ist und bei mehreren geeigneten Mitteln das mildeste unter ihnen.

Was die Eignung betrifft ist zwischen Defensiv- und Aggressivnotstandslage zu unterscheiden.

Beim Defensivnotstand genügt für die Eignung jede noch so geringe Chance, die Gefahr abzuwenden oder auch nur zu mildern. Dies ist deshalb gerechtfertigt, da die abzuwendende Gefahr aus der Sphäre des Notstandsopfers selbst herrührt. Dieses ist also verpflichtet, jede Gegenmaßnahme zur Milderung der Gefahr zu ergreifen und zu dulden[295].

---

289 SK – *Günther*, § 34, Rn. 24 mit folgenden Beispielen: Hinderung des Trunkenheitsfahrers an der Teilnahme am Straßenverkehr zu seinem eigenen Schutz.Wenden eines Geisterfahrers auf der Autobahn bei günstiger Verkehrslage zur Minderung der Gefahr für Leib und Leben der bis zum Manöver entgegenkommenden Fahrzeuginsassen (nach OLG Karlsruhe JZ 1984, 240.) .

290 *Bergmann*, Die Grundstruktur des rechtfertigenden Notstandes (§ 34 StGB), S. 110.

291 *Bergmann*, Die Grundstruktur des rechtfertigenden Notstandes (§ 34 StGB), S. 110.

292 *Bergmann*, Die Grundstruktur des rechtfertigenden Notstandes (§ 34 StGB), S. 110.

293 *Kaufmann*, Lebendiges und Totes in Bindings Normentheorie, S. 254.

294 SK – *Günther*, § 34, Rn. 27.

295 SK – *Günther*, § 34, Rn. 30.

Beim Aggressivnotstand ist das Opfer an der Notstandslage unbeteiligt, so dass für sein Sonderopfer hohe Anforderungen an die Wahl des Mittels zu stellen sind.

Zur Duldung ist das Aggressivnotstandsopfer nur verpflichtet, soweit eine zur Gefahrabwendung auch tatsächlich aussichtsreiche Maßnahme ergriffen wird; sinnlose Opfer werden von niemandem geschuldet.

Die Schadensverhütung muss naheliegend, darf jedenfalls aber nicht unwahrscheinlich sein.[296]

Die Prognose richtet sich insoweit nach den auch für den Gefahrbegriff maßgeblichen Kriterien, also nach einer objektivierten ex-ante-Sicht, deren Einschätzung bezüglich der tatsächlichen Umstände ex post zu überprüfen ist.[297]

Im Unterschied zur Notwehr (dort gilt: Das Recht braucht dem Unrecht nicht zu weichen) gilt für die Wahl des mildest möglichen Mittels (Geeignetheit im konkreten Fall vorausgesetzt) ein Vorrang von Ausweichmanövern, Flucht sowie Erlangung fremder, im Zweifel obrigkeitlicher Hilfe.[298]

Was die Erforderlichkeit wenn mehrere potentielle Notstandsopfer in unterschiedlicher Weise zur Gefahrabwendung in Anspruch genommen werden könnten angeht, sind die Wertigkeit der von den jeweiligen Opfern zu verlustierenden Rechtsgüter sowie das Gewicht und die Wahrscheinlichkeit ihrer jeweiligen Schädigung zu beachten.

Ist der Täter sich bezüglich der Eignung eines milderen Mittels nicht sicher, so gilt das nächst schwerere, welches mit Sicherheit geeignet ist als erforderlich.[299]

f.) § 34 Satz 1 StGB: Das wesentliche Übergewicht des durch die Notstandshandlung geschützten Interesses

Die Terminologie in § 34 Satz 1 StGB macht deutlich, dass für die Abwägung nicht lediglich die sich gegenüberstehenden Rechtsgüter sondern alle im konkreten Fall widerstreitenden Belange Berücksichtigung zu finden haben. Daher verlangt § 34 Satz 1 StGB ein wesentliches Übergewicht des geschützten Interesses; nicht lediglich des Gutes zu dessen Gunsten die Notstandshandlung erfolgt.

In die Abwägung fließen neben den in Rede stehenden Rechtsgütern auch Gedanken wie Gefahrtragungspflicht, Verursachersphäre, Eingriffs- vs. Erhaltungsinteresse und alle anderen individuellen Umstände ein.[300]

Problematisch hieran ist die Gewichtung unterschiedlichster Faktoren[301].

Zunächst ist zwischen Defensiv- und Aggressivnotstand zu unterscheiden. Es gelten für die Wesentlichkeit des Übergewichts unterschiedliche Maßstäbe.

Wie schon erwähnt sind diese spiegelbildlich. Die beiden Notstandsarten sind insoweit aufeinander bezogen, als das Aggressivnotstandsopfer ein Defensivnotstandsrecht erhält sobald der Aggressivnotstandstäter seine Sonderbefugnisse überschreitet, die Solidaritätspflicht also hinter dem zurückbleibt, was dem Aggressivnotstandsopfer abverlangt wird.[302]

---

296 *Roxin,* AT I, § 16, Rn. 19.
297 SK – *Günther,* § 34, Rn. 32.
298 BGHSt 39, 133; *Roxin,* AT I, § 16, Rn. 19.
299 SK – *Günther,* § 34, Rn. 35.
300 SK – *Günther,* § 34, Rn. 38, m. w. N. .
301 SK – *Günther,* § 34, Rn. 38.
302 SK – *Günther,* § 34, Rn. 39.

Für den Defensivnotstand gilt: Rechtsgüter des Defensivnotstandstäters überwiegen diejenigen des Defensivnotstandsopfers, aus dessen Sphäre die Gefahr stammt stets wesentlich, solange die Gefahrabwendung ihnen nicht unverhältnismäßig großen Schaden zufügt.[303]

Umgekehrt gilt für den Aggressivnotstand: Rechtsgüter des Aggressivnotstandstäters überwiegen diejenigen des Aggressivnotstandsopfers, dessen Sphäre in keinem Zusammenhang mit der Gefahrenquelle steht nur wesentlich wenn ihnen unverhältnismäßig hohe Schäden drohen.[304]

Die wichtigsten Abwägungsfaktoren sind der abstrakte Wert der kollidierenden Rechtsgüter, der sich maßgeblich an der objektiven Wertordnung des Grundgesetzes orientiert, die konkrete Wertigkeit des Erhaltungsgutes auf der einen, des Eingriffsgutes auf der anderen Seite und das Ausmaß der diesen Gütern im konkreten Fall drohenden Gefahr[305].

Für die Frage der Rechtfertigung einer tatbestandsmäßigen Handlung maßgeblich ist als Eingriffsgut allein das von der verletzten Vorschrift geschützte Rechtsgut.[306]

Gesondert zu prüfen kann jedoch die Frage sein, ob anderweitige Verstöße gegen Rechtsnormen rechtswidrig bleiben.[307]

Bezüglich des Wahrscheinlichkeitsgrades des Schadenseintritts gilt: Je geringer die Rettungschancen für das Erhaltungsgut sind, desto eher geht die Abwägung zu Gunsten des Eingriffsgutes aus. Jedoch nimmt das Gewicht des Erhaltungsgutes mit dem Grad der Wahrscheinlichkeit des Schadenseintritts zu.[308]

Nachrangig finden auch untergeordnete Abwägungsfaktoren Berücksichtigung, soweit sie die Solidaritätspflicht beeinflussen. Hier können beispielsweise gesteigerte Gefahrtragungspflichten (Feuerwehrleute, Polizisten....) auf Seiten des Notstandstäters oder des Notstandsopfers oder Ingerenz (Verschulden der Notstandslage) zu Buche schlagen.

Ebenfalls beachtlich sind sozialethische Schranken des Notstandrechts wie die Einschränkung in Folge einer Provokation und die gebotene Zurückhaltung bei der Abwehr von Gefahren, die aus der Sphäre naher Angehöriger rühren.[309]

g.) § 34 Satz 2 StGB: Die Angemessenheit der Notstandstat

Die Angemessenheitsklausel des § 34 Satz 2 StGB ist umstritten. Ein Teil der Literatur hält die Klausel für überflüssig. Die Zwecktheorie sei mit der in § 34 Satz 1 StGB statuierten Interessenabwägungsformel nicht kompatibel[310]. Beide versuchten gleichermaßen Erlaubnissätze der Rechtsordnung auf ein Prinzip zurückzuführen, jedoch auf konträre Art und Weise. Die h. L. jedoch trägt dem Gesetzgeberwillen Rechnung. Sie unterstellt § 34 Satz 2 StGB v. a. zwei Fallkonstellationen aus dem Anwendungsbereich des Notstandsrechts. Die Angemessenheit fehlt über die u. U. dem Erhaltungsgut günstige Interessenabwägung hinaus im Falle der zwangsweisen Blutentnahme zur Lebensrettung[311],

303 SK – *Günther,* § 34, Rn. 40.
304 SK – *Günther,* § 34, Rn. 40.
305 SK – *Günther,* § 34, Rn. 41.
306 *Lenckner, in: Schönke/Schröder,* Kommentar zum StGB, § 34, Rn. 23.
307 SK – *Günther,* § 34, Rn. 41.
308 *Lenckner, in: Schönke/Schröder,* Kommentar zum StGB, § 34, Rn. 15.
309 Zu den nachrangigen Abwägungsfaktoren vgl. SK – *Günther,* § 34, Rn. 45–47.
310 So wohl auch SK – *Günther,* § 34, Rn. 50.
311 U. a. *Lenckner, in: Schönke/Schröder,* Kommentar zum StGB, § 34, Rn. 38.

da sie mit der Verfügungsgewalt über den eigenen Körper den Kernbereich der Autonomie verletzt.

Würde man diese Grenze sprengen, hätte man die Frage zu beantworten, wo statt dessen die Grenze des Notstandsrechts zu ziehen sein sollte (zwangsweise Organspende?!).[312]

Die Angemessenheit fehlt auch bei positiver Interessenabwägung weiterhin in Fällen der sofortigen Selbsthilfe unter Umgehung eines eigens zur Gefahrabwendung zur Verfügung gestellten staatlichen Verfahrens (beispielsweise kann es nicht gerechtfertigt sein, einen Mieter aus der Wohnung zu nötigen statt eine Räumungsklage anhängig zu machen[313]).

h.) Das subjektive Rechtfertigungselement

Voraussetzung einer jeden Rechtfertigung ist, dass der Täter mit Blick auf den Rechtfertigungsgrund handelt. Andernfalls liegt strafwürdiges Gesinnungsunrecht vor.

aa) Die Kenntnis der Notstandslage

Der Notstandstäter muss in Kenntnis der Notstandslage handeln.

Wendet er nämlich die Gefahr unwissentlich also zufällig ab, begeht er einen untauglichen Versuch der Tat, welcher analog § 22 StGB strafbar ist.[314]

bb) Der Gefahrabwendungswille

Die Vorschrift des § 34 StGB verlangt, dass der Notstandstäter die Tat begeht um eine gegenwärtige Gefahr von sich oder einem anderen abzuwenden.

Handelt der Täter allerdings demgegenüber lediglich in Kenntnis der Gefahrabwendung, schaden auch anderweitige hinzutretende Motive der Rechtfertigung nicht.

Der Täter nimmt die Gefahrabwendung im Falle seiner Kenntnis in jedem Fall in seinen Willen auf[315], selbst wenn er sich beispielsweise nur entschließt trotz einer damit verbundenen Nothilfe zu handeln.

1. Überblick über drei der meistdiskutierten Fallgruppen des rechtfertigenden Notstandes , § 34 StGB im Rahmen der Schweigepflichtdurchbrechung i. S. d. § 203 I Nr. 1 StGB

Die drei wohl meist diskutierten Fallgruppen des rechtfertigenden Notstandes im Rahmen der Schweigepflichtdurchbrechung sind:

a) Die Offenbarung einer Geisteskrankheit zum Zwecke der Unterbringung in einer psychiatrischen Anstalt.[316]
b) Die Offenbarung gegenüber Polizei und Jugendamt im Falle des Verdachts auf Kindesmißhandlung.

312 SK – *Günther,* § 34, Rn. 51.
313 SK – *Günther,* § 34, Rn. 52.
314 SK – *Günther,* § 34, Rn. 54.
315 *Lenckner, in: Schönke/Schröder,* Kommentar zum StGB, § 34, Rn. 48.
316 *Ulsenheimer, in: Laufs/Uhlenbruck,* Handbuch des Arztrechts, § 71, Rn. 11.

c) Die Offenbarung einer HIV-Infektion gegenüber dem Sexualpartner des Patienten.[317]

Diese Fallgruppen sind in der Praxis des ärztlichen Berufsalltags sehr bedeutend, deshalb sollen sie nicht unerwähnt bleiben. Sie alle ausführlich darzustellen geht jedoch über den Anspruch der vorliegenden Arbeit hinaus.

2. Verkehrssicherheit und ärztliche Schweigepflicht: Die Offenbarung die Verkehrstauglichkeit beeinträchtigender Erkrankungen gegenüber Verwaltungsbehörden zum Zwecke der Entziehung der Fahrerlaubnis

Die Ausführungen beschränken sich daher auf die Darstellung eines neben den genannten Fallgruppen gleichermaßen bedeutenden Beispiels des rechtfertigenden Notstandes im Rahmen der ärztlichen Schweigepflicht, der Offenbarung die Verkehrstauglichkeit beeinträchtigender Erkrankungen gegenüber Verwaltungsbehörden zum Zwecke der Entziehung der Fahrerlaubnis.

In Rechtsprechung und Literatur ist grds. anerkannt, dass § 34 StGB taugliche Grundlage für Ärzte sein kann, gravierende Eignungsmängel eines Patienten bzgl. der Führung eines KFZ im Straßenverkehr der zuständigen Verwaltungsbehörde anzuzeigen.[318]

Obgleich der Straßenverkehr ein Gut der Allgemeinheit ist, steht seiner Notstandsfähigkeit insoweit nichts entgegen, als im Falle der Verkehrsgefährdung durch einen ungeeigneten Kraftfahrer regelmäßig auch für dem Straßenverkehr ausgesetzte Individualrechtsgüter, namentlich Leib und Leben der Verkehrsteilnehmer und Sachgüter von bedeutendem Wert eine konkrete Gefährdung gegeben ist.

a.) Die gegenwärtige Gefahr für den Straßenverkehr und seine Teilnehmer im Falle krankheitsbedingter Fahruntauglichkeit

Fraglich ist dabei allerdings wann im Falle von krankheitsbedingten Fahrtauglichkeitsmängeln eine gegenwärtige Gefahr im Sinne des Notstandsrechts gegeben ist.

Bei einigen (v.a. schubweise verlaufenden (z.B. Epilepsie)) Erkrankungen ist typisch, dass die Patienten im akuten Stadium meist in stationärer Behandlung oder sonst nicht in der Lage sind, ein KFZ zu führen.

In diesem Fall ist im akuten Zustand keine Verkehrsgefährdung zu besorgen, da der Betroffene gar nicht am Verkehr teilnimmt. Außerhalb des akuten Stadiums ist mit den meisten dieser Erkrankungen ohnehin in der Regel keine Verkehrsgefährdung verbunden. Diese ist also bei diesen Erkrankungen auf die akuten Phasen beschränkt und auch da nur latent vorhanden.

Es stellt sich die Frage wann der nächste akute Schub zu befürchten steht bzw., ob überhaupt ein weiterer Schub droht.

---

317 Hierzu u.a.: *Eberbach,* Juristische Probleme der HTLV-III-Infektion (AIDS), JR 1986, S. 230–235, S. 233.

318 So z.B. bei Epilepsie oder tiefgreifenden Psychosen. Vgl.: BGH NJW 1968, 2288, 2290; *Lenckner, in: Schönke/Schröder,* Kommentar zum StGB, § 203, Rn. 31.

Andere Krankheiten wiederum (so z. B. Augenleiden) führen zu einer dauerhaften und allzeitigen Verkehrsuntauglichkeit.

Es ist vom Arzt in jedem Einzelfall eine Prognose anzustellen, für die ihm ein verhältnismäßig großzügiger Beurteilungsspielraum einzuräumen ist.[319]

Ergibt diese fachkundige Prognose, dass bzgl. eines bestimmten Patienten aufgrund seiner Erkrankung vernünftigerweise die Möglichkeit eines Schadenseintritts in Betracht zu ziehen ist wann immer er hinterm Steuer sitzt (sei es, dass seine Tauglichkeit zu aller Zeit fehlt oder dass sie zu jeder Zeit wegfallen kann), so genügt dies den Anforderungen an den Gefahrbegriff im Sinne des Notstandsrechts.[320]

Indiziell kann von der Ärzteschaft für die Frage ob eine Gefahr für den Straßenverkehr und seine Teilnehmer von einem Patienten ausgeht das Gutachten „Krankheit und Kraftverkehr“[321]einer Einschätzung der Fahrtüchtigkeit zugrunde gelegt werden, in welchem einzelne, zur Ungeeignetheit für den Kraftverkehr führende Erkrankungen bezeichnet sind.[322]

Das Gutachten differenziert zwar nicht nach relativer und absoluter Fahruntüchtigkeit, führt jedoch Krankheiten auf, bei deren Vorliegen aufgrund der Erhebung entsprechender Fakten im Rahmen umfangreicher wissenschaftlicher Forschung von der konkreten Gefahrgeneigtheit der Erkrankung auszugehen ist. Das Gutachten differenziert darüber hinaus bei der Einstufung einzelner Krankheiten nach der Häufigkeit der Schübe (bei Anfallsleiden z. B. zwischen einmaligen (die Fahrtauglichkeit nicht beeinträchtigenden) und rezidivierenden (die Fahrtauglichkeit beeinträchtigenden im Falle der Fahrgastbeförderung sogar ausschließenden) Anfällen).

Die Einschätzung eines Patienten als ungeeignet zum Führen eines KFZ, also als Gefahrverursacher im Sinne von § 34 StGB kann wohl jedenfalls dann als zutreffend gelten wenn der Patient an einer Krankheit leidet, die im Gutachten „Krankheit und Kraftverkehr“ einschlägige Erwähnung findet[323].

Gegenwärtig ist die von einem solchermaßen untauglichen Kraftfahrer ausgehende Gefahr dann wenn sie entweder alsbald (Augenblicksgefahr) oder über einen längeren Zeitraum hinweg zu jeder Zeit (Dauergefahr) in einen Schaden umschlagen kann oder wenn der Schadenseintritt zwar erst zu späterer Zeit zu erwarten, die Gefahr aber allein durch sofortige Reaktion abzuwenden ist. Im letzteren Fall ist die Zwangslage zu handeln oder die Schadensneigung hinzunehmen ebenso gegenwärtig wie in den Fällen, in denen der Schaden unmittelbar bevorsteht.[324]

---

319 *Vollmer,* Körperlich-geistige Mängel, Verkehrssicherheit und ärztliche Schweigepflicht, S. 69, 71.

320 *Vollmer,* Körperlich-geistige Mängel, Verkehrssicherheit und ärztliche Schweigepflicht, S. 71.

321 1973 erstmals publiziertes und mittlerweile in der 6. Auflage (2000) erschienenes Gutachten des Gemeinsamen Beirats für Verkehrsmedizin beim Bundesminister für Verkehr und beim Bundesminister für Gesundheit. Hat inzwischen verbreitet in die ärztliche Begutachtung der Fahrtüchtigkeit und auch in die behördliche Entscheidungsfindung Eingang gefunden. Inhaltsübersicht s. Anhang.

322 *Vollmer,* Körperlich-geistige Mängel, Verkehrssicherheit und ärztliche Schweigepflicht, S. 72.

323 *Vollmer,* Körperlich-geistige Mängel, Verkehrssicherheit und ärztliche Schweigepflicht, S. 73.

324 *Lenckner, in: Schönke/Schröder,* Kommentar zum StGB, § 34, Rn. 17.

b.) Keine anderweitige Abwendbarkeit der Gefahr

Die vom untauglichen Kraftfahrer ausgehende Gefahr darf für den Arzt nicht anders abwendbar sein, d. h .der Arzt muss vor einer Anzeige des Patienten bei der zuständigen Verkehrsbehörde alle anderen Möglichkeiten ausschöpfen. Er muss nach bestem Gewissen auf den Patienten selbst einwirken, ihm auch die Gefahr, die für ihn selbst von der Teilnahme am Straßenverkehr ausgeht eindrücklich schildern und an seine eigene Vernunft appellieren.

Ebenfalls muss er, jedenfalls soweit der Patient ihn dazu ermächtigt, die Angehörigen über die Ungeeignetheit fürs Kraftfahren informieren und diese ggf. zu einer Einwirkung auf ihren Angehörigen anhalten bzw. dazu anhalten, dem Patienten Kraftfahrten soweit wie möglich abzunehmen.

Wo sich diese Möglichkeiten aufgrund der spezifischen Uneinsichtigkeit eines Patienten als ungeeignet erweisen ist dann jedoch die Anzeige statthaft[325].

c.) Die Interessenabwägung Schweigepflicht gegen Verkehrssicherheit

Beim hier einschlägigen Themenkreis ist problematisch, dass sich die Interessenabwägung als Gewichtung gegenläufiger öffentlicher Belange darstellt.

Auf der einen Seite steht eine Gefährdung von Leib und Leben der Verkehrsteilnehmer, also der öffentlichen Sicherheit in Rede, auf der anderen Seite neben der Geheimsphäre des erkrankten Patienten das Vertrauen der Allgemeinheit in die Verschwiegenheit der Ärzteschaft.

Bei der Lösung dieses Konflikts sind also verfassungsrechtliche Maßstäbe zu beachten.

Die öffentliche Sicherheit des Straßenverkehrs und seiner Teilnehmer muss das Interesse der Gemeinschaft an der Verschwiegenheit der Ärzteschaft und das individuelle Interesse des betroffenen Patienten wesentlich überwiegen.

Hierzu ist zu sagen, dass die Gemeinschaft (dies wurde oben schon einmal angedeutet) nicht auf die Verschwiegenheit um jeden Preis vertraut sondern im Regelfall auch ein Interesse daran hat, dass die Ärzteschaft nur schweigt, solange dies als pflichtgemäß zu betrachten ist. Mit anderen Worten eine Offenbarungsbefugnis akzeptiert, wo öffentliche Interessen eine solche erfordern. Eine Schädigung an Leib und Leben durch einen unter Durchbrechung der Verschwiegenheit zu verhindernden Verkehrsunfall möchte wohl kaum jemand hinnehmen. Dies spricht für eine Abwägung zu Gunsten der Verkehrssicherheit. Auch der ungeeignetermaßen am Straßenverkehr teilnehmende Patient kann redlicherweise nicht das Recht zugesprochen bekommen trotz seiner Uneinsichtigkeit umfassenden Geheimnisschutz zu genießen während er die Gesundheit anderer Menschen gefährdet. Mit Blick auf die objektive Wertordnung des Grundgesetzes sind daher die Gesundheit und das Leben der Verkehrsteilnehmer dem Schutz der Geheimsphäre mindestens gleichgeordnet (Art. 2 I i. V. m. 1 I vs. 2 II GG) in der gegenständlichen Konstellation sogar vorzuziehen (vgl. OLG München)[326], da der Unversehrtheit der Verkehrsteilnehmer eine weit größere Gefahr droht als der Geheimsphäre des Patienten. Die Verkehrsbehörde ist ihrerseits zur Diskretion ver-

325 BGH NJW 1968, 2288.
326 MDR 1956, 565.

pflichtet außerdem bezieht sich das Interesse des Patienten wohl ohnehin nicht primär auf die Geheimhaltung als solche sondern eher auf die Geheimhaltung zum Zwecke der Erhaltung der Fahrerlaubnis, welche als Interesse nicht schutzwürdig erscheint. Der Verlust der Fahrerlaubnis stellt insoweit einen hinzunehmenden Schaden dar als auch die Sicherheit des Kraftfahrers selbst geschützt wird und dieser ohnehin keinen Anspruch auf den Besitz einer Fahrerlaubnis hat, soweit er deren Voraussetzungen nicht erfüllt. Zu diesen gehört neben der Fähigkeit auch die Tauglichkeit ein KFZ zu führen.Weiterhin ist zu Lasten des Patienten zu verbuchen, dass die Gefahr, die es mit der Durchbrechung der Schweigepflicht abzuwenden gilt, aus seiner eigenen Sphäre rührt. Es handelt sich also um eine Defensivnotstandslage, bei der der offenbarende Arzt lediglich eine unverhältnismäßige Schädigung des Patienten zu vermeiden hat. Ansonsten genießt der Schutz der Verkehrssicherheit schon aufgrund der Gefahrverursachung durch den Patienten stärkeres Gewicht als dessen Geheimhaltungsinteresse.

Die Gegenansicht, auf deren Kritik auch das OLG München gestoßen ist, sieht das Vertrauen der Allgemeinheit in die ärztliche Diskretion als gefährdet an[327]und verweist in diesem Zusammenhang auf eine Gefährdung der Volksgesundheit durch die Weigerung, von verkehrsbeeinträchtigenden Erkrankungen Betroffener, sich in ärztliche Behandlung zu begeben.

Eine Relativierung nimmt diese Ansicht lediglich in Fällen vor, wo die Gefahr für Leib und Leben der anderen Kraftfahrer „sichtbar akut" gegeben ist.

Bockelmann[328]hält für die Annahme einer Anzeigebefugnis eine korrespondierende Anzeigepflicht für notwendig.

Die Ärzte hätten aufgrund ihres Wissens um ihre Patienten quasi ein Anzeigemonopol inne (in der Tat hängt jede andere Kenntniserlangung der Straßenverkehrsbehörde faktisch vom Zufall ab, da Privatpersonen i. d. R. keine entsprechenden Anzeigen tätigen und krankheitsbedingte Eignungsmängel bei Verkehrskontrollen so gut wie nie zu Tage treten, geschieht nicht tatsächlich ein Unfall).

Dies könne nur hingenommen werden wenn die Ärzte, dem Legalitätsprinzip bei der Staatsanwaltschaft vergleichbar, auch zur Anzeige durch Gesetz verpflichtet wären, diese also legitimiert wäre.

Da eine solche Anzeigepflicht [entgegen einer nach Ansicht der Verfasserin abzulehnenden, u. a. jedoch von *Bockelmann* selbst vertretenen Auffassung, wonach eine durch ärztliche Medikation verursachte Verkehrsuntauglichkeit eine Garantenstellung des behandelnden Arztes aus Ingerenz und ausnahmsweise eine damit verbundene Anzeigepflicht auslösen soll] de lege lata nicht gegeben ist, soll nach *Bockelmann* eine Anzeigebefugnis auch ausscheiden. Dies schränkt er nur für den Fall ein, in welchem die Gefährdung von Verkehrsteilnehmern so akut ist, dass die Anzeige der Warnung eines Ansteckungsgefährdeten bei einer Infektionskrankheit vergleichbar dringlich ist. Die Ansicht *Bockelmanns* verkennt jedoch, dass in der Konstellation der Verkehrsgefährdung durch uneinsichtige kranke Kraftfahrer schon aufgrund der Defensivnotstandslage die Interessenabwägung klar zu Gunsten der Verkehrssicherheit ausgeht.

---

327 *Woesner*, Fragen ärztlicher Geheimhaltungspflicht, S. 694.

328 *Bockelmann*, Verkehrsstrafrechtliche Aufsätze und Vorträge, S. 37, 47.

Ebenfalls lässt sie außer Acht, dass z.B. in Fällen von HIV der Partner des infizierten Patienten zwar auch erst dann benachrichtigt werden darf wenn der Patient sich nicht selbst bereit zeigt, seinen Partner aufzuklären und auf dessen Schutz zu achten. Es ist darüber hinaus jedoch für die (gerechtfertigte) Intervention nicht erforderlich, dass eine Ansteckung des Partners auch gewiss ist.Die Situation der Gefährdung der Sicherheit des Straßenverkehrs ist also nicht lediglich in den von *Bockelmann* gefordert konkreten Gefährdungsfällen vergleichbar. Vielmehr hat der Patient in jedem Fall die Konsequenzen seiner Uneinsichtigkeit zu tragen, ohne dass ein Arzt sich im Falle der Anzeige an die Straßenverkehrsbehörde zu deren Hilfsorgan funktionalisieren lassen würde.

Bockelmanns Auffassung ist abzulehnen. Die Abwägung geht in jedem Fall klar zu Gunsten der Verkehrssicherheit aus wo ein Patient eine Erkrankung hat, die ihn dauerhaft oder jedenfalls jederzeit potentiell zu einer Gefahr für die Sicherheit des Straßenverkehrs werden lässt.Der Arzt ist also in diesen Fällen zu einer Anzeige an die zuständige Verkehrsbehörde berechtigt.[329]

d.) Anzeigepflicht de lege ferenda

Vollmer spricht sich, aufgrund im Rahmen seiner Dissertation erhobener Fakten u.a. aus dem Bereich der ärztlichen Praxis(Allgemeinmediziner, Internisten, HNO-Ärzte, Augenärzte und Neurologen), der Verkehrsunfallstatistik und der Statistik über die Entziehung der Fahrerlaubnis aufgrund körperlicher und geistiger Mängel durch die Verwaltungsbehörde allerdings für die Normierung einer Anzeigepflicht de lege ferenda aus (die wissenschaftlich breiter erhobene Bestätigung seiner Erhebungen vorausgesetzt).[330]

Die Erhebungen hätten ergeben, dass die Ärzte nur in einer verschwindend geringen Anzahl von Fällen von ihrer Anzeigeberechtigung Gebrauch machten.

Auch legten die Ergebnisse nahe, dass die Zahl der, durch Fahruntauglichkeit in Folge körperlich-geistiger Mängel verursachten Unfälle erheblich höher liege als die Unfallstatistik ausweise. Das Dunkelfeld der untauglichen Fahrer sei erheblich, da die Behörden in den seltensten Fällen Kenntnis von der Untauglichkeit der Verkehrsteilnehmer erhielten.

Eine Kodifikation würde auch nach Ansicht der Verfasserin die in der Ärzteschaft nachvollziehbar bestehende Rechtsunsicherheit bezüglich Schweigepflichtdurchbrechungen beseitigen sowie deren, ebenfalls aus nachvollziehbaren Gründen geübten Zurückhaltung bei der Anzeige eigener Patienten den Boden entziehen und wäre für den hier in Rede stehenden Bereich der Verkehrsgefährdung durch Patienten, die an einer die Fahrtauglichkeit beeinträchtigenden Krankheit leiden, der Meldepflicht für Infektionskrankheiten vergleichbar gut zu regeln.

Ebenfalls betrifft die Sicherheit des Straßenverkehrs ein gewichtiges öffentliches Interesse, so dass eine Anzeigepflicht de lege ferenda auch unter diesem Aspekt als adäquat, ja sogar wünschenswert erscheint, betrifft doch die Fahrerlaubnis einen Kernbereich persönlicher Freiheit und Unabhängigkeit, in welchem in den wenigsten Fällen auf die Einsicht und Eigenverantwortung der Verkehrsteilnehmer gebaut werden kann. Es

329 So auch: *Vollmer*, Körperlich-geistige Mängel, Verkehrssicherheit und ärztliche Schweigepflicht, S. 104.

330 *Vollmer*, Körperlich-geistige Mängel, Verkehrssicherheit und ärztliche Schweigepflicht, S. 242/243.

dürften die wenigsten Leute so verantwortungsvoll sein, einem Verzicht auf die Teilnahme am Straßenverkehr zuzustimmen[331]. Für die meisten Menschen ist der Führerschein auch nach wie vor berufliche Voraussetzung.

Die Bedeutung des hier in Rede stehenden Lebensbereichs rechtfertigt eine Beschäftigung der Legislative mit der Ausgestaltung desselben.

V. Die Wahrnehmung berechtigter Interessen

Ob als Rechtfertigungsgrund von Schweigepflichtdurchbrechungen die Wahrnehmung berechtigter Interessen analog § 193 StGB in Betracht kommt, ist streitig.

Die Frage berührt die Grenzziehung beim rechtfertigenden Notstand und die Frage, ob die Rechtfertigung in notwehrähnlicher Lage als eigenes Rechtsinstitut auszugestalten ist und ggf. unter die Kategorie der Strafunrechtsausschließungsgründe zu fassen ist.[332]

Im Rahmen von § 203 StGB jedoch lässt sich diese Frage aufgrund speziellerer Vorschriften und Grundsätze vermeiden.

Im Rahmen dieser Vorschriften und Grundsätze haben die Ärzte allerdings soweit sie eigene Belange schützen, im Sinne des § 193 StGB pflichtgemäß zu prüfen ob die Voraussetzungen einer Schweigepflichtdurchbrechung gegeben sind. Dies ist allgemeines Erfordernis jeder Güterkollision.[333]

Virulent wird die Frage nach der Wahrnehmung berechtigter Interessen in der Regel bei der Verteidigung gegen Kunstfehlervorwürfe und bei der Beitreibung von Honorarforderungen.

Eine Methode zieht die Grenze des Notstandsrechts weiter und macht den Rückgriff auf § 193 StGB überflüssig, eine andere zieht die Grenze enger und greift auf die analoge Anwendung des § 193 StGB zurück. Das Ergebnis ist jedoch dasselbe, so dass im Rahmen der vorliegenden Arbeit der Hinweis darauf genügen soll, dass die Rechtfertigung durch Wahrnehmung berechtigter Interessen durchaus möglich ist[334], der Arzt jedoch unabhängig von der Methode (§ 34 StGB oder § 193 StGB analog) die pflichtgemäße Prüfung der Voraussetzungen einer Schweigepflichtdurchbrechung zu beachten hat.

331 *Vollmer* berichtet sogar von einem Fall, in welchem ein Verkehrsteilnehmer selbst nach einem krankheitsbedingt verschuldeten Unfall mit tödlichem Ausgang noch weiterhin Auto fährt: Körperlich-geistige Mängel, Verkehrssicherheit und ärztliche Schweigepflicht, S. 219; 241.

332 LK – *Jähnke,* 10. Auflage, 5. Band 1989, § 203, Rn. 82 m. w. N. .

333 LK – *Jähnke,* 10. Auflage, 5. Band 1989, § 203, Rn. 82, m. w. N. .

334 *Ulsenheimer, in: Laufs/Uhlenbruck,* Handbuch des Arztrechts § 71, Rn. 15.

Teil 3

Die Verlängerung des strafrechtlichen Schutzes des Arztgeheimnisses aus § 203 I Nr. 1 StGB im Hinblick auf den Umgang Angehöriger privater Krankenversicherungsträger mit geheimnisgeschützten Daten über § 203 I Nr. 6 StGB und seine Durchbrechung im Interesse der Versicherungsträger zum Schutze vor missbräuchlicher Inanspruchnahme

Im Folgenden soll untersucht werden, ob und wenn ja inwieweit eine Überprüfung von Abrechnungsdaten durch Vertrauensärzte privater Krankenversicherungsträger ggf. auch unter Durchbrechung der Schweigepflicht erfolgen kann um diese gegen missbräuchliche Inanspruchnahme und Abrechnungsbetrug zu schützen.

Diese Untersuchung bildet den Schwerpunkt der vorliegenden Arbeit, deren Hauptziel die Analyse ist, ob die rechtlichen Rahmenbedingungen de lege lata den Bedürfnissen der Leistungsträger einer funktionierenden Gesundheitsfürsorge angemessen Rechnung tragen, ob in diesem Bereich de lege ferenda neue Maßstäbe zu setzen sind bzw. ob die Prüfung von Versichertenunterlagen durch sog. Vertrauensärzte über rechtliche Wertungsmaßstäbe hinausgeht und den Geheimnisschutz unzulässig verkürzt.

Gegenwärtig sehen sich die Leistungsträger immer häufiger Abrechnungsbetrug gegenüber, hierüber wird auch in den Medien gelegentlich berichtet.

Die Untersuchung wird daher empirische Erhebungen enthalten, durch welche zu klären versucht werden wird, welche Bedeutung Abrechnungsbetrug in der Versicherungspraxis hat, wie hoch die Dunkelziffer einzuschätzen ist, wo möglicherweise Ursachen liegen und inwieweit Bedürfnisse bestehen, zu Aufklärungs- und Präventionszwecken über die Möglichkeiten des geltenden Rechts hinauszugehen.

Zu berücksichtigen sind dabei die Belange der Geheimnisgeschützten.

In folgenden Ausführungen wird das System der privaten Krankenversicherung dem der gesetzlichen gegenüber gestellt. In der GKV bestehen konkrete gesetzliche Regelungen, wie sie im System der PKV bislang noch in weiten Teilen fehlen. Es wird untersucht werden, ob in der PKV ein Regelungsdefizit besteht.

A. Datenschutz in der gesetzlichen Krankenversicherung

Zunächst soll ein Überblick über die Datenströme und die Schutzmechanismen gegeben werden, wie sie im gesetzlichen Krankenversicherungswesen bestehen. Hierzu ein Abriss über das System der gesetzlichen Krankenversicherung.

Hier tritt die ärztliche Schweigepflicht in ein Spannungsfeld zu anderen Rechtspflichten.

Auf der einen Seite gehören besonders sensible Daten wie Anamnese, Diagnose und Therapiemaßnahmen auch im Bereich der gesetzlichen Krankenversicherung zum schutzwürdigen Bereich der Geheimsphäre, dies ergibt sich schon aus Art. 2 I i.V.m. 1 I GG.

Auf der anderen Seite ist der Patient jedoch nach §§ 60 ff. SGB I zur Mitwirkung im Rahmen der Leistungsabwicklung verpflichtet, soweit er Leistungen der gesetzlichen Krankenversicherung in Anspruch nimmt.

Ebenfalls ist der Kassenarzt in noch zu klärendem Umfang der Krankenkasse gegenüber zu Auskünften verpflichtet.

Es stehen sich also neben den Rechtspflichten auch verschiedene Rechtsbeziehungen gegenüber. Diese sollen kurz dargestellt werden.

I. Rechtsbeziehungen in der gesetzlichen Krankenversicherung

1. Versicherter/Kasse

Die öffentlich-rechtlich organisierten Krankenkassen sind Sozialversicherungsträger mit Zwangsmitgliedschaft. Für nach § 5 SGB V sozialversicherungspflichtige Personen wird die Mitgliedschaft von Gesetz wegen begründet, andere können daneben nach § 9 SGB V freiwillig der gesetzlichen Krankenversicherung beitreten.[335]

Der Umgang mit den Daten der Versicherten erfolgt im Rahmen eines Sozialrechtsverhältnisses und richtet sich nach §§ 284 ff. SGB V und §§ 67 a ff. SGB X.

Wie oben schon gesagt gilt im Bereich der gesetzlichen Krankenversicherung das Sachleistungsprinzip (§ 2 II SGB V). Die Kostenerstattung ist demgegenüber die Ausnahme und kommt nur in gesetzlich bestimmten Fällen in Betracht, § 13 I SGB V.

---

335 *Lang*, Das Recht auf informationelle Selbstbestimmung des Patienten und die ärztliche Schweigepflicht in der gesetzlichen Krankenversicherung, S. 22.

2. Kasse/Vertragsarzt

Die medizinische Versorgung erfolgt auf der Grundlage sog. Gesamtverträge, §§ 72 II, 83 SGB V zwischen der Kassenärztlichen Vereinigung in Vertretung der Kassenärzteschaft und den Landesverbänden der Krankenkassen bzw. den Verbänden der Ersatzkassen.

Dies dient (ausweislich des Gesetzeswortlauts) der Sicherstellung einer qualitativ und quantitativ angemessenen und auf beiden Seiten wirtschaftlichen Versorgung.

Den Inhalt dieser Gesamtverträge vereinbaren die Kassenärztliche Bundesvereinigung und die Spitzenverbände der Krankenkassen in Bundesmantelverträgen[336], § 82 I SGB V.

In diesen Bundesmantelverträgen werden auch Bestimmungen über den Datenaustausch (z.B. zu Abrechnungszwecken) getroffen, § 295 III und IV SGB V.

Auch die Beziehungen zwischen Krankenkassen und Apotheken (und sonstigen Leistungserbringern von Heil- und anderen Hilfsmitteln) werden in kollektiven Verträgen geregelt, §§ 125 ff.,129 ff. SGB V.

3. Vertragsarzt/Kassenärztliche Vereinigung

Das Rechtsverhältnis zwischen dem Vertragsarzt und der Kassenärztlichen Vereinigung ist öffentlich-rechtlicher Natur. Auch hier wird der Kassenarzt mit seiner Zulassung Zwangsmitglied in der für den Sitz seiner Praxis zuständigen Kassenärztlichen Vereinigung, § 95 III SGB V.

Von ihr erhält er auch sein Honorar, § 85 IV SGB V.

Der Kassenärztlichen Vereinigung wird ihrerseits eine Gesamtvergütung von den Krankenkassen ausgezahlt, mit der sie die gesamte vertragsärztliche Versorgung aller in ihrem Zuständigkeitsbereich Versicherten und deren mitversicherter Familienangehörigen nach einem für die Verteilung auf die einzelnen Ärzte festgelegten Verteilungsschlüssel vergütet, § 85 I SGB V.

Die Erhebung, Verarbeitung und Nutzung der Angaben bzgl. der persönlichen Verhältnisse des Kassenarztes und der von diesem behandelten Versicherten durch die Kassenärztliche Vereinigung richtet sich nach SGB V und SGB X.

4. Vertragsarzt/Versicherter

Streitig ist, wie sich das komplexe Versorgungssystem in der gesetzlichen Krankenversicherung auf die Beziehung Arzt – Patient auswirkt.[337]

a.) Versorgungskonzeption

Eine Ansicht vertritt die sog. Versorgungskonzeption, nach welcher der Vertragsarzt die Behandlung kraft öffentlich-rechtlicher Verpflichtung aus § 95 III SGB V der Kassen-

336 Bundesmantelvertrag – Ärzte zuletzt geändert mit Wirkung zum 01.01.2009.

337 *Lang*, Das Recht auf informationelle Selbstbestimmung des Patienten und die ärztliche Schweigepflicht in der gesetzlichen Krankenversicherung, S. 24.

ärztlichen Vereinigung gegenüber schulde, der Patient seinerseits gegenüber dem Vertragsarzt einen Anspruch auf Behandlung geltend mache, den er gegen die Krankenkasse habe.[338]

Nach dieser Auffassung kommt zwischen Kassenarzt und Kassenpatient kein privatrechtlicher Dienstvertrag zustande. Das Rechtsverhältnis sei eher gesetzliches Schuldverhältnis[339]bzw. öffentlich-rechtliche Sonderbeziehung[340].

Erhebung und Verarbeitung von Patientendaten sind nach dieser Auffassung Bestandteil der kassenärztlichen Versorgung nach § 73 SGB V.

b.) Vertragskonzeption

Demgegenüber vertritt die andere Ansicht die sog. Vertragskonzeption, nach welcher trotz des öffentlich-rechtlichen Versorgungssystems zwischen Arzt und Kassenpatient grds. ein zivil-rechtlicher (i. d. R. Dienst-)Vertrag zustande kommt.[341]

Damit ist für diese Ansicht der Vertrag i. d. R. auch die Grundlage, auf der die Daten des Patienten erhoben, verarbeitet und genutzt werden.

Ein öffentlich-rechtliches Verhältnis ist nach dieser Ansicht Ausnahmefall, so z. B. zwischen Amtsarzt des Arbeitsamtes (heute: Bundesagentur für Arbeit) und Arbeitssuchendem[342].

Auf eine Entscheidung des Streits könnte für die vorliegende Arbeit verzichtet werden, da sich die folgenden Ausführungen im Wesentlichen mit der ärztlichen Abrechnung und der Prüfung der Wirtschaftlichkeit und Qualität der ärztlichen Therapie beschäftigen werden, bei welcher die beiden Theorien bzgl. der ärztlichen Mitteilungspflichten keine Unterschiede machen. Nach beiden Theorien ergeben sich diese ärztlichen Pflichten aus §§ 294 ff. SGB V.

Den Vorzug verdient dessen ungeachtet in der heutigen Zeit jedoch die Vertragskonzeption, da sie berücksichtigt, dass zwischen Arzt und Patient schon aufgrund der vom Behandlungsverhältnis betroffenen höchstpersönlichen Rechtsgüter erforderlich ist, dem Patienten eine vertragliche Anspruchsgrundlage zu gewähren und ihm nicht lediglich ein abgeleitetes Recht aus den vertragsärztlichen Leistungspflichten zuzubilligen.

Ebenfalls sind die heutige Medizin und wohl auch das heutige Medizinrecht maßgeblich vom Bild des sog. mündigen Patienten geprägt. Dies setzt auch beim Kassenpatienten die Möglichkeit voraus, ein eigenes Vertragsverhältnis zum Arzt aufzubauen. Eine primär öffentlich -rechtliche Prägung des Verhältnisses ist nur in Ausnahmefällen gegeben, in allen alltäglichen Konsultationen tritt ein Privatvertrag ungeachtet der Abrechnungsmodalitäten neben das zugrunde liegende Sozialrechtsverhältnis im System der gesetzlichen Versicherung.

Alles andere würde dem ohnehin bereits häufig bemühten Bild der Zweiklassenmedizin Vorschub leisten, wogegen schon § 76 IV SGB V spricht, der die Gleichbe-

---

338 BSGE 33, 158; *Krauskopf, in: Laufs/Uhlenbruck,* Handbuch des Arztrechts, § 25, Rn. 6 ff. .

339 *Eberhardt,* Zivilrecht und Sozialrecht in der Beziehung von Kassenarzt und Kassenpatient, AcP 171, 296 ff. .

340 *Tiemann/Tiemann,* Kassenarztrecht im Wandel, S. 36.

341 *Natter,* Der Arztvertrag mit dem sozialversicherten Patienten, S. 34 ff; BGHZ 47, 75, 77 ff.; BGHZ 76, 259, 261; BGHZ 89, 250, 252 ff. .

342 BGHZ 63, 265, 270.

handlung von Kassen- und Privatpatienten klarstellt, indem er den Arzt auch ersteren gegenüber zur Wahrung der Sorgfaltspflichten nach bürgerlichem Recht verpflichtet.[343]

II. Datenaustausch in der gesetzlichen Krankenversicherung

Im System der gesetzlichen Krankenversicherung werden eine Vielzahl hochsensibler Informationen über einen Patienten erhoben, verarbeitet und genutzt.

Zunächst soll nur ein Überblick über die Daten und Datenströme gegeben werden, die hier in Rede stehen. Inwieweit sich hier die Schutzmechanismen der Schweigepflicht einschalten, ist Gegenstand späterer Erörterungen.

Der Datenfluss beginnt mit der Vorlage der Krankenversichertenchipkarte, wodurch der Versicherte seine Berechtigung zur Inanspruchnahme vertragsärztlicher Leistungen nachweist.

Die auf dieser Karte gespeicherten Daten werden vom Lesegerät des Arztes erfasst.

Zum Zwecke der Behandlung verschafft sich der Arzt sodann Kenntnis über Vorgeschichte und ggf. familiäre Krankengeschichten des Patienten, untersucht diesen, erstellt Befunde und ein Behandlungskonzept, sowie häufig visuelle Dokumente (Röntgen, CT ...). Zusammen mit Diagnose und Therapieverordnung dokumentiert er dies alles in einer Patientenkartei.[344]

Nach § 295 I SGB V leitet der Arzt zu Abrechnungszwecken die von ihm erbrachten Leistungen inkl. der Diagnose und der Daten der Gesundheitskarte des Patienten an die zuständige Bezirksstelle der Kassenärztlichen Vereinigung weiter.

Die Kassenärztliche Vereinigung übermittelt dann für jeden Behandlungsfall die für die vertragsärztliche Versorgung erforderlichen Angaben über die abgerechneten ärztlichen Leistungen nach § 295 II SGB V an die Krankenkasse.

Auf der Grundlage der §§ 275–277 SGB V holen die Krankenkassen, wo sie es für erforderlich halten die Notwendigkeit einer ärztlichen Maßnahme zu überprüfen, gutachterliche Stellungnahmen des Medizinischen Dienstes (MDK) ein. Dabei kommt es zum Datentransfer zwischen Krankenkasse, MDK und Vertragsarzt.

Sofern der Patient ein Rezept erhält, löst er dieses in der Apotheke ein. Das Rezept geht in der Folge an die Apothekenabrechnungsstelle, bei welcher alle Rezepte nach Apotheken, Ärzten und Krankenkassen geordnet, zur Abrechnung vorbereitet und an die Kassen weitergegeben werden[345]. Grundlage ist hier § 300 SGB V. Ein weiterer Datenaustausch erfolgt bei der Prüfung, Förderung und Sicherung der Wirtschaftlichkeit und Qualität der erbrachten ärztlichen Leistungen auf der Grundlage von §§ 106, 136, 136 a SGB V. Darüber hinaus sind die Krankenkassen befugt, nach Maßgabe der §§ 67 d, 69, 76 SGB X Patientendaten an außenstehende Dritte (z. B. andere Versicherer)

343 Vgl. auch BGHZ 89, 255.

344 Vgl. *Lang,* Das Recht auf informationelle Selbstbestimmung des Patienten und die ärztliche Schweigepflicht in der gesetzlichen Krankenversicherung, S. 26.

345 *Lang,* Das Recht auf informationelle Selbstbestimmung des Patienten und die ärztliche Schweigepflicht in der gesetzlichen Krankenversicherung, S. 27.

zum Zwecke der Erfüllung sozialer Aufgaben zu übermitteln, ebenfalls dürfen die Kassen und Kassenärztlichen Vereinigungen Datenbestände zu zeitlich befristeten und im Umfang begrenzten Forschungszwecken selbst auswerten (§ 287 SGB V).

Nach diesem Überblick über das System gesetzliche Krankenversicherung ist zu untersuchen, inwieweit bestimmte sensible Daten auf der Grundlage obiger sozialrechtlicher Vorschriften innerhalb dieses Systems erhoben und übermittelt werden dürfen und inwieweit dies durch die ärztliche Schweigepflicht begrenzt wird.

III. Die Systematik des Sozialdatenschutzes

Das Bedürfnis nach möglichst umfassendem Sozialdatenschutz geht im System der gesetzlichen Krankenversicherung neben der besonders sensiblen Natur der Daten in diesem Bereich auch auf die komplex-verflochtene Struktur des Sozialrechts zurück.

Die Verwaltungsarbeit innerhalb der Organisationsstruktur im Gesundheitswesen setzt einen umfangreichen Datenaustausch zwischen den jeweiligen Stellen voraus.[346]

Zentrum hierbei sind die Krankenkassen. Sie stehen zu allen Beteiligten des gesetzlichen Krankenversicherungssystemes in einem Austauschverhältnis und stellen so nicht selten zwischen den Beteiligten eine Schaltstelle dar.

Dies kommt schon im Sachleistungsprinzip zum Ausdruck wonach die Leistungserbringer[347] Leistungen an Patienten erbringen auf welche diese dem Leistungsträger gegenüber Anspruch haben. Zur Abrechnung dieser Leistungen fließen daher Daten zwischen Vertragsärzten, Kassenärztlicher Vereinigung und Kasse ohne Zwischenschaltung der leistungsberechtigten Patienten.

Der Sozialdatenschutz wird durch verschiedene Rechtsnormen gewährleistet.

Entsprechende Vorschriften finden sich in mehreren Büchern des Sozialgesetzbuches.

Im Bereich der gesetzlichen Krankenversicherung sind das Sozialgeheimnis des § 35 I SGB I, die Normen der §§ 67 ff. SGB X sowie die §§ 284 ff. SGB V einschlägig.

Eine Rolle spielt auch das BDSG soweit die sozialrechtlichen Spezialvorschriften im Einzelfall darauf verweisen.

1. Der Begriff „Sozialdaten“

Der Begriff „Sozialdaten“ ist in § 67 I 1 SGB X legaldefiniert.

Danach handelt es sich um Einzelangaben über persönliche und sachliche Verhältnisse einer bestimmten bzw. bestimmbaren Person, die von einer in § 35 SGB I erwähnten Stelle im Hinblick auf ihre Aufgaben aufgrund des SGB bzw. auf dessen Grundlage erlassener Verordnungen erhoben, verarbeitet oder genutzt werden.

Persönliche und sachliche Verhältnisse sind extensiv auszulegen. Erfasst sind alle, eine Person beschreibenden Informationen gleich ob sich entsprechende Angaben auf

346 *Hilderink,* Datenschutz in der gesetzlichen Krankenversicherung, S. 31.

347 Der Begriff Leistungserbringer wird im Folgenden grds. nicht wie sonst üblich für Apotheker bzw. Sanitätshäuser o. ä. verwandt, sondern meint im vorliegenden Zusammenhang vornehmlich leistungserbringende Ärzte. Dies gilt auch im Rahmen der Untersuchungen zur PKV.

körperliche, geistige Eigenschaften oder auf soziale, wirtschaftliche oder anderweitige Beziehungen zur Umwelt beziehen[348].

Es sind also alle Informationen geschützt, aufgrund derer eine Person ggf. auch unter Heranziehung zusätzlicher Informationen eindeutig identifiziert werden kann.

Soweit Informationen mehrere Personen betreffen sind sie insoweit geschützt als auf ihrer Grundlage Einzelpersonen individualisierbar sind, so etwa im Bereich der Familienversicherung (§ 10 SGB V) Angaben über den Versicherten und seine mitversicherten Angehörigen.

Der Sozialdatenschutz umfasst im Unterschied zur ärztlichen Schweigepflicht jedwedes obigen Kriterien entsprechende Datum ohne, dass es auf die Frage seiner Sensibilität oder auf den Geheimnischarakter des einzelnen Datums ankommt. Belanglose Daten gibt es im Sozialrecht also nicht.[349]

Den Charakter eines Sozialdatums erhält eine Information mit ihrer Erhebung, Verarbeitung oder Nutzung durch eine in § 35 SGB I genannte Stelle mit Bezug zu ihren Aufgaben nach dem SGB.

2. Sozialdatenschutz nach SGB I

§ 35 SGB I ist die Grundnorm[350]des Datenschutzes in der gesetzlichen Krankenversicherung und gilt für alle Sozialleistungsträger gleichermaßen.

Die Vorschrift normiert das Sozialgeheimnis, nach welchem jedermann Anspruch darauf hat, dass die Sozialleistungsträger jede unbefugte Erhebung, Verarbeitung oder Nutzung der ihn betreffenden Sozialdaten unterlassen.

Die Norm definiert hiermit allgemein wessen Daten, welcher Art von wem zu schützen sind.

§ 35 II SGB I verweist bzgl. der Voraussetzungen einer Erhebung, Verarbeitung und Nutzung von Sozialdaten auf das Zweite Kapitel des Zehnten Buches des Sozialgesetzbuches.

3. Sozialdatenschutz nach SGB X

Im Zweiten Kapitel des Zehnten Buches des Sozialgesetzbuches finden sich umfassende Datenschutznormen, §§ 67–85 a SGB X.

Die zur Handhabung erforderlichen Begriffsbestimmungen enthält der Erste Abschnitt, § 67 SGB X.

Der Zweite Abschnitt enthält mit §§ 67 a – 78 SGB X Regelungen über die Datenerhebung, Datenverarbeitung und Datennutzung, darunter in §§ 67 a und 67 b SGB X die Definition der Voraussetzungen selbiger Durchbrechungen des Sozialgeheimnisses.

---

348 *Steinmeyer, in: Wannagat,* Kommentar zum gesamten Recht des Sozialgesetzbuches, Zehntes Buch, § 67 SGB X, Rn. 11.

349 *Steinmeyer, in: Wannagat,* Kommentar zum gesamten Recht des Sozialgesetzbuches, Zehntes Buch, § 67 SGB X, Rn. 5.

350 BT-Drucks. 8/4022, S. 80.

§§ 67 c, 67 d und 67 e SGB X ergänzen die Grundsätze der §§ 67 a und 67 b SGB X für das Speichern, Verändern,Übermitteln und Nutzen von Sozialdaten.

§§ 68–78 SGB X beschreiben einzelne Übermittlungstatbestände.

Der Dritte Abschnitt regelt die Organisatorischen Datenschutzvorkehrungen, §§ 78 a – 80 SGB X, der Vierte Abschnitt schließlich befasst sich mit den Betroffenenrechten und enthält Schlussbestimmungen, §§ 81–85 a SGB X.

4. Sozialdatenschutz nach SGB V

Die für die Krankenversicherung bedeutendsten Regelungen enthält das Zehnte Kapitel des SGB V.

Hier sind die Informationsgrundlagen der Krankenkassen und die datenschutzrechtlichen Vorschriften zum Umgang mit Versicherungs- und Leistungsdaten niedergelegt, §§ 284–305 b SGB V.

Diese Regelungen konkretisieren die allgemeinen Sozialdatenschutzvorschriften im Hinblick auf Besonderheiten der gesetzlichen Krankenversicherung.

Gegliedert ist das Zehnte Kapitel des SGB V in drei Abschnitte, deren erster (§§ 284–293 SGB V) die Informationsgrundlagen der Krankenkassen behandelt, deren zweiter (§§ 294–303 f SGB V) die Übermittlung von Leistungsdaten regelt und deren dritter (§§ 304–305 b SGB V) schließlich Vorschriften zur Datenlöschung und zum Auskunftsrecht der Versicherten enthält.

5. Verhältnis der sozialrechtlichen Datenschutznormen zueinander und zum allgemeinen Datenschutzrecht

Eine Regelung über das Verhältnis der sozialrechtlichen Datenschutznormen zueinander ergibt sich aus § 37 Satz 1 SGB I.

Danach gelten SGB I und SGB X für alle Sozialleistungsbereiche, mithin auch für das System der gesetzlichen Krankenversicherung, soweit sich nicht aus den anderen Büchern anderes ergibt.

Hierin kommt die generelle Kollisionsregel „lex specialis derogat legi generali“ zum Ausdruck.

§ 37 Satz 2 nimmt von diesem Vorbehalt jedoch §§ 1 bis 17 und 31 bis 36 SGB I aus.

Somit ist das Sozialgeheimnis aus § 35 SGB I auch in der gesetzlichen Krankenversicherung ius cogens.

Vom Vorbehalt erfasst sind allerdings §§ 67 ff. SGB X, was die Möglichkeit eröffnet im Regelungsbereich der besonderen Teile des SGB von diesen abzuweichen.[351]

Hierin scheint zunächst ein Widerspruch zu liegen, gehört § 35 II SGB I doch zu den in allen Bereichen der Sozialleistungen zwingenden Vorschriften[352]. Er erklärt den Zweiten Abschnitt des SGB X (also die §§ 67 ff.) als maßgeblich für die Voraussetzungen der Erhebung, Verarbeitung und Nutzung von Sozialdaten. §§ 67 ff. SGB X

351 *Hilderink*, Datenschutz in der gesetzlichen Krankenversicherung, S. 40/41.

352 *Hilderink*, Datenschutz in der gesetzlichen Krankenversicherung, S. 41.

müssten also konsequenter Weise auch zwingend sein, fände sich nicht in eben diesen Vorschriften eine diesen Widerspruch relativierende Öffnungsklausel (vgl. § 67 II SGB X: „[...] soweit dieses Kapitel angewandt wird [...]").Diese Systematik entspricht der Konzeption des SGB als Ganzem. Das auf bestimmte Sozialleistungsbereiche zugeschnittene Recht ist jeweils in entsprechenden besonderen Teilen des SGB kodifiziert. So erreicht der Schutz der Sozialdaten auf die gesetzliche Krankenversicherung bezogen durch §§ 284 ff. SGB V in Ergänzung des § 35 SGB I und der §§ 67 ff. SGB X seine bereichsspezifische Konkretisierung[353].

§ 284 I Satz 5 SGB V stellt klar, dass wo ein bereichsspezifischer Regelungsvorrang nicht zu beachten ist, die allgemeinen Normen des SGB I und des SGB X Anwendung finden.

Eine Regelung über das Verhältnis der sozialrechtlichen Datenschutznormen zum allgemeinen Datenschutzrecht ergibt sich demgegenüber aus § 1 III 1 BDSG für das Verhältnis zum Bundesdatenschutzgesetz und z. B. aus § 2 V 1 LDSG BW für das Verhältnis zum Landesdatenschutzgesetz von Baden-Württemberg. Die übrigen Landesdatenschutzgesetze enthalten entsprechende Vorschriften über ihren Anwendungsbereich. Das allgemeine Datenschutzrecht ist, gleich ob BDSG oder LDSG, subsidiär sowohl den allgemeinen Regelungen der §§ 35 SGB I, 67 ff. SGB X als auch und gerade den speziellen Regelungen der §§ 284 ff. SGB V gegenüber.

Gleichwohl haben die Regelungen des allgemeinen Datenschutzes im Bereich der gesetzlichen Krankenversicherung zweifache Bedeutung.[354]

§§ 80 VI, 81 II, 81 IV und 82 SGB X verweisen auf das Bundes- bzw. Landesdatenschutzrecht und nehmen insoweit auf dortige Normen über die Sicherstellung des Datenschutzes in der öffentlichen Verwaltung, über den Datenschutzbeauftragten oder über Schadensersatz im Verletzungsfalle Bezug.

Daneben finden die allgemeinen Gesetze über den Datenschutz Anwendung soweit die Leistungsträger Daten verwalten, die ihrer Natur nach keine Sozialdaten sondern allgemeine personenbezogene Daten sind. Dies betrifft z. B. Daten der Mitarbeiter der Leistungsträger als Arbeitgeber bzw. Dienstherren.[355]

IV. Darstellung der einzelnen Datenschutzvorschriften der gesetzlichen Krankenversicherung

1. § 35 SGB I, Das Sozialgeheimnis

Die Ratio des § 35 SGB I liegt in der Wahrung des informationellen Selbstbestimmungsrechts der Sozialleistungsberechtigten.

Da die Sozialversicherung ihrer Natur nach eine Pflichtversicherung ist, in welcher, fast die gesamte Persönlichkeit sowie die persönlichen Lebensverhältnisse betreffende personenbezogene Daten der Versicherten offengelegt werden, ohne dass diesen insoweit eine Wahl bliebe, verlangt die grundgesetzliche Wertordnung einen angemessenen

353 *Hilderink*, Datenschutz in der gesetzlichen Krankenversicherung, S. 42.
354 *Hilderink*, Datenschutz in der gesetzlichen Krankenversicherung, S. 43.
355 *Hilderink*, Datenschutz in der gesetzlichen Krankenversicherung, S. 43.

Schutz dieser sensiblen Informationen. Wer seine Daten zwangsweise offenbaren muss, muss darauf vertrauen können, dass verantwortungsvoll und so zurückhaltend wie möglich Gebrauch von ihnen gemacht wird. So zurückhaltend wie möglich meint dabei auch, dass nicht die ganze Persönlichkeit eines Menschen zwangsweise erfasst werden darf.

§ 35 SGB I gewährt daher ein subjektiv-öffentliches Recht[356]des Einzelnen darauf, dass seine Daten nicht unbefugt erhoben, verarbeitet oder genutzt werden.

Es gilt insoweit eine erhöhte Geheimhaltungspflicht, die über die allgemeine Geheimhaltungspflicht im öffentlichen Bereich wie sie sich aus dem Grundsatz der dienst- und arbeitsrechtlichen Amtsverschwiegenheit i. V. m. § 203 II StGB ergibt, hinausgeht[357].

Normadressaten des § 35 SGB I sind im Bereich der gesetzlichen Krankenversicherung i. S. seines Abs. 1 Satz 1 die Krankenkassen als Leistungsträger i. S. d. § 12 S. 1 i. V. m. § 21 II SGB I, sowie i. S. seines Abs. 1 Satz 4 die Verbände der Orts-, Betriebs-, Innungs- und Ersatzkrankenkassen.

Ebenfalls richtet sich § 35 SGB I i. S. seines Abs. 1 Satz 4 an den Medizinischen Dienst der Krankenkassen, der i. S. d. § 94 SGB X eine Arbeitsgemeinschaft der Landesverbände der Orts-, Betriebs- und Innungskrankenkassen, der landwirtschaftlichen Krankenkassen und der Ersatzkassen ist. Auch die Kassenärztlichen Vereinigungen sind i. S. d. Abs. 1 Satz 4 Normadressaten des § 35 SGB I.

Geschützte Rechtsträger sind alle natürlichen Personen. Bezieht sich ein Datum auf mehrere Personen (Bsp. Familienversicherungsverhältnis) so hat jede Einzelperson einen selbstständigen Schutzanspruch.

In § 35 V SGB I ist ausdrücklich der Schutz der Daten Verstorbener normiert.

Die Form in welcher die Sozialdaten den von § 35 SGB I erfassten Stellen vorliegen (Dateien, Akten ...) ist für den Schutz des Sozialgeheimnisses irrelevant[358].

Auch innerhalb der Organisation der Leistungsträger gilt das Sozialgeheimnis.

Dies bedeutet, dass die Informationen, die bei einem Leistungsträger erhoben werden innerhalb desselben nur der für den betreffenden Ablauf zuständigen Stelle und nicht auch allen anderen Bediensteten zur Verfügung gestellt werden dürfen. Dies ergibt sich aus § 35 I 2 SGB I.In Bezug auf überregional oder landesweit organisierte gesetzliche Krankenkassen ist problematisch, ob alle Geschäftsstellen umfassend auf alle Versichertendaten zugreifen dürfen.Hierzu haben die Datenschutzbeauftragten des Bundes und der Länder auf der 49. Konferenz am 09./10. 03. 1995 eine Entschließung getroffen und den Kassen zur Umsetzung empfohlen.[359] Diese Entschließung kommt zu dem Schluss, dass Geschäftsstellen einer überregionalen bzw. landesweiten Krankenkasse grds. lediglich auf die Stammdaten der Versicherten sollen zugreifen können. Hierunter fallen Namen, Geburtsdatum, Anschrift, Krankenversicherungsnummer und betreuende Geschäftsstelle.Nur eine, die betreuende Geschäftsstelle soll auf alle Daten des von ihr betreuten Versicherten Zugriff haben. Soll mehr als eine Geschäftsstelle über die Versichertendaten verfügen können, z. B. weil ein Versicherter häufig unterwegs und somit im Einzugsgebiet der Versicherung mobil und daran interessiert ist, allerorts deren Leistung in Anspruch nehmen zu können, so soll diese umfassende Zugriffsberechtigung mehrerer bzw. aller

356 BSGE 47, 118, 121.

357 *Hilderink,* Datenschutz in der gesetzlichen Krankenversicherung, S. 44.

358 BT-Drucks. 12/5187, S. 36.

359 Entschließung „Eingeschränkter Zugriff auf Versichertendaten bei landesweiten oder überregionalen gesetzlichen Krankenkassen" BT-Drucks. 13/7500, S. 187.

Geschäftsstellen die schriftliche Einwilligung des betreffenden Versicherten voraussetzen.Dies werde, so der Bundesdatenschutzbeauftragte, sowohl dem Service gegenüber dem Versicherten als auch der Bedeutung seines allgemeinen Persönlichkeitsrechts in seiner Ausprägung als Recht der informationellen Selbstbestimmung gerecht[360]. Aufgrund der Tatsache, dass obige Entschließung der Datenschutzbeauftragten des Bundes und der Länder lediglich teilweise umgesetzt wird[361], sind andererseits die Einwände der Krankenversicherungsträger der GKV zu beleuchten.

Als Beispiel soll hier die Situation der AOK Baden-Württemberg dienen. Die AOK Baden-Württemberg betreut mit rund 8000 aktiven Mitarbeitern in 14 Bezirksdirektionen und rund 290 Kundencentern ungefähr 3,7 Mio. Menschen, wobei sie zur Erfüllung ihrer gesetzlichen Aufgaben vielfältige Daten von Versicherten aber auch von Vertragspartnern und Betrieben in zwei Rechenzentren in Stuttgart speichert.[362] Einerseits wird in den Rechenzentren der Zugriff auf die gespeicherten Daten auch in Notfällen gewährleistet, andererseits wird aber auch durch technische und organisatorische Maßnahmen sichergestellt, dass kein Zugriff Unbefugter erfolgen kann. Beispielhaft seien Zugangskontrollen zu den Räumlichkeiten, Datensicherung gegen Verluste sowie automatisierte Zugriffsberechtigungsverfahren genannt.In der Praxis greifen die Mitarbeiter zeitgleich auf die Daten zu, so dass die von der Datenschützerkonferenz geforderten Maßnahmen zur Beschränkung der Zugriffe zu einer massiven Belastung des Systems, bzw. sogar zu dessen Stillstand führen würden. Beim Einsatz der Software IDVS-II war eine solche Zugriffsbeschränkung seither auch technisch gar nicht umsetzbar. Nachdem der Sozialgesetzgeber selbst in § 78 a SGB X Maßnahmen, deren Aufwand in keinem angemessenen Verhältnis zum angestrebten Schutzzweck steht als nicht erforderlich eingestuft hat und der Schutzzweck Verhinderung von Datenmissbrauch mit der regionalen Zugriffsbeschränkung nur teilweise erreicht werden kann[363], bietet sich anstelle der von der Datenschützerkonferenz geforderten eine andere Maßnahme zur Kontrolle der Datennutzung an.

Die AOK Baden-Württemberg engagiert sich daher in der Entwicklung einer anderen Kontrollmaßnahme, der Protokollierung lesender Zugriffe. Diese Maßnahme würde eine effektive Kontrolle missbräuchlicher Nutzungen gewährleisten. Diese könnten den Betreffenden dann auch nachgewiesen werden. Andererseits könnten unberechtigte Verdächtigungen ausgeräumt und die betroffenen Mitarbeiter entlastet werden. Auch würde mit der Protokollierung lesender Zugriffe im Gegensatz zur regionalen Beschränkung der Zugriffsberechtigung die Vor-Ort-Betreuung mobiler Versicherter nicht erschwert. Jeder Kunde könnte weiterhin von jedem Kundencenter persönlich betreut werden.

360 16. Tätigkeitsbericht des Bundesbeauftragten für den Datenschutz, BT-Drucks. 13/7500, S. 139.

361 *Hilderink,* Datenschutz in der gesetzlichen Krankenversicherung, S. 59.

362 Diese und folgende Informationen entstammen einem von der Verfasserin mit dem Datenschutzbeauftragten der AOK Baden-Württemberg, Herrn Wolfgang Stütz und der stellvertretenden Datenschutzbeauftragten der AOK Baden-Württemberg, Frau Simone David am 03.12.2009 in Stuttgart geführten ausführlichen Gespräch über obige Entschließung. Zitiert wird die Fassung des autorisierten Gesprächsprotokolls vom 20.01.2010, s. Anhang.

363 So ist missbräuchliche Nutzung von Datenzugriffsberechtigungen ein ebenso regional wie überregional brisantes Problem. Es soll verhindert werden, dass Mitarbeiter einer GKV ihre Berechtigungen nutzen um sich Daten von Bekannten oder Prominenten zu verschaffen. Diese Möglichkeit besteht im regionalen Rahmen indes unverändert fort.

Zwar wird die Software IDVS-II derzeit durch die neue Software *oscare* abgelöst, mit welcher auch die Einschränkung von Zugriffsberechtigungen technisch möglich würde, jedoch bliebe der administrative Aufwand auch mit diesem System unvertretbar. Daher steht die AOK im Gespräch mit den staatlichen Datenschutzbeauftragten auf Bundesebene und ist darum bemüht mit *oscare* eine Protokollierung lesender Zugriffe zu realisieren, was auch von den staatlichen Datenschützern begrüßt wird. Die Firma SAP hat auch bereits ein entsprechendes Softwareprogramm entwickelt, mit welchem künftig keine Systemüberlastung bei der Protokollierung lesender Zugriffe mehr eintreten soll.

Allerdings wird dies von der AOK derzeit noch technisch geprüft, ebenso wie die Frage ob das System *oscare* mit der neuen Software kompatibel ist. Auch sind die Rechte der Mitarbeiter, deren Zugriffe protokolliert werden sollen noch zu berücksichtigen. Es ist also die nähere Ausgestaltung der Protokollierung zu regeln, d.h. u.a. was protokolliert werden soll, wer auf die Protokolle Zugriff haben darf oder wie lange sie aufbewahrt werden dürfen.

In diesem Zusammenhang ist abschließend noch die vom Arbeitskreis Technik der staatlichen Datenschutzbeauftragten erstellte *Orientierungshilfe „ Protokollierung"* vom 02.11.2009 zu erwähnen, die bei der Ausgestaltung des Verfahrens Berücksichtigung finden soll (s. Anhang).

Unter der Prämisse näherer Ausgestaltung des Verfahrens im dargestellten Sinne stellt die Protokollierung lesender Zugriffe auch nach Ansicht der Verfasserin gegenüber der Einschränkung von Zugriffsberechtigungen die Maßnahme der Wahl dar.

2. § 284 SGB V, Sozialdaten bei den Krankenkassen

§ 284 SGB V regelt die Zulässigkeit der Datenerhebung, -verarbeitung und –nutzung im System der gesetzlichen Krankenversicherung.

Die Grundsätze der Datenerhebung und der Datenspeicherung enthält Abs. 1, Abs. 3 befasst sich mit der Datenverarbeitung und der Datennutzung.

a.) § 284 I SGB V: Enumerativkatalog der Aufgabenzwecke für die Datenerhebung und -speicherung durch Krankenkassen

§ 284 I SGB V nennt die Aufgaben, zu deren Zweck Krankenkassen Sozialdaten erheben und speichern dürfen. Diese Aufzählung ist abschließend[364] und verweist ausschließlich auf Regelungen des SGB V.

Diese Zweckbindung stellt sicher, dass die Krankenkassen Daten nur erheben und speichern, soweit die Kenntnis der betreffenden Daten zwingend für die Erfüllung ihrer gesetzmäßigen Aufgaben erforderlich ist. Eine Erhebung „auf Vorrat" ist damit ausgeschlossen. Hierdurch wird verhindert, dass ganze Persönlichkeitsmuster von Versicherten ohne Anlass festgehalten werden.

Ebenfalls soll mit der Zweckbindung dem Grundsatz der Normenklarheit Rechnung getragen werden[365].

---

364 BT-Drucks. 11/2237, S. 238.

365 *Lang*, Das Recht auf informationelle Selbstbestimmung des Patienten und die ärztliche Schweigepflicht in der gesetzlichen Krankenversicherung, S. 116.

Problematisch ist allerdings, dass wesentliche Zwecke der Krankenkassen im Katalog unerwähnt bleiben. So z. B. die Informations- und Beratungspflichten aus §§ 13 ff. SGB I. Die Durchsetzung von Regressansprüchen nach § 116 ff. SGB X wurde als Nr. 11 des § 284 I SGB V inzwischen in den Katalog aufgenommen, ebenso wie die Mitgliederwerbung (§ 284 Abs. 1 Nr. 1 HS 2 und Abs. 4 SGB V).

Dennoch wird der Katalog des § 284 I SGB V oft als zu eng empfunden[366].

Im Hinblick auf die im Katalog nicht erwähnten Aufgaben besteht öffentliches Interesse, so sichern Informations- und Beratungspflichten die Rechte der Versicherten.

Ebenfalls lässt sich durch die Ausklammerung dieser Aufgaben aus dem Katalog die Notwendigkeit ihrer Erfüllung nicht vermeiden, was auch kaum vom Gesetzgeber bezweckt sein dürfte.

Eine entsprechende Anpassung des Aufgabenkatalogs wäre also dem Gebot der Normenklarheit entsprechend wünschenswert.

b.) § 284 III SGB V: Zweckbindungsgrundsatz für die Datenverarbeitung und -nutzung durch Krankenkassen

§ 284 III SGB V unterstellt durch seinen 1. Halbsatz die Verarbeitung und Nutzung rechtmäßig erhobener bzw. gespeicherter Versichertendaten der Bindung an die Aufgabenzwecke des § 284 I SGB V. Der 2. Halbsatz lässt die Verarbeitung und Nutzung für anderweitige Zwecke nach dem SGB zu.

Hier spielt primär § 67 c SGB X eine Rolle. Dieser normiert in Absätzen 2–5 Lockerungen des Zweckbindungsgrundsatzes.

Die jeweilige Verarbeitung und Nutzung muss im Hinblick auf den konkreten Zweck, zu dem sie erfolgt sowie im Hinblick auf das konkrete Versichertendatum, das sie betrifft erforderlich sein.

Soweit die Regelungen des § 284 SGB V die allgemeinen Grundsätze unberührt lassen, gelten daneben SGB Bücher I und X.

So z. B. die dortigen Vorschriften der §§ 67 a II bis IV (Durchführungsbestimmungen der Datenerhebung: Ersterhebungsgrundsatz und Ausnahmen) und 67 c II bis V (Lockerungen des Zweckbindungsgrundatzes) SGB X, diese Normen werden unten dargestellt.

Verdrängt werden demgegenüber die Grundvorschriften der Datenerhebung und -speicherung (§§ 67 a I, 67 c I SGB X).

§ 284 SGB V ist für die tägliche Praxis der gesetzlichen Krankenversicherung als zentrale Datenschutzvorschrift von grundlegender Bedeutung[367].

3. § 285 SGB V: Personenbezogene Daten bei den Kassenärztlichen Vereinigungen

Ebenfalls von Bedeutung ist die Vorschrift des § 285 SGB V, die den Umgang mit personenbezogenen Daten bei den Kassenärztlichen Vereinigungen betrifft.

---

366 *Detsch,* Sozialdatenschutz nach dem 2. SGB – Änderungsgesetz, S. 16.

367 *Hilderink,* Datenschutz in der gesetzlichen Krankenversicherung, S. 62.

Den Kassenärztlichen Vereinigungen obliegt die Sicherstellung und ordnungsgemäße Durchführung der vertragsärztlichen Versorgung nach Maßgabe der gesetzlichen Vorschriften (§ 75 SGB V). Außerdem liegt in ihrer Hand die Verteilung der Gesamtvergütung für die Honorarabrechnung sowie die Beobachtung des Wirtschaftlichkeitsgebots.

Auch hierfür werden versichertenbezogene Daten benötigt, die die Leistungsabrechnung ermöglichen und nachvollziehbar machen.

Auch § 285 SGB V enthält einen Enumerativkatalog der Zweckbindung, der dem des § 284 SGB V nachempfunden ist.

4. § 67 SGB X: Begriffsbestimmungen

§ 67 SGB X enthält die Legaldefinitionen der im Umgang mit Sozialdaten grundlegenden Begriffe, so in seinen Abs. 5–7 u. a. die der Begriffe der Datenerhebung, Datenverarbeitung und Datennutzung.

In diesem Sinne ist Erheben das Beschaffen von Daten über den Betroffenen (*§ 67 V SGB X*). Unerheblich ist auf welche Weise die Daten erhoben werden, ob dies also mündlich, schriftlich, beim Betroffenen selbst (Ersterhebungsgrundsatz, vgl. unten § 67 a SGB X) oder bei Dritten erfolgt. Die Erhebung muss allerdings zielgerichtet erfolgen.[368]

In der Praxis der gesetzlichen Krankenversicherung sind vornehmlich Fragestellungen in Antragsformularen, Ermittlungsschreiben an den Betroffenen oder an Dritte und Anhörungen des Betroffenen sowie das Anfordern von Unterlagen beim Betroffenen oder bei Dritten üblich.[369]

Verarbeiten im Sinne des *§ 67 VI SGB X* ist das Speichern, Verändern, Übermitteln, Sperren und Löschen.

Im Hinblick auf Datenschutzvorschriften besonders relevant sind die Umgangsphasen des Speicherns und des Übermittelns von Sozialdaten.

Beim Speichern werden die Daten auf Dauer angelegt festgehalten, was deren Sicherung gegen Zugriff Unbefugter erforderlich macht und beim Übermitteln wechseln die Daten den Zugriffs- und damit auch den Schutzbereich einer Stelle.

Auch dieser Vorgang setzt die Befugnis sowohl der übermittelnden als auch der Empfängerstelle zum entsprechenden Umgang mit den Daten voraus.

Im Hinblick auf das Thema vorliegender Arbeit ist der Vorgang des Übermittelns von Versichertendaten von besonderem Interesse. Daher soll dieser spezielle Begriff kurz umrissen werden.

Die genaue Begriffsdefinition findet sich in § 67 VI Nr. 3 SGB X. Übermittelt werden können gespeicherte, nicht gespeicherte und durch Verarbeitung gewonnene Sozialdaten. Hierunter ist die Bekanntgabe der Daten an einen Dritten, den Empfänger (§ 67 X 1 SGB X) zu verstehen.

Als Dritter kommt jede Person oder Stelle in Betracht, die im Verhältnis zur verantwortlichen Stelle außenstehend und nicht der Betroffene selbst oder eine im Bundesgebiet, im Gebiet der EU oder im Gebiet eines Mitgliedstaates des EWR ansässige im Auftrag Sozialdaten verwaltende (§ 80 SGB X) Stelle ist (§ 67 X 2 SGB X).

368 *Steinmeyer, in: Wannagat,* Kommentar zum gesamten Recht des Sozialgesetzbuches, Zehntes Buch, § 67 SGB X, Rn. 31.

369 *Hilderink,* Datenschutz in der gesetzlichen Krankenversicherung, S. 62/63.

Eine Bekanntgabe von Sozialdaten an den Betroffenen selbst stellt in diesem Sinne keine Übermittlung dar.

Im Verhältnis zu einer Krankenkasse sind jedoch behandelnde Ärzte des Versicherten, Krankenhäuser und Kliniken oder auch der Arbeitgeber des Versicherten Dritte in diesem Sinne. Die Vorschriften über die Sozialdatenübermittlung (§§ 67 d, 68–77 SGB X) finden den genannten potentiellen Empfängern gegenüber also uneingeschränkte Anwendung.

Die Bekanntgabe kann auf zweierlei Art erfolgen. Eine solche ist sowohl in der Weitergabe von Daten an den Dritten durch die verantwortliche Stelle (§ 67 VI Nr. 3 a SGB X) als auch in der Ermöglichung des Zugriffs auf die Daten für den Dritten durch die verantwortliche Stelle (§ 67 VI Nr. 3 b SGB X) zu sehen. Der Zugriff des Dritten ist dann als ermöglicht anzusehen wenn dieser Einsicht in die Daten nehmen oder diese abrufen kann.Nicht erforderlich ist, dass er dies auch tut.

Es genügt für eine Übermittlung im Sinne des § 67 VI Nr. 3 SGB X aber auch die schlichte mündliche Preisgabe von Sozialdaten durch einen Mitarbeiter einer verantwortlichen Stelle an einen Dritten, ohne dass die Daten in verkörperter Form festgehalten sein müssten. Die bloße Kenntnis (im gedanklichen Sinne) des Übermittelnden ist ausreichend (§ 67 VI Nr. 3 SGB X a. E.).

Nutzen ist schließlich jede Verwendung soweit es sich nicht um Verarbeitung handelt (*§ 67 VII SGB X*). Hier ist eigens geregelt, dass eine Nutzung auch in der Weitergabe von Sozialdaten innerhalb der verantwortlichen Stelle also einem Empfänger gegenüber zu sehen ist, der nicht Dritter im Sinne der Übermittlungsdefinition nach Abs. 6 ist.

Das Nutzen der Sozialdaten hat die Funktion eines Auffangtatbestandes. Alle Formen des Umgangs mit Sozialdaten sollen dadurch vom Datenschutzsystem erfasst sein. Eine datenschutzrechtliche Befugnis zur Kenntnisnahme ist also auch für die Auswertung oder die Abgleichung von Sozialdaten erforderlich.

5. § 67 a II–IV SGB X: Ersterhebungsgrundsatz und Ausnahmen

§ 67 a II 1 SGB X normiert den Ersterhebungsgrundsatz. Danach sind Sozialdaten grds. beim Betroffenen selbst zu erheben.

Damit soll sichergestellt sein, dass jeder der Sozialdaten preisgeben muss auch nachvollziehen kann welche Daten wann, von wem und wozu erhoben werden.

Mit dem Ersterhebungsgrundsatz findet die Direktive des Volkszählungsurteils des BVerfG[370] zum Recht der informationellen Selbstbestimmung Berücksichtigung.

Grundsätzlich haben die Sozialleistungsträger die Befugnis, die für ihre Zwecke maßgeblichen Informationen in freiem Ermessen von Amts wegen zu ermitteln. Dabei dürfen sie im Regelfall selbst entscheiden, welche Quelle sie dazu nutzen wollen, § 20 I SGB X.

Dieser Untersuchungsgrundsatz wird durch § 67 a II 1 SGB X eingeschränkt, dies ergibt sich aus § 37 Satz 3 SGB I, nach welchem das zweite Kapitel des SGB X dessen erstem die Ermittlung von Sozialdaten betreffend vorgeht.

---

370 BVerfGE 65, 1, 43; *Steinmeyer, in: Wannagat,* Kommentar zum gesamten Recht des Sozialgesetzbuches, Zehntes Buch, § 67 a SGB X, Rn. 4.

Vom Ersterhebungsgrundsatz sind jedoch Ausnahmen zugelassen.

Dies bestimmt *§ 67 a II 2 SGB X.*

Auf diese Ausnahmeregelungen wird gerade in der gesetzlichen Krankenversicherung häufig zurückgegriffen, was daran liegt, dass in diesem Zusammenhang eine Vielzahl von Daten benötigt wird, die dem Versicherten selbst gar nicht zur Verfügung stehen bzw. von diesem nicht herausgegeben würden (obgleich nicht selten ein legitimes und anerkanntes Interesse der Leistungsträger an den Informationen besteht).

Auch der Datenabgleich mit anderen Leistungsträgern kann nötig werden, z.B. wenn Zweifel an den Angaben Versicherter bestehen. Die Erhebung bei Dritten beschleunigt gerade im Falle des Datenaustauschs zwischen Leistungsträgern das Verwaltungsverfahren und liegt somit letztlich auch irgendwie im Interesse des Leistungsberechtigten.

Jedoch stellt sie einen gewichtigen Eingriff in die Persönlichkeitsrechte des Betroffenen dar, so dass ihre Regelung in Form einer gesetzlichen Grundlage, wie sie § 67 a II 2 SGB X darstellt, schon aufgrund des verfassungsrechtlichen Gebotes der Normenklarheit und des Gesetzesvorbehalts unerlässlich war[371].

Inhaltlich differenziert § 67 a II 2 SGB X hinsichtlich verschiedener Stellen, bei welchen eine Datenerhebung ohne Mitwirkung des Betroffenen erfolgt. Es kommen einmal Stellen in Betracht, die § 35 SGB I nennt; daneben Stellen, die § 69 II SGB X nennt (vgl. zu den beiden ersten Kategorien *§ 67 a II 2 Nr. 1 SGB X*) und schließlich andere Personen oder Stellen (vgl. zu dieser zweiten Kategorie *§ 67 a II 2 Nr. 2 SGB X*).

Die Erhebung von Sozialdaten bei Leistungsträgern und gleichgestellten Stellen nach § 67 a II 2 Nr. 1 SGB X ist zulässig soweit diese befugt sind, die in Rede stehenden Daten an die erhebende Stelle zu übermitteln, die Ersterhebung beim Betroffenen unverhältnismäßigen Aufwand bedeutete und die Direkterhebung bei dem jeweiligen Dritten keine überwiegenden schutzwürdigen Belange des Betroffenen zu beeinträchtigen droht. Diese Voraussetzungen müssen aufgrund der Sensibilität von Sozialdaten kumulativ vorliegen.[372]

Eine Befugnis i.S.d. *§ 67 a II 2 Nr. 1 a SGB X* der ersuchten Stelle, Daten zu übermitteln liegt vor wenn eine Vorschrift des SGB eine Übermittlung an die erhebende Stelle zulässt[373], so z.B. im Rahmen der Amtshilfe nach § 68 SGB X.

Problematischer ist hier die Definition des unverhältnismäßigen Aufwandes (*§ 67 a II 2 Nr. 1 b SGB X*), welchen die Ersterhebung mit sich bringen muss. Es handelt sich dabei um einen unbestimmten Rechtsbegriff zu dessen Beschreibung sich verschiedene Ansätze in der Literatur finden.

Eine Ansicht interpretiert den Begriff extensiv dahingehend, dass ein unverhältnismäßiger Aufwand allein nach der Perspektive des erhebenden Leistungsträgers zu beurteilen sei, für welchen es bereits einen solchen darstellen soll wenn vom Betroffenen ungenaue und wenig verwertbare Angaben zu erwarten sind. Es soll nicht einmal ein gescheiterter Versuch der Ersterhebung zur Begründung dieser Vermutung erforderlich sein. Der Betroffene lege weniger Wert auf die Kenntnis jedes noch so unbedeutenden

371 *Schroeder-Printzen,* SGB X Kommentar, § 67 a SGB X, Rn. 6.

372 *Schroeder-Printzen,* SGB X Kommentar, § 67 a SGB X , Rn. 7.

373 *Steinmeyer, in: Wannagat,* Kommentar zum gesamten Recht des Sozialgesetzbuches, Zehntes Buch, § 67 a SGB X, Rn. 12.

Datenflusses als mehr auf eine zügige Leistungsabwicklung, so dass er ggf. sogar ein Interesse daran habe, dass sich der Träger die Daten anderweitig beschaffe.[374]

Eine andere Ansicht stellt auf Art oder Qualität der betreffenden Daten ab, daneben auf Zeit- und Kostenaufwand[375]. Rein wirtschaftliche Gründe sollen dabei zurücktreten.

Ein Beispiel sei nach dieser Ansicht, dass der Betroffene schwer ausfindig zu machen ist.[376]

Nach einer dritten Ansicht schließlich soll Unverhältnismäßigkeit der Ersterhebung dann eine Direkterhebung am Betroffenen vorbei zulassen wenn eine Güterabwägung auch unter strenger Beobachtung der Bedeutung des informationellen Selbstbestimmungsrechts ergibt, dass die Erhebung beim Betroffenen in keinem Verhältnis zur Erhebung bei einer anderen Stelle steht.[377]

Die letztgenannte Ansicht gibt schlechterdings keinen Aufschluss über Kriterien, nach welchen sich ein unverhältnismäßiger Aufwand soll bestimmen lassen. Sie beschränkt sich vielmehr darauf, auf die Notwendigkeit einer Güterabwägung unter besonderer Gewichtung der informationellen Selbstbestimmung hinzuweisen. Das Erfordernis solcher Güterabwägung versteht sich jedoch von selbst.

Gegen die erste der drei Ansichten spricht, dass es keine allgemeine Gültigkeit haben kann, der Betroffene habe eher Interesse an einer zügigen Leistungsabwicklung als an der Verfügungsbefugnis über seine Daten. Dieser Gedanke ist abwegig. An der Selbstbestimmung ist regelmäßig größtes Interesse zu unterstellen. Schon weil die Leistungsberechtigten nicht bei jeder Sachlage mit einer Leistung rechnen können haben sie häufig kein Interesse daran, dass personenbezogene Daten über sie bei Dritten erhoben werden, die einer Leistungsfestsetzung im Wege stehen. Ob das Interesse an einer Vorenthaltung solcher Daten billigenswert ist, ist für die Frage ob ihre Beitreibung beim Betroffenen einen unverhältnismäßigen Aufwand darstellt nicht von Bedeutung.

Diese Ansicht trägt also dem informationellen Selbstbestimmungsrecht nicht hinreichend Rechnung.

Dies tut demgegenüber die zweite der drei Ansichten.

Der einzig richtige Anknüpfungspunkt für die Grenzziehung zwischen unverhältnismäßigem und zumutbarem Aufwand muss die Frage sein, um welche Art von Daten es sich im Einzelfall handelt und welche Qualität diese Daten haben. Ergänzend spricht nichts dagegen auch den Zeit- und Kostenaufwand zu betrachten. So lassen sich Einzelfallgerechtigkeit und sachlich korrekte Ergebnisse erzielen.Die Entscheidung für diesen Lösungsansatz wird auch von der Sozialgesetzgebung gestützt[378].Sie sichert den grundsätzlichen Vorrang des Ersterhebungsgrundsatzes und ermöglicht dennoch die Erfüllung der Forderung des § 17 I Nr. 1 SGB I (zügige Ausführung von Sozialleistungen). Auch § 65 I Nr. 3 SGB I stellt eine dieser Streitentscheidung günstige Wertung zur Verfügung wenn er eine Grenze der Mitwirkungspflicht des betroffenen Leistungsberechtigten da zieht, wo der Leistungsträger durch geringeren Aufwand relevante Informationen anderweitig erheben kann.

374 *Rombach, in: Hauck,* SGB X, § 67 a SGB X, Rn. 79.

375 *Schroeder-Printzen,* SGB X Kommentar, § 67 a SGB X, Rn. 7.

376 *Schroeder-Printzen,* SGB X Kommentar, § 67 a SGB X, Rn. 7.

377 *Krahmer.* Sozialdatenschutz nach SGB I und SGB X, § 67 a SGB X, Rn. 8.2..

378 Vgl. *Hilderink,* Datenschutz in der gesetzlichen Krankenversicherung, S. 93.

Mit der Datenerhebung am Betroffenen vorbei dürfen dessen überwiegende schutzwürdige Belange jedoch nicht beeinträchtigt werden, *§ 67 a II 2 Nr. 1 c SGB X.*

Derartige Belange können zum Beispiel bei besonders sensiblen Daten wie Diagnosedaten entgegenstehen oder wenn dem Betroffenen durch die Erhebung der Daten Nachteile wie beispielsweise berufliche Konsequenzen drohen.[379] Eine dementsprechende Güterabwägung zwischen dem Leistungsträgerinteresse an einer Datenerhebung ohne Mitwirkung des Betroffenen und dem Betroffeneninteresse an der Wahrung des Ersterhebungsgrundsatzes aufgrund schutzwürdiger Belange muss jedoch nur erfolgen wenn dem Leistungsträger Anhaltspunkte für solche schutzwürdigen Belange erkennbar sind.[380]

Bei anderen Personen oder Stellen wie zum Beispiel beim Arbeitgeber des Betroffenen, darf eine Datenerhebung nach *§ 67 a II 2 Nr. 2 SGB X* nur erfolgen wenn eine Rechtsnorm dies zulässt oder sogar ausdrücklich vorschreibt, *§ 67 a II 2 Nr. 2 a SGB X.*

In Betracht kommen hier z. B. §§ 98–100 SGB X, die die Auskunft des Arbeitgebers, der Angehörigen des Versicherten und seiner behandelnden Ärzte regeln.

Die allgemeinen Datenschutzvorschriften des BDSG und der LDSGe bieten für diese Art der Erhebung von Sozialdaten aufgrund der Konkurrenzregelungen keine taugliche Grundlage.

Was die Erhebung von Sozialdaten nach der Vorschrift des *§ 67 a II 2 Nr. 2 b aa SGB X* bei Nichtleistungsträgern anbelangt, so ist diese dann zugelassen wenn die Art der benötigten Information typischerweise eine Erhebung ohne Mitwirkung des Betroffenen erfordert, wie z. B. gerade die Einholung medizinischer Gutachten[381].

Ebenfalls kommt auch hier die Erhebung bei Dritten in Betracht wenn die Ersterhebung unverhältnismäßig aufwändig wäre, *§ 67 a II 2 Nr. 2 b bb SGB X,* wobei hier derselbe Maßstab gilt wie er oben bei § 67 a II 2 Nr. 1 SGB X dargestellt wurde.

Auch für die beiden Alternativen des § 67 a II 2 Nr. 2 b SGB X, die Erhebung bei Dritten aufgrund der Art der Information und die Erhebung bei Dritten aufgrund unverhältnismäßigen Aufwands der Erhebung beim Betroffenen ist zu beachten, dass dem keine Anhaltspunkte für überwiegende zuwiderlaufende Interessen des Betroffenen entgegenstehen dürfen.[382]

Im Rahmen des § 67 a II 2 Nr. 2 SGB X müssen die Erhebungsvoraussetzungen wie sie gerade geschildert wurden nicht wie bei Nr. 1 kumulativ sondern demgegenüber lediglich alternativ vorliegen. Die Datenerhebung bei Nichtleistungsträgern ist also leichter möglich als die Erhebung bei anderen Sozialleistungsträgern. Dies liegt daran, dass Sozialleistungsträger bei anderen Stellen Daten unter gleicher Voraussetzung sollen erheben können wie andere öffentliche Stellen.[383]

Gegen die Regelungen des § 67 a II SGB X wurden schon im Gesetzgebungsverfahren verfassungsmäßige Bedenken und die Forderung erhoben, die Ausnahmen vom

379 *Steinmeyer, in: Wannagat,* Kommentar zum gesamten Recht des Sozialgesetzbuches, Zehntes Buch, § 67 a SGB X, Rn. 14.

380 Unter Bezugnahme auf den Gesetzeswortlaut: *Steinmeyer, in: Wannagat,* Kommentar zum gesamten Recht des Sozialgesetzbuches, Zehntes Buch, § 67 a SGB X, Rn. 14.

381 *Rombach, in: Hauck,* SGB X, § 67 a SGB X, Rn. 98.

382 *Rombach, in: Hauck,* SGB X, § 67 a SGB X, Rn. 90.

383 *Rombach, in: Hauck,* SGB X, § 67 a SGB X, Rn. 90.

Ersterhebungsgrundsatz in einem Enumerativkatalog zu regeln.[384] Dies hätte allerdings eine grobe Lückenhaftigkeit zur Folge gehabt, deren Kompensation über Analogien der informationellen Selbstbestimmung wohl mehr geschadet als genützt hätte. Schon der Enumerativkatalog des § 284 I SGB V ist in mancherlei Hinsicht unvollständig geraten, wie oben bereits erwähnt wurde. Dort ist lediglich die Sozialdatenerhebung der Krankenkassen geregelt. § 67 a II SGB X regelt demgegenüber die Erhebung von Sozialdaten durch verschiedene Sozialleistungsträger. Dies lässt eine enumerative Regelung aufgrund der verschiedenartigen Belange, die eine solche zu beachten hätte erst recht schwierig erscheinen und so ist zu Gunsten der Praxistauglichkeit auf eine solche verzichtet worden.

Allerdings ist die generalklauselartige Regelung des § 67 a II SGB X mit Rücksicht auf die Bedeutung des informationellen Selbstbestimmungsrechts restriktiv zu handhaben.[385]

6. § 67 c II–V SGB X: Lockerungen des Zweckbindungsgrundsatzes

Die eigentlich strenge Zweckbindung der Sozialdatenerhebung und damit verbunden auch der Nutzung wird von *§ 67 c II–V SGB X* aufgelockert.

In diesen Regelungen finden sich einige Ausnahmen.

So gestattet *§ 67 c II Nr. 1 SGB X* die Verwendung von Sozialdaten für andere Zwecke als für diejenigen, für die sie ursprünglich erhoben worden sind soweit es sich auch bei diesen anderen Zwecken um Aufgabenerfüllung nach Vorschriften des SGB handelt.

Der Gesetzgeber sieht also in allen einem Leistungsträger durch das SGB übertragenen Aufgaben eine Einheit in informationeller Hinsicht.[386]

Es soll das informationelle Selbstbestimmungsrecht nach seinem Willen nicht verletzt sein wenn zulässigermaßen erhobene Sozialdaten für verschiedene Aufgabenzwecke genutzt werden; soweit diese dem Leistungsträger nach SGB obliegen gilt dies auch für in § 284 I SGB V nicht statuierte Zwecke.

Es wird kontrovers diskutiert ob hierin die Gefahr begründet liegt, dass der Zweckbindungsgrundsatz des § 284 I SGB V und damit die Bedeutung des informationellen Selbstbestimmungsrechts ausgehöhlt wird. Auch über die Maßnahmen, die in diesem Falle zu ergreifen sein sollten besteht Streit.

Von einer Mindermeinung wird eine Gefahr für das informationelle Selbstbestimmungsrecht durch Nutzung von Daten für sämtliche demselben Sozialleistungsträger obliegenden Aufgaben schlechthin bestritten. Die Aufgabenbereiche der einzelnen Leistungsträger seien derart speziell, dass sichergestellt sei, dass Daten nicht für Zwecke verwendet würden, die das Persönlichkeitsrecht weiter beeinträchtigten als es zulässigerweise bereits durch die Erhebung beschränkt worden sei[387].

Demgegenüber wird teilweise eine Aufhebung des Zweckbindungsgrundsatzes gesehen aber zur Vereinfachung der Verwaltung gebilligt. Vorgeschlagen wird von dieser

384 BT-Drucks. 12/6324, S. 1.

385 *Hilderink,* Datenschutz in der gesetzlichen Krankenversicherung, S. 96.

386 *Steinmeyer, in: Wannagat,* Kommentar zum gesamten Recht des Sozialgesetzbuches, Zehntes Buch, § 67 c SGB X, Rn. 8.

387 *Hartleb,* Sinn und Zweck der Vorschriften über den Sozialdatenschutz im SGB X aus der Sicht des Gesetzgebers, S. 11.

Meinung anstelle von Zweckänderungsverboten eine stelleninterene Beschränkung des Mitarbeiterkreises, dem die Sozialdaten bekannt werden sowie Vorkehrungen zur Verhinderung des Datenflusses von der verantwortlichen Stelle nach außen im Sinne von § 78 a SGB X[388].

Eine Zweckänderung solle – so diese Ansicht – in krassen Ausnahmefällen, in welchen eine Einwilligung des Betroffenen definitiv verweigert würde, unterbleiben.[389]

Eine dritte Ansicht schlägt, soweit zumutbar, die vorherige Einholung einer Einwilligung des Betroffenen vor dem Rückgriff auf § 67 c II Nr. 1 SGB X vor.[390]

Schlussendlich empfiehlt eine Ansicht die restriktive Auslegung und Anwendung des § 67 c II Nr. 1 SGB X.

Einer jeden Anwendung dieser Ausnahmeregelung solle eine Interessenabwägung der verantwortlichen Stelle zwischen dem Allgemeininteresse an der Verfahrensbeschleunigung und dem Recht auf informationelle Selbstbestimmung vorausgehen[391].

Zum Streitentscheid ist zu sagen, dass die erste dargestellte Meinung mit ihrer schlichten Ablehnung jeglicher Gefährdung des informationellen Selbstbestimmungsrechts verkennt, dass letzteres eben dadurch gefährdet wird, dass stellenintern Daten zwischen Mitarbeitern fließen, die mit unterschiedlichen Aufgabenzwecken betraut sind.

Hierin ist durchaus das Recht des Betroffenen verkürzt, überschauen und darüber entscheiden zu können, zu welchem Zweck welches Datum wem bekannt wird.[392]

Diese Verkürzung ist jedoch im Sinne der Verwaltungsvereinfachung wohl hinnehmbar, zumal die meisten Versicherten ohnehin davon ausgehen werden, dass der Leistungsträger von ihm bekannten Informationen generell Gebrauch macht. Häufig werden sie sogar gar keinen Wert darauf legen, wegen jedes Bearbeitungsvorganges benachrichtigt und um Einwilligung gebeten zu werden. Ein solches Vorgehen ist bei der Masse an Versichertendaten auch schlechthin nicht zu bewältigen. Lediglich in krassen Ausnahmefällen, beispielsweise wenn einem Betroffenen durch den neuen Verwendungszusammenhang ein gewichtiger Nachteil droht, kann eine Zweckänderung tatsächlich nicht hingenommen werden. Im Regelfall jedoch ist sie für ein sinnvolles Verwaltungsverfahren und damit für die Funktionalität des Gesamtsystems durchaus nicht selten erforderlich[393].

Den Vorzug verdient daher die zweite vorgestellte Ansicht, die die Möglichkeit einer Durchbrechung der Zweckbindung einräumt jedoch unter der Prämisse billigt, dass eine solche in besonders gelagerten Fällen unterbleibt.

Gegen die beiden verbleibenden Ansichten, die Ansicht, dass jedem Zweckänderungseinzelfall eine Interessenabwägung vorauszugehen habe bzw. die Ansicht, dass die Einholung einer Einwilligung in jedem Fall, in welchem ein solches Vorgehen zumutbar ist zu erfolgen habe, sprechen jeweils gewichtige Gründe.Zum einen verwaltet ein jeder Sozialleistungsträger eine unendliche Datenfülle. Massenhaft gibt es Belange, in

388 *Rombach, in: Hauck,* SGB X, § 67 c SGB X, Rn. 40.

389 *Rombach, in: Hauck,* SGB X, § 67 c SGB X, Rn. 44.

390 *Krahmer,* Sozialdatenschutz nach SGB I und SGB X, § 67 c SGB X, Rn. 8; *Schroeder-Printzen,* SGB X Kommentar, § 67 c SGB X, Rn. 8.

391 *Steinmeyer, in: Wannagat,* Kommentar zum gesamten Recht des Sozialgesetzbuches, Zehntes Buch, § 67 c SGB X, Rn. 8.

392 *Hilderink,* Datenschutz in der gesetzlichen Krankenversicherung, S. 99.

393 *Hilderink,* Datenschutz in der gesetzlichen Krankenversicherung, S. 102.

welchen eine Zweckänderung relevant wird. Sowohl die Einholung von Einwilligungen als auch die Interessenabwägung würden effektives Verwaltungshandeln und effiziente Leistungsregulierung geradezu lahmlegen. Ebenfalls ist im Falle einzuholender Einwilligungen zu besorgen, dass der Behörde im Falle der Verweigerung trotzdem noch der Rückgriff auf die gesetzliche Zweckänderung verbliebe. Diesen würden die wohl meisten Leistungsträger sicherlich auch nutzen und so stellt sich das Institut der Einwilligung in diesem Zusammenhang als systemwidrig dar.[394]Gegen die Interessenabwägung schließlich spricht, dass auch diese nicht in den Kontext passt. Eine solche ist im Falle der Daten*erhebung* ohne Mitwirkung des Betroffenen vorgesehen, vgl. § 67 a II 2 Nr. 1 SGB X.

Im Unterschied zur Zweckänderung dient dort die Interessenabwägung aber der Entscheidung der Frage *ob* Sozialdaten erhoben werden oder nicht. Demgegenüber stellt sich bei der Daten*verwendung* zu geänderten Aufgabenzwecken nicht die Frage *ob* eine Erhebung erfolgt, sondern lediglich die Frage *wie* mit bereits vom Leistungsträger rechtmäßig (!) erhobenenen Daten verfahren wird.

Die beiden Themen Datenerhebung und Zweckänderung sind also qualitativ verschiedenartig[395].

Auch der Gesetzgeber, der die beiden Normen der §§ 67 a und 67 c SGB X gleichzeitig ins SGB X eingefügt hat (2. SGB – Änderungsgesetz von 1994[396]) hat bewusst bei § 67 c SGB X auf eine dem § 67 a SGB X gleichartige Interessenabwägungsformel verzichtet.[397]

Zur im Ergebnis also grds. zulässigen Zweckänderung nach § 67 c II Nr. 1 SGB X ist festzuhalten, dass das informationelle Selbstbestimmungsrecht des Betroffenen hinreichend gewahrt wird, unterliegen die Daten ja auch im Hinblick auf eine Zweckänderung noch dem Schutz des Sozialgeheimnisses nach § 35 SGB I. Außerdem ist dem Betroffenen bei einer bloßen Zweckänderung doch immerhin die Kenntnis des Leistungsträgers von dem betreffenden Datum bekannt, was beispielsweise bei der Erhebung ohne seine Mitwirkung häufig nicht der Fall ist. In der Praxis ist sogar erfreulicherweise zu beobachten, dass Leistungsträger im Rahmen ihrer Aufklärungspflicht nach § 67 a III 1 SGB X Versicherte neben dem primären Erhebungszweck auch auf die Konsequenzen der Vorschrift des § 67 c II SGB X hinweisen[398].

§ 67 c II Nrn. 2 und 3 SGB X enthalten weitere Zweckänderungsregelungen. Nr. 2 gestattet eine Zweckänderung wenn der Betroffene einwilligt. Es muss sich um eine konkrete Einwilligung, auf den Einzelfall bezogen handeln. Nr. 3 gestattet eine Zweckänderung wenn es zur Durchführung eines bestimmten Vorhabens wissenschaftlicher Forschung oder Planung im Sozialleistungsbereich erforderlich ist und die Voraussetzungen des § 75 I SGB X (Übermittlung von Sozialdaten für die Forschung und Planung) vorliegen.

---

394 *Hilderink*, Datenschutz in der gesetzlichen Krankenversicherung, S. 100/101.

395 *Hilderink*, Datenschutz in der gesetzlichen Krankenversicherung, S. 100/101.

396 BGBl. I von 17. 06. 1994, S. 1229.

397 BT-Drucks. 12/4805, S. 76, woraus sich ergibt ,dass dem Gesetzgeber die kontroverse Diskussion über die in Rede stehende Regelung nicht entgangen sein kann.

398 *Hilderink*, Datenschutz in der gesetzlichen Krankenversicherung, S. 102 mit Fn. 474; auf ein von ihm geführtes Gespräch mit der Datenschutzbeauftragten der AOK-Rheinland, Frau Rüssmann, vom 07.07.1998 (autorisiertes Gesprächsprotokoll) Bezug nehmend.

Im Bezug auf Krankenkassen ist § 67 c II Nr. 3 SGB X jedoch subsidiär zu § 287 SGB V, der für interne Forschungsvorhaben der Krankenkassen diesen eine Auswertung, bei ihnen vorhandener Datenbestände auch über die Aufgabenzwecke aus § 284 SGB V hinaus gestattet.

§ 67 c III SGB X enthält eine andere Form der Durchbrechung des Zweckbindungsgrundsatzes des § 284 I SGB V. Er regelt die Fiktion der Zweckbindung, indem er für bestimmte Formen der Zweckänderung das Bestehen einer solchen in Abrede stellt. Eine solche Fiktion der Zweckbindung erfolgt für die Zwecke der Wahrnehmung von Aufsichts-, Kontroll- und Disziplinarbefugnissen, der Rechnungsprüfung und der Durchführung von Organisationsuntersuchungen (§ 67 c III 1 SGB X) sowie für die Veränderung und Nutzung von Sozialdaten zu Ausbildungs- und Prüfungszwecken (§ 67 c III 2 SGB X). Ratio des Satzes 1 ist die Sicherstellung der Funktionsfähigkeit der Verwaltung der Leistungsträger[399], Satz 2 hat demgegenüber die Ermöglichung praxisnaher Ausbildung und Prüfung von Nachwuchskräften zum Ziel[400]. Eine Zweckänderung soll in Bezug auf die genannten Aufgaben deshalb schon nicht vorliegen, damit die Leistungsträger nicht einzelfallbezogen ständig prüfen müssen, ob eine Zweckänderung wie sie durch § 67 c II SGB X zugelassen wird vorliegt oder ob die jeweilige Änderung gar unzulässig ist. Die Erfüllung dieser im besonderen öffentlichen Interesse liegenden Aufgaben würde sonst beträchtlich erschwert[401].

Soweit es jedoch um Belange der Ausbildung und Prüfung nach § 67 c III 2 SGB X geht, dürfen überwiegende Belange des Betroffenen nicht beeinträchtigt werden.

§ 67 c IV SGB X statuiert im Gegensatz zu vorstehenden Absätzen ein striktes Verbot der Zweckänderung bezüglich Sozialdaten, die ausschließlich zu Zwecken der Datenschutzkontrolle, der Datensicherung oder zur Sicherstellung eines ordnungsgemäßen Beriebes einer Datenverarbeitungsanlage gespeichert werden. Diese gesteigerte Zweckbindung nach § 67 c IV SGB X steht einer Zweckänderung unter den Voraussetzungen des § 67 c II SGB X entgegen.[402]

§ 67 c V SGB X normiert ebenfalls eine Zweckbindungsregelung. Diese betrifft Sozialdaten, die eigens für die wissenschaftliche Forschung und Planung im Sozialbereich erhoben bzw. gespeichert wurden. Die Norm steht für die Krankenkassen somit im Gegensatz zu § 287 SGB V, der die Zweckänderung von Daten, die nicht für die wissenschaftliche Forschung und Planung erhoben bzw. gespeichert worden sind hin zur Verwendung für Zwecke der Forschung und Planung zulässt. § 67 c V SGB X gewährleistet, dass für die Wissenschaft erhobene Daten an ein bestimmtes Vorhaben gebunden sind und nicht beliebig für jedes Forschungsprojekt genutzt werden können[403]. Es handelt sich

399 *Steinmeyer, in: Wannagat,* Kommentar zum gesamten Recht des Sozialgesetzbuches, Zehntes Buch, § 67 c SGB X, Rn. 12.

400 *Steinmeyer, in: Wannagat,* Kommentar zum gesamten Recht des Sozialgesetzbuches, Zehntes Buch § 67 c SGB X, Rn. 13.

401 *Steinmeyer, in: Wannagat,* Kommentar zum gesamten Recht des Sozialgesetzbuches, Zehntes Buch § 67 c SGB X., Rn. 12.

402 *Steinmeyer, in: Wannagat,* Kommentar zum gesamten Recht des Sozialgesetzbuches, Zehntes Buch, § 67 c SGB X, Rn. 14.

403 *Steinmeyer, in: Wannagat,* Kommentar zum gesamten Recht des Sozialgesetzbuches, Zehntes Buch, § 67 c SGB X, Rn. 15.

bei § 67 c V SGB X um eine absolute Zweckbindung für welche keine Durchbrechung vorgesehen ist, insbesondere nicht über § 67 c II SGB X.[404]

7. §§ 294–303 SGB V: Übermittlung von Leistungsdaten in der gesetzlichen Krankenversicherung und Prüfungsbefugnis der Krankenkassen

§§ 294–303 SGB V regeln den Datenfluss in der gesetzlichen Krankenversicherung.

Der Übermittlung personenbezogener Daten kommt besondere Relevanz für das informationelle Selbstbestimmungsrecht zu, da beim Übermittlungsvorgang die Daten den Verantwortungsbereich der Stelle verlassen für die sie ursprünglich erhoben und gespeichert worden sind. Da der Informationsgehalt solcher Daten stark vom Sachzusammenhang in welchem sie betrachtet werden abhängt, birgt die Übermittlung an Dritte besondere Gefahren[405]. Auf diese Weise geraten die Daten in einen anderen Sachzusammenhang, in den der Belange der Empfängerstelle. Um diesen Gefahren zu begegnen hat der Gesetzgeber in § 67 d I SGB X festgelegt, dass eine Übermittlung von Sozialdaten nur zulässig ist soweit eine gesetzliche Befugnis nach den §§ 68–78 SGB X oder einer anderen Rechtsnorm des SGB vorliegt. Die Datenübermittlung ist also generelles Verbot mit Erlaubnisvorbehalt[406].

In §§ 294–303 SGB V finden sich solche anderen Befugnisnormen des SGB.Die Vorschriften bestimmen, dass die Leistungserbringer verpflichtet und befugt sind, den Kassen und Kassenärztlichen Vereinigungen die zur Kontrolle der Leistungsabrechnungen und zur Durchführung der Wirtschaftlichkeitsprüfungen erforderlichen Daten zu übermitteln.

a.) Die Pflichten der Ärzte als Leistungserbringer, der Datenfluss zur Leistungsabrechnung

§ 294 SGB V normiert für die Leistungserbringer, so u.a. für die an der vertragsärztlichen Versorgung teilnehmenden Ärzte die Pflicht, alle zur Erfüllung der Aufgaben der Krankenkassen und der Kassenärztlichen Vereinigungen notwendigen Angaben aus der Erbringung, Verordnung oder Abgabe von Versicherungsleistungen aufzuzeichnen und den Kassen und Kassenärztlichen Vereinigungen oder den mit der Datenverarbeitung beauftragten Stellen mitzuteilen. § 294 SGB V ist die Grundnorm der Leistungsdatenübermittlung im System der gesetzlichen Krankenversicherung.Aufgrund des Sachleistungsprinzips erfüllen die Vertragsärzte leistungsrechtliche Ansprüche, die der Versicherte der Kasse gegenüber hat auf deren Rechnung. Dies ist unabhängig von der Frage, ob zwischen Arzt und Patient daneben ein privatrechtlicher Dienstvertrag zustande kommt oder nicht, vgl. oben.Art und Umfang des leistungsrechtlichen Anspruches müssen sich mit seiner Erfüllung decken, weshalb für die Leistungsträger nachvollzieh-

404 *Steinmeyer, in: Wannagat,* Kommentar zum gesamten Recht des Sozialgesetzbuches, Zehntes Buch, § 67 c SGB X, Rn. 15.

405 *Steinmeyer, in: Wannagat,* Kommentar zum gesamten Recht des Sozialgesetzbuches, Zehntes Buch, § 67 d SGB X, Rn. 1.

406 *Hilderink,* Datenschutz in der gesetzlichen Krankenversicherung, S. 128.

bar sein muss, ob die Leistung diesen Anforderungen entspricht und ob das Wirtschaftlichkeitsgebot eingehalten wurde.[407] § 294 SGB V bezieht sich ausschließlich auf sog. Leistungsdaten, d. h. auf Versichertendaten, die bei den Leistungserbringern aus der Erbringung, Verordnung oder Abgabe von Versicherungsleistungen entstehen.[408] Auch der Umfang dieser aufzuzeichnenden und mitzuteilenden Daten wird von § 294 SGB V eingegrenzt. Eine Übermittlung darf nur bezüglich der Daten erfolgen, die zur Aufgabenerfüllung der Krankenkassen und Kassenärztlichen Vereinigungen erforderlich sind. Welche Daten dies sind, bestimmt sich nach dem Aufgabenkatalog. Dieser findet sich für die Krankenkassen in § 284 SGB V und für die Kassenärztlichen Vereinigungen in § 285 SGB V.Die Kassenärztlichen Vereinigungen benötigen die für die Abrechnung der vertragsärztlichen Versorgung relevanten Daten, die Krankenkassen die für die Überprüfung der Gesamtvergütung erforderlichen Daten. Der Umfang der jeweiligen Übermittlung ist in §§ 295–303 SGB V geregelt. Für den Umfang der Aufzeichnung und Übermittlung, die der Vertragsarzt vorzunehmen hat und für den Übermittlungsumfang der Kassenärztlichen Vereinigung an die Krankenkassen, ist § 295 SGB V maßgeblich.

Folgende Ausführungen werden sich auf dessen Absätze 1 und 2 beschränken, Absatz 1a wird unten im Rahmen der Plausibilitätsprüfung nach § 106 a SGB V Erwähnung finden.

§ 295 SGB V bestimmt in Abs. 1 Satz 1 Nrn. 1–3 abschließend[409]die Aufzeichnungs- und Übermittlungspflichten der Ärzte, in Abs. 2 die Übermittlungspflichten der Kassenärztlichen Vereinigungen gegenüber den Krankenkassen. Im Rahmen von § 295 I 1 Nrn. 1 und 2 SGB V ist auch die Übermittlung von Diagnosen vorgeschrieben. Diese benötigt die Krankenkasse zur Erfüllung ihrer gesetzlichen Aufgaben.[410] Die Kassen müssen ihre Leistungspflicht überprüfen können, darunter v. a. ihre Zuständigkeit als Kostenträger, §§ 12, 16 SGB I. In diesem Rahmen ermöglicht die Kenntnis der Diagnose die Einordnung eines Leistungsfalles als Krankheit, Unfall, Arbeitsunfall, Berufskrankheit, etc., auch kann geprüft werden, ob Anspruch auf die Zahlung von Krankengeld besteht.[411] Auch für die Plausibilitätsprüfung nach § 106 a SGB V, näher dazu unten, sowie für die Wirtschaftlichkeitsprüfungen nach §§ 106, 296, 297 SGB V sind Diagnosedaten erforderlich.

Diese müssen jedoch nach § 295 I 2 SGB V verschlüsselt werden.

Für die Verschlüsselung ist der vierstellige Schlüssel der internationalen Klassifikation der Krankheiten, der sog. ICD-10-Schlüssel [412]in der jeweils gültigen deutschen Fassung zu verwenden, mit welchem die Standardisierung der Diagnoseangaben nach einem international gebräuchlichen und von der Weltgesundheitsorganisation (WHO)

407 *Hilderink,* Datenschutz in der gesetzlichen Krankenversicherung, S. 129.

408 *Kranig, in: Hauck,* SGB V, § 294 SGB V, Rn. 5.

409 *Hilderink,* Datenschutz in der gesetzlichen Krankenversicherung, S. 131.

410 *Hilderink,* Datenschutz in der gesetzlichen Krankenversicherung, S. 131.

411 BT-Drucks. 12/3608, S. 122.

412 ICD steht für International Classification of Diseases. Der Schlüssel war bis 2007 außer Kraft, im Jahr 2007 wurde er jedoch für die Leistungserbringer der GKV verpflichtend. Die verbindliche Einführung des ICD-10-Schlüssels ist, wie bereits zitiertes Gespräch der Verfasserin mit den Datenschutzbeauftragten der AOK Baden-Württemberg am 03.12.2009 (Form des autorisierten Gesprächsprotokolls vom 20.01.2010) ergeben hat, im Zuge des Risikostrukturausgleichs erforderlich geworden.

empfohlenen Verfahren erreicht wird[413].Zweck der Verschlüsselung ist es, den Ärzten die Diagnoseangabe zu erleichtern, sowie den Leistungsträgern ausreichenden Informationsgehalt zu verschaffen. Die Angaben beschränken sich durch den Schlüssel in vereinheitlichter Form auf wesentliche Diagnosemerkmale, was den Datenschutz verbessern und gleichzeitig die Voraussetzung für automatisierte Verfahren bilden soll. Eine Geheimhaltung der Diagnosedaten ist mit dem Schlüssel jedoch nicht zu erreichen, da dieser jedermann zugänglich ist.[414]

Im Rahmen von § 295 II SGB V übermitteln die Kassenärztlichen Vereinigungen zur Abrechnung in Form der Gesamtvergütung die für die vertragsärztliche Versorgung erforderlichen Angaben über abgerechnete Leistungen nicht versicherten- sondern fallbezogen. Hierdurch wird der Krankenkasse ermöglicht, durch die fallbezogenen leistungsbegründenden Angaben nachzuvollziehen, ob die einzelne Leistung korrekt abgerechnet wurde. Verhindert wird gleichzeitig, dass die Kassen dabei einen Bezug zu den Versicherten herstellen können[415]. Ein solcher Versichertenbezug ist bei der Abrechnung der Vertragsärzte gegenüber den Kassenärztlichen Vereinigungen aufgrund der Verpflichtung zur Angabe der auf der Krankenversichertenkarte gespeicherten Daten nach § 295 I 1 Nr. 3 i. V. m. § 291 II SGB V gegeben. Diesen Versichertenbezug müssen die Kassenärztlichen Vereinigungen bei der Abrechnung mit den Krankenkassen beseitigen.[416]

b.) Die Wirtschaftlichkeitsprüfung in der vertragsärztlichen Versorgung nach §§ 106, 296, 297 SGB V

Materielle Grundlage der Wirtschaftlichkeitsprüfung in der vertragsärztlichen Versorgung ist § 106 SGB V. Nach dieser Vorschrift erfolgt eine Überprüfung der vertragsärztlichen Versorgung im Rahmen von Auffälligkeits- und Zufälligkeitsprüfungen.

Die Landesverbände der Krankenkassen und die Kassenärztlichen Vereinigungen bilden nach § 106 IV 1 SGB V einen gemeinsamen Prüfungs- und einen gemeinsamen Beschwerdeausschuss. Der Prüfungsausschuss entscheidet nach § 106 V SGB V über die Frage, ob ein überprüfter Arzt oder eine überprüfte ärztliche Einrichtung gegen das Gebot der Wirtschaftlichkeit verstoßen hat und welche Maßnahme diesbezüglich zu ergreifen ist.

Die Auffälligkeitsprüfung erfolgt u. a. in Form der sog. statistischen Vergleichsprüfung[417], bei welcher die Behandlungskosten des Arztes aus einem Quartal addiert und durch die Zahl entsprechender Behandlungsfälle dividiert werden. Die sich somit ergebenden durchschnittlichen Fallkosten werden daraufhin mit dem Fachgruppendurchschnitt verglichen.

Wenn der Aufwand des geprüften Kassenarztes den der Vergleichsärzte seiner Fachgruppe überschreitet wird ermittelt, ob ein auffälliges Missverhältnis zwischen seinen Kosten und den Durchschnittskosten der Gruppe vorliegt.

---

413 BT-Drucks. 12/3608, S. 122.

414 17. Tätigkeitsbericht des Baden-Württembergischen Landesbeauftragten für den Datenschutz, Stuttgart 1996, S. 50.

415 *Detsch,* Sozialdatenschutz nach dem 2. SGB – Änderungsgesetz, S. 17.

416 *Hilderink,* Datenschutz in der gesetzlichen Krankenversicherung, S. 135.

417 *Jörg,* Das neue Kassenarztrecht, Rn. 426 ff. .

Ein anderes Verfahren zur Prüfung der Wirtschaftlichkeit im Rahmen der Auffälligkeitsprüfung ist die arztbezogene Kontrolle bei Überschreitung der Richtgrößen nach § 84 SGB V (§ 106 II Nr. 1 SGB V).

Nach § 84 SGB V werden von den Landesverbänden der Krankenkassen und den Kassenärztlichen Vereinigungen arztgruppenspezifisch Richtgrößen für das Volumen der verordneten Leistungen vereinbart. Um eine Überschreitung dieser Richtgrößen feststellen zu können, ermitteln Krankenkassen und Kassenärztliche Vereinigungen für jedes Quartal einen Datensatz, bestehend aus der Arztnummer des verordnenden Arztes, Kassennummer, Art, Menge und Kosten verordneter Arznei-, Verband- oder Heilmittel getrennt nach Mitgliedern, Rentnern und deren Angehörigen (vgl. § 296 II SGB V), anhand dessen die Verordnungspraxis des betreffenden Arztes untersucht wird.[418]

Geprüft wird sowohl die wirtschaftliche Wahl der verordneten Mittel als auch die Menge ihrer Verschreibung.

Die Zufälligkeitsprüfungen (§ 106 II Nr. 2 SGB V) werden demgegenüber arzt- und versichertenbezogen in Form von Stichproben durchgeführt. Dies betrifft pro Quartal 2 % der Ärzte.

Informationsrechtliche Grundlage für die Überprüfung der Wirtschaftlichkeit in der vertragsärztlichen Vesorgung nach § 106 SGB V sind die §§ 296, 297 SGB V. Die Vorschriften regeln den wechselseitigen Datenfluss zwischen Kassenärztlichen Vereinigungen und Krankenkassen.

Die zu prüfenden Abrechnungsdaten werden aufbereitet und wechselseitig ausgetauscht, um die Informationsgrundlagen der Kassenärztlichen Vereinigungen und der Krankenkassen anzugleichen[419].

Die Datenübermittlung für die Auffälligkeitsprüfung richtet sich nach § 296 SGB V.

Argumentum e contrario § 298 SGB V ist eine versichertenbezogene Übermittlung der für das Prüfverfahren erforderlichen Daten grds. nicht zulässig.

Letztgenannte Vorschrift normiert jedoch Ausnahmen.

Aufgrund dessen, dass betroffene Ärzte nach § 106 V 3 SGB V gegen Entscheidungen des Prüfungsausschusses den Beschwerdeausschuss zur Geltendmachung individueller fallbezogener Gründe für die Überschreitung von Durchschnittswerten bzw. Richtgrößen anrufen können[420], kann es erforderlich werden, im Einzelfall versichertenbezogene Daten in die Prüfung einzubeziehen.

Dies kann z. B. dann der Fall sein, wenn die statistische Auswertung bei einem Arzt zwar Auffälligkeiten ergeben hat, diese jedoch allein nicht genügen auch den Nachweis der Unwirtschaftlichkeit seiner Behandlungs- oder Verordnungsweise zu erbringen. Soweit dieser Nachweis aufgrund einer Einzelfallprüfung geführt werden kann, ist diese zulässig.[421]

Die Datenübermittlung für die Zufälligkeitsprüfung richtet sich nach § 297 SGB V.

In Absatz 1 regelt die Vorschrift das Verfahren zur Auswahl der zu prüfenden Ärzte, in Absatz 2 den Datenfluss von den Kassenärztlichen Vereinigungen zu den Krankenkassen. Hier ist enumerativ aufgezählt, welche versichertenbezogenen Angaben

418 *Hilderink,* Datenschutz in der gesetzlichen Krankenversicherung, S. 147.

419 *Hilderink,* Datenschutz in der gesetzlichen Krankenversicherung, S. 146.

420 *Kranig, in: Hauck,* SGB V, § 296 SGB V, Rn. 3.

421 *Hilderink,* Datenschutz in der gesetzlichen Krankenversicherung, S. 149.

übermittelt werden dürfen, wobei die Übermittlungspflicht in zweifacher Hinsicht eingeschränkt ist.

Sie betrifft zum einen nur in die Stichprobenprüfung einbezogene Vertragsärzte, zum anderen dürfen diese nur an die Geschäftsstelle derjenigen Krankenkasse übermitteln, gegenüber welcher die Abrechnung vorgenommen wurde[422]. Dies stellt die Beschränkung der Übermittlung auf den notwendigen Datenumfang sowie auf die zuständige Kasse sicher.

Diesem Gedanken korrespondiert in § 284 SGB V Abs. 2, die Regelung, dass die Krankenkassen versichertenbezogene Leistungs- und Gesundheitsdaten in maschinenverwertbarer Form für die Wirtschaftlichkeitsprüfung nur im für die Stichprobenprüfung erforderlichen Umfang speichern dürfen.

Absatz 3 des § 297 SGB V regelt den Datenfluss von den Krankenkassen zu den Kassenärztlichen Vereinigungen. Auch hier dürfen nur versichertenbezogene Daten derjenigen Ärzte übermittelt werden, die in die Stichprobenprüfung einbezogen sind.

Der besonderen Sensibilität versichertenbezogener Daten Rechnung tragend, stellt § 297 SGB V in seinem Absatz 4 sicher, dass die von den Kassenärztlichen Vereinigungen nach § 297 II SGB V übermittelten und die von den Krankenkassen nach § 297 III SGB V übermittelten Daten nur zusammengeführt werden dürfen, soweit dies zur Durchführung der Stichprobenprüfung erforderlich ist. Eingeschränkt wird hierdurch jedoch lediglich die Zusammenführung der Daten auf maschinenverwertbaren Datenträgern. Eine u. U. erforderliche einzelfallbezogene Zusammenführung bleibt unberührt. Hierin werden informationelles Selbstbestimmungsrecht und Prüfungsinteresse der Leistungsträger zum Ausgleich gebracht.[423]

8. Die Plausibilitätsprüfung nach § 106 a SGB V

Während die so eben dargestellte Wirtschaftlichkeitsprüfung in der Form der statistischen Vergleichsprüfung bis 2004 Regelprüfmethode in der Leistungsabrechnung der gesetzlichen Krankenversicherung war, hat der Gesetzgeber mittlerweile der, seit 1996 verstärkten und auch vom BSG gebilligten[424] Tendenz der Kassenärztlichen Vereinigungen[425] in Richtung Plausibilitätskontrolle folgend, diese Form der Wirtschaftlichkeitsprüfung als wenig erfolgreich eingestuft und als Regelprüfmethode gestrichen[426].

Nach § 106 II Satz 4, III Satz 1 SGB V kann sie jedoch nach wie vor zwischen den Landesverbänden der Krankenkassen und den Kassenärztlichen Vereinigungen als zusätzliche Prüfmethode vereinbart werden.

Durch das GKV-Modernisierungsgesetz vom 14.11.2003[427] hat der Gesetzgeber die Plausibilitätsprüfung der Honorarabrechnungen nach Zeitprofilen zur Regelprüfmethode erhoben und neben der Richtgrößenprüfung in den Vordergrund gestellt[428].

422 *Kranig, in: Hauck,* SGB V, § 297 SGB V, Rn. 5.

423 *Hilderink,* Datenschutz in der gesetzlichen Krankenversicherung, S. 151.

424 BSGE 86, 30.

425 *Steinhilper,* Die Plausibilitätsprüfung nach neuem Recht (§ 106 a SGB V), MedR 2004, S. 597.

426 BT-Drucks. 15/1525, 15/1584, 15/1600, BR-Drucks. 675/03.

427 BGBl. I, S. 2190.

428 *Steinhilper,* Die Plausibilitätsprüfung nach neuem Recht (§ 106 a SGB V), MedR 2004, S. 597.

Ihre bisherige Rechtsgrundlage, § 83 II SGB V, ist zum 31.12.2003 entfallen, die Plausibilitätsprüfung ist seit dem 01.01.2004, ihrer nunmehrigen Bedeutung entsprechend, neben der Wirtschaftlichkeitsprüfung (§ 106 SGB V) in § 106 a SGB V geregelt.

Für die Plausibilitätsprüfung zuständig sind hinsichtlich der sachlichen und rechnerischen Richtigkeit der Abrechnungen die Kassenärztlichen Vereinigungen (§ 106 a II SGB V). Die Krankenkassen übernehmen die Prüfung hinsichtlich des Bestehens und des Umfangs ihrer Leistungspflicht, hinsichtlich der Plausibilität von Art und Umfang abgerechneter Behandlungsleistungen bezüglich der jeweiligen Diagnose, hinsichtlich der Anzahl der vom Versicherten konsultierten Ärzte unter Berücksichtigung ihrer Fachgruppenzugehörigkeit sowie hinsichtlich der vom Versicherten an den Arzt zu zahlenden Zuzahlung nach § 28 IV SGB V und der Beachtung des mit der Zuzahlung verbundenen Verfahrens nach § 43 b II SGB V, vgl. § 106 a III SGB V.

Ihrer Natur nach ist die Plausibilitätsprüfung besondere Überprüfungsmethode im Rahmen der Abrechnungsprüfung, nicht zusätzliches Korrekturverfahren zur Wirtschaftlichkeitsprüfung hinzu.[429]

Die Plausibilitätsprüfung dient gerade nicht der Korrektur sondern der Ermittlung fehlerhafter Honorarabrechnungen.[430] So führen Auffälligkeiten in der Plausibilitätsprüfung entweder zur sachlich-rechnerischen Berichtigung oder zur Honorarkürzung wegen Unwirtschaftlichkeit. Entsprechenden Bescheiden kann der betroffene Arzt widersprechen und nach erfolglosem Widerspruch Klage erheben.[431]

§ 106 a II Satz 2 SGB V regelt das Verfahren der Plausibilitätsprüfung nach Zeitprofilen, wie es von den Kassenärztlichen Vereinigungen als Regelprüfung durchgeführt wird.

Bewertet wird der für die ärztliche Leistung erforderliche Zeitaufwand je Tag und/oder je Quartal. Es können nach § 106 a II Satz 7 SGB V die Abrechnungen vorangegangener Abrechnungszeiträume in die Prüfung einbezogen werden soweit dies für den Prüfungsgegenstand erforderlich ist. Die Plausibilitätsprüfung wird grds. regelhaft durchgeführt aber auch anlassbezogen oder die Überprüfung der sachlich-rechnerischen Richtigkeit ergänzend.[432]

Prüfungsgegenstand sind alle nach dem sog. Einheitlichen Bewertungsmaßstab (EBM[433]) ambulant erbrachten ärztlichen Leistungen, die von den Leistungserbringern bei der Kassenärztlichen Vereinigung zur Abrechnung angemeldet werden. Allerdings fallen Leistungen im organisierten Notfalldienst, die auf Notfallschein abgerechnet werden nicht in den Prüfungsgegenstand.[434]

Alle Vertragsärzte unterliegen der Plausibiliätsprüfung nach § 106 a SGB V. Sie sind nach § 295 I a SGB V zur Vorlage der von der Kassenärztlichen Vereinigung in diesem Zusammenhang geforderten Befunde verpflichtet und berechtigt.

Die für die Plausibilitätsprüfung maßgeblichen Zeiten regelt der EBM 2010 in Anhang 3.

---

429 BSGE 86, 30.

430 *Pollandt,* Plausibilitätsprüfung nach Zeitprofilen, ArztRecht 2005, Heft 4, S. 99.

431 *Steinhilper,* Die Plausibilitätsprüfung nach neuem Recht (§ 106 a SGB V), MedR 2004, S. 597.

432 *Steinhilper,* Die Plausibilitätsprüfung nach neuem Recht (§ 106 a SGB V), MedR 2004, S. 597.

433 Auf der Grundlage von § 87 II SGB V erlassener Vergütungsmaßstab für ambulante Leistungen in der gesetzlichen Krankenversicherung.

434 *Steinhilper,* Die Plausibilitätsprüfung nach neuem Recht (§ 106 a SGB V), MedR 2004, S. 597.

Für die Kalkulation des Honorars enthält der EBM sog. Kalkulationszeiten für die ärztlichen Leistungen sowie für Randtätigkeiten des Praxisbetriebes, z.B. für Verwaltungstätigkeiten und für Dokumentation.

Diese Zeiten sind jedoch nicht der Plausibilitätsprüfung zugrunde zu legen.

Daneben weist der EBM sog. Durchschnittszeiten aus. Dies sind Zeiten, die geübte und weniger geübte Ärzte für die jeweilige Leistungserbringung benötigen. Ebenfalls enthalten die Durchschnittszeiten den Aufwand für zulässigerweise delegierbare Leistungen.

Zu berücksichtigen für die Plausibilitätsprüfung sind lediglich die Zeiten, die auch besonders geübte und erfahrene Ärzte für die Leistungserbringung mindestens benötigen. Es handelt sich um die sog. Mindestzeiten. Diese sind im EBM der Verpflichtung aus § 87 II 1 SGB V entsprechend gesondert ausgewiesen[435].

Ebenfalls sind allein die Leistungen zu berücksichtigen, die der Arzt selbst erbringen muss. Delegierbare Leistungen bleiben außer Betracht.

Das Bundessozialgericht gibt dabei als Richtmaß vor, dass ein Zeitaufwand jedenfalls dann plausibel ist, wenn auch ein erfahrener und geübter Arzt die Leistung im Durchschnitt in kürzerer Zeit schlechterdings nicht ordnungsgemäß und vollständig erbringen kann.[436]

Beim Tagesprofil sind nur solche Leistungen zu erfassen, die an einem bestimmten Tag anfallen und für diesen Tag abrechenbar sind. Behandlungsfallbezogene bzw. krankheitsfallbezogene Leistungen, die über ein ganzes Quartal anfallen dürfen nicht im Tagesprofil berücksichtigt werden, sie sind dem Quartalsprofil vorbehalten.[437]

Was die Auffälligkeit einer Abrechnung anbelangt gilt für das Tagesprofil für GKV-Leistungen eine Grenze von 12 Std. pro Arbeitstag. Mehr als 12 Std. pro Tag an mindestens drei Tagen gelten bei Vertragsärzten als nicht mehr plausibel. In dieser Obergrenze sind Leistungen im organisierten Notfalldienst und Leistungen aufgrund besonderer Verträge (vgl. §§ 63, 73 b, 73 c und 140 a ff. SGB V) nicht berücksichtigt. Diese Leistungen sind nicht Gegenstand der Gesamtvergütung.Ebenfalls berücksichtigt die Zeitbemessung keine privatärztlichen Leistungen, die der Vertragsarzt neben den Kassenleistungen erbringt; ebensowenig wie Leistungen nach § 13 II SGB V (Kostenerstattung) sowie Verwaltungs- und andere „unproduktive" Tätigkeiten.[438] Für das Quartalsprofil gilt für GKV-Leistungen eine Grenze von 780 Std. im Quartal. Mehr als 780 Std. im Quartal gelten bei Vertragsärzten als nicht mehr plausibel.[439] Aus der Auffälligkeit vertragsärztlicher Abrechnungen folgen nicht zwingend Folgeverfahren, auch wird nicht allen über der Profilgrenze liegenden Leistungen die Vergütung versagt. Überschreitungen indizieren lediglich Auffälligkeiten in der Abrechnung des betreffenden Vertragsarztes und begründen einen Anfangsverdacht. Dem schließt sich eine Einzelfallprüfung an, die besondere Fertigkeiten eines Arztes, praxisinterne Arbeitsabläufe, Personalaufwand, Rationalisierungen, apparative Ausstattung oder Spezialisierungen berücksichtigt, um so den Umfang abgerechneter Leistungen unter dem Aspekt

435 *Steinhilper*, Die Plausibilitätsprüfung nach neuem Recht (§ 106 a SGB V), MedR 2004, S. 598.
436 BSGE 73, 234, 238.
437 *Steinhilper*, Die Plausibilitätsprüfung nach neuem Recht (§ 106 a SGB V), MedR 2004, S. 598.
438 *Steinhilper*, Die Plausibilitätsprüfung nach neuem Recht (§ 106 a SGB V), MedR 2004, S. 598.
439 *Steinhilper*, Die Plausibilitätsprüfung nach neuem Recht (§ 106 a SGB V), MedR 2004, S. 598.

aufgewandter Zeit doch noch zu rechtfertigen.[440] Gemäß § 106 a V SGB V haben die Kassenärztliche Bundesvereinigung und die Spitzenverbände der Krankenkassen rückwirkend zum 01.04.2005 gemeinsam und einheitlich Inhalt und Umfang der Plausibilitätsprüfungen inklusive der Maßnahmen vereinbart, die im Falle der Auffälligkeit von Abrechnungen, sowie von Abrechnungsverstößen und für dem Leistungserbringer bekanntes (fahrlässig unbekanntes) Nichtbestehen der Leistungspflicht zu ergreifen sind[441]. Teil dieser Vereinbarungen hatte ausweislich § 106 a V SGB V der Inhalt der aufgrund § 106 a VI SGB V zwischen Kassenärztlicher Bundesvereinigung und Spitzenverbänden der Krankenkassen vereinbarten Richtlinien zu sein, welche zur Durchführung der Abrechnungsprüfung der Kassenärztlichen Vereinigungen und der Krankenkassen erstmals am 17.09.2004 veröffentlicht und vom Bundesgesundheitsministerium seither gebilligt worden waren.[442] Sind Leistungen i.S. d. Gesetzes und § 8 der Richtlinien nicht im abgerechneten Zeitrahmen erbringbar, so ist das Honorar des Arztes insoweit zu berichtigen. Die Schadensberechnung war jedoch aufgrund der Praxis-und Zusatzbudgetierung bis dato erschwert.

Die Kassenärztlichen Vereinigungen hatten jedoch zu beachten, was für die Wirtschaftlichkeitsprüfung unter Budgetbedingungen vom BSG entschieden worden war: So waren unwirtschaftlich erbrachte Leistungen vom budgetierten Honorar abzuziehen. Dies sollte auf die Schadensberechnung aufgrund implausibler Honorarabrechnung übertragbar sein.[443] In der Praxis wurde bisweilen zunächst der zeitliche Überhang ermittelt (Überschreitung der plausiblen Arbeitszeit in Prozent), daraufhin wurde der prozentuale Überhang an Punktzahlen in Euro umgerechnet (nach sachlich-rechnerischer Berichtigung mit gemitteltem Punktwert), der entsprechende Betrag als Schaden festgestellt und dieser vom angeforderten Gesamthonorar des betreffenden Arztes abgezogen.Wie die Berechnung unter der neuen Pauschalvergütung der Euro-Gebührenordnung aussehen wird bzw. ob diese zwischen den unterschiedlichen Kassenärztlichen Vereinigungen einheitlich ausfallen wird, bleibt abzuwarten.Neben der Honorarberichtigung kommen je nach Schweregrad des Abrechnungsverstoßes folgende Verfahren in Betracht:

- Disziplinarverfahren der Kassenärztlichen Vereinigung
- Zulassungsentziehungsverfahren der gemeinsamen Selbstverwaltung
- Berufsgerichtliches Verfahren der Ärztekammer
- Approbationsentzugs- bzw. –widerrufsverfahren der Approbationsbehörde
- Ermittlungsverfahren der Polizei und der Staatsanwaltschaft[444]

---

440 *Steinhilper*, Die Plausibilitätsprüfung nach neuem Recht (§ 106 a SGB V), MedR 2004, S. 598.

441 Eine entsprechende Vereinbarung haben auch die Landesverbände der Krankenkassen und die Kassenärztliche Vereinigung des Landes Baden-Württemberg getroffen wie die Korrespondez der Verfasserin mit Herrn Kai-Uwe Möllenbruck von der AOK Baden-Württemberg vom 19.12.2009 (autorisiertes Korrespondenzprotokoll vom 05.02.2010), s. Anhang, ergeben hat.

442 Zum Inhalt dieser seit dem 01.01.2005 in Kraft befindlichen Richtlinien vgl.: *Steinhilper,* Die Plausibilitätsprüfung nach neuem Recht (§ 106 a SGB V), MedR 2004, S. 599.

443 *Steinhilper,* Die Plausibilitätsprüfung nach neuem Recht (§ 106 a SGB V), MedR 2004, S. 598.

444 Darüber hinaus wurden im Zuge der jüngsten Reformen auf der Grundlage von §§ 81 a, 197 a SGB V bei jeder Krankenkasse und Kassenärztlichen Vereinigung interene Fehlverhaltensbekämpfungsstellen eingerichtet.

Gemäß § 106 a VII i. V. m. § 106 IV b SGB V haften die zuständigen Vorstände der Kassenärztlichen Vereinigungen und der Krankenkassenverbände für die ordnungsgemäße Umsetzung der Abrechnungsprüfung, auch der Plausibilitätsprüfung.

9. Das 2. Kapitel des SGB X, die Schranke des § 76 SGB X

Während die oben dargestellten Vorschriften des SGB V sich mit dem Datenfluss innerhalb des Systems der gesetzlichen Krankenversicherung befassen, haben die Vorschriften des 2. Kapitels des SGB X den Datenfluss aus diesem System hinaus im Blick. Sie befassen sich mit dem Datentransfer zwischen den verschiedenen Trägern der sozialen Sicherung sowie mit dem Datentransfer gegenüber außerhalb des sozialen Sicherungssystems stehenden Dritten.

§ 69 SGB X regelt die Datenübermittlung im Kreise der in § 35 SGB I genannten Stellen, bzw. der ihnen gleichgestellen Stellen und ist die in der Praxis bedeutendste Vorschrift für die Übermittlung von Sozialdaten[445]. §§ 70–75 SGB X beinhalten spezielle Sonderregelungen zur Durchsetzung staatlicher Belange. §§ 76 und 77 SGB X beschränken die Übermittlungsbefugnisse in Bezug auf besonders schutzwürdige Daten bzw. in Bezug auf die Übermittlung ins Ausland oder an über- und zwischenstaatliche Stellen.Die Vorschrift des § 76 SGB X ist in Bezug auf das Arztgeheimnis des § 203 I Nr. 1 StGB von besonderem Interesse, da sie direkten Bezug auf dieses nimmt. Ihre Darstellung soll den Überblick über die Sozialgesetzgebung beschließen.§ 76 SGB X stellt, ebenso wie § 77 SGB X, der jedoch in diesem Rahmen nicht behandelt werden soll, neben dem Grundsatz der Erforderlichkeit und dem Grundsatz der Verhältnismäßigkeit bei der Datenübermittlung nach den Vorschriften des 2. Kapitels des SGB X eine weitere zu beachtende Einschränkung zum Schutze besonders sensibler Daten dar. Die Vorschrift normiert in Abs. 1 den Grundsatz, dass Krankenkassen Sozialdaten, die ihnen von einem Arzt oder von einer anderen in § 203 I und III StGB genannten Person zugänglich gemacht worden sind, nur unter den Voraussetzungen übermitteln dürfen, nach welchen auch diese Person selbst übermittlungsbefugt wäre.

Diese Voraussetzungen sind (vgl. Teil 2 der vorliegenden Arbeit) die Einwilligung des Betroffenen, gesetzliche Mitteilungspflichten oder allgemeine Rechtfertigungsgründe, vorwiegend der rechtfertigende Notstand nach § 34 StGB.

Für die Einwilligung des SGB gilt Schriftformerfordernis, § 67 b II 3 SGB X.

Auch, oder besser deshalb kommt eine konkludente Einwilligung grds. nicht in Betracht. Anerkannt ist jedoch, dass die konkludente Einwilligung dann ausreichend ist wenn der Betroffene weiß, dass der Berufsgeheimnispflichtige nur mit Hilfe eines Dritten wirksam tätig werden kann oder dass die Tätigkeit typischerweise mit der Einschaltung Dritter und somit mit dem Informationsfluss verbunden ist.

So ist z. B., von den nach geltendem Recht vorgeschriebenen Übermittlungspflichten des SGB V abgesehen, anerkannt, dass eine Übermittlung von Diagnosedaten an die Kassenärztlichen Vereinigungen auch aufgrund konkludenter Einwilligung erfolgen darf.[446]

---

445 *Lang,* Das Recht auf informationelle Selbstbestimmung des Patienten und die ärztliche Schweigepflicht in der gesetzlichen Krankenversicherung, S. 129.

446 BSGE 55, 150, 152.

§ 76 I SGB X steht in direktem Zusammenhang zu den Datenschutzvorschriften der §§ 284 ff. SGB V.[447]

Die Norm stellt die Verlängerung des Arztgeheimnisses des § 203 I Nr. 1 StGB in den Verantwortlichkeitsbereich der gesetzlichen Krankenversicherungsträger, z. B. für die Fälle der Datenübermittlung durch die Krankenversicherungsträger an Dritte dar. Sie gewährleistet die Wahrung der Vertraulichkeit sensibler Patientendaten auch dann wenn der Arzt diese systemgemäß an die Krankenkasse übermittelt hat.[448]

Die Daten erhalten über § 76 I SGB X beim Empfänger denselben Schutz, den sie beim Absender genießen.[449]

Von dem Grundsatz des § 76 I SGB X macht Abs. 2 der Vorschrift Ausnahmen. In Nr. 1 für Übermittlungen nach § 69 I Nr. 1 und 2 SGB X in Bezug auf Sozialdaten, die im Zusammenhang mit einer Begutachtung wegen Erbringung von Sozialleistungen oder wegen der Ausstellung einer Bescheinigung übermittelt worden sind. Diese Ausnahme greift allerdings nicht wenn der Betroffene einer Übermittlung widerspricht.

Diese nach dem legislatorischen Willen[450]restriktiv zu verstehende Ausnahme dient der Vermeidung von Doppeluntersuchungen des Betroffenen.[451]

Der den Ausnahmetatbestand begründende Sachzusammenhang muss dem Betroffenen ersichtlich sein, damit von seiner schlüssigen Einwilligung ausgegangen werden kann.[452]

Dies ist vornehmlich bei Begutachtungen für die Entscheidung über Rente, Pflegehilfe nach SGB XI oder die Gewährung von Krankengeld der Fall. [453]

Die Versicherten sind zu Beginn des Verfahrens in allgemeiner Form auf die Widerspruchsmöglichkeit hinzuweisen.

Der Widerspruch lässt allerdings die Mitwirkungspflichten nach §§ 60 ff. SGB I unberührt, so dass dem Betroffenen aus der Ausübung des Widerspruchsrechts Nachteile erwachsen können[454].

Nr. 2 des § 76 II SGB X nimmt vom Grundsatz des § 76 I SGB X weiterhin Übermittlungen im Rahmen der §§ 69 IV, V, 71 I 3 SGB X aus.

Nr. 3 des § 76 II SGB X regelt die Ausnahme von Abs. 1 für Übermittlungen im Rahmen des § 94 II 2 SGB XI.

10. Sozial- und Behandlungsdaten beim MDK

Der MDK (Medizinischer Dienst der Krankenkassen, ehemals Vertrauensärztlicher Dienst) ist eine auf Landesebene eigenständige organisatorische Arbeitsgemeinschaft, getragen von den gesetzlichen Krankenkassen, vgl. § 278 I SGB V.

Er berät die Krankenkassen in allen Fragen der Versorgung, vgl. § 275 SGB V.

---

447 *Schroeder-Printzen,* SGB X Kommentar, § 76 SGB X, Rn. 3.
448 *Schroeder-Printzen,* SGB X Kommentar, § 76 SGB X, Rn. 3.
449 *Schroeder-Printzen,* SGB X Kommentar, § 76 SGB X, Rn. 3.
450 BT-Drucks. 8/4022, S. 87.
451 *Rombach, in: Hauck,* SGB X, § 76 SGB X, Rn. 59.
452 *Hilderink,* Datenschutz in der gesetzlichen Krankenversicherung, S. 174.
453 *Rombach, in: Hauck,* SGB X, § 76 SGB X, Rn. 59.
454 BT-Drucks. 5187, S. 40.

Bei der Bewilligung von Leistungen erfolgen auch Prüfungen der Ansprüche der Leistungserbringer, wobei der MDK die maßgeblichen sozialmedizinischen Fragestellungen der Anspruchsnormen bearbeitet. Mit der Auftragserteilung fließen Sozialdaten von den Krankenkassen an den MDK, die Kassen sind verpflichtet, diesem alle für die Begutachtung erforderlichen Unterlagen vorzulegen, vgl. § 276 I 1 SGB V.

Nach der Begutachtung durch diesen werden Sozialdaten vom MDK an die beauftragende Kasse übermittelt, § 277 I SGB V.

Ist für eine Begutachtung eine Mitwirkung der Leistungserbringer erforderlich, findet auch zwischen diesen und dem MDK ein Datenfluss statt. Nach einer Begutachtung können zB Daten vom MDK an die Leistungserbringer übermittelt werden, § 277 I SGB V. Der MDK ist zur Durchführung seiner Aufträge befugt, Sozialdaten direkt bei den Leistungserbringern zu erheben, § 276 II 1 2. HS SGB V.

Durch die organisatorische Verselbstständigung der sozialmedizinischen Begutachtung in der Form des Medizinischen Dienstes der Krankenkassen hat der Gesetzgeber eine institutionelle Stärkung des Datenschutzes erreicht. Durch die organisatorische Trennung des MDK von den Krankenkassen werden die Informationsflüsse zwische diesen und dem MDK als Außenbeziehungen eingeordnet und erfordern daher eine entsprechende Regelungsgrundlage zum Schutze der informationellen Selbstbestimmung.[455]

Für den Datenschutz beim MDK sind die Begriffsbestimmungen und Grundsätze des SGB X (§§ 67 ff.) maßgeblich. Diese ergänzen die bereichsspezifischen Regelungen des SGB V.[456]

§ 276 II 1 SGB V ist spezielle Ermächtigungsgrundlage für die Datenerhebung durch den MDK.

Wie bereits erwähnt regelt die Vorschrift die Direkterhebung beim Leistungserbringer (zB Vertragsarzt) durch den MDK. Es ist daher als rechtswidrig anzusehen wenn Krankenkassen die erforderlichen Daten zur Weiterleitung an den MDK erheben. Eine Einwilligung des betroffenen Versicherten ändert hieran nichts, zumal in diesem Zusammenhang stets die Problematik der Freiwilligkeit von Einwilligungen in der Zwangsversicherung in Rede stünde. Auf die Tatsache, dass eine Einwilligung des Betroffenen in eine Datenerhebung auf dem Umweg über die Krankenkasse diese nicht zu rechtfertigen vermag hat auch der Bundesdatenschutzbeauftragte mehrfach hingewiesen[457]. Es liegt mithin nicht in der Kompetenz des Versicherten, eine Ermächtigungsgrundlage für Datenerhebungen zu Gunsten des MDK zu schaffen, eine solche ist dem Gesetzgeber vorbehalten, welcher sie in Gestalt des § 276 II 1 SGB V geschaffen hat. Im Rahmen dieser Ermächtigungsnorm haben sich Erhebungen also zu halten.

Grundsätzlich hat sich eine Erhebung von Sozialdaten auf das zur Erfüllung von Aufgaben nach SGB erforderliche Maß zu beschränken.

Aufgaben in diesem Sinne sind bezüglich des MDK die Prüfung, die Beratung und die Erstellung von Gutachten in den Tätigkeitsfeldern der §§ 275 ff. SGB V. Es handelt sich dabei um die Einzelfallbegutachtung in Leistungsfällen und um die Beratung in allgemeinen Angelegenheiten (zB Vertragsangelegenheiten) bis hin zur Unterstützung von

455 *Heberlein,* Erhebung von Behandlungsdaten durch den MDK, S. 68/69.

456 *Cramer,* Der Medizinische Dienst der Krankenversicherung, S. 61.

457 18. Tätigkeitsbericht für 1999 und 2000 Abschnitt 21.3, 19. Tätigkeitsbericht für 2001 und 2002 Abschnitt 24. 1. 4, 20. Tätigkeitsbericht für 2003 und 2004 Abschnitt 17. 1. 5 und 21. Tätigkeitsbericht für 2005 und 2006 Abschnitt 13. 1. 3.

Versicherten bei Behandlungsfehlern (§§ 66 i.V.m. 275 III Nr. 4 SGB V). Ebenfalls ist die Verfolgung von Ansprüchen aus gesetzlichem Forderungsübergang nach § 116 SGB X Aufgabe im gesetzlichen Sinne.[458]

Für die Bestimmung der Erforderlichkeit des Datenumfanges für die Aufgabenerfüllung ist der MDK selbst zuständig. Dies ergibt sich aus § 21 I 1 SGB X. Es ist also ausgeschlossen, die Anforderung der Daten nach Art und Umfang einer dritten Stelle zu überlassen.[459]

Der MDK nimmt also seine datenschutzrechtliche Verantwortung war, indem er, soweit von einer Krankenkasse nach § 275 I–III SGB V beauftragt, beim Leistungserbringer Sozialdaten anfordert und damit den Erhebungsumfang bestimmt. Dies schützt den leistungserbringenden Arzt vor strafrechtlicher Verantwortung nach § 203 I Nr. 1 StGB.

Der MDK als Arbeitsgemeinschaft nach § 278 I SGB V ist Stelle im Sinne des § 35 SGB I und damit zur Prüfung der Erforderlichkeit einer jeden Datenerhebung zur Erfüllung von Aufgabenzwecken verpflichtet.Der Arzt kann daher darauf vertrauen, dass eine Offenbarung befugt im Sinne des § 203 I Nr. 1 StGB und damit nicht strafbar ist.[460]

Eine Verpflichtung zur Nachprüfung der inhaltlichen Richtigkeit des Übermittlungsverlangens besteht auf Seiten des Vertragsarztes nicht, vgl. § 67 d II 2 SGB X.

Etwas anderes würde für die leistungserbringenden Ärzte ein nicht abzuschätzendes Strafbarkeitsrisiko bedeuten, welches ihrer Funktion als Sozialleistungserbringer und ihrer Eingliederung ins System der gesetzlichen Krankenversicherung als Zwangsmitglieder der Kassenärztlichen Vereinigungen zuwider liefe und dem einzelnen Vertragsarzt nicht zumutbar wäre.

Systemwidrig wäre die inhaltliche Nachprüfung der Anforderungen des MDK durch die Leistungserbringer auch insoweit, als sie dessen Zuständigkeit und Verantwortlichkeit unterliefe und de facto eine Übertragung der inhaltlichen Bestimmung von Art und Umfang der erforderlichen Daten auf die Leistungserbringer bedeutete. Eine solche ist, wie oben erwähnt, ausgeschlossen.[461] Auch ist für die Leistungserbringer in der Regel nicht ohne weiteres ersichtlich, ob eine Datenanforderung durch den MDK über den gegebenen Anlass einer Begutachtung hinausgeht. Die Formulierung des § 275 SGB V zur Beauftragung des MDK durch die Kassen ist verhältnismäßig offen. Es genügt also das Vorliegen eines Begutachtungsauftrages des MDK für dessen Erhebungsbefugnis.[462]

Was die Art der vom MDK zu erhebenden Daten angeht, so sind alle Informationen erforderlich im datenschutzrechtlichen Sinne, die der MDK zur Erledigung seines Gutachtenauftrages benötigt. Dies umfasst idR nicht lediglich die primäre Datenerhebung beim betroffenen Leistungserbringer sondern auch die Verwertung von Fremdbefunden (Befunde verschiedener Leistungserbringer im Laufe einer Patientenkarriere, Akten des Hausarztes oder von Kliniken und/oder Reha- Zentren). Diese sog. Fremdbefunde be-

---

458 *Heberlein,* Erhebung von Behandlungsdaten durch den MDK, S. 70.

459 *Heberlein,* Erhebung von Behandlungsdaten durch den MDK, S. 70.

460 *Heberlein,* Erhebung von Behandlungsdaten durch den MDK, S. 70.

461 *Heberlein,* Erhebung von Behandlungsdaten durch den MDK, S. 70.

462 *Heberlein,* Erhebung von Behandlungsdaten durch den MDK, S. 70, unter Bezugnahme auf LSG Baden-Württemberg vom 11.12.1996, L 5 Ka 1130/95, wonach der Umfang der Erhebungsbefugnis des MDK sich nach der Beweisermittlungsbefugnis der Krankenkassen richtet.

treffend ist zu differenzieren. Soweit die Fremdbefunde sich auf die Diagnose- oder Therapieentscheidung des ersuchten Leistungserbringers ausgewirkt haben bzw. in dessen Entscheidungen grundlegend eingeflossen sind, gehören sie unmittelbar zu den Behandlungsunterlagen dieses Leistungserbringers und sind dem MDK zur Begutachtung zu übermitteln. Dies gilt besonders für die Fremdbefunde, die hierdurch beim ersuchten Leistungserbringer der Dokumentationspflicht unterliegen[463].

Darüber hinaus bezieht jedoch § 275 SGB V auch andere Fremdbefunde in die Begutachtung des MDK mit ein, indem er den Umfang des Gutachtenauftrages nicht nur auf die Nachvollziehung der jeweiligen Behandlung und Abrechnung beschränkt, sondern in Abs. 1, Nrn. 2, 3a neben der Prüfung (Nr. 1) auch die Einleitung weiterführender Maßnahmen durch den MDK beurteilen lässt.

Es sollen also auch Fremdbefunde in das Gutachten des MDK einfließen, die vom ersuchten Leistsungserbringer evtl. nicht ausreichend für seine Behandlung in Betracht gezogen worden sind, die mithin eine Beurteilung der gewählten Behandlung unter anderer Perspektive erlauben[464]. Der MDK hat ein generelles Zugriffsrecht auf sämtliche Unterlagen, ihm obliegt neben der Beurteilung der Wirtschaftlichkeit, Notwendigkeit und Zweckmäßigkeit der Behandlung auch die Beurteilung von deren Qualität[465].

Der MDK ist mittlerweile eine „umfassend konzipierte Großinstitution[466]“ mit der Funktion eines zentralen Steuerungsinstruments im sozialgesetzlichen Gesundheitssystem. Er ist Schnittstelle zwischen Krankenkassen, Versicherten, Krankenhäusern und Leistungserbringern[467].

Die Ärzte des MDK sind ausschließlich als Gutachter tätig. Zwingend erforderlich ist hierfür Neutralität und Objektivität.

Auch heute begegnet der MDK immer wieder dem Vorwurf der Parteinahme zu Gunsten des Auftraggebers.

Dieser Vorwurf ist mit Blick auf Trägerschaft und Funktion des MDK sowie auf die Situtation des gesetzlich Krankenversicherten in der Praxis wenig erstaunlich, pauschal jedoch wie jeder Vorwurf nicht gerechtfertigt. Es finden sich auch Stimmen die die Tätigkeit des MDK positiv beurteilen.[468]

So wurde 1998 ein Kodex der Gutachter der MDK-Gemeinschaft geschaffen, der die Spannung zwischen Auftraggeber, Versicherten, Leistungserbringern, anderen Anbietern, gesetzlichen Grundlagen und Erkenntnissen aus Forschung und Wissenschaft thematisiert und als Aufgabe des MDK die Findung „medizinischer Wahrheit“ unter Verzicht auf die Interessenleitung der Begutachtung postuliert.[469]

---

463 *Heberlein,* Erhebung von Behandlungsdaten durch den MDK, S. 72.

464 *Heberlein,* Erhebung von Behandlungsdaten durch den MDK, S. 72.

465 *Hausotter,* Medizinischer Dienst: Zur Objektivität verpflichtet,DÄBl. 98, Ausgabe 23 vom 08.06.2001, S. A-1534/B- 1307/C-1222, print-Version.

466 *Hausotter,* Medizinischer Dienst: Zur Objektivität verpflichtet, DÄBl. 98, Ausgabe 23 vom 08.06.2001, S. A-1534/B-1307/C-1222, print-Version.

467 *Hausotter,* Medizinischer Dienst: Zur Objektivität verpflichtet, DÄBl. 98, Ausgabe 23 vom 08.06.2001, S. A-1534/B-1307/C-1222, print-Version.

468 So für die Perspektive des niedergelassenen Arztes in Zusammenarbeit mit dem MDK: *Hausotter,* Medizinischer Dienst: Zur Objektivität verpflichtet, DÄBl. 98, Ausgabe 23 vom 08.06.2001, S. A-1534/B-1307/C-1222, print-Version .

469 *Hausotter,* Medizinischer Dienst: Zur Objektivität verpflichtet, DÄBl. 98, Ausgabe 23 vom 08.06.2001, S. A-1534/B-1307/C-1222, print-Version.

§ 275 V SGB V unterwirft die Ärzte des MDK allein ihrem ärztlichen Gewissen und untersagt deren Einflussnahme auf die Behandlung Versicherter.

Vergleichbar dem freien Mandat der Abgeordneten des Bundestages stellt dies eine ernstzunehmende Grundlage für die Tätigkeit der Gutachter des MDK dar.

Diese stellen tatsächlich eine zu den Entscheidungen der Sachbearbeiter bei den Krankenkassen zusätzliche Kontrolle dar, die durchaus auch die Interessen der Versicherten zu wahren geeignet sein kann, verhindert sie doch die Alleinentscheidungsbefugnis der unmittelbar dem Leistungsträger zuarbeitenden Sachbearbeiter.

11. Resümee zu den Regelungen der gesetzlichen Krankenversicherung in Bezug auf das Arztgeheimnis nach § 203 I Nr. 1 StGB

Zur Durchführung der gesetzlichen Krankenversicherung sind Datenströme unerlässlich. Da die Erfüllung der Leistungspflichten durch den Leistungsträger die Kenntnis der die Leistungspflicht begründenden sowie der, den Umfang der Pflicht konkretisierenden und unter Umständen einen Leistungsanspruch ausschließenden Umstände grundlegend ist, sind die Krankenkassen auf die Mitwirkung ihrer Versicherten und auch auf gewisse Informationen der Leistungserbringer, u. a. der Vertragsärzte angewiesen. Auch die Überwachung der Qualität und Wirtschaftlichkeit der Versorgung wie die Geltendmachung von Regressansprüchen durch die Versicherungsträger liegt im Interesse der Gemeinschaft. Eine funktionstüchtige Gesundheitsfürsorge ist auch heute unbestritten für Staat und Gesellschaft tragende Grundlage; ihre Finanzierung zur Ermöglichung der Teilhabe auch sozial schwächerer Bevölkerungsteile setzt die sachgerechte Verteilung begrenzter Mittel voraus, wozu eine umfassende Beurteilung der Bedürfnisse des Gesamtsystems wie des einzelnen Leistungsfalles unverzichtbar ist.

Diese Bedürfnisse stehen unbestritten in einem Spannungsverhältnis zum Arztgeheimnis, auf dessen Wahrung auch der sozialversicherte Patient einen unbedingten Anspruch hat.

Wie im Rahmen dieser Arbeit jedoch schon häufig dargelegt, schützt das Arztgeheimnis lediglich sinnvolles und schutzwürdiges Vertrauen in die Verschwiegenheit. Dies heißt, geschützt wird lediglich vor unbefugter Offenbarung sensibler Informationen.

Zur Durchführung der gesetzlichen Krankenversicherung obliegen dem Vertragsarzt jedoch Mitteilungs- und Auskunftspflichten im Rahmen des Sozialdatenschutzes.

In diesem Sinne stellen §§ 294, 295 SGB V, die einschlägigen Übermittlungsgrundsätze des § 69 SGB X, für den MDK § 276 II 1 SGB V und, als Auffangvorschrift, die allgemeine Auskunftspflicht des Arztes nach § 100 SGB X taugliche Befugnisnormen zur Offenbarung von Behandlungsdaten gegenüber Leistungsträgern und anderen Stellen der gesetzlichen Krankenversicherung dar. Eine Übermittlung von Daten ist, soweit sie sich im Rahmen dieser Vorschriften hält, nicht unbefugt im Sinne des § 203 I Nr. 1 StGB und damit nicht strafbar nach dieser Vorschrift.

Der Ratio des Arztgeheimnisses steht dies nicht entgegen. Jedermann und jeder, der Leistungen der gesetzlichen Krankenversicherung unter Vorlage seiner Versichertenkarte in Anspruch nimmt im besonderen, wird regelmäßig auch mit einem entsprechenden Datenfluss zu Abrechnungs- und Prüfungszwecken rechnen und ein Interesse an der Erhaltung der Leistungsfähigkeit seines Versicherers haben.

Auch schützen die gebotene restriktive Handhabung sämtlicher, die Schweigepflicht durchbrechender Vorschriften, die generellen Restriktionen der Prüfungsverfahren sowie die Verpflichtung jedes, mit Sozialdaten in Berührung kommenden Verantwortlichen auf die Wahrung des Sozialgeheimnisses nach § 35 SGB I bzw. auf die für die Krankenkassen spezielleren Vorschriften der §§ 284 ff. SGB V, §§ 67 ff. SGB X ausreichend gegen die unkontrollierte Verbreitung von Patientendaten und stellen einen adäquaten Schutzumfang zur Verfügung um der Ratio des § 203 I Nr. 1 StGB genüge zu tun.

Was den Datenfluss, nicht vom Vertragsarzt an den Krankenversicherungsträger sondern vom Krankenversicherungsträger an Dritte angeht, so stellt § 76 SGB X eine zusätzliche Hürde dar, indem er eine Datenübermittlung aus dem gesetzlichen Krankenversicherungssystem hinaus zB zwischen verschiedenartigen Trägern sozialer Sicherung (Kranken- und Renten- oder Kranken- und Pflegeversicherung…) oder zwischen Krankenversicherungsträgern und Dritten nur unter den Voraussetzungen zulässt, unter denen auch der Arzt, der ursprünglich an den Leistungsträger übermittelt hat gegenüber den Dritten zur Übermittlung befugt wäre.

Hier fließen also die Schranken des § 203 I Nr. 1 StGB in die sozialrechtliche Datenübermittlung ein und verlängern das Arztgeheimnis in Richtung der Leistungsträger.

Dem Patientenschutz ist unter den gegebenen Voraussetzungen im System der gesetzlichen Krankenversicherung, soweit es im Rahmen vorliegender Arbeit zu beurteilen war, ausreichend Rechnung getragen.

B. Geheimnisschutz in der privaten Krankenversicherung

Ob sich dies im System der privaten Krankenversicherung auch so verhält oder ob hier Regelungsdefizite bestehen, soll folgende Untersuchung zeigen.

Auch über das System der privaten Krankenversicherung soll zunächst ein Überblick gegeben werden. Der privaten Krankenversicherung ist mit der gesetzlichen gemein, dass das Erfordernis eines gewissen Informationsflusses (v. a.) zu Abrechnungszwecken besteht.

Es unterscheiden sich beide Systeme jedoch in Bezug auf die Rechtsbeziehungen in welchen sich Versicherte (Patienten), Ärzte und Versicherer gegenüber stehen sowie in Bezug auf das Abrechnungsverfahren. Es können also die zur gesetzlichen Krankenversicherung dargestellten Grundsätze nicht ohne Weiteres auf die private Versicherung übertragen werden.

Hier bestehen andere Regelungsmechanismen.

I. Ratio und Schutzumfang des § 203 I Nr. 6 StGB/ Verhältnis zu Nr. 1

Ratio des § 203 I Nr. 6 StGB ist die Verlängerung des Arztgeheimnisses aus § 203 I Nr. 1 StGB.

Diese ist angezeigt, da die Mitarbeiter privater Krankenversicherer ebenso wie die Mitarbeiter der gesetzlichen Krankenkassen, die aufgrund ihrer Zugehörigkeit zu einem Sozialleistungsträger nach § 203 II StGB schweigepflichtig sind, mit Daten in Kontakt kommen, die über die Gesundheit und evtl. auch über weitere, der Privatsphäre des Versicherten zuzuordende Dinge Aufschluss geben.[470]

Die Merkmale des objektiven Tatbestandes sind bei Nr. 6 im Wesentlichen gleich wie bei Nr. 1, insoweit sei bezüglich des Schutzgutes, der Geheimnisgeschützten und der Tathandlung auf Teil 2, A. I. 1. bzw. 4. verwiesen.

Ein Unterschied besteht im Hinblick auf den Kreis der schweigepflichtigen Personen.

Nr. 6 unterstellt der Schweigepflicht alle Angehörigen eines Unternehmens der privaten Kranken-, Unfall- oder Lebensversicherung bzw. alle Angehörigen einer privatärztlichen, steuerberaterlichen oder anwaltlichen Verrechnungsstelle.

Die folgenden Ausführungen werden sich auf die Angehörigen privater Krankenversicherer beschränken.

Um die Geheimnispflichtigen der Nr. 6 denen der Nr. 1 auf vorliegende Arbeit bezogen gegenüberzustellen: Die Schweigepflicht nach Nr. 6 trifft nicht lediglich die bei einem Versicherer angestellten Ärzte, sondern sämtliche bei einem privaten Kranken-

470 LK – *Jähnke,* 10. Auflage, 5. Band 1989, § 203, Rn. 105.

versicherer Beschäftigten soweit sie in ihrer Funktion mit Geheimnissen in Berührung kommen.

So sind Angehörige des privaten Krankenversicherers im Sinne von § 203 I Nr. 6 StGB Inhaber, Leiter, Organe, Mitglieder eines Organs und alle Bediensteten (Angestellte und Arbeiter), auch angestellte Versicherungsvertreter[471].

Darüber hinaus sind aufgrund ihrer funktionellen Zugehörigkeit zum Lager des Versicherers sowie aufgrund dessen, dass ihnen dieselben Geheimnisse bekannt werden wie Angestellten auch die nichtangestellten selbstständigen Versicherungsvertreter im Außendienst des PKVers als Angehörige des Letzteren zu qualifizieren. Andernfalls würde der Geheimnisschutz eine beträchtliche Lücke aufweisen.[472]

Ebenfalls sind als Angehörige im Sinne des § 203 I Nr. 6 StGB Schreibkräfte und Auszubildende anzusehen. Sie fallen daher nicht unter § 203 III StGB, sind mithin also nicht lediglich Gehilfen der Sachbearbeiter. § 203 III StGB spielt aber in Bezug auf das Hilfspersonal des Versicherungsvertreters eine Rolle.[473]

Zu klären ist, ob für die bei einem privaten Krankenversicherer angestellten Gesellschaftsärzte neben § 203 I Nr. 6 auch § 203 I Nr. 1 StGB Bedeutung hat.

Hierfür ist die Frage entscheidend, ob der Gesellschaftsarzt eines PKVers berufsspezifisch *als Arzt* tätig ist, Geheimnisse Versicherter also auch *in Ausübung seiner ärztlichen Tätigkeit* erfährt oder ob er lediglich als PKV-Mitarbeiter mit den Geheimnissen in Berührung kommt.

Als ärztlich im Sinne der spezifischen Konnexität der Kenntniserlangung wie sie § 203 I Nr. 1 StGB fordert, ist eine Tätigkeit dann anzusehen wenn sie der Gesundheit des einzelnen Menschen und der Bevölkerung dient, darum bemüht ist Leben zu erhalten, die Gesundheit zu schützen, sie wiederherzustellen, Leiden zu lindern, Sterbenden Beistand zu leisten und/oder an der Erhaltung der natürlichen Lebensgrundlagen im Hinblick auf ihre Bedeutung für die Gesundheit der Menschen mitwirkt, § 1 I, II MBO-Ä. Hierzu zählen neben der praktischen Heil- und Beratungstätigkeit auch Forschung und Lehre oder eine Tätigkeit im Labor.

Ein Arzt ist also *als solcher* tätig wenn er entweder zum Zwecke der Untersuchung und/oder Behandlung zum Patienten in Beziehung tritt oder mit seiner Tätigkeit einen weiter verstandenen medizinischen Zweck fördert.[474] Aufgrund der Sanktionierung eines alltäglichen Verhaltens, der Weitergabe von Information, ist ein dem Arzt in Ausübung seiner Tätigkeit irgendwie entgegengebrachtes Vertrauen zu fordern, dessen Verletzung neben der Verletzung der Privatsphäre strafbegründend ist. Dieses Vertrauen muss der Arzt jedoch nur theoretisch für sich in Anspruch nehmen. Dass der Patient es tatsächlich entgegenbringt, ist nicht maßgeblich, so dass auch Zwangsbehandlungen (JVA…) ärztlich i. d. S. sind.

Der Gesellschaftsarzt der privaten Krankenversicherung hat demgegenüber allein die Aufgabe, Leistungsansprüche der Versicherten nach Aktenlage zu überprüfen. Er wertet Rechnungen, Befunde, Entlassungsberichte und dergleichen in medizinischer Hinsicht aus und bewertet, ob aus medizinischer Sicht Anspruch auf Kostenerstattung

471 *Köpke,* § 203 I Nr. 6, S. 25.
472 *Köpke,* § 203 I Nr. 6, S. 27.
473 *Köpke,* § 203 I Nr. 6, S. 29.
474 *Köpke,* § 203 I Nr. 6, S. 71.

besteht (z. B. ob eine Heilbehandlung im Sinne von § 1 II MB/KK[475] medizinisch notwendig ist oder ob das medizinisch notwendige Maß im Einzelfall überschritten wurde, § 5 II MB/KK bzw. eine Behandlung Kurcharakter hat und daher die Voraussetzungen des Leistungsausschlusses nach § 5 I d MB/KK vorliegen).

Der Gesellschaftsarzt erfüllt also allein Aufgaben des Versicherers ohne beratend oder behandelnd mit Versicherten in Kontakt zu treten. Er ist also in Bezug auf die Geheimnisse, mit denen er in Berührung kommt Versicherungsangestellter, wie die anderen unter § 203 I Nr. 6 StGB Fallenden auch; seine Tätigkeit dient keinem medizinischen Zweck. Daran ändert auch die Tatsache nichts, dass er zu einer medizinischen Begutachtung aufgrund seiner ärztlichen Qualifikation in der Lage ist. Er wäre auf der Straße auch in der Lage, an Passanten Auffälligkeiten festzustellen, ohne dass er über diese zu schweigen hätte. Konstitutiv für § 203 I Nr. 1 StGB bleibt schutzwürdiges Vertrauen, welches dem Gesellschaftsarzt durch den Versicherten grds. nicht entgegengebracht wird[476]. Dieser reicht seine Unterlagen vielmehr in Kenntnis interner Prüfung beim Versicherer als Unternehmen ein. Dabei ist der Gesellschaftsarzt eine von mehreren Stellen, die die Unterlagen durchlaufen. Dies genügt nicht für eine ärztliche Schweigepflicht aus § 203 I Nr. 1 StGB.

Auch der Gesellschaftsarzt ist daher als Angehöriger des Versicherers lediglich nach § 203 I Nr. 6 StGB schweigepflichtig.

II. Rechtsbeziehungen und Datenaustausch in der privaten Krankenversicherung

In der gesetzlichen Krankenversicherung besteht quasi eine Vierecksbeziehung zwischen Versichertem und Kasse, Kasse und Vertragsarzt, Vertragsarzt und Kassenärztlicher Vereinigung sowie Vertragsarzt und Versichertem (Patienten), in welcher (noch einmal verkürzt wiederholt) der Versicherte als Leistungsberechtigter gegenüber dem Vertragsarzt als Leistungserbringer einen Leistungsanspruch geltend macht, den er gegen seine Krankenkasse als Leistungsträger hat (Sachleistungsprinzip).

Zur Erbringung von Kassenleistungen ist der Vertragsarzt wiederum gegenüber seiner Kassenärztlichen Vereinigung verpflichtet, von welcher er äquivalent seine Vergütung nach EBM und Verteilungsmaßstäben erhält. Die Kassenärztliche Vereinigung erhält ihrerseits eine Gesamtvergütung für alle ihre, an der kassenärztlichen Versorgung teilnehmenden Ärzte von den Krankenkassen (vgl. oben).

Demgegenüber partizipieren an der privaten Krankenversicherung lediglich drei Parteien. Allerdings ist hier keine Dreiecksbeziehung im obigen Sinne gegeben.

Vielmehr bestehen voneinander oder besser zueinander unabhängig zwei Rechtsverhältnisse. Eines zwischen dem Privatpatienten und seinem behandelnden Arzt und eines zwischen dem Patienten als Privatversichertem und seinem Versicherer.

Keine Beziehung besteht demgegenüber zwischen dem Arzt und dem Versicherer.

Während in der GKV konkurrierende Meinungen über die rechtliche Einordnung der Beziehung zwischen Arzt und Patient existieren (vgl. oben: Versorgungs- bzw. Ver-

---

475 Musterbedingungen für die Krankheitskosten- und Krankenhaustagegeldversicherung 2009, Verband der privaten Krankenversicherung e. V., MB/KK 2009.

476 *Köpke*, § 203 I Nr. 6, S. 73.

tragskonzeption) stehen in der PKV unstreitig Arzt und Privatpatient in einem zivilrechtlichen Dienstverhältnis. Dem zur Folge ist die Vertraulichkeit im Umgang mit den die Geheimsphäre des Patienten betreffenden Informationen jedenfalls Neben- , nach, der Bedeutung der Vertraulichkeit gerade in der Gesundheitsfürsorge Rechnung tragender und daher vorzugswürdiger Ansicht sogar Hauptpflicht neben der Heilbehandlung. Viele Patienten konsultieren ihren Arzt nicht zuletzt um über Belastendes zu sprechen. Solche Gespräche können eine separate Heilbehandlung darstellen, dies nicht nur bei Psychiatern.

Hier wird ein weiteres Mal klar, dass dem Geheimnisschutz gleiche Bedeutung zukommt wie dem Gesundheitsschutz selbst.

Der Arzt ist also nach §§ 611, 241 II (u. U. auch § 241 I 2: Unterlassen unbefugter Offenbarung), 242 BGB i. V. m. § 9 MBO-Ä dazu verpflichtet, über ihm Anvertrautes zu schweigen.

Was die Abrechnung in der PKV betrifft, so gehen die ärztlichen Rechnungen zunächst dem Patienten zu, der diese auch zu begleichen hat.

Hierbei wird häufig die Privatärztliche Verrechnungsstelle (PVS) zwischengeschaltet, die die Forderungen des Arztes erwirbt (i. d. R. durch Abtretung) und beim Patienten im eigenen Namen geltend macht.

Auch hierbei entstehen Berührungen mit dem Arztgeheimnis, doch soll der Themenkomplex der PVS im Rahmen vorliegender Arbeit ausgeklammert bleiben.

Ein Leistungsanspruch des Arztes gegen den Versicherer besteht grds. (Ausnahme: Basistarif, s. u.) nicht.

Vielmehr reicht der Versicherte nach Begleichung der Arztrechnung diese beim Versicherer zur Kostenerstattung ein (Kostenerstattungsprinzip).

1. GKV-Wettbewerbsstärkungsgesetz: Allgemeine Versicherungspflicht und Kontrahierungszwang im Basistarif

Hier ist jedoch ein kurzer Blick auf das GKV-Wettbewerbsstärkungsgesetz angebracht.

Im Zuge dessen ist eine allgemeine Versicherungspflicht für eine Grundabsicherung in der Krankheitskostenversicherung und damit korrespondierend ein Kontrahierungszwang der Privatversicherer im Basistarif eingeführt worden.

Die Privatversicherung wird durch das GKV-WSG in vielen Punkten der Sozialversicherung angenähert. Dies ist verfassungsrechtlich nicht unumstritten.

a.) Versicherungspflichtige Personen

Die Versicherungspflicht nach dem GKV-WSG besteht für Personen mit Wohnsitz im Inland bei einem in Deutschland zum Geschäftsbetrieb zugelassenen Versicherer, § 193 III 1 VVG-2009.

Ausgenommen sind nach § 193 III 2 VVG – 2009 in der GKV freiwillig Versicherte oder pflichtversicherte Personen, Beihilfe- und Heilfürsorgeberechtigte im Umfang der jeweiligen Berechtigung, Asylbewerber und Sozialhilfeempfänger.

b.) Inhalt der Versicherungspflicht

Nach § 193 III 1 VVG – 2009 muss der Versicherungsschutz mindestens Kostenerstattung für ambulante und stationäre Heilbehandlung umfassen.

Absoluter und prozentualer Selbstbehalt für tariflich vorgesehene Leistungen sind für jede zu versichernde Person kalenderjährlich auf 5000 € begrenzt.[477]

Die Einführung einer solchen Selbstbehaltsbegrenzung soll dazu dienen, ein Unterlaufen des Versicherungsmindestumfangs zu verhindern.[478]

c.) Kontrahierungszwang der Versicherer im Basistarif

Der Versicherungsgrundabsicherungspflicht korrespondiert ein Kontrahierungszwang im Basistarif auf Seiten der Versicherer.

Der Basistarif erfüllt dabei seinerseits die Mindestanforderungen der Grundabsicherung.

Für Personen ohne Krankenversicherungsschutz (Personen, die weder in der GKV versichert oder versicherungspflichtig sind, noch über eine private Krankenvollversicherung verfügen, Anspruch auf freie Heilfürsorge haben, beihilfeberechtigt sind oder vergleichbare Ansprüche haben, Ansprüche auf Leistungen nach dem AsylbLG haben oder Leistungen nach dem 3., 4., 6. und 7. Kapitel des SGB XII beziehen) besteht gemäß § 315 SGB V eine Sonderregelung.

Diese Personen konnten bis zum 31. 12. 2008 die Aufnahme in den brancheneinheitlichen Standardtarif eines privaten Krankenversicherungsunternehmens verlangen.

Zum 01.01.2009 wurden entsprechende Versicherungsverträge gemäß § 315 IV SGB V auf Verträge im Basistarif nach § 12 I a VAG umgestellt.

Die Vertragsleistungen des branchenweit einheitlichen Basistarifs der sog. substitutiven Krankenversicherung nach § 12 VAG sind nach § 12 I d VAG vom Verband der privaten Krankenversicherung als Beliehenem festzulegen. Sie müssen nach Art, Umfang und Höhe den Leistungen der GKV vergleichbar sein, § 12 I a VAG.

Der Verband der privaten Krankenversicherung unterliegt nach § 12 I d VAG der Fachaufsicht des Bundesministeriums der Finanzen.[479]

aa) Selbstbehalt und Mindestbindungsfrist

Für Versicherungsverträge im Basistarif ist die Möglichkeit der Vereinbarung von Selbstbehalten vorgesehen, § 12 I a Satz 2 VAG. Nach § 12 I a Satz 1 Nr. 2 VAG gibt es auch Varianten für Beihilfeberechtigte und deren Angehörige.

Wird ein Selbstbehalt vereinbart, so sieht das Gesetz in § 12 I a Satz 4 VAG eine Mindestbindungsfrist von 3 Jahren vor.

Es ist, mit Blick auf die Ratio dieser Mindestbindungsfrist, die mit der Vereinbarung von Selbstbehalten einhergehende Risikoselektion zu begrenzen[480], davon auszu-

---

477 *Marko, in: Marlow/Spuhl,* VVG – Kompakt, S. 306.

478 BT- Drucksache 16/4247, Bericht des Ausschusses für Gesundheit zum GKV-WSG, zu Art. 43 (§ 178 a), S. 67.

479 *Marko, in: Marlow/Spuhl,* VVG – Kompakt, S. 308.

480 Vgl. zu dieser Zielsetzung: BT-Drucksache, 16/3100, S. 207.

gehen, dass die Mindestbindungsfrist nur für den Wechsel von einer Basistarifvariante in eine andere Basistarifvariante gelten soll.

Für einen Wechsel in einen Normaltarif ist die Mindestbindungsfrist teleologisch nicht erforderlich, da gegen Missbrauch hier ausreichender Schutz besteht[481].

So werden manche Versicherte zur Minimierung ihrer Beiträge einen hohen Selbstbehalt vereinbaren, zu dessen Vermeidung sie dann im Krankheitsfalle in einen Tarif mit niedrigerer oder fehlender Selbstbehaltsstufe zu wechseln versuchen. Dies stellt beim Wechsel von Basistarif zu Basistarif eine verlockende Möglichkeit dar, da eine Risikoprüfung im Basistarif grds. ausgeschlossen ist. Daher dient die Mindestbindungsfrist hier als Korrektiv.

Ein Wechsel in den Normaltarif ist hingegen regulär mit einer Risikoprüfung verbunden (zulässig nach § 204 VVG – 2009), so dass es hier der Geltung der Mindestbindungsfrist eigentlich nicht bedarf.

bb) Verhältnis Mindestbindungsfrist/Sonderkündigungsrecht

Die Mindestbindungsfrist für Verträge mit Selbsbehalt ist lex specialis zum Sonderkündigungsrecht des § 205 IV VVG – 2009.[482]

Dies ist sachgerecht, da hinsichtlich Leistungsumfang und Tarifbedingungen ein einheitlicher Tarif gegeben ist.

Es bestehen kaum nennenswerte Preisunterschiede und keinerlei Unterschiede im Leistungsumfang zwischen den verschiedenen Anbietern des Basistarifs.

Das Sonderkündigungsrecht im Falle von Preissteigerungen bzw. Leistungseinschränkungen eines Anbieters hat im Basistarif nicht dieselbe Bedeutung wie im Normaltarif, da beim Wechsel in den Basistarif eines anderen Anbieters in der Regel keine besseren Bedingungen zu erwarten sein dürften.

Da der Basistarif hinsichtlich Preis und Leistungsmerkmalen an das Leitbild der GKV angelehnt ist[483], spricht manches dafür, den dortigen § 53 VIII 2 SGB V zur Auslegung des Verhältnisses zwischen Mindestbindung und Sonderkündigungsrecht heranzuziehen.

Diese Vorschrift schließt die Sonderkündigung während der Mindestbindungsfrist aus.

Nachdem in der PKV die Änderungszyklen der Prämienkalkulation recht kurz sind und somit eine Anpassung der Prämien im Basistarif während der Mindestbindungsfrist recht wahrscheinlich ist, würde die Mindestbindungsfrist ausgehöhlt, würde sie nicht das Sonderkündigungsrecht in der Konkurrenz derogieren[484].

cc) Direktanspruch der Leistungserbringer gegen die Versicherer

§ 192 VII VVG – 2009 regelt als Ausnahme im System der PKV einen Direktanspruch des Leistungserbringers gegen den Versicherer im Basistarif-Versicherungsvertrag.

Nach dieser Norm kann der leistungserbringende Arzt seine Honorarforderung auch gegen den Versicherer geltend machen, soweit dieser vertraglich in der Leistungspflicht ist, § 192 VII 1 VVG – 2009.

481 *Marko, in: Marlow/Spuhl,* VVG – Kompakt. S. 309.
482 *Marko, in: Marlow/Spuhl,* VVG – Kompakt., S. 310.
483 *Marko, in: Marlow/Spuhl,* VVG – Kompakt, S. 309.
484 *Marko, in: Marlow/Spuhl,* VVG – Kompakt, S. 310.

Allerdings muss sich der Arzt vom Versicherer Einwendungen gegen den Versicherungsnehmer entgegenhalten lassen. So z. B. tarifliche oder gesetzliche Leistungsbeschränkungen oder Selbstbehalte[485].

Nach § 192 VII 2 VVG – 2009 haften Versicherungsnehmer und Versicherer als Gesamtschuldner.

Damit verlagert sich das Inkassorisiko vom Arzt auf den Versicherer. Reicht der Versicherungsnehmer eine Arztrechnung beim Versicherer ein, ohne diese dem Arzt gegenüber beglichen zu haben, so kann dieser den Betrag vom Versicherer auch dann fordern wenn der Versicherer bereits an den Versicherungsnehmer geleistet hat. Hierin ist gegenüber dem Leistungserbringer nämlich keine Erfüllung im Sinne des § 362 BGB zu sehen; die Leistungspflicht erlischt also nicht.[486]Vielmehr muss sich der Versicherer mit dem Versicherten auseinandersetzen.

Aufgrund der Tatsache, dass § 192 VII VVG – 2009 nicht unter den Vorschriften ist, von denen gemäß § 208 VVG – 2009 nicht zum Nachteil des Versicherungsnehmers abgewichen werden kann, hat der Versicherer die Möglichkeit, sich in seinen Versicherungsbedingungen zu schützen. Er kann z. B. vom Versicherungsnehmer den Nachweis der Zahlung an den Leistungserbringer verlangen und von dessen Vorlage eine Kostenerstattung an den Versicherungsnehmer abhängig machen. Denkbar ist widrigenfalls der Vorbehalt der Leistung ausschließlich an den Leistungserbringer[487].

dd) Direktanspruch und Kostenerstattungsprinzip

In der Regelung des § 192 VII VVG – 2009 ist jedoch keine Abkehr vom grds. Kostenerstattungsprinzip der PKV in Richtung Sachleistungsprinzip zu sehen.

Es handelt sich um eine Ausnahmenorm, die lediglich für die Verträge im Basistarif gilt.

Sie dient dem Schutz der Leistungserbringer durch einen zusätzlichen solventen Schuldner, nicht (jedenfalls nicht primär) der Sicherstellung der ärztlichen Versorgung, die im System der PKV nach wie vor keine vertragsärztliche Versorgung ist.

Gerade die Regelung einer Gesamtschuld macht deutlich, dass der Versicherte (Patient) nicht durch die Möglichkeit der Forderung des Leistungserbringers (Arzt) gegen den Versicherer von seiner Leistungspflicht befreit ist. Er ist neben dem Versicherer in der Pflicht, was ihm, soweit der Versicherer nicht Leistung ausschließlich an den Leistungserbringer in seinen Versicherungsbedingungen geregelt hat, bzw. soweit er einen Nachweis der Zahlung an den Arzt vorlegt,auch den Kostenerstattungsanspruch sichert.

d.) Verfassungsrechtliche Einwände gegen den Kontrahierungszwang der PKV-Versicherer im Basistarif ohne Risikoprüfung

Gegen den Kontrahierungszwang ohne Risikoprüfung und ohne die Möglichkeit der Erhebung von Risikozuschlägen im Basistarif der PKV werden verfassungsrechtliche Einwände geltend gemacht.

485 *Marko, in: Marlow/Spuhl,* VVG – Kompakt, S. 311.
486 *Marko, in: Marlow/Spuhl,* VVG – Kompakt, S. 311.
487 *Marko, in: Marlow/Spuhl,* VVG – Kompakt. S. 311.

Hierin wird mitunter ein Eingriff in die Privatautonomie in der Versicherungswirtschaft gesehen, teilweise auch ein Eingriff in das Recht der Berufsfreiheit der Versicherer bzw. in deren Eigentum in Gestalt ihrer eingerichteten und ausgeübten Gewerbebetriebe (Eingriff in die Wettbewerbsfreiheit und in die beruflich genutzte Vertragsfreiheit).

In Rede stehen insoweit Grundgesetz-Artikel 12 I, 14 I und 2 I.

Problematisch ist, dass die Verpflichtung zur Einführung eines Basistarifs mit Kontrahierungszwang und ohne die Möglichkeit der Erhebung von Risikozuschlägen die Äquivalenz von Leistung und Gegenleistung aushebelt und somit der Kalkulation der Versicherungsprämien bestehender PKV-Tarife zuwiderläuft. Folge hiervon ist eine nachträgliche grundlegende Veränderung der Berechnungsgrundlagen der PKV-Unternehmen.[488]

Weiterhin stehen die Regelungen zum Rückwirkungsverbot, wie es sich aus Art. 20 III GG zum Schutze des Vertrauens der PKV-Unternehmen auf die Stabilität der Äquivalenz zwichen Leistung und Gegenleistung in den einzelnen Versicherungsverträgen sowie auf die Globaläquivalenz der Unternehmenseinnahmen und Unternehmensausgaben ergibt, in Widerspruch.[489]

Im Hinblick auf diese Grundrechtseingriffe haben insgesamt 30 PKV-Unternehmen geschlossen Verfassungsbeschwerde gegen das GKV-WSG beim BVerfG eingelegt.

Eine Entscheidung des BVerfG ist, nachdem es mit einer sog. „großen Zustellung“ Ministerien, Verbände und andere Stellen zu Stellungnahmen zu den Beschwerden aufgefordert hat, wohl auch zu erwarten.[490]

Ob sich die gerügten Eingriffe in Verfassungsrecht als solche halten bzw. verfassungsrechtlich rechtfertigen lassen werden, bleibt abzuwarten.

2. Die Überprüfung des Bestehens von Leistungsansprüchen durch die Versicherer: Auskunft der Leistungserbringer, Versicherungsgeheimnis und Datenschutz

Nachdem, wie oben klargestellt, die Neuerung des GKV-WSG, Direktanspruch Leistungserbringer gegen Versicherer, nichts am Grundsatz des Kostenerstattungsprinzips ändert, stellt sich nun die im Rahmen vorliegender Arbeit entscheidende Frage, wie die Versicherer ihre Leistungspflicht bzw. Abrechnungen allgemein überprüfen können.

Ein erster Blick ist auf die Auskunftsersuchen an die leistungserbringenden Ärzte und auf die interne Prüfung der Ansprüche zu richten.

a.) Die Anfrage beim behandelnden Arzt

In der Praxis Standard ist das Vorgehen, nach Einreichung von Rechnungen und Heilbehandlungsbelegen (Rezepte, Anwendungen, diagnostische Maßnahmen (Röntgen, MRT…) etc. …) zur Erstattung an den Versicherten (zumindest in den ersten beiden

488 *Sodan,* PKV und Gesundheitsreform 2007, S. 80 ff. .

489 *Sodan,* PKV und Gesundheitsreform 2007, S. 89.

490 *Marko,* PKV, S. 91, Rn. 284 mit Fn. 169 unter Bezugnahme auf entsprechende Ankündigungen der Financial Times Deutschland vom 02.07.2008 sowie der Süddeutschen Zeitung vom 03.07.2008.

Versicherungsjahren) Anfragen an die Leistungserbringer zu richten, die ergeben sollen ob der Patient bestehende Erkrankungen pflichtwidrig bei Vertragsschluss verschwiegen hat bzw. wegen welcher über die konkrete Rechnung hinausgehender Erkrankungen der Patient sich in Behandlung befindet oder in den letzten (früher 5, gegenwärtig 3) Jahren vor Versicherungsbeginn befunden hat.

aa) Die umfassende Schweigepflichtentbindungserklärung

Problematisch hierbei ist, dass sich die Versicherer zur Begründung ihres „Auskunftsanspruchs" gegenüber den Ärzten darauf berufen, der Versicherte habe bei Vertragsschluss im Versicherungsvertrag alle gegenwärtig und künftig behandelnden Ärzte dem Versicherer gegenüber umfassend von ihrer Schweigepflicht entbunden.

Nun haben ohne Zweifel private Versicherer grds. ein legitimes Interesse daran, vor Vertragsschluss das zu versichernde Risiko abzuschätzen um Beitragssätze festlegen und übermäßige Risiken zurückweisen zu können.

Hierfür sind grds. auch personenbezogene Gesundheitsdaten erforderlich, wie sie bei Ärzten vorhanden sind.

Problematisch ist allein die Praxis im Versicherungswesen, dem Versicherungsnehmer formularmäßige Schweigepflichtentbindungserklärungen abzunehmen.

Aufgrund der fehlenden Parität zwischen Versicherungsnehmer und Versicherer ist der Versicherungsnehmer i. d. R. gezwungen, derartige Erklärungen zu unterschreiben, da diese branchenweit vereinheitlicht oder in ihrer Reichweite jedenfalls weitgehend ähnlich sind und ohne diese ein Versicherungsvertrag regelmäßig nicht zustande kommt.

Zu beachten sind in diesem Zusammenhang die allgemeinen Voraussetzungen für die Wirksamkeit von Einwilligungserklärungen. (Vgl. hierzu oben, Teil 2, B, II.).

Zweifelhaft ist bei der Schweigepflichtentbindung für Versicherungen schon die Freiwilligkeit der Erklärung. Aufgrund fehlender Parität zwischen den Parteien muss der Versicherungsnehmer davon ausgehen, dass bei Verweigerung der Schweigepflichtentbindung ein Vertrag nicht zustande kommt.[491]

Jedenfalls muss der Versicherungsnehmer bei seiner Erklärung darauf vertrauen können, dass seine Schweigepflichtentbindung nicht missbräuchlich dazu genutzt wird, jedwede Leistungspflicht auszuhebeln.

Eben diese Gefahr läuft der Versicherungsnehmer aber bei der Pauschaleinwilligung in die Übermittlung gesundheitsrelevanter Daten durch seine Ärzte.

So legitim wie das Interesse des Versicherers Leistungsansprüche zu überprüfen ist jedoch andererseits das Interesse des Versicherungsnehmers, anspruchsgefährdende Umstände geheim zu halten.

Insoweit ist bzgl. Pauschalentbindungen von der ärztlichen Schweigepflicht ein weiterer Punkt fast brisanter als die Frage nach der Freiwilligkeit einer solchen Erklärung:

Es stellt sich angesichts des Umstands, dass die Versicherer im Leistungsfalle nicht allein den konkreten Leistungsanspruch überprüfen sondern (zumindest in den ersten beiden Versicherungsjahren) auch bestehende anderweitige Erkrankungen abfragen die Frage, inwieweit vom Versicherungsnehmer verlangt werden kann, sich über alle möglicherweise bei Ärzten aus längst vergangener Zeit vorhandenen gesundheitsrelevanten Umstände im Klaren zu sein.

---

491 *Weichert*, Die Krux mit der ärztlichen Schweigepflichtentbindung für Versicherungen, S. 1697.

Zwar ist der Anfragezeitraum inzwischen von den letzen 5 auf die letzten 3 Jahre vor Vertragsschluss verkürzt worden, jedoch wird niemand jeden geringfügigen Kopfschmerz, jeden Schnupfen oder ähnlich geringfügigen Anlass ärztlicher Konsultation im Gedächtnis haben.

Daneben dokumentiert der Arzt regelmäßig auch Eindrücke, die er dem Patienten gar nicht mitteilt, so dass er Daten zur Verfügung stellen kann, die dem Versicherten gar nicht bekannt sind, dieser also auch nicht hätte bei Vertragsschluss angeben können.

So dokumentieren viele Ärzte bloße Verdachtsmomente als feste Diagnosen und vermitteln dem Versicherer auf Anfrage häufig Bilder, die dem eigentlichen Gesundheitszustand des Versicherten u. U. absolut nicht angemessen sind.

So geraten arglistige und u. U. nicht einmal leicht fahrlässige Versicherte gleichermaßen in den Verdacht der Anzeigepflichtverletzung.

Es stellt sich also vorrangig die Frage nach der Bestimmtheit von Schweigepflichtentbindungserklärungen.

Zu beobachten ist in der Praxis auch der Fall, dass die Außendienstmitarbeiter mit dem Versicherungsnehmer den Vertrag aushandeln und um ihrem Dienstherren einen Abschluss vorweisen zu können „großzügig" über das Angebot des Versicherungsnehmers hinwegsehen, seine Ärzte nach vertragsrelevanten Diagnosen mangels Erinnerungsvermögen zu befragen.

Es wird dem Versicherungsnehmer vermittelt, man interessiere sich ausschließlich für chronische Erkrankungen. Gibt der Versicherungsnehmer darauf wahrheitsgemäß die Auskunft, solche bestünden nicht und erfährt der Versicherer dann im Wege der Leistungsprüfung, dass der Versicherungsnehmer zwar nicht chronisch aber wiederholt an gleichartigen Beschwerden gelitten hat, so riskiert der Versicherungsnehmer u. U. unberechtigte Risikozuschläge, die er hätte vermeiden können, hätte er über die Dokumentationen seines Arztes Auskunft eingeholt.

Solches Verhalten des Außendienstes hat sich der Versicherer regelmäßig als selbst grob fahrlässig verschuldete Unkenntnis zurechnen zu lassen, ebenso regelmäßig wird der Versicherungsnehmer allerdings den Verzicht des Versicherungsvertreters auf Information nicht nachweisen können.

Hier zeigt sich, welche Gefahr die pauschale Schweigepflichtentbindungserklärung birgt.

Der Erklärende hat meist keinerlei Kenntnis über die Tragweite seiner Einwilligung.

Er kennt weder den künftigen Anlass einer Versicherungsanfrage bei seinem Arzt, noch die Informationen, die sein Arzt wird zur Verfügung stellen können.

Die Bestimmtheit der Einwilligung ist also regelmäßig in formularmäßigen Schweigepflichtentbindungen nicht gegeben.

Da diese Erklärungen auch meist in keinem Verhältnis zum legitimen Interesse einer Einzelfallprüfung stehen, sind derart umfassende Klauseln unwirksam.

Daneben verletzen sie in der Regel auch das AGB-Recht der §§ 305 ff. (307) BGB, da sie den Versicherungsnehmer unangemessen benachteiligen[492].

Dies muss jedenfalls für Datenerhebungen aufgrund derartiger Schweigepflichtentbindungserklärungen gelten, bei denen der Versicherer den Versicherten nicht vor

492 *Weichert,* Die Krux mit der ärztlichen Schweigepflichtentbindung für Versicherungen, S. 1698.

der konkreten Datenerhebung auf diese hinweist und somit als Korrektiv zur Generalermächtigung einen Widerspruch ermöglicht.

Immerhin muss dem Versicherten die Möglichkeit verbleiben, auf eine Leistung im Einzelfall zu Gunsten der Wahrung seiner Geheimsphäre zu verzichten.

Dies ist schon deshalb zu verlangen, weil er im Moment der Abgabe der Schweigepflichtentbindungserklärung bei Vertragsschluss noch gar nicht absehen kann, welche Daten künftig entstehen werden und vom Versicherer aufgrund seiner zurückliegenden Einwilligung erhoben werden können.

bb) Die Regelung des § 213 VVG

Vorstehendes wurde von den Versicherern in den meisten Fällen missachtet und Daten in großem Umfang aufgrund umfassender Schweigepflichtentbindungserklärungen erhoben.

Dies ist jedoch mit dem informationellen Selbstbestimmungsrecht nicht vereinbar.

Da allerdings nach wie vor ein Interesse an möglichst schneller und unbürokratischer Klärung von Leistungsansprüchen nicht nur auf Seite der Versicherer sondern ebenso auf Seite der Versicherungsnehmer besteht, hat sich das BVerfG und in der Folge auch der Gesetzgeber dem Problem angenommen und im Zuge der VVG-Reform § 213 VVG geschaffen.

Anstoß für die Regelung des § 213 VVG war eine Entscheidung des BVerfG, in welcher das Gericht einem Versicherer verwehrt hatte, sich auf Leistungsfreiheit zu berufen, weil der Versicherungsnehmer die umfassende Schweigepflichtentbindung verweigert hatte.

Angesichts des „strukturellen Vertragsungleichgewichts" sei dies mit dem informationellen Selbstbestimmungsrecht des Versicherungsnehmers nicht vereinbar. Es müsse dem Versicherungsnehmer die Möglichkeit zum informationellen Selbstschutz geboten werden.[493]

Diesem Postulat wird die Vorschrift des § 213 VVG gerecht. Die Norm ist lex specialis zu § 4 a BDSG[494].

Es sind zwar auch nach dieser Regelung nicht lediglich Schweigepflichtentbindungen im Einzelfall zulässig, was ganz objektiv auch kaum praktikabel sein dürfte.

Die Versicherer dürfen sich nach § 213 I VVG weiterhin umfassende Erklärungen geben lassen.

Dies hat das BVerfG auch in zitierter Entscheidung grds. zugelassen.

Dem Versicherungsnehmer müssen jedoch „denkbare Alternativen"freigestellt werden.

Dem genügen Absätze 2–4 des § 213 VVG.

Nach § 213 VVG müssen kumulativ folgende Voraussetzungen für eine personenbezogene Erhebung von Gesundheitsdaten vorliegen:

- Die *Daten müssen* für die Beurteilung des zu versichernden Risikos oder der Leistungspflicht *erforderlich sein.*
- Der Betroffene muss eine *Einwilligung* erteilt haben, was grds. auch vor Vertragsschluss er folgen darf.

493 BVerfG vom 23. 10. 2006, 1 BvR 2027/02, VersR 2006, 1669.
494 *Marlow/Spuhl,* VVG – Kompakt, S. 291.

- Die Daten dürfen *ausschließlich* bei *Ärzten, Krankenhäusern* und sonstigen *Krankenanstalten, Pflegeheimen* und *Pflegepersonen,* anderen *Personenversicherern* und *gesetzlichen Krankenkassen, Berufsgenossenschaften* und *Behörden* erhoben werden.

Fraglich ist, was unter in diesem Sinne „erforderlichen" Daten zu verstehen ist. Konkret ist fraglich, ob auch Daten erforderlich i. d. S. sind, die ausschließlich zu dem Zweck erhoben werden, eine Anzeigepflichtverletzung aufzudecken.

Der Gesetzgeber anerkennt die Notwendigkeit der Missbrauchsbekämpfung. Man könnte also geneigt sein, die Frage zu bejahen.[495]

Nach Ansicht der Verfasserin ist sie jedoch zu verneinen.

Zwar wird dem Arglistigen in §§ 28 III 2, 39 I 2 VVG ausdrücklich der Schutz versagt.

Jedoch ist zu beachten, dass aufgrund oben dargestellter Tatsache, dass viele Versicherungsnehmer die Fragen nach bestehenden Erkrankungen nach bestem Wissen und Gewissen zu beantworten versuchen und dennoch oft nicht über im Wege einer Anfrage zu Tage tretende Dokumentationen ihrer Ärzte bescheid wussten, nicht lediglich arglistig Handelnde in Betrugsverdacht geraten würden sondern dass die weit größere Zahl derer, die unter Verdacht geraten würden nicht einmal den Vorwurf der Fahrlässigkeit gegen sich gelten lassen muss.

Eine Erhebung von besonders schutzwürdigen Gesundheitsdaten hat sich daher streng am Gebot der Verhältnismäßigkeit messen zu lassen, welches bei der Erhebung allein zur Begründung eines Täuschungsvorwurfs, der sich im Ergebnis nicht einmal bestätigen muss, gröblich verletzt würde.

Es ist also eine Erhebung zur Klärung von Missbrauchsverdacht allein zulässig wenn und soweit daneben ein Leistungsanspruch zu prüfen ist und ein *konkreter* Verdacht hinsichtlich einer Anzeigepflichtverletzung besteht.

Das Verfahren zur Erhebung der personenbezogenen Gesundheitsdaten ist in Absätzen 2–4 des § 213 VVG geregelt. Hier äußert sich das verfassungsgerichtliche Postulat des Grundrechtsschutzes.

Absatz 2 verpflichtet die Versicherer die betroffenen Versicherungsnehmer vor einer Datenerhebung so rechtzeitig zu unterrichten, dass diese der Erhebung widersprechen können.

Absatz 3 garantiert den Versicherungsnehmern das Recht, vom Versicherer Datenerhebung ausschließlich aufgrund Einzelfalleinwilligung zu verlangen.

Hierin wird die Möglichkeit normiert, eine Generalermächtigung jederzeit zu widerrufen[496].

Nach Absatz 4 haben die Versicherer Hinweispflichten gegenüber den Versicherungsnehmern. Diese umfassen den Hinweis auf das Widerrufsrecht der Generalermächtigung zur Datenerhebung nach Abs. 3 (dieser Hinweis muss jeder Aufforderung zur Erteilung einer umfassenden Schweigepflichtentbindungserklärung beigefügt sein), sowie den Hinweis auf die Widerspruchsmöglichkeit nach Abs. 2 (dieser Hinweis muss jeder Unterrichtung von einer beabsichtigten Datenerhebung beigefügt sein).

Nicht verlangt wird ein Hinweis auf die Konsequenzen einer Verweigerung einer umfassenden Schweigepflichtentbindungserklärung.

---

495 *Marlow/Spuhl,* VVG – Kompakt , S. 292.
496 *Marlow/Spuhl,* VVG – Kompakt, S. 293.

Hierin liegt ein Unterschied zu § 4 a I 2 BDSG.

Rechtsfolge einer Ausübung der Rechte des § 213 VVG durch den Versicherungsnehmer ist die Hemmung der Fälligkeit des Leistungsanspruchs.

Ausgeschlossen ist hingegen die Einstufung einer Sperrung der Datenerhebung als Obliegenheitsverletzung. Entsprechende Klauseln wären also unwirksam.[497]

Nach hier vertretener Auffassung zieht der Widerspruch gegen eine Datenerhebung im Falle klarer Leistungspflicht allein zum Zweck,eine Anzeigepflichtverletzung festzustellen keine Hemmung der Fälligkeit nach sich. Eine Leistung muss trotz des Widerspruchs erfolgen soweit kein konkreter Anhaltspunkt auf eine Anzeigepflichtverletzung besteht.

cc) Die Konsequenzen eines Verstoßes gegen § 213 VVG

Zu klären ist weiterhin, welche Konsequenzen es für Versicherer und auskunftserteilende Leistungserbringer hat wenn Daten ohne zuvor erfolgte Unterrichtung des Versicherten, ohne ausreichenden Hinweis nach § 213 IV VVG oder gar gegen einen ausgebrachten Widerspruch erhoben werden.

Für die Versicherer muss eine Erhebung ohne Unterrichtung des Versicherten ebenso wie eine Erhebung ohne ausreichenden Hinweis nach Abs. 4 und erst recht eine Erhebung einem beachtlichen Widerspruch entgegen bedeuten, dass der Versicherte rechtlich so zu stellen ist, als hätte er einen Widerspruch ausgebracht.

Es kann jedoch nicht ausreichen, den Widerspruch zu fingieren denn in diesem Fall wäre der Leistungsanspruch gehemmt und der Versicherer hätte Kenntnis über Daten, die unabhängig von der konkreten Leistung zB einen Risikozuschlag ermöglichen könnten.

Daher müssen die rechtswidrig erhobenen Daten zusätzlich als nicht erhoben gelten[498], quasi also einem Verwertungsverbot anheim fallen. Die Stützung von Sanktionen auf derartige Daten kann nicht zulässig sein.

dd) Empfehlung an die Leistungserbringer

Was die Leistungserbringer anbetrifft, so ist anzuraten vor jeder Auskunft an einen Versicherer genau zu überprüfen, ob eine einmal erteilte Schweigepflichtentbindung wirksam und falls ja bezüglich der konkreten Auskunft auch noch in Kraft ist, ob also kein Widerspruch vorliegt. Es empfiehlt sich die Rücksprache mit dem Patienten.

Eine Auskunft, die dem Willen des Patienten zuwider läuft, zieht soweit der Arzt Kenntnis davon zu haben hat, dass möglicherweise ein Widerspruch des Patienten gegen die Datenerhebung vorliegt eine Strafbarkeit nach § 203 I Nr.1 StGB nach sich. Mit einem Widerspruch hat der Arzt regelmäßig zu rechnen, da die umfassende Schweigepflichtentbindung ohne zeitliche, personelle und sachliche Begrenzung (dh ohne Erneuerung nach gewisser Versicherungsdauer, ohne Einschränkung für manche Ärzte und ohne Einschränkung für bestimmte Informationen) auch unter der grds. Zulässigkeit nach § 213 VVG regelmäßig nicht dem Willen des Versicherten entspricht.

An der Tatsache, dass ein gewisser Druck zur Abgabe solcher Schweigepflichtentbindungen besteht hat sich mit § 213 VVG ebenso wenig geändert wie an der Tatsache,

497 *Marlow/Spuhl*, VVG – Kompakt., S. 294.
498 *Marlow/Spuhl,* VVG – Kompakt, S. 295.

dass der Versicherte bei Abgabe der Erklärung regelmäßig nicht im Bilde über deren künftige Tragweite sein kann.

ee) Auskunftsrecht oder Auskunftspflicht der Leistungserbringer bei fehlendem Widerspruch?

Widerspricht der Versicherungsnehmer einer Datenerhebung durch den Versicherer jedoch nicht so hat der um Auskunft ersuchte Leistungserbringer durchaus das Recht dem Versicherer die für die Prüfung des jeweiligen Anspruchs erforderlichen Daten zur Verfügung zu stellen.

Zu klären ist jedoch ob auch eine Pflicht der Leistungserbringer besteht, dem Versicherer Auskunft zu erteilen oder ob sich die Ärzte trotz Schweigepflichtentbindung auf Verschwiegenheit berufen können.

Hierzu ist zu sagen, dass der Arzt sich mit der Frage, welche Daten zur Anspruchsprüfung relevant sind und welche Konsequenzen eine Auskunft für den Patienten haben kann in der Regel besser auskennt als sein Patient, dem gegenüber er zur Wahrung seiner Interessen verpflichtet ist. So kann es dem Arzt sinnvoll erscheinen, trotz Schweigepflichtentbindung eine Auskunft zu unterlassen. Er muss sich, da die Schweigepflicht nicht lediglich die Geheimsphäre des Patienten schützt sondern auch die Vertrauensbeziehung zwischen Arzt und Patient jederzeit aus Gewissensgründen auf seine Verschwiegenheit berufen können.

Da es zwischen Arzt als Leistungserbringer und Versicherer grds. keine Rechtsbeziehung gibt, auf deren Grundlage sich ein Auskunftsanspruch des Versicherers gründen könnte und der Versicherer die Erbringung der Beweislast von seinem Vertragspartner dem Versicherten verlangen kann, besteht auch keine Notwendigkeit, dem Arzt eine Auskunftspflicht gegenüber dem Versicherer aufzuerlegen.

Vielmehr schuldet er auf eine Schweigepflichtentbindung hin allein die Erbringung der Auskunft gegenüber dem Patienten.

Dies ist auch sachgerecht, da auf diese Weise nicht nur über die Wirksamkeit einer Schweigepflichtentbindung sondern auch über die Frage gesprochen werden kann, inwieweit sich eine solche überhaupt empfiehlt.

Es ist dem Leistungserbringer also in jedem Falle anzuraten, Auskünfte entweder direkt dem Patienten zur Weiterleitung zukommen zu lassen oder aber diese an den Versicherer im Einvernehmen mit dem Patienten zu erteilen.

b.) Interne Prüfung der Leistungspflicht : Modifikation des Offenbarungsbegriffes im Sinne von § 203 I Nr. 6 StGB für die versicherungsinterne Datenübermittlung

Hat der Versicherer die Parameter zusammengetragen, die ihm eine Anspruchsprüfung erlauben, erfolgt diese i.d.R. zunächst intern. Diese interne Prüfung eines jeden Anspruchs erfolgt grundsätzlich, d.h. auch über die ersten beiden Jahre nach Versicherungsbeginn hinaus.

Zuständig für die hier interessierende medizinische Begutachtung der Frage, ob eine abgerechnete Heilbehandlung notwendig und damit erstattungsfähig nach den versicherungsrechtlichen Maßstäben ist, ist in der Regel der Gesellschaftsarzt des privaten Krankenversicherers (vgl. oben).

Manche private Krankenversicherer ziehen an dessen Stelle außerorganisatorische privat niedergelassene Ärzte als Gutachter hinzu.

Daher werden die vom Versicherten an den Sachbearbeiter der Leistungsabteilung bzw. schlicht an den Versicherer als juristische Person geleiteten Unterlagen zur Überprüfung an den Gesellschaftsarzt bzw. an einen Gutachter weitergeleitet.

In diesem Zusammenhang stellt sich die Frage, wie es sich mit der Zulässigkeit solcher Datenübermittlungen im Lichte des § 203 I Nr. 6 StGB verhält.

Hier ist bereits zwischen der Übermittlung an den internen Gesellschaftsarzt und der an den externen Gutachter zu differenzieren.

aa) Übermittlung an den internen Gesellschaftsarzt

Was die Definition des Offenbarungsbegriffes angeht, so ist diese dieselbe wie bei § 203 I Nr. 1 StGB. Tatbestandsmäßig ist also grds. auch die Offenbarung an andere Schweigepflichtige. Da jeder Mitarbeiter des privaten Krankenversicherers der Schweigepflicht aus § 203 I Nr. 6 StGB unterliegt ist fraglich, ob eine Offenbarung innerhalb desselben Versicherers im Rahmen arbeitsteiliger Organisation auch in diesem Sinne tatbestandsmäßig ist. Wie oben Teil 2, A, I, 4. festgestellt wurde, ist eine Offenbarung innerhalb eines Kreises zum Wissen Berufener nicht tatbestandsmäßig im Sinne von § 203 StGB.

In der GKV stellte sich die Frage nach der Einschränkung des Zugriffs überregionaler Krankenkassen auf Daten ihrer Versicherten. Nach § 35 I 2 SGB I gilt das Sozialgeheimnis auch innerhalb eines Sozialleistungsträgers, so dass jedenfalls nur befugte Stellen mit einem Sozialdatum in Berührung kommen dürfen.

Es ist zu untersuchen, wie es sich in der privaten Krankenversicherung verhält.

Hierfür ist zunächst zu klären wann eine Stelle innerhalb eines privaten Krankenversicherers berufen ist, im Rahmen arbeitsteiliger Abläufe mit Versichertendaten in Kontakt zu kommen, ob also die Möglichkeit besteht, den Offenbarungsbegriff für die interne Geheimnisweitergabe adäquat zu modifizieren.

Hierzu ist zu sagen, dass ein Unternehmen der privaten Krankenversicherung für die Betreuung einer riesigen Gemeinschaft von Versicherten zwingend auf arbeitsteilige Organisation angewiesen ist. So kann die Bearbeitung eines Leistungsantrags kaum von nur einem Mitarbeiter erbracht werden, der die sachlichen, rechtlichen und medizinischen Voraussetzungen zu beurteilen in der Lage ist und quasi als „Einzelrichter" über die Leistungspflicht entscheidet, um andere nicht mit Daten in Berührung zu bringen, die einer Pflicht zur Verschwiegenheit unterliegen. Eine solche Überhöhung des Geheimhaltungsinteresses wird seinem Zweck, die Belange des Versicherungsnehmers zu wahren auch gar nicht gerecht. Neben der Wahrung seiner Geheimsphäre hat der Versicherungsnehmer ein Interesse an sachgerechter und daher sachverständiger Betreuung seines Versicherers als Unternehmen. Es ist also erforderlich und wird vom Geheimnisgeschützten auch in Kauf genommen, dass Versichertenunterlagen neben der Leistungs- z.B. auch der Vertragsabteilung und zur Prüfung von Ansprüchen auch dem Gesellschaftsarzt vorliegen. Jede interne Arbeitsteilung von einer Rechtfertigung abhängig zu machen würde einen vernünftigen Arbeitsablauf beim Versicherer unmöglich machen und die Bearbeitung der Anliegen Versicherter beträchtlich erschweren.

Es ist also eine Modifikation schon auf Tatbestandsebene erforderlich, die den Bedürfnissen der Versicherungswirtschaft angemessen ist und daneben die Belange des Geheimnisschutzes nicht unverhältnismäßig verkürzt.

aaa) Der Kreis der zum Wissen Berufenen

Im Regelfall steht der Versicherte im Vertragsverhältnis mit dem Versicherer als juristische Person und hat auch dem Unternehmen als solchem gegenüber Anzeige- und Auskunftspflichten. So stellen die meisten Versicherten auch ihre Leistungsanträge an den Versicherer als Gesellschaft und nicht an einen konkreten Mitarbeiter als natürliche Person.

D.h. es wird von Seiten der Versicherungsnehmer damit gerechnet, dass mit den Unterlagen alle Mitarbeiter in Kontakt kommen, die im Rahmen ordnungsgemäßen Arbeitsablaufes mit der Bearbeitung des Antrags befasst sind.

Es kann sich also schwerlich um tatbestandsmäßige Offenbarung von Geheimnissen im Sinne von § 203 I Nr. 6 StGB handeln, wenn die Poststelle des Versicherers den Leistungsantrag an die Leistungsabteilung und diese bei medizinischen Unklarheiten zur Überprüfung an den Gesellschaftsarzt weiterleitet.

Zu definieren ist allein, was bei einem Unternehmen der PKV noch als Kreis der zum Wissen berufenen Mitarbeiter anzusehen ist und wo jenseits dieses Kreises eine tatbestandsmäßige Offenbarung vorliegt.

Ohne Frage kann in der PKV ebensowenig wie in der GKV toleriert werden, dass Mitarbeiter auch mit den Daten Versicherter in Berührung kommen, mit deren Betreuung sie gar nichts zu tun haben.

Es muss also auch in der PKV grundsätzlich eine nach § 203 StGB strafbewehrte innerorganisatorische Schweigepflicht bestehen, die lediglich zur Ermöglichung geregelter Arbeitsabläufe eine tatbestandliche Einschränkung erfährt.[499]

bbb) Heranziehung funktionsorientierter Kriterien zur Abgrenzung zwischen „berufenen" und nicht „berufenen" Mitarbeitern

Es sind also funktionsorientierte Kriterien heranzuziehen, anhand derer eine Abgrenzung zwischen berufenen Mitarbeitern und innerorganisatorischen Dritten erfolgen kann.

Es ist in jedem Fall eine „innerbehördliche" Informationsblockade zu vermeiden.[500]

Fraglich ist, welche funktionsorientierten Kriterien sich für eine Abgrenzung eignen.

Die sog. Gehilfentheorie[501], nach welcher die interne Geheimnisweitergabe dann kein Offenbaren im tatbestandlichen Sinne sein soll wenn der Informationsempfänger Gehilfe im Sinne des § 203 III StGB des Offenbarenden ist, ist abzulehnen und für den Bereich der PKV auch nicht einschlägig, da (vgl. oben) nahezu kein Personal des PKV-Unternehmens dem Gehilfenbegriff des Abs. 3 überhaupt unterfällt. Vielmehr sind

499 A. A., außerstrafrechtliche Restriktionen der innerbehördlichen Geheimnisweitergabe zulassend, strafrechtlich jedoch Tatbestandsmäßigkeit grds. verneinend: *Bruns,* Die Schweigepflicht der Sozialen Dienste der Justiz, S. 104, S. 116.

500 *Köpke,* § 203 I Nr. 6, S. 98.

501 Ausführlich zum Meinungsstand mit Nachweisen der jeweiligen Verteter: *Köpke,* § 203 I Nr. 6, S. 114 ff. .

alle PKV-Angehörigen selbst nach Abs. 1 Nr. 6 schweigepflichtig. Der Gehilfenbegriff kommt nahezu ausschließlich für Personal der Außendienstvertreter in Betracht.

Ebenfalls scheidet die Einwilligungstheorie aus, nach welcher jede Geheimnisweitergabe auch innerorganisatorisch eine Offenbarung darstellen soll, die über eine großzügige Anwendung der Grundsätze der konkludenten und der mutmaßlichen Einwilligung zu rechtfertigen sein soll.

Diese Theorie geht von einer konkludenten bzw. mutmaßlichen Einwilligung dann aus wenn die interne Geheimnisweitergabe allgemein üblich und daher vom Betroffenen vorauszusehen ist.

Diese Theorie ist nicht nur deshalb abzulehnen weil, wie hier vertreten, eine Einzelfallrechtfertigung jeder Weiterleitung von Versichertenunterlagen dem Interesse arbeitsteiliger Tätigkeit nicht ausreichend gerecht wird. Es kann nicht vom richterlichen Standpunkt abhängen ob eine Arbeitsteilung nach den Grundsätzen der konkludenten bzw. mutmaßlichen Einwilligung hätte erfolgen dürfen, dies wäre ein den Versicherungsmitarbeitern nicht zuzumutendes Risiko.

Daneben lässt diese Theorie auch außer Acht, dass die Grundsätze der konkludenten bzw. mutmaßlichen Einwilligung auf den Willen des Einwilligenden als maßgebliches Argument abstellen.

Objektive Umstände wie die Frage, ob ein Ablauf üblich ist und ob mit ihm gerechnet wird sind hier fehl am Platze.

Regelmäßig wird es dem Versichertenwillen zuwider laufen, dass seine Unterlagen dem Gesellschaftsarzt zur Anspruchsprüfung zugeleitet werden. Auch wenn damit sicherlich gerechnet wird, da es obligatorischer Bestandteil der Leistungsprüfung ist, entspricht es kaum der inneren Haltung des Antragstellers hierin einzuwilligen.

Ob er billigerweise einzuwilligen hätte ist demgegenüber eine Frage, die im Rahmen der informationellen Selbstbestimmung außer Betracht zu bleiben hat.

Gerade deshalb kann es für die innerorganisatorische Anspruchsprüfung gerade nicht auf das Vorliegen eines Rechtfertigungsgrundes ankommen, soll ein funktionsfähiger Arbeitsablauf beim Versicherer möglich sein.

Für notwendige und legitime Arbeitsteilung kann es nicht angehen deren Rechtmäßigkeit der Willkür der Versicherten preiszugeben[502].

Hier kann eine adäquate Lösung nur auf Tatbestandsebene zu suchen sein.

Auch die Rollentheorie vermag nicht zu überzeugen. Sie versucht die interne Geheimnisweitergabe dadurch zu erleichtern, dass sie bei Mitarbeitern mit Doppelfunktion, hier: Gesellschaftsärzte als Ärzte und Unternehmensangestellte, zwischen den Rollen zu differenzieren vorschlägt. So sollen Informationen,die der Gesellschaftsarzt in seiner höchstpersönlichen Berufsrolle erfährt der Schweigepflicht unterliegen, Informationen hingegen, die ihm als bloßer Mitarbeiter zu Teil werden nicht.

Wie oben bereits dargelegt, bekleidet der Gesellschaftsarzt in der PKV aber regelmäßig gar nicht die ärztliche Rolle.

Schließlich will die Theorie vom Vertrauenselement dann eine auch innerorganisatorische Pflicht zur Verschwiegenheit konstruieren wenn der Betroffene zu einem bestimmten Mitarbeiter in einer Vertrauensbeziehung steht, aufgrund derer betreffende Informationen gegeben werden.

---

502 So auch *Köpke,* § 203 I Nr. 6, S. 119.

Auch hierzu ist jedoch zu sagen, dass innerhalb des PKV-Unternehmens in der Regel alle Mitarbeiter inklusive Gesellschaftsärzte derselben Schweigepflicht aus § 203 I Nr. 6 StGB unterliegen. Besonderes Vertrauen in diesem Sinne wird also regelmäßig kein Mitarbeiter in Anspruch nehmen und wohl auch von keinem Versicherten ernstlich entgegengebracht.

Es ist vielmehr meist so, dass die Versicherten, außer evtl. ihren Außendienstvertreter, gar niemanden in der Versicherung persönlich kennen, geschweigedenn über interne Abläufe im Bilde sind.

Davon abgesehen, führt eine ausnahmsweise Schweigepflicht aufgrund Vertrauens ebenso wie die Idee eine mutmaßliche Einwilligung zu konstruieren zu uneinheitlichen und wenig verlässlichen Abgrenzungskriterien sowie zu einer Abhängigkeit der Interna vom Willen des Versicherten.

Auch im Lichte des Gleichheitsgebotes erfordert es der Rechtsgüterschutz des Persönlichkeitsrechts aller Versicherter, eine einheitliche organisatorische Bearbeitungsgrundlage für Leistungsanträge zu schaffen. Einzelne Vertrauenstatbestände sind hier systemwidrig.

Es vermag soweit keine der vorstehenden Theorien zu überzeugen, es ist daher nach anderen Kriterien für eine sachgerechte Einschränkung des Offenbarungsbegriffes zu suchen.

ccc) Die Übertragung für den behördlichen Bereich zu § 203 II StGB entwickelter Konkretisierungskriterien der objektiven Art auf die Situation in der PKV

Sachgerechter zur Einschränkung des Offenbarungsbegriffes im innerorganisatorischen Bereich könnten objektive Kriterien sein, wie sie *Jähnke*[503] für den innerbehördlichen Bereich zu § 203 II StGB entwickelt hat.

Diese Kriterien sind:

- die Sachgerechtigkeit der Weitergabe
- der bestimmungsgemäße Gebrauch des Geheimnisses
- die Orientierung am Zweck, zu dem die Information vom Bürger überlassen wurde
- die Weitergabe innerhalb des normalen Geschäftsganges und im Rahmen des hierarchischen Behörden-, hier: Organisationsaufbaus
- die funktionelle Zuständigkeit des mitteilungsempfangenden Bediensteten,hier: Mitarbeiters

Jähnke erachtet eine gesetzliche Grenze als maßgeblich, innerhalb derer eine tatbestandliche Offenbarung nicht vorliegen soll[504]. Abzustellen kann in Bezug auf diese Grenze nur auf die Vorschriften sein, die bereits den Aufbau einer Behörde und die Zwecke von Verwaltungshandeln regeln.Nun besteht im öffentlichen Recht allerdings ein gesetzmäßig determiniertes Gefüge von Dienst- und Fachaufsicht durch welches demokratische Kontrolle des Verwaltungshandelns erfolgt.[505]

Fraglich ist, ob die Grundsätze auf den Bereich der PKV übertragbar sind.

503 LK – *Jähnke,* 10. Auflage 5. Band 1989, § 203, Rn. 42.
504 LK – *Jähnke,* 10. Auflage 5. Band 1989, § 203, Rn. 42.
505 Vgl. *Köpke,* § 203 I Nr. 6, S. 127.

Dies ist mit *Lenckner*[506] zu bejahen. Von der hoheitsrechtlichen Reglementierung der Organisationsstrukturen abgesehen sind diese in der PKV durchaus einer Behörde vergleichbar. Ebenfalls ist eine staatliche Aufsichtsinstanz zur Kontrolle gegeben, die Unternehmen der PKV unterliegen nach § 81 VAG der Aufsicht der BaFin[507]. Auch die zulässigen Gesellschaftsformen sind nach § 7 I VAG beschränkt. Möglich sind Aktiengesellschaften, Versicherungsvereine auf Gegenseitigkeit sowie Körperschaften und Anstalten des öffentlichen Rechts. Es bestehen also durchaus auch in der PKV gewisse Gesetzmäßigkeiten der Organisationstätigkeit. Was die Art der Tätigkeit der Unternehmen der PKV angeht, so beteiligen sie sich neben der Erzielung von Gewinn an der Abdeckung der Gesundheitskostengrundsicherung, in einem Bereich, den die GKV nicht umfasst.

Ihre Tätigkeit liegt also nicht lediglich in privatem sondern daneben auch in öffentlichem Interesse.[508]

Konkret ist der Offenbarungsbegriff nach Maßgabe obiger Konkretisierungskriterien nach *Jähnke* im innerorganisatorischen Bereich der PKV nach hier vertretener Auffassung wie folgt zu modifizieren:

Innerorganisatorische Weitergabe von geheimen Versichertendaten ist dann nicht tatbestandsmäßig im Sinne von § 203 I Nr. 6 StGB wenn der Informationsfluss zwischen Mitarbeitern erfolgt, die aufgrund ihrer Funktion nach der im Voraus allgemein und anhand geltender Rechtsgrundlagen odnungsgemäß festgelegten Geschäftsverteilung[509] im Unternehmen bestimmungsgemäß mit den Geheimnissen in Berührung kommen und dies in Ausübung bzw. zu dem Zweck der Erfüllung ihrer ihnen nach eben maßgeblicher Geschäftsverteilung obliegenden Aufgaben geschieht[510].

Diese beiden Voraussetzungen müssen kumulativ vorliegen, so dass eine Offenbarung auch gegenüber einem funktional zuständigen Mitarbeiter dann tatbestandsmäßig ist wenn sie zum fraglichen Anlass in keiner Verbindung zu dessen Tätigkeit im Geschäftsvorgang steht.

Tatbestandsmäßig in diesem Sinne wäre es zum Beispiel wenn ein PKV-Sachbearbeiter dem Gesellschaftsarzt in der Mittagspause aus dem Fallzusammenhang gerissen einzelne und in dieser isolierten Form abwertende Informationen über einen im regulären Geschäftsgang ärztlich noch zu begutachtenden Versicherten zu seiner Belustigung mitteilte.

Tatbestandsmäßig wäre der Beispielsfall demgegenüber nicht wenn der Sachbearbeiter dem Gesellschaftsarzt die Unterlagen des zu begutachtenden Versicherten zur

506 *Lenckner, in: Schönke/Schröder,* Kommentar zum StGB, § 203, Rn. 19, 45.

507 Bundesanstalt für Finanzdienstleistungsaufsicht. Ihrer Aufsicht unterliegt der gesamte Geschäftsbetrieb der aufsichtspflichtigen Unternehmen. Die Aufsicht erstreckt sich auf alle vom Unternehmen gehaltenen Gegenstände und alle im Unternehmen tätigen Personen. Die Überwachung erfolgt im Rahmen rechtlicher und v. a. finanzrechtlicher Aufsicht. Nach § 81 I 2 VAG achtet die Aufsichtsbehörde auch auf ausreichende Wahrung der Belange der Versicherten und auf die Einhaltung der einschlägigen Rechtsgrundlagen des Geschäftsbetriebes. Die Einhaltung kann im Wege der Verwaltungsvollstreckung von der BAFin durchgesetzt werden, § 93 VAG.

508 Vgl. *Köpke,* § 203 I Nr. 6, S. 133.

509 Zu denken sein könnte hier an das Verfahren der Geschäftsverteilung an Gerichten, welche,nach ordnungsgemäßer Beachtung der einschlägigen Rechtsgrundlagen erfolgt,durchaus als geeignet angesehen wird den *gesetzlichen* Richter zu bestimmen.

510 Ähnlich *Rein* VersR 1976, 117, 120; ablehnend *Köpke,* § 203 I Nr. 6, S. 138.

Prüfung der medizinischen Voraussetzungen der Leistungspflicht im ordnungsgemäßen Geschäftsgang übermittelte und dieser sich im Sachzusammenhang selbstständig ein Bild über den Gesundheitszustand und ggf. andere Umstände des Versicherten machen könnte.

Zum ablehnenden Argument *Köpkes*[511], es hänge im Ergebnis vom Abteilungsleiter ab, wer mit den Daten nach Geschäftsverteilung in Berührung komme ist zu sagen, dass Grundrechte ihrer Natur nach immer von den jeweiligen Verhältnissen abhängig sind, in denen sie gewährt werden und so kann der Geheimnisschutz, soll er praktikabel sein, nicht so weit gehen, dass er eine auf die täglichen Erfordernisse in der Praxis eingestellte Aufgabenverteilung unmöglich macht. Vielmehr ist im Rahmen der erforderlichen geschäftspraktischen Abläufe, die wohl tatsächlich am ehesten ein Abteilungsleiter sachgerecht beurteilen kann, der Geheimnisschutz zu gewährleisten. Dem wird hier vertretene Auslegung des tatbestandlichen Offenbarungsbegriffes nach Ansicht der Verfasserin gerecht.

Gestützt wird diese These zusätzlich von Überlegungen zum Versicherungsgeheimnis.

Ein Versicherungsgeheimnis ist zwar in keiner allgemeingültigen standesrechtlichen Regelung kodifiziert, doch wird sein Bestehen schon seit langem anerkannt.

Der Begriff des Versicherungsgeheimnisses entwickelte sich angelehnt an das Bankgeheimnis und hat seine maßgebliche Grundlage wie dieses im Vertrag zwischen den am Rechtsverhältnis Beteiligten und im Grundsatz von Treu und Glauben.[512]

Schon vor der Schaffung des § 203 I Nr. 6 StGB war anerkannt:

> *„Wenn also auf irgendeinem Vertragsgebiete eine umfassende Offenbarung geheimer und geheimster Tatbestände erfolgt und wenn auf irgendeinem Geschäftsgebiet ein Vertrauensverhältnis besonderer Art begründet wird, dann dürfte dies in hervorragendem Maße auf dem Gebiet der Privatversicherung der Fall sein. Inhalt und Umfang der zu offenbarenden Tatsachen sind für den VN so wesentlich und für den Entschluß des VU, der zum Vertragsabschluß führt, rechtlich und wirtschaftlich so bedeutungsvoll, daß die Verpflichtung des VU zur Verschwiegenheit unmittelbar zum Inhalt des Vertrages wird. Der Umstand, daß diese Verschwiegenheitspflicht zwischen den Parteien nicht ausdrücklich zum Inhalt des Vertrages gemacht wird, ändert in Anbetracht ihrer entscheidenden Bedeutung für das Zustandekommen des Vertrages nichts daran, daß sie Bestandteil des Versicherungsvertrages wird und nicht nur eine Nebenverpflichtung, die aus dem Versicherungsvertrag herzuleiten ist.“*[513]

Aufgrund der Tatsache, dass die vom Versicherungsnehmer geforderten Auskünfte über rein vermögensmäßige Umstände weit hinausgehen, wurde das Versicherungsgeheimnis gegenüber dem Bankgeheimnis als das intensivere Verschwiegenheitsgebot gewertet. Weitere Grundlage dieser besonderen Verschwiegenheitspflicht war schon früher die Geheimsphäre des allgemeinen Persönlichkeitsrechts.[514]

Nun konstatiert das BVerfG[515]aber, das Menschenbild des Grundgesetzes sei nicht das eines isolierten souveränen Individuums, das Grundgesetz habe vielmehr das Spannungsverhältnis zwischen Individuum und Gemeinschaft im Blick, so dass jedes Grund-

---

511 *Köpke,* § 203 I Nr. 6, S. 138.

512 *Schmidt,* VersR 1957, 492.

513 *Schmidt,* VersR 1957, 492, 493.

514 *Schmidt,* VersR 1957, 492, 494.

515 BVerfGE 4, 7, 15 f. .

recht seinem Träger in seiner Gemeinschaftsbezogenheit bzw. Gemeinschaftsgebundenheit zukomme.

Diese Gemeinschaftsgebundenheit kommt auch in einer Versichertengemeinschaft zum Tragen.

Grundlage jedes Versicherungssystems ist das Risikokollektiv. Die Gesamtheit aller bei einem Unternehmen Versicherten bringt mit ihren Prämien das Kapital auf, aus welchem die schadensbedingten Nachteile derer ausgeglichen werden, in deren Person sich das versicherte Risiko verwirklicht.[516]

Bezogen auf die Rechte des einzelnen Versicherungsnehmers im Rahmen der internen Leistungsüberprüfung bedeutet die Einbindung in eine Risikogemeinschaft unter dem Aspekt der allgemeinen Gleichbehandlung, dass einzelne Versicherungsnehmer nicht besser gestellt werden dürfen als andere. Daher muss der private Krankenversicherer grds. die Möglichkeit haben intern das Vorliegen der Voraussetzungen des Leistungsanspruches zu überprüfen damit er keine unberechtigten Leistungen an Einzelne gewährt, die die Gemeinschaft der Übrigen zusätzlich zu tragen hätte.

Da der Schutz der Belange der Versichertengemeinschaft sonach nicht von der Einwilligung in die Anspruchsprüfung durch den einzelnen Versicherungsnehmer abhängen darf, muss es auch unter dem Aspekt der Gemeinschaftsbezogenheit der Grundrechte, hier des allgemeinen Persönlichkeitsrechts in seiner Konkretisierung im Versicherungsgeheimnis auf Tatbestandsebene eine Möglichkeit der tatbestandslosen Datenübermittlung geben.

Der Geheimnisschutz wird hierbei nicht unverhältnismäßig verkürzt, immerhin bleibt das Geheimnis durch die geregelte Organisationsstruktur innerhalb des Kreises zum Wissen grds. Berufener.

Zwischenergebnis zu Teil 3 B, II, 2. b), aa) :

Einer internen Anspruchsprüfung durch den Gesellschaftsarzt eines PKV-Unternehmens steht nichts entgegen, sie ist grds. zulässig und für die sachgerechte Bearbeitung von Leistungsanträgen auch erforderlich, schließlich liegt es im Interesse der gesamten Versichertengemeinschaft eines Unternehmens, dass die Leistungen ordnungsgemäß an diejenigen und nur an diejenigen erbracht werden, denen sie nach Vorliegen der anspruchsbegründenden Voraussetzungen auch zustehen. Eine Übermittlung von Versichertendaten an den Gesellschaftsarzt stellt unternehmensintern schon keine tatbestandliche Offenbarung im Sinne von § 203 I Nr. 6 StGB dar.

bb) Übermittlung an externe Gutachter

Anders liegen die Dinge wohl bei Versicherungsgesellschaften, die an Stelle des internen Gesellschaftsarztes einen externen Gutachter beschäftigen.Was die Übermittlung der Versichertenunterlagen zur Leistungsprüfung an einen solchen betrifft, so ist hier Tatbestandsmäßigkeit im Sinne von § 203 I Nr. 6 StGB gegeben, es sei denn die Übermittlung würde sich als eine solche an einen berufsmäßig tätigen Gehilfen des übermittelnden Versicherers darstellen.Dies würde dessen Arbeit erheblich erleichtern, denn dann läge eine interne Geheimnisweitergabe vor.Es ist zu untersuchen, ob die externen

516 *Dörner,* in: Berliner Kommentar zum VVG, Einleitung, Rn. 46.

Gutachter durch den mit dem Versicherer abgeschlossenen Vertrag zu Gehilfen des Versicherers werden.Wäre dies der Fall, so wären die Gutachter in den Kreis der zum Wissen Berufenen einbezogen und unterlägen nach außen der Schweigepflicht nach § 203 III StGB[517].Berufsmäßig tätiger Gehilfe im Sinne von § 203 III StGB ist, wer innerhalb des beruflichen Wirkungskreises des nach § 203 Abs. 1 StGB Schweigepflichtigen steht und eine auf dessen berufliche Tätigkeit bezogene unterstützende Tätigkeit ausübt, welche die Kenntnis fremder Geheimnisse mit sich bringt oder ohne Überwindung besonderer Hindernisse ermöglicht[518]. Der Gehilfe muss unmittelbar an der Berufstätigkeit des Hauptschweigepflichtigen unterstützend teilnehmen,wobei seine Tätigkeit für den Hauptschweigepflichtigen auf Dauer angelegt sein und eine Integration in dessen Funktionseinheit mit sich bringen muss; je weniger dies der Fall ist, desto eher ist eine Gehilfeneigenschaft zu verneinen.[519] Dies macht bereits deutlich, dass eine Gehilfeneigenschaft selbstständig organisierter Gewerbetreibender bzw. Freiberufler regelmäßig nicht in Betracht kommt[520].

Es fehlt bei selbstständig niedergelassenen ärztlichen Gutachtern an der Integration in die Funktionseinheit des Versicherers und ebenfalls an einer Weisungsgebundenheit.

Vielmehr setzt die Gutachtertätigkeit, soll ein Gutachten objektiv und dadurch aussagekräftig sein, gerade die Unabhängigkeit des Gutachters und die Verpflichtung allein der Sache und seinem Gewissen voraus.So kann eine Gehilfeneigenschaft außerhalb der Organisation des Hauptschweigepflichtigen Tätiger [521]auch gar nicht einfach durch Vertrag begründet werden, sondern richtet sich in Bezug auf die Schweigepflicht allein nach dem Vorliegen ihrer tatbestandsmäßigen Voraussetzungen[522].Der externe ärztliche Gutachter ist also Dritter im Sinne des Offenbarungsbegriffes des § 203 I Nr. 6 StGB und

517 In ihrer ärztlichen Eigenschaft haben sie, unabhängig von der Beantwortung der Frage, ob sie Gehilfen des Versicherers sind oder nicht, ihre Schweigepflicht aus § 203 I Nr. 1 StGB zu achten. Diese steht der Erstattung eines Gutachtens an den Versicherer grds., d. h. Zulässigkeit im hier zu erörternden Sinne vorausgesetzt, nicht entgegen, soweit sich dieses auf die von der Zweckbestimmung des Gutachterauftrages gedeckten, also auf die erforderlichen Daten beschränkt. In diesem Falle (nur in diesem Falle) genügt die Gutachterlegitimation nach hier vertretener Auffassung auch für die Legitimation der Erstattung des Gutachtens an den Auftraggeber (nur an diesen).

518 *Lenckner, in: Schönke/Schröder,* Kommentar zum StGB, § 203, Rn. 64.

519 Vgl. *Köpke,* § 203 I Nr. 6, S. 230, 231 m. w. N. .

520 Nach *Köpke,* § 203 I Nr. 6, S. 232, m. w. N. soll die gesetzgeberische Entscheidung, die Privatärztlichen Verrechnungsstellen in § 203 I Nr. 6 StGB selbstständig der Verschwiegenheit zu verpflichten, ein Argument dafür sein, dass selbstständig organisierte Gewerbetreibende als Gehilfen ausscheiden. Es sollte nach Auffassung der Verfasserin allerdings eher umgekehrt sein: Die Tatsache, dass die PVS als Gehilfe der Leistungserbringer ausscheidet, hat die Tätigkeit des Gesetzgebers zur Regelung ihrer Schweigepflicht erforderlich gemacht. Die PVS macht die Forderungen in der Regel nicht im Namen des Leistungserbringers sondern im eigenen Namen geltend. Sie erwirbt die Forderungen vom Leistungserbringer im Wege der Abtretung, so dass sie deren Einziehung – von ihrer Organisationsstruktur unabhängig – schon gar nicht im Sinne einer Gehilfentätigkeit *für den Leistungserbringer* betreibt. Die Regelung einer eigenständigen Schweigepflicht war also schon aus diesem Grunde zur Vermeidung von Geheimnisschutzlücken geboten.

521 Anders liegt der Fall bei innerhalb der Organisation des Hauptschweigepflichtigen Tätigen. Diese werden durch Anstellungsvertrag zu Gehilfen. Wobei hier regelmäßig auch die tatbestandlichen Voraussetzungen der Gehilfenschweigepflicht vorliegen werden.

522 *Köpke,* § 203 I Nr. 6, S. 233 m. w. N. .

so ist die Übermittlung von Versichertendaten an einen solchen Gutachter tatbestandsmäßig und bedarf der Rechtfertigung[523]. Eine solche können die privaten Krankenversicherer jedoch in der Regel vorweisen, soweit es um die Leistungsprüfung durch die externen Gutachter geht, wie sie auch der Gesellschaftsarzt vornimmt.Die Versicherer, die sich für die externe Begutachtung entscheiden, regeln dies in ihren Allgemeinen Versicherungsbedingungen (AVB) und lassen sich darüber hinaus von den betroffenen Versicherungsnehmern Einwilligungserklärungen im Einzelfall unterschreiben. Diese Vorgehensweise begegnet keinen Bedenken[524], jedoch sind die Einwilligungen konstitutiv für die Rechtfertigung des Vorgehens vor § 203 I Nr. 6 StGB. Eine Offenbarungsbefugnis zu vermitteln, sind AVB allein nämlich mangels Rechtsnormqualität nicht geeignet, vgl. oben Teil 2, A, II, 1. .

c.) Prüfung von Abrechnungsauffälligkeiten durch externe Vertrauensärzte

Darüber hinaus drängt sich jedoch die Frage auf, ob es in der PKV nicht auch eine der Plausibilitätsprüfung durch Krankenkassen und Kassenärztliche Vereinigung in der GKV bzw. dem MDK vergleichbare Möglichkeit gibt, Abrechnungsauffälligkeiten durch eine externe Institution überprüfen zu lassen.[525] Dies geht über die Leistungsprüfung im obigen Sinne hinaus, so dass die Beschäftigung externer ärztlicher Gutachter zu diesem Zweck regelmäßig nicht ohne Weiteres mit den eben erwähnten AVB gerechtfertigt ist. Auch die Einwilligung in die Leistungsprüfung durch externe Gutachter hat in der Regel nicht gleichermaßen die Einwilligung in eine Plausibilitätsprüfung zum Inhalt. Es bedarf hier also, wie zu zeigen sein wird, einer weitergehenden Rechtfertigung.

523 Ein Rückgriff auf § 11 BDSG (Auftragsdatenverarbeitung) dergestalt, dass eine Stelle, die Daten im Auftrag erhebt, verarbeitet oder nutzt nach § 3 VIII 3 BDSG nicht als Dritter im übermittlungsmäßigen Sinne gilt, verbietet sich an dieser Stelle von selbst, da es bei der Definition eines Dritten bei einer Datenübermittlung nicht um die Frage geht, wann eine Offenbarung im Sinne von § 203 I Nr. 6 StGB befugt ist, sondern bereits um die Frage, ob eine Offenbarung im tatbestandlichen Sinne vorliegt oder nicht. Während § 203 StGB keine Regelung über die Frage enthält, wann Offenbarungen befugt sind, enthält er durchaus eine Regelung wann eine Offenbarung vorliegt und wann nicht. Die Frage, wer Dritter ist und wer nicht, gehört also genuin zu seinem Regelungsbereich. Dritter ist demnach jeder, der nicht in die Funktionseinheit des Übermittelnden eingegliedert ist, auch wenn er in dessen Auftrag tätig wird. Eine entgegenstehende Regelung aus dem Datenschutzrecht unterliegt in Bezug auf hier interessierende Gesundheitsdaten also der Derogation durch das Strafrecht nach § 1 IV 1 BDSG. Vgl. *Köpke,* § 203 I Nr. 6, S. 236–239.

524 Vgl. BVerfG 1 BvR 2027/02: Das BVerfG anerkennt ein gewichtiges Interesse der Versicherer an der Leistungsprüfung. Es stellt die grds. Möglichkeit der pauschalen Regelung über AVB nicht in Abrede, weist jedoch auf die Erforderlichkeit zumindest der Ermöglichung von Einzelfalleinwilligungen zum Schutz der inform. Selbstbest. hin. (Entscheidung betrifft umfassende Schweigepflichtentbindung für Berufsunfähigkeitsversicherung umfasst aber daneben allg. den Datenschutz in der PKV).

525 *Dass solche Überprüfungen durch externe Unternehmen stattfinden, ist ein offenes Geheimnis,* vgl. *Köpke,* § 203 I Nr. 6, S. 225.

aa) Interesse der Versicherer an externer Prüfungsinstitution zur Klärung von Abrechnungsauffälligkeiten

Aus der Perspektive der Versicherungsunternehmen ist nachvollziehbar, dass ein Interesse daran besteht, unabhängig von der Prüfung der Leistungspflicht auch in Fällen von Abrechnungsauffälligkeit (zB Abrechnungsbetrug durch Ärzte, ...) eine externe Institution hinzuziehen zu können, die aufgrund der Tatsache, dass sie organisatorisch nicht mit dem Versicherer verbunden ist, höheres gesellschaftliches und wohl auch gerichtliches Vertrauen genießt als der unmittelbar im Lager des Versicherers stehende Gesellschaftsarzt.

Viele Versicherer beschäftigen auch gar keinen solchen.

Kommt es in Zweifelsfällen, ob eine korrekte oder eine inkorrekte Rechnung eingereicht worden ist, zu einer dem Versicherten ungünstigen Entscheidung des Versicherers oder gar zum Rechtsstreit (zB gegen einen Leistungserbringer) so wird ein unabhängiger und neutraler Gutachter eher für seine Argumente überzeugen als ein quasi befangener Gesellschaftsarzt.

Mangels eines speziellen Vertrauensärztlichen Dienstes kommt im Rahmen der PKV in Zweifelsfällen allerdings auch bzgl. der Überprüfung auffälliger Unterlagen lediglich die Einschaltung privater niedergelassener Ärzte als Gutachter in Betracht.

Die Versicherer können sich mit der Einschaltung solcher privater Vertrauensärzte eine stabilere Beweislage für den Streitfall schaffen. Daneben haben sie unternehmensintern in der Regel neben dem laufenden Geschäftsbetrieb kaum die Kapazität, eine umfangreiche Prüfung selbst vorzunehmen.

Eine externe Prüfung setzt jedoch voraus, dass zu prüfende Unterlagen, sowie für eine Prüfung erforderliche Materialien einem außerhalb des Versicherungsvertragsverhältnisses stehenden Gutachter zugeleitet werden; der Unterschied zur Überprüfung der Leistungspflicht durch externe Gutachter besteht hier darin, dass die Klärung von Abrechnungsauffälligkeiten nicht unbedingt einen Verdacht gegen den Vesicherten bedeuten muss. Vielmehr kann sich hier ein Verdacht auch lediglich gegen einen abrechnenden Leistungserbringer richten, so dass problematisch ist, zur Klärung eines solchen Verdachts Unterlagen des Versicherten zu übermitteln. Hier ist an die Fälle zu denken, in denen der Versicherte keine diesbezügliche Einwilligung erteilt, bzw. schon in die Leistungsprüfung nicht eingewilligt und auf seine Erstattungsansprüche verzichtet hat. Festzuhalten, dass es sich in jedem Falle um im Sinne von § 203 I Nr. 6 StGB tatbestandsmäßiges Offenbaren handelt, erübrigt sich.Es erscheint zweifelhaft, ob den Versicherungsunternehmen der PKV ein solches Vorgehen anzuraten ist, steht doch dem Vorteil verbesserter Beweislage im Streitfall u. U. der Vorwurf der Verletzung der Verschwiegenheitspflicht gegenüber.

Zu klären ist daher die Frage, ob eine Rechtfertigung solchen Vorgehens unter irgendeinem Aspekt denkbar ist.

bb) Kriterien zur Auswahl der Ärzte

Bereits fraglich in diesem Zusammenhang ist unter anderem, welche Instanz beim Versicherer nach welchen Kriterien, in welchem Verfahren, welchen der zahlreichen niedergelassenen Ärzte als Prüfungsinstanz auswählen soll. Diese Frage ist hier weit entscheidender als im Rahmen der Leistungsprüfung, da eine Regelung einer Auffälligkeitsprüfung beim Verdacht gegen Leistungserbringer über AVB, wie unten zu zeigen sein wird, nicht in Betracht kommt, eine Legitimation der Vertauensärzte im Rahmen eines solchen Verfahrens also beträchtlich schwieriger ist.

In der PKV ist ein geregeltes Verfahren, welches dem Auserwählten die Seriosität des MDK der GKV vermitteln könnte, nicht gegeben.Mangels genauer Informationen aus der Praxis (zunächst über das Bestehen eines Bedürfnisses nach einer über die Leistungsprüfung hinausgehenden unternehmensexternen Prüfung von auffälligen Abrechnungen überhaupt bzw. bejahendenfalls über deren konkrete Ausgestaltung)[526] muss davon ausgegangen werden, dass eine Kür niedergelassener Ärzte zu Vertrauensärzten ggf. auf der Basis freien Ermessens, also in der Quintessenz auf der Tatsache beruhte, dass die Erwählten das Vertrauen des Versicherers für sich verbuchen können. In diesem Zusammenhang scheint bereits deutlich, dass es sich hier schwerlich um ein dem Rechtsgüterschutz der Betroffenen angemessenes Verfahren würde handeln können. Selbst wenn man das Bestehen objektiver oder besser objektivierter Grundlagen eines Auswahlverfahrens unterstellt, fehlt es an der notwendigen Transparenz und Kontrolle.

cc) Prüfungsverfahren: Qualitäts-, Wirtschaftlichkeits- und Plausibiliätskontrollen

Ein Interesse, Versichertenunterlagen daraufhin zu überprüfen, ob die eingereichten Rechnungen und Behandlungsbelege ordnungsgemäß sind, d.h., ob dem Versicherten zur Heilung seiner Beschwerden geeignete und notwendige Behandlungen verschrieben bzw. gegeben wurden, ist grds. legitim. Auch in der PKV besteht wie oben schon gesagt eine Versichertengemeinschaft, ein Risikokollektiv. Grundsätzlich von Nöten ist also die Beobachtung der qualitativen und wirtschaftlichen Vertretbarkeit der Verordnungen der Leistungserbringer durch die Versicherer.Jedoch ist maßgebliches Verfahren hier in erster Linie oben abgehandelte Leistungsprüfung. Nachdem die Leistungserbringer im Rahmen der PKV nicht wie die Vertragsärzte der GKV Mitglieder einer übergeordneten Organisation wie der Kassenärztlichen Vereinigung sind und auch nicht an einer geregelten vertragsärztlichen Versorgung teilnehmen, ist die Tätigkeit des privat nieder-

526 Eine Email-Anfrage der Verfasserin zum Thema Leistungsprüfung und Plausibilitätsprüfung von Abrechnungen durch private Krankenversicherer; verbunden mit Detailfragen ob neben der konkreten Anspruchsprüfung auch Rechnungen überprüft werden, die einen konkreten Verdacht gegen einen Arzt begründen und auf welcher Grundlage diese Prüfung ggf. in welchem Verfahren erfolgt sowie, welche Bedeutung und Ursachen Abrechnungsbetrug in der PKV hat, hat ein großer privater Krankenversicherer, der nicht namentlich erwähnt werden soll zwar beantwortet, die Antwort (s. Anhang, Verwendung autorisiert) hat jedoch lediglich ergeben, dass Leistungsansprüche durch die hauseigene Leistungsabteilung und ggf. unter Einschaltung des betroffenen Versicherten durch ärztliche Gutachter geprüft werden. Hierbei werde grds. der Datenschutz gewahrt und die Einwilligung des Versicherten eingeholt. Gestützt werde dies auf die vertragliche Mitwirkungspflicht des Versicherungsnehmers. Dieses Vorgehen begegnet, s.o., keinen Bedenken. Ob bzw. wie im Falle fehlender Einwilligung des Versicherten (z.B. bei Verzicht auf Kostenerstattung) gegen ärztlichen Betrugsverdacht vorgegangen wird, konnte nicht erhellt werden. Ebenfalls wollte der Versicherer keine Angaben zu Ursachen und Bedeutung von Betrugsfällen in der PKV machen. Ein weiterer angeschriebener Versicherer hat nicht auf die Anfrage geantwortet, der Verband der PKV hat sich auf die Information beschränkt, dass die Betrugsbekämpfung in der PKV nicht zentral organisiert sei und bzgl. Detailfragen auf die im Verband organisierten Versicherungsunternehmen zurückverwiesen, s. Anhang.

gelassenen Arztes im Verhältnis zur PKV eine genuin freiberufliche.Zwar ist durch die Leistungserbringer der medizinische Standard zu wahren und eine Gebührenordnung einzuhalten, die der Versicherer bei der Leistungsprüfung nachvollziehen kann und intern überprüfen darf, darüber hinaus existieren jedoch keine der Qualitäts- und Wirtschaftlichkeitsprüfung bzw. der Plausibilitätsprüfung vergleichbaren Verfahren. Eine übergeordnete Organisation wie die Kassenärztliche Vereinigung, die in Zusammenarbeit mit den Versicherern die Verantwortung für solche Prüfverfahren übernehmen könnte, gibt es hier auch gar nicht.

Demzurfolge kommt für die PKV nur hier zu erörternde Möglichkeit der Kontrolle der Leistungserbringer durch einzelne ausgewählte Kollegen, ihrerseits niedergelassene Ärzte in Betracht wenn die Verordnungspraxis der Leistungserbringer von einer gegenüber einem Gesellschaftsarzt neutraleren Instanz kontrolliert werden soll.

Problematisch an einer derart über die Leistungsprüfung hinaus gehenden Abrechnungsprüfung ist also, neben dem bereits angerissenen Problem mindestens der Tatbestandsmäßigkeit einer Einschaltung privater ärztlicher Gutachter im Sinne von § 203 I Nr. 6 StGB in Bezug auf die Verschwiegenheitspflicht gegenüber dem Versicherten weiterhin die, mit einem solchen Vorgehen möglicherweise verbundene Verletzung von Rechtsgütern der kontrollierten Leistungserbringer. Die Unterlagen der Ärzte sind als deren Dokumentationen Teil des Geistigen Eigentumes sowie Geschäftsgeheimnisse und so stellt sich die Frage, ob eine Zuleitung solcher Dokumentationen an einen Kollegen über die legitime Leistungsprüfung hinaus zu anderem Zweck zulässig sein kann.

Bei der Plausibilitätskontrolle der GKV handelt es sich um Kontrollen in Zusammenarbeit der Krankenversicherungsträger und der im Lager der Leistungserbringer stehenden Kassenärztlichen Vereinigung. Auch der MDK ist aufgrund seiner gesetzlich geregelten Organisation eine Institution, deren Verfahren transparent sind und für die Leistungserbringer im Regelfall keine unverhältnismäßige Beeinträchtigung darstellen. Jedenfalls garantiert § 275 V SGB V eine Beurteilung der Erhebungen des MDK allein nach dem Gewissen der begutachtenden Ärzte. Die Neutralität des MDK seinem Auftraggeber gegenüber ist mithin gewährleistet.

Was die Wirtschaftlichkeitsprüfung in der GKV angeht, so haben die betroffenen Ärzte nach § 106 V 3 SGB V die Möglichkeit einen Beschwerdeausschuss anzurufen.

Es ist in der GKV also für hinreichende Interessenvertretung der Ärzteschaft gesorgt.

Wie eine vergleichbare Instanz in der PKV aussehen sollte, ist nicht ersichtlich.

Die betroffenen Ärzte hätten im Falle des Vorwurfs von Abrechnungsauffälligkeiten – u. U. sogar stichprobenartig ohne jeden Verdacht im Einzelfall – eine Begutachtung durch nicht legitimierte Kollegen zu dulden, was nicht nur unter Gleichheitsaspekten in ihrer mittelbaren Drittwirkung bedenklich erscheint.

Daneben fehlte es auch mangels Vertragsbeziehung zwischen Ärzteschaft und Versicherungswirtschaft an einer Legitimation der Versicherungsunternehmen als Auftraggeber.

Einzige überhaupt denkbare Möglichkeit unter Gleichheitsaspekten könnte sein, die leistungserbringenden Ärzte durch Kollegen besonderer Berufung überprüfen zu lassen, zum Beispiel durch auch im gerichtsförmigen Verfahren zugelassene Sachverständige.

Auch hier ist jedoch nicht ersichtlich, worin deren Legitimation im Auftrag der Versicherer bestehen könnte.

aaa) Verdachtsprüfungen

Zunächst ist gleichwohl zu klären, wie es – das Vorliegen eines unter rechtsstaatlichen Gesichtspunkten ordnungsgemäßen Verfahrens zur Kontrolle von Plausibilität, Qualität und Wirtschaftlichkeit ärztlicher Leistungsabrechnungen unterstellt – mit der Zulässigkeit von Verdachtsprüfungen aussehen könnte.

In Zeiten, in denen zunehmend Betrugsfälle überall im Wirtschaftsleben vorkommen und diese auch vor dem Gesundheitswesen nicht halt machen, wäre es grds. schon zu diskutieren, auch privaten Krankenversicherern ein Verfahren zur Kontrolle der für das System tätigen Leistungserbringer, sowie über die Prüfung von Einzelrechnungen hinaus auch ihrer Versicherten an die Hand zu geben. Es stellt sich lediglich die Frage, ob dies nicht dem Gesetzgeber vorbehalten ist. Für die Beantwortung dieser Frage ist die gegenwärtige Situation in der Praxis zu untersuchen. Danach ist zu überlegen, ob ggf. auch das Bedürfnis eines entsprechenden gesetzgeberischen Tätigwerdens besteht.

Bekannt ist[527], dass in der privaten Versicherungswirtschaft auch außerhalb der Leistungsprüfung (zB bei versagter Einwilligung des VN) verdächtige Rechnungen spezialisierten Dritten, in der Regel praktischen niedergelassenen Ärzten, zusammen mit Versichertenunterlagen (u. a. Name, Diagnose ...) zur Prüfung zugeleitet werden.

α) Beispiele von Abrechnungsbetrug, ein Blick auch auf die GKV

In den allgemeinen Medien ist in den letzten Jahren zunehmend von Betrugsfällen im Gesundheitswesen zu hören und zu lesen.

Hierbei ist auf der einen Seite anzumerken, dass bei weitem nicht alle Fälle, die in den Medien auftauchen auch tatsächlich Fälle vorsätzlichen Betruges sind, sondern dass nach wie vor die weit größte Zahl der Leistungserbringer korrekt abrechnet.

Auf der anderen Seite ist jedoch nicht zu beschönigen, dass es wohl zunehmend „schwarze Schafe“ gibt und dass Abrechnungsbetrug ein im heutigen Gesundheitswesen durchaus ernst zu nehmendes Problem ist[528].

So publiziert die freie Enzyklopädie *Wikipedia* zum Stichwort Abrechnungsbetrug, die amtliche Statistik des Jahres 2003 habe 13781 Fälle ausgewiesen, 1374 mehr als dies noch 2002 der Fall gewesen sei.

In einem Artikel der *Rheinischen Post* vom 17.01.2003 (Anhang) war zu lesen, die AOK Niedersachsen hätte die Abrechnungsbetrügereien einiger Dutzend Ärzte aufgedeckt, die der Kasse Behandlungen von Patienten sollten in Rechnung gestellt haben, die bereits Jahre tot gewesen seien.

Ohne diese Publikationen einer näheren Würdigung zuführen zu wollen (die AOK Niedersachsen soll laut Internetauftritt des Ärztevereins Südkreis Mettmann e. V. bereits am 24.01.2003 eine Pressemitteilung (Anhang) veröffentlicht haben, in welcher sie

527 Vgl. oben Fn. 525, *Köpke*, § 203 I Nr. 6, S. 225.

528 Dies hat auch eine Korrespondenz der Verfasserin mit der AOK Baden-Württemberg vom 11.03.2010 bestätigt, autorisiertes Protokoll vom 24.03.2010, s. Anhang. Jedoch sind auch die Kontrollen zur Regulierung von Abrechnungsbetrug im Zuge der jüngsten Reformen immer besser geworden.

der großen Mehrheit der niedergelassenen Ärzte und der Kassenärztlichen Vereinigung ihr Vertrauen ausspricht) ist zu bemerken, dass die gesellschaftliche Sensibilisierung, das Thema Abrechnungsbetrug betreffend, im Zuge der Gesundheitsreformen stark zugenommen hat.

Es kommen verschiedene Konstellationen vor; einige wenige sollen kurz genannt werden[529]:

Betrug durch Ärzte:
- Abrechnung nicht erbrachter Leistungen
- Falschabrechnung erbrachter Leistungen
- Abrechnung nicht indizierter Leistungen

Betrug durch Apotheken:
- Berechnung von Originalpräparaten bei Abgabe von Reimporten
- Fälschung von Mengenangaben auf Rezepten

Betrug durch Versicherte:
- Verleihen oder Verkaufen von Krankenversichertenkarten

Fälle kollusiver oder besser mittäterschaftlicher Zusammenarbeit zwischen:

Ärzten und Apothekern:
- Provisionszahlung bzw. –entgegennahme für die Verordnung teurer Arzneimittel

Ärzten und Versicherten:
- Verordnung unwirtschaftlicher oder nicht heilungsfördernder (Wellness…) Mittel auf Wunsch

Versicherten und Apothekern:
- Tausch von Rezepten gegen Kosmetika etc. statt Medikamenten

Einige Konstellationen sind in der GKV eher denkbar als in der PKV. In der PKV wird dem Versicherten die Rechnung zugeleitet. In der Regel ist dieser im Bild über die vorgenommene Behandlung und so grds. in der Lage und in der Pflicht, eine Rechnung kritisch zu prüfen. So sollte zB die Abrechnung nicht erbrachter Leistungen auf Seiten der Ärzte wohl im Wesentlichen in der GKV zu beobachten sein, ebenso das Verleihen bzw. Verkaufen von Krankenversichertenkarten an Unbefugte durch Versicherte.

Andererseits ist meist auch der privat Versicherte nicht so sachkundig, dass er in der Lage wäre wirklich jede Auffälligkeit einer Rechnung zu bemerken, so dass beispielsweise Verschreibung teurer Präparate gegen Provision vom Apotheker oder auch die Falschabrechnung im weiteren Sinne, sowie die Abrechnung nicht indizierter Leistungen auch in der PKV durchaus möglich sind.

Im großen Ganzen ist festzustellen, dass die allgemeinen Medien weit häufiger über Fälle von Abrechungsbetrugsverdacht in der GKV berichten als in der PKV.

Obgleich sich ein Zusammenhang mit der Gesundheitsreform zwar aufzudrängen scheint, muss dies jedoch nicht zwingend bedeuten, dass in der PKV der Verdacht weniger häufig besteht. Vielmehr scheint es auch denkbar, dass die Berichterstattung deshalb eher die GKV beleuchtet, weil diese das breitere Publikum betrifft.

529 Beispiele stammen aus dem Internetauftritt des Vereins *Transparency International Deutschland.*

In der GKV spielt der Kartenmissbrauch eine nicht gering einzuschätzende Rolle. Zum Beispiel in Zusammenhang mit Schwarzarbeit.

Aufgrund der Umstände, dass die derzeitige Krankenversichertenkarte kein Lichtbild des Versicherten zeigt und eine Sperrung bei Verlust (noch) nicht möglich ist, ist es denkbar dass wenn Versicherte ihre Karte „verlieren“ und eine neue Karte bekommen, diese zusätzlich zur alten besitzen wenn diese dann „wieder auftaucht“. So können also auf eine Versicherungsmitgliedschaft mehrere Karten existieren.Die vom Versicherungsnehmer nicht benötigte Karte kann auf diese Weise an eine nicht versicherte Person abgegeben werden, die auf diese Art unbefugt Leistungen in Anspruch nimmt. Aus diesem Grunde hat der Gesetzgeber mittlerweile in § 291 II SGB V die Grundlage für die Pflicht geschaffen, die Krankenversichertenkarte mit Lichtbild auszustatten[530]. Dies soll ebenfalls für die künftige elektronische Gesundheitskarte gem. § 291 a II SGB V gelten.Mit Einführung der elektronischen Gesundheitskarte soll es weiterhin möglich sein, die Karte bei Verlust sperren zu lassen, was für die Ausstellung einer neuen Karte Voraussetzung werden soll, so dass künftig für jeden Versicherten nur noch eine Karte wird vorhanden sein können.

Auch ein 2-Schlüssel-Prinzip zur Auslesung der Gesundheitskarte ist vorgesehen, so dass die Karte nur in Verbindung mit einem Heilberufeausweis und nach Eingabe eines persönlichen PINs wird ausgelesen werden können. Bei Verlust werden die auf der Karte gespeicherten Daten also vergleichsweise gut gegen unbefuge Kenntnisnahme geschützt sein[531].

Die Auswirkungen des Abrechnungsbetruges waren von GKV zu PKV seither unterschiedlich.Aufgrund der Tatsache, dass die Krankenkassen für jeden ihrer Versicherten einen festen Jahresbetrag an die Kassenärztliche Vereinigung zahlten und die Ärzte aus diesem „Topf“ nach Punktwerten ihre Vergütung erhielten, wurden bei Abrechnungsbetrug in der GKV im Unterschied zur PKV nicht lediglich die Kassen geschädigt, sondern auch die anderen Leistungserbringer der Kassenärztlichen Vereinigung. Der betrügende Arzt erhielt aus dem Topf mehr als ihm zustand, wodurch der Punktwert aller erbrachten Leistungen sank. Die Kollegen bekamen dann anteilsmäßig weniger für ihre Leistungen. Die Kassen hatten zwar ihre Kopfpauschale einmalig entrichtet und mussten diese ungeachtet Art und Menge der erbrachten Leistungen grds. nicht aufstocken. Dennoch hatten auch die Kassen regelmäßig Schäden zu tragen, zB bei Betrug im Zusammenhang mit Sonderleistungen wie im Rahmen von Präventionsprogrammen[532]. Es

530 Eine Karte mit Lichtbild hat die AOK Baden-Württemberg als erste gesetzliche Krankenkasse schon länger im Modellvorhaben auf freiwilliger Basis eingeführt und damit die positive Erfahrung gemacht, dass Versicherte, die eine Karte mit Bild haben weniger Verluste melden, was den Schluss zulässt, dass mit einer solchen Karte sorgfältiger umgegangen wird. (Information aus dem Gespräch der Verfasserin mit den Datenschutzbeauftragten der AOK Baden-Württemberg, Herrn Stütz und Frau David, vom 03.12.2009, autorisiertes Gesprächsprotokoll vom 20.01.2010).

531 Auch die Informationen zur elektronischen Gesundheitskarte stammen aus oben Fn. 530 zitiertem Gespräch, ebenfalls zitiert aus dem autorisierten Protokoll vom 20.01.2010.

532 Die AOK Baden-Württemberg nützt daher eine Datamining-Software, um Fehlentwicklungen im Abrechnungsverfahren zu ermitteln, die normalerweise aufgrund der komplexen Abrechnungsregelungen nicht ohne Weiteres zu Tage treten. Ein Beispiel könnte sein, dass ein Arzt grds. in einer bestimmten Stadt Rezepte ausstellt, die grds. in einer bestimmten anderen Stadt eingelöst werden. Dies könnte zB den Rückschluss zulassen, dass eine Zusammenarbeit mit bestimmten anderen Leistungserbringern (Apothekern, Physiotherapeuten) erfolgt, es kann aber auch ganz

ist im Zusammenhang mit den möglichen Ursachen von Abrechnungsbetrug ein Blick auf die neue Regelung der Kassenärztlichen Vergütung zu richten.

β) Mögliche Ursachen?

Ungeachtet der jeweiligen Fallkonstellation und ihrer Auswirkungen ist fraglich, wo die Ursachen für die Tatsache liegen, dass die Anzahl der Betrugsverdachtsfälle in den letzten Jahren zugenommen hat.Hierzu ist wohl vornehmlich zu sagen, dass es immer und überall Leute gibt, die mehr für sich herausholen wollen als ihnen zusteht. So ist Betrug wie jede Form von Kriminalität ein nie ganz zu bekämpfendes und in den Motiven vielseitiges gesellschaftliches Phänomen.Während der eine aus Habgier betrügt, kann beim anderen ein ernsthaftes wirtschaftliches Problem der Grund sein. Auch überschreitet nicht jeder in derselben Situation auch dieselben Grenzen.So ist es müßig, eine definitive Ursache für das Phänomen Abrechnungsbetrug ausmachen zu wollen.Ein gewisser Zusammenhang mit der Gesundheitsreform auf der einen und der generellen wirtschaftlichen Rezession auf der anderen Seite scheint jedoch nicht von der Hand zu weisen[533]. Auch lassen sich zunehmend mehr Ärzte nieder, so dass sich das Leistungsangebot beträchtlich erweitert hat.Ebenfalls erweitert sich ständig das Spektrum der medizinischen Möglichkeiten.Die Budgetierung ärztlicher Leistungen[534] in der GKV brachte es mit sich, dass die Ärzte mit den Leistungen,die sie brachten keine stabilen Punktwerte mehr erwirtschafteten, sondern dass die Punktwerte,nach denen die Leistungen vergütet wurden sich erst nachträglich aus der Anzahl aller Leistungen und dem zur Verfügung stehenden Gesamtbudget ergaben.

So wurden die Punktwerte zunehmend geringer, die einzelne Leistung sank kontinuierlich im Wert.

So hörte man von Ärzten immer öfter, dass der Betrieb einer Praxis sich fast nur noch über Privatpatienten rentabel gestalten ließe.

Hierin könnte durchaus ein Anreiz für manchen Arzt bestanden haben, die Rentabilität über Falschabrechnungen wieder herzustellen[535].

Dass die Kassenärzte zumindest nicht leistungsgemäß vergütet wurden ist wohl, ohne eine Unterstützung der These „Zunahme von Betrugsverdachtsfällen als Begleiterscheinung der Gesundheitsreformen" konstruieren zu wollen, auch dem Gesetzgeber aufgefallen und so wurde die vertragsärztliche Vergütung im Zuge des GKV-Wettbewerbsstärkungsgesetzes reformiert. Die Honorarbudgetierung fiel zum 01.01.2009 zu Gunsten einer Pauschalvergütung für Haus- und Fachärzte weg. Die neue Euro-Gebührenordnung sieht eine Ausgestaltung nach unterschiedlichen Systematiken vor, die Pau-

---

harmlose Erklärungen für derartige Vorgänge geben. (Die Information entstammt der Korrespondenz der Verfasserin mit Herrn Kai-Uwe Möllenbruck vom 19.12.2009, zitiert wird das autorisierte Korrespondenzprotokoll vom 05.02.2010).

533 So haben die Fälle unter der Reform durchaus zugenommen, wodurch jedoch nicht auf einen monokausalen Zusammenhang geschlossen werden darf. Die Vielschichtigkeit des Problems ist gleichwohl zu berücksichtigen. Information aus der Korrespondenz mit der AOK Baden-Württemberg vom 11.03.2010, autorisiertes Protokoll vom 24. 03. 2010.

534 Seit 1987.

535 Denkbar ist sogar angesichts des mutmaßlichen „Opfergefühls" mancher unterbezahlter Ärzte, dass sich das Unrechtsbewusstsein bzgl. Abrechnungsmanipulationen dahingehend verschoben haben könnte, dass das Gefühl entstanden ist, sich zu nehmen, was einem zusteht.

schalvergütungen werden mit ausgewählten Einzelleistungsvergütungen kombiniert, ebenfalls wurde die Anbindung der Arzthonorare an die Einnahmen der Krankenkassen aufgegeben. Mehrleistungen aufgrund der Morbidität der Versicherten werden seit dem 01.01.2009 zusätzlich vergütet[536]. Der neue EBM 2010 enthält bundeseinheitliche Bewertungsgrundlagen und Orientierungswerte in Euro. Diese Orientierungswerte werden jährlich angepasst, etwa um die allgemeine Kostenentwicklung.

Die Reform brachte so ein Bundes-Preisniveau für ärztliche Leistungen, welches die Krankenkassen und Kassenärztlichen Vereinigungen auf Landesebene mit Zu- und Abschlägen modifizieren können um regionale Besonderheiten abzufangen.

Die so entwickelte neue Euro-Gebührenordnung ermöglicht den niedergelassenen Ärzten wieder Kalkulationssicherheit.

Es bleibt zu beobachten, ob die Betrugsverdachtsfälle zahlenmäßig unter der neuen Vergütung zurückgehen. Nur so könnte bedingt Aufschluss über die Frage gegeben werden, ob das alte Punktwertsystem mit der Motivation für Abrechnungsbetrug tatsächlich in Verbindung stand oder nicht.

Auf Seiten der Versicherten scheint es denkbar, dass bestimmte teure Erkrankungen, deren Finanzierung nicht mehr unbedingt vollständig von den Kassen bzw. Versicherungen getragen werden, dazu zwingen, auf illegitime Weise an Geld für deren Behandlung zu kommen.

Definitiv als Ursachen bezeichnen lassen sich vorstehende Ansätze jedoch ausdrücklich nicht. Es soll daher nicht weiter spekuliert werden.Eine Klärung der Ursachen ist wohl auch kaum möglich, für vorliegende Arbeit jedenfalls viel zu weitläufig und allenfalls dahingehend von Bedeutung,dass bzgl. des Faktors Gesundheitsreformpolitik/ Honorarbudgetierung wohl zumindest eine positive Korrelation zu verzeichnen ist.

γ) Die rechtliche Würdigung der Verdachtsprüfung durch die Vertrauensärzte der privaten Krankenversicherer

Nach dieser Einführung zum Thema Abrechungsbetrug ist wohl einzuräumen, dass ein grds. berechtigtes Interesse auch der privaten Krankenversicherer an Verdachtsprüfungen durch Gutachter besteht.

Es wird daher nun untersucht werden, ob vor diesem Hintergrund eine Rechtfertigung der Übermittlung von Versichertenunterlagen an private Vertrauensärzte denkbar ist.

Dem Kernthema Geheimnisschutz Rechnung tragend, werden sich die Ausführungen auf die Frage konzentrieren, inwieweit die Verschwiegenheitspflicht der Versicherungsmitarbeiter aus § 203 I Nr. 6 StGB einer solchen Übermittlung entgegensteht.

Oben angesprochenes Problem, dass auch Rechte der von der Überprüfung betroffenen Leistungserbringer verletzt werden könnten, wird insoweit nur am Rande Berücksichtigung finden.

αα) Gesetzliche Grundlage, AVB

Eine gesetzliche Grundlage als Befugnisnorm für die Übermittlung von Versichertenunterlagen an frei niedergelassene ärztliche Gutachter existiert nicht.

---

536 *Maus*, Ambulante Vergütung: Gebührenordnung in Euro, in: aerzteblatt.de, Deutsches Ärzteblatt Archiv, Printversion, Ausgabe vom August 2006, S. 348.

Daher greifen die Versicherer, soweit sie keinen internen Gesellschaftsarzt haben, auch für die Leistungsprüfung durch externe Gutachter auf die Möglichkeit der Regelung in den AVB (MB/KK 2009: brancheneinheitliche Musterbedingungen als Grundlage der AVB der einzelnen Versicherer) in Verbindung mit der Einholung einer Einzelfalleinwilligung des Versicherten zurück.

Wie oben schon angesprochen, kommt eben diese Regelung über AVB für die Prüfung verdächtiger Rechnungen durch externe Gutachter nicht in Betracht.

Davon abgesehen, dass AVB zur Wahrung des Persönlichkeitsrechts auch für die Legitimation der Leistungsprüfung nicht ohne Einwilligung ausreichen würden und generell eine Offenbarungsbefugnis im Sinne von § 203 I Nr. 6 StGB zu vermitteln nicht geeignet sind, regeln die AVB bezüglich der Leistungsprüfung ein Verfahren, mit dem jeder Versicherte schon bei Vertragsschluss legitimerweise zu rechnen hat.

Anders liegt der Fall bei der Prüfung auffälliger Rechnungen.

So kann auch eine Rechnung auffällig sein, bzgl. derer der Versicherte schon die Leistungsprüfung ablehnt und auf die Kostenerstattung verzichtet . Ein Fall von Leistungsprüfung liegt somit nicht vor, die Obliegenheit des Versicherten aus § 9 II MB/KK in Verbindung mit der Einwilligung des Versicherten in die Leistungsprüfung ist also nicht maßgeblich.Will der Versicherer die Rechnung mit zugrunde liegenden Unterlagen gleichwohl überprüfen lassen, so geht dieses Ansinnen über die Leistungsprüfung hinaus.

Mit einer Prüfung der ärztlichen Abrechnungspraxis, die den Versicherten nur am Rande betrifft, braucht dieser jedoch nicht ohne Weiteres zu rechnen. Eine Regelung eines entsprechenden Prüfungsverfahrens in AVB ist also nicht ausreichend, es bedürfte, um auf eine Einwilligung (, die wohl regelmäßig nicht erteilt werden wird) verzichten zu können, aufgrund der Bedeutung der informationellen Selbstbestimmung einer gesetzlichen Grundlage wie dies in der GKV der Fall ist.

Auch ist bzgl. eines, über die Leistungsprüfung hinausgehenden Verfahrens die einseitige Stellung von AVB durch den Versicherer problematisch.

So hat das Bundesverfassungsgericht in einer Entscheidung zur umfassenden Schweigepflichtentbindung für eine Lebens- und Berufsunfähigkeitsversicherung allgemein zum Thema Datenschutz im privaten Versicherungsrecht Stellung bezogen.

Das BVerfG stellte in seiner Entscheidung[537] fest: *„Ist [...] ersichtlich, dass in einem Vertragsverhältnis ein Partner ein solches Gewicht hat, dass er den Vertragsinhalt faktisch einseitig bestimmen kann, ist es Aufgabe des Rechts, auf die Wahrung der Grundrechtspositionen beider Vertragspartner hinzuwirken, um zu verhindern, dass sich für einen Vertragsteil die Selbstbestimmung in eine Fremdbestimmung verkehrt"*. Diese Rechtsprechung des BVerfG ist nicht neu. So verweist das Gericht selbst auf seine Entscheidungen BVerfGE 89, 214, 232; 103, 89, 101; 114, 1, 34 f. und 114, 73, 90.

Ein solches Übergewicht, wie es sich zum Beispiel aus der Abhängigkeit vom überlegenen Vertragspartner zur Sicherstellung der persönlichen Lebensverhältnisse ergibt, ist nach Maßgabe des BVerfG bei einem Vertrag der PKV mit Sicherheit anzunehmen. Hier ist der Versicherungsnehmer auf den Vertragsschluss zur Sicherstellung seiner Versorgung im Krankheitsfall angewiesen, es ist ihm unzumutbar, auf diese Sicherstellung zu Gunsten der Wahrung seiner Geheimsphäre zu verzichten. Vielmehr muss er diese

537 BVerfG 1 BvR 2027/02, Entscheidung vom 23.10.2006.

auch im Rahmen des Versicherungsvertrages nicht jedweder Einschränkung preisgeben. Da AVB allerdings aufgrund ihrer weitgehenden branchenmäßigen Vereinheitlichung in der Regel kaum verhandelbar sind[538], muss dem Versicherungsnehmer nach dem Willen des Rechts also die Möglichkeit verbleiben, seine Selbstbestimmung durch Einwilligungsvorbehalt im Einzelfall zu wahren.

Eine Einwilligung im Einzelfall ist, als Voraussetzung einer Übermittlung von Versichertenunterlagen an ärztliche Gutachter zur Abrechnungsprüfung mithin grds. zu verlangen. Eine Ausnahme könnte allenfalls für Notstandsfälle zu machen sein, doch diese werden unten genauer untersucht.AVB reichen im Sinne von § 203 I Nr. 6 StGB nach alledem nicht als Befugnis aus.Schließlich ist zu sagen, dass auch aufgrund des Eingriffes in die Rechte der Ärzte eine Regelung über AVB ausscheidet, da diese nicht Adressaten der AVB sind und diese daher ihnen gegenüber auch keine Wirkung entfalten.

ββ) Ausdrückliche, konkludente und mutmaßliche Einwilligung

Trotz obiger Feststellung des Erfordernisses einer ausdrücklichen Einzelfalleinwilligung wird diese wohl vom Versicherungsnehmer in aller Regel nicht erteilt werden.

Gerade in Fällen, in denen er auf seinen Leistungsanspruch gegen den Versicherer verzichtet, sich allerdings gleichwohl ein Verdacht gegen den abrechnenden Arzt richtet, hat der Versicherungsnehmer auch gar kein Interesse an einer Einwilligung in die Begutachtung seiner Unterlagen.

Nach dem oben zur Frage, ob nach § 213 VVG auch bei unstreitiger Leistungspflicht nur zum Ausschluss einer Anzeigepflichtverletzung Versichertendaten erhoben werden dürfen Gesagten, dass dies nämlich aufgrund des Verhältnismäßigkeitsgrundsatzes nicht der Fall ist, muss auch hier konsequenterweise eine Berechtigung des Versicherers, Unterlagen einer Prüfung zuzuführen, die für die Frage des Bestehens der Leistungspflicht nicht erforderlich ist, grds. in Abrede gestellt werden.

Etwas anderes kann allenfalls für Fälle gelten, in denen sich auch ein Verdacht gegen den Versicherungsnehmer richtet, z.B. in Fällen, in denen der Versicherungsnehmer kollusiv mit dem Leistungserbringer zusammengearbeitet zu haben scheint oder in Fällen, in denen er die Falschabrechnung seines Arztes zumindest vor der Einreichung der Rechnung zur Erstattung bemerkt haben muss. Hier ist allerdings zu berücksichtigen, dass der medizinisch unkundige und nicht dolose Versicherungsnehmer nicht in der Lage sein muss jedwede Auffälligkeit zu erkennen.

Es müsste sich ihm also ein Verdacht geradezu aufgedrängt haben, damit eine für die Leistungspflicht konstitutive Obliegenheit des Versicherungsnehmers, in eine Begutachtung seiner Unterlagen einzuwilligen, auch nur diskutiert werden könnte.

In Betracht kommt aber auch in diesem Zusammenhang eher unten zu untersuchende Rechtfertigung einer Datenübermittlung zur Begutachtung auf der Grundlage des Notstandsrechts, da eine Pflicht zur Einwilligung als mit dem Selbstbestimmungsrecht unvereinbar nicht vertretbar ist. Gerade wenn sich auch gegen den Versicherungsnehmer ein Verdacht der Leistungserschleichung richtet, wird dieser die Einwilligung in eine Begutachtung seiner Unterlagen versagen.

Da wie eben ausgeführt, der Versicherungsnehmer häufig kein Interesse an einer Begutachtung seiner Unterlagen durch einen ihm fremden und außerhalb des Vertrags-

538 BVerfGE 114, 73, 92 und 95 zur Lebensversicherung.

verhältnisses stehenden Arzt haben wird, scheidet auch eine Rechtfertigung über mutmaßliche Einwilligung in eine Datenübermittlung aus.

Eine solche Datenübermittlung läuft, vom Vorrang der ausdrücklichen Einwilligung, deren Einholung hier wohl in jedem Falle möglich und zumutbar sein sollte abgesehen, regelmäßig dem Interesse des betroffenen Versicherungsnehmers zuwider.

Ebenfalls nicht vertretbar ist eine Rechtfertigung einer Datenübermittlung auf der Grundlage einer konkludenten Einwilligung.

Man könnte geneigt sein, dem Versicherungsnehmer eine Vermögensbetreuungspflicht aufgrund der Versicherung in einem Risikokollektiv anheim zu stellen.[539]

Nach Ansicht der Verfasserin ist eine solche Annahme bezüglich eines Versicherungsnehmers in der PKV etwas zu weitreichend.

Eine dem Vertragsarzt in der GKV vergleichbare Einbindung des Versicherungsnehmers in das System ist nicht gegeben. Während der Vertragsarzt unter dem Sachleistungsprinzip Leistungen der Kasse am Versicherten erbringt, für welche die Kasse bereits im Voraus an die Kassenärztliche Vereinigung gezahlt hat, so dass er sich seinem eigenen System gegenüber einen Vorteil durch Falschabrechnung verschafft, liegt der Fall bzgl. des Versicherten in der PKV anders. Zwar besteht auch hier ein Risikokollektiv, welches zweifelsohne von Leistungserschleichung geschädigt wird, doch besteht in der PKV kein Sachleistungs- sondern ein Kostenerstattungsprinzip. Der Versicherte ist nicht unmittelbar in der Lage, auf Leistungen des Versicherers zuzugreifen. Vielmehr hat der Versicherer selbst die Pflicht, durch legitime Maßnahmen zur Leistungsprüfung sein Vermögen zu Gunsten seiner Versicherungsnehmer zu erhalten.

Während also der Vertragsarzt in der GKV bei der Falschabrechnung quasi aus dem, der gesamten vertragsärztlichen Versorgung zustehenden Topf greift bzw. direkt Sachleistungen erbringt, die nicht gerechtfertigt sind, spiegelt der Versicherungsnehmer in der PKV seiner Versicherung Umstände vor, aufgrund derer sie selbst in ihren Topf greifen sollte.

Es liegt im Falle von Leistungserschleichung durch Versicherungsnehmer mithin eher Betrug als Untreue vor. Gleiches gilt bzgl. Abrechnungsmanipulationen von Ärzten.

Dies betrifft jedoch ausschließlich die strafrechtliche Einordnung unter Berücksichtigung des Bestimmtheitsgebotes.

Zivilrechtlich ist dessen ungeachtet durchaus vertretbar, dass der Versicherungsnehmer wenigstens im Rahmen seiner Möglichkeiten die Pflicht hat, auf das Vermögen des Versicherers zu achten (§ 242, 241 II BGB), wenn gleich sich diese Pflicht nach Ansicht der Verfasserin auch noch nicht zu einer Vermögensbetreuungspflicht im strafrechtlichen Sinne verdichtet hat.

---

539 Eine solche hat der BGH für den Kassenarzt gegenüber der GKV angenommen: Nach den Prinzipien des Abrechnungssystemes in der GKV handele der Vertragsarzt bei Ausstellung von Verordnungen als Vertreter der Krankenkasse. Er konkretisiere an ihrer Stelle das Rahmenrecht des einzelnen Versicherten auf medizinische Versorgung, wobei er den Rahmen der kassenärztlichen Versorgung nicht verlassen dürfe. Indem der Arzt Medikamente auf Rezept verschreibe, erfülle er die Aufgabe der Krankenkasse, ihre Versicherten mit Arzneimitteln zu versorgen (Sachleistungsprinzip). In der Tatsache, dass er bei dieser Versorgung der Kasse kraft Gesetzes zur Vermeidung unwirtschaftlicher Verordnungen verpflichtet sei, komme eine Vermögensbetreuungspflicht zum Ausdruck, bei deren Verletzung Untreue nach § 266 I StGB vorliege. BGH Beschluss vom 25. 11. 2003, Az: 4 StR 239/03.

Ungeachtet der Entscheidung, einem Versicherungsnehmer nun eine Vermögensbetreuungspflicht anheim stellen zu wollen oder nicht jedoch, könnte eine solche jedenfalls nicht dazu führen, dass der Versicherungsnehmer dem Versicherer gegenüber zur Aufopferung seiner Rechtsgüter verpflichtet wäre.

Es ist demnach nicht vertretbar, allein in der Geltendmachung des Leistungsanspruches gegen den Versicherer, also allein in der Einreichung der Rechnung zur Kostenerstattung eine konkludente Einwilligung in deren Überprüfung durch private Gutachter jenseits der ordnungsgemäßen Leistungsprüfung zu sehen. Erst recht ist in Fällen des Leistungsverzichts durch den Versicherten kein Anknüpfungsmoment für eine konkludente Einwilligung ersichtlich. Eine solche scheidet als Rechtfertigung einer Übermittlung von Unterlagen zu diesem Zweck also aus.

γγ) Rechtfertigender Notstand, § 34 StGB

Bliebe nur noch der Rückgriff auf den rechtfertigenden Notstand.

Grundsätzlich ist das Vermögen durchaus ein notstandsfähiges Rechtsgut.

So weist die Aufzählung in § 34 Satz 1 StGB neben Leben, Leib, Freiheit und Eigentum auch auf die Möglichkeit der Verteidigung eines anderen Rechtsgutes hin.

Auch die Tatsache, dass ein Versicherer eine juristische Person des Privat- bzw. des öffentlichen Rechts (vgl. § 7 VAG) ist, steht der Notstandsfähigkeit seiner Rechtsgüter nicht entgegen.

ααα) Versicherungsvermögen als notstandsfähiges Rechtsgut

Es ist zwar zu beachten, dass aufgrund der Tatsache, dass die Rechtfertigung von Notstandstaten auf dem Gedanken der Solidarität unter Gleichen beruht, eine Verteidigung von Kollektivrechtsgütern, zB solchen des Staates, grds. ausscheidet.[540]

Jedoch stellt das Vesicherungsvermögen einer privaten Versicherungsgesellschaft nicht in diesem Sinne ein Kollektivrechtsgut, jedenfalls kein Rechtsgut der Allgemeinheit (wie zB die Umwelt o.a.) dar. Zum einen haben auch juristische Personen grds. Notstandsrechte, zum anderen steht das zu erhaltende Kapital in der privaten Krankenversicherung der Gesamtheit der im Kollektiv Versicherten zur Deckung ihrer Krankheitskosten und zur Sicherung ihrer risikogerechten Überschussbeteiligung zu. Damit handelt es sich mittelbar um Vermögen einer bestimmbaren Zahl von natürlichen Personen.Durch die Beitragserhöhung im Falle von ungerechtfertigten Mehrausgaben ist individualisierbar jeder einzelne Versicherungsnehmer des Unternehmens betroffen wenn bzgl. eines Versicherten mehr an Kosten erstattet wird als eigentlich angemessen. Für die Notstandsfähigkeit des Versicherungskapitals spricht auch, dass sich Versicherungsnehmer und Versicherer gerade als Vertragsparteien, mithin also als Gleiche gegenüber stehen sollen. Jedenfalls aber sind die Versicherungsnehmer untereinander zu Solidarität verpflichtet, sie bilden anerkanntermaßen eine Risikogemeinschaft, in der es z.B. nicht hingenommen werden muss, dass sich einer begünstigen lässt. So könnte man im Zweifel von Notstandshilfe ausgehen wenn der Versicherer, vertreten durch seine zuständige Stelle, zur Abwendung einer Schädigung des Versicherungsvermögens und damit seiner (übrigen)Versicherten eine Überprüfung verdächtiger Rechnungen zu Lasten der Geheimsphäre des antragstellenden Versicherungsnehmers durchführen lässt.

540 Vgl. oben, Teil 2, B, IV. .

βββ) Notstandslage: Aggressiv- oder Defensivnotstandslage

Fraglich ist jedoch die Notstandslage.Eine gegenwärtige Gefahr wird man noch annehmen können wenn die Auszahlung ungerechtfertigter Summen aufgrund Abrechnungsmanipulation in Rede steht.

Bezüglich der Qualität dieser Notstandslage ist jedoch zu differenzieren.

Je nach dem gegen wen sich der Verdacht richtet ist Defensiv- oder Aggressivnotstand zu untersuchen. Diese Einordnung soll für die wichtigsten Fallkonstellationen kurz vorgenommen werden.

Richtet sich der Verdacht allein gegen den abrechnenden Leistungserbringer so liegt bezüglich der Geheimsphäre des Versicherungsnehmers, dessen Unterlagen an den Gutachter übermittelt werden sollen Aggressivnotstandslage vor. Hieran ändert die Vertragsbeziehung zwischen Versicherungsnehmer und Leistungserbringer nichts. Der Arzt steht nicht dergestalt im Lager des Versicherungsnehmers, dass sich seine Manipulationen eo ipso als aus dessen Rechtssphäre rührend darstellten.Vielmehr ist der Arzt Freiberufler und verletzt mit falscher Abrechnung, soweit nicht konkrete anderweitige Anhaltspunkte vorliegen, auch die Interessen seines Patienten, welche zu Gunsten der Ansprüche aus dem Versicherungsvertrag regelmäßig auf korrekte Abrechnung behandelnder Ärzte gerichtet sind.Richtet sich der Verdacht hingegen primär gegen den Leistungserbringer und ist daneben zu vermuten, dass auch ein medizinisch unkundiger Versicherungsnehmer vor Einreichung der Rechnung die Falschabrechnung bemerkt haben muss, so liegt auch gegen den Versicherungsnehmer Defensivnotstandslage vor.

Die Frage, ob der Versicherungsnehmer bei der Einreichung der falschen Rechnung dolos oder aber lediglich arglos gehandelt hat, ist für die Qualität der Notstandslage, Defensiv- oder Aggressivnotstand, nicht von Bedeutung. Anerkanntermaßen[541] ist bei der Einordnung nicht entscheidend, welcher Art die Gefahr ist. So kann auch ein bloßer technischer Defekt oder ein Tierangriff ohne jedes Veschulden des Notstandsopfers dann eine Defensivnotstandslage ihm gegenüber begründen, wenn die Gefahr aus seiner Rechtsspähre rührt, es also für diese haftet.

Auch die Frage, ob man eine Vermögensbetreuungspflicht des Versicherungsnehmers bzgl. des Gesellschaftskapitals annehmen will oder nicht, ist hier von untergeordneter Bedeutung.

In jedem Falle ist der Versicherungsnehmer im Gegensatz zum Leistungserbringer Vertragspartner des Versicherers, so dass er auch ohne Vermögensbetreuungspflicht auf die Vermögensinteressen des Versicherers zu achten verpflichtet ist, § 242, 241 II BGB.

Reicht der Versicherungsnehmer also auch nur leicht fahrlässig eine Rechnung ein, deren Manipulation er hätte erkennen müssen, so rührt die hiermit verbundene Gefahr für das Gesellschaftsvermögen in jedem Fall aus seiner Rechtssphäre her.

Erst recht ist demnach Defensivnotstandslage gegeben, wenn ein Verdacht kollusiver Zusammenarbeit zwischen dem Versicherungsnehmer und dem Leistungserbringer und/oder dem Apotheker gegeben ist oder wenn sich ein Verdacht der Leistungserschleichung allein gegen den Versicherungsnehmer richtet.

541 SK – *Günther,* § 34, Rn. 19, 20.

γγγ) Notstandshandlung: Geeignetheit, Erforderlichkeit

Für die Güterabwägung gelten bzgl. Aggressiv- und Defensivnotstandslage spiegelbildliche Maßstäbe.Für vorliegende Frage, ob das Notstandsrecht aus § 34 StGB die Übermittlung von Versichertenunterlagen an versicherungsexterne ärztliche Gutachter rechtfertigt, ist eine getrennte Untersuchung von Aggressiv- und Defensivnotstandslage jedoch nicht erforderlich, da, wie zu zeigen sein wird, eine Rechtfertigung in jedem Fall ausscheidet.

So muss die Maßnahme zur Abwendung der notstandsbegründenden Gefahr, hier: Vermögensgefährdung durch Falschabrechnung, für diesen Zweck erforderlich, d. h. geeignet und mildest möglich sein ; sie muss als Notstandshandlung dem Schutz des wesentlich überwiegenden Interesses dienen und darüber hinaus angemessen im Sinne von § 34 Satz 2 StGB sein.

Bereits die Erforderlichkeit zur Abwendung eines Vermögensschadens ist bei der Veranlassung einer über die Leistungsprüfung hinausgehenden Begutachtung von Versichertenunterlagen durch einen gesellschaftsexternen Arzt fraglich.Zwar genügt für die Abwendung einer noch nicht zum unmittelbaren Schadenseintritt zugespitzten Gefahr im Gegensatz zur Angriffsabwehr bei der Notwehr nach § 32 StGB im Rahmen von § 34 StGB auch die mittelbare Einflussnahme auf das Geschehen, solange die Gefahr im Defensivnotstand wenigstens abgeschwächt wird, im Aggressivnotstand ihre Abwehr zumindest nicht unwahrscheinlich ist.[542] Insoweit ist von der grds. Geeignetheit eines Gutachtens zur Klärung der Sachlage und zur Ermöglichung weiterer Maßnahmen im Falle der Erhärtung des Verdachtes auszugehen.Jedoch ist in Bezug auf die Wahl des Mittels nicht ersichtlich, worin für den Versicherer der Vorteil der in Rede stehenden Verdachtsprüfung gegenüber der Leistungsprüfung unter dem Aspekt des Schutzes vor missbräuchlicher Inanspruchnahme bestehen sollte.

Bei der Leistungsprüfung werden die mit einer Rechnung in Verbindung stehenden Unterlagen ebenso überprüft wie es bei einer zusätzlichen Auffälligkeitsprüfung geschehen soll.

So sollte das dem Versicherer legitimerweise zur Leistungsprüfung zu Gebote stehende Verfahren für eine Klärung der Sachlage ausreichen, ebenfalls für eine Entscheidung über die Kostenerstattung.Da die Leistungsprüfung in den AVB geregelt ist und nur mit Einwilligung des Versicherungsnehmers erfolgt, ist sie das mildeste Mittel zur Ausräumung von Verdachtsfällen.

Bleiben nur noch die Fälle, in denen der Versicherungsnehmer seine Einwilligung in die Leistungsprüfung verweigert.

In Fällen, in denen die Leistungsprüfung aufgrund von Zweifeln über die Leistungspflicht angezeigt wäre, kann der Versicherer die Kostenerstattung verweigern, darüber hinaus droht ihm kein materieller Schaden. Insoweit ist es auch das gute Recht des Versicherungsnehmers, auf Kostenerstattung zu verzichten.Ein abseits der Leistungsprüfung und ohne Einwilligung bzw. der Versagung einer solchen entgegen stattfindendes gutachterliches Prüfverfahren ist also nicht zur Abwendung eines Vermögensschadens erforderlich.

Es bleiben lediglich zwei Beweggründe, die ein Interesse von Versicherungsunternehmen, ein weiteres Gutachterverfahren anzustrengen, erklären könnten.

---

542 SK – *Günther*, § 34, Rn. 30, 31.

Der eine ist die schon oben angesprochene Schaffung einer stabileren Beweislage im Streitfall.

Der andere ist die generelle Verfolgung unrechtmäßig abrechnender Leistungserbringer.

Beide Beweggründe sind grds. legitim.

Der rechtfertigende Notstand ist jedoch nicht dafür gedacht, sich eine stabilere Beweislage zu verschaffen.

Er erlaubt als absoluter Ausnahmefall dem sich in einer gegenwärtigen, nicht anders abwendbaren Gefahr Befindlichen, Rechtsgüter eines anderen falls nötig in strafbewehrter Weise in Anspruch zu nehmen.[543]

In diesem Sinne ist die Erforderlichkeit der Notstandshandlung eng auf die Fälle begrenzt, in denen dem Täter zur Abwendung der konkreten Gefahr kein anderes Mittel verbleibt.

So ist auch die Abwendung der lediglich abstrakten Gefahr eines notorisch falsch abrechnenden Arztes über die Zurückweisung der einzelnen Rechnung hinaus kein Fall für die Anwendung des rechtfertigenden Notstandes.

Abrechnungsbetrüger zur Rechenschaft zu ziehen ist Sache der Staatsanwaltschaft[544], jedenfalls aber der Ärztekammern.

Hierfür stehen daher staatlich geregelte Verfahren zur Verfügung, die jeder Rechtssuchende gehalten ist unter Inkaufnahme der damit verbundenen Prozessrisiken in Anspruch zu nehmen.

Sein Recht nicht beweisen zu können ist eine Gefahr, der jeder Rechtssuchende gleichermaßen ausgesetzt ist und die niemandem das Recht verleiht, sich über Grenzen zum Schutze anderer hinwegzusetzen.

δδδ) Hilfsweise: Güterabwägung

Hilfsweise ist daneben festzustellen, dass das Rechtsgut Versicherungsvermögen das Rechtsgut informationelle Selbstbestimmung nicht nur nicht wesentlich überwiegt, sondern hinter diesem zurückbleibt.Während die Leistungsfähigkeit des Versicherers keinesfalls ernsthaft von Abrechnungsbetrug bedroht sein dürfte, es sich vielmehr im Einzelfall um kleinere Beträge handeln wird, anlässlich welcher jedesmal ein Eingriff in die informationelle Selbstbestimmung und die Geheimsphäre vorgenommen werden sollte, würde von diesen Eingriffen nicht selten auch die sensibelste Intimsphäre betroffen sein.

Dem steht schon die objektive Wertordnung des Grundgesetzes in ihrer mittelbaren Drittwirkung entgegen. Die informationelle Selbstbestimmung hat ihre Grundlage in Art. 2 I i. V. m. 1 I GG, also höchste Priorität. Die Unternehmen der privaten Krankenversicherung haben schon aus versicherungsvertragsrechtlichen Gründen Rücksicht auf diese schutzwürdigen Belange ihrer Versicherten zu nehmen.

Auch das Argument des Risikokollektivs, für welches das Kapital zu erhalten ist und von welchem die Beitragserhöhungen zur Verlustkompensation zu tragen wären greift hier nicht durch.Zu bedenken ist, dass jeder einzelne Versicherungsnehmer dem Risiko ausgesetzt wäre, von einem derartigen Prüfungsansinnen betroffen zu werden.

543 SK – *Günther*, § 34, Rn. 1.

544 Eben diese Entscheidung hat der Gesetzgeber für die GKV auch in §§ 81 a IV, 197 a IV SGB V getroffen.

Das allgemeine Persönlichkeitsrecht eines jeden Versicherungsnehmers stünde also gegen das Gesellschaftsvermögen, welches wie oben gesagt, durch Leistungsprüfung und Justizgewährungsanspruch hinreichend zu verteidigen ist.Es ist nicht anzunehmen, dass es auch nur einen Versicherungsnehmer geben wird, der zu Gunsten der Erhaltung des Versicherungskapitals im Falle grds. wenig bedrohlicher Angriffe auf dieses sein informationelles Selbstbestimmungsrecht bereit wäre preiszugeben.Wie die Kapitalverteidigung damit der Gesamtheit der Versicherungsnehmer geschuldet ist, ist auch die Wahrung der Geheimsphäre eine vom Versicherer eben der Gesamtheit derselben Versicherungsnehmer gegenüber zu erfüllende Pflicht.

Zu berücksichtigen ist im Rahmen der Güterabwägung auch, dass das informationelle Selbstbestimmungsrecht ein absolutes, kein relatives Recht ist.Selbst bei einem hohen drohenden Schaden für das Versicherungsvermögen und einer scheinbar unwesentlichen Beeinträchtigung des Persönlichkeitsrechts (weil zB nur unverfängliche Daten übermittelt werden sollen) kann es unter keinen Umständen hingenommen werden, dass ein Versicherer sich die Entscheidung anmaßt, wann Daten in diesem Sinne unverfänglich sind. Das informationelle Selbstbestimmungsrecht der Versicherten besteht bezüglich jeden Datums gleichermaßen. Das Vermögen kann sich im Rang damit niemals gegen die Geheimsphäre durchsetzen.

Auch die Güterabwägung geht also nicht zu Gunsten der Unternehmensinteressen aus.

εεε) Hilfsweise: Angemessenheit im Sinne von § 34 Satz 2 StGB

Schließlich steht auch die Angemessenheitsklausel des § 34 Satz 2 StGB einer Rechtfertigung entgegen.Obgleich die Bedeutung dieser Klausel neben der Interessenabwägung umstritten ist und sie von einer Ansicht auch als überflüssig abgelehnt wird, reserviert die h. L. der Klausel unter anderem den Fall, dass selbst bei günstiger Interessenabwägung die sofortige Selbsthilfe ausgeschlossen ist, weil zur Abwendung der Gefahr und damit zur Wahrung des zu schützenden Interesses ein rechtlich geordnetes Verfahren zur Verfügung steht[545].

Spätestens hier wären die Argumente für die Versicherungswirtschaft also am Ende, denn nach der Leistungsprüfung stünde für nicht ausgeräumte Zweifel die Möglichkeit der Einschaltung der Staatsanwaltschaft zu Gebote. In einem rechtlich geordneten Verfahren könnten dann wesentlich gezielter eben die Informationen erhoben werden, die zur Klärung der Sachlage erforderlich sind und eben die Daten einer gutachterlichen Prüfung unterzogen werden, bzgl. derer eine solche angezeigt ist. Auch stünden dann legitimierte Sachverständige als Gutachter zur Verfügung.

Auch ein gerichtsförmiges Verfahren ist den Versicherern der PKV wie oben schon erwähnt mit allen Beweisrisiken zumutbar. Jede andere Behauptung würde lediglich den für § 34 StGB als subjektives Rechtfertigungselement erforderlichen Gefahrabwendungswillen in Zweifel ziehen. So erscheint es nicht abwegig, neben dem Schutz des Gesellschaftsvermögens ohnehin die Schaffung einer günstigen Streitposition als erklärtes Ziel einer gutachterlichen Aktenüberprüfung einzuschätzen. Unternehmerisches Interesse in der Versicherungswirtschaft ist der Ausschluss von Leistungspflichten.Diesen am Versicherungsnehmer vorbei zu erwirken, ist jedoch mit der Natur einer Risikoversicherung nicht vereinbar.

545 SK – *Günther*, § 34, Rn. 52.

ζζζ) Zwischenergebnis zum rechtfertigenden Notstand:

Eine Rechtfertigung der Übermittlung von Versichertenunterlagen ohne oder gegen den Willen der betroffenen Versicherungsnehmer zur Begutachtung durch gesellschaftsexterne Ärzte über § 34 StGB verbunden mit einer Durchbrechung der Schweigepflicht aus § 203 I Nr. 6 StGB im Verdachtsfalle ist sonach nicht möglich[546].

Von einem solchen Vorgehen ist der Versicherungswirtschaft daher dringend abzuraten.

bbb) Routinekontrollen in Form von Stichproben

Es erübrigt sich, nach dem Ergebnis zu den Verdachtsprüfungen durch außerorganisatorische Gutachter zu sagen, dass Routinekontrollen in Form von Stichproben de lege lata erst recht vor keinem Hintergrund zu rechtfertigen sind.Wie zu § 213 VVG bereits gesagt, ist schon die Erhebung von Versichertendaten zur routinemäßigen Prüfung einer Anzeigepflichtverletzung ohne konkreten Verdacht nicht zulässig, vgl. oben. Erst recht kann eine Übermittlung von Versichertenunterlagen zur stichprobenartigen Kontrolle der Abrechnung von Leistungserbringern nicht zulässig sein.Eine Beschränkung der informationellen Selbstbestimmung setzt, § 213 VVG für die Datenerhebung vergleichbar, auch bzgl. der Datenübermittlung eine gesetzliche Grundlage voraus und ist auch dann noch am Grundsatz der Verhältnismäßigkeit zu messen, also verdachtsabhängig. Eine Routinekontrolle der Leistungserbringer wäre in der PKV auch nicht gerechtfertigt. Es wurde oben bereits der Unterschied zwischen dem System der kassenärztlichen Versorgung in der GKV und der freiberuflichen Organisation der Ärzte in der PKV herausgestellt. Die beiden Systeme sind nicht vergleichbar. Während es in der PKV nicht nur an einer Interessenvertretung der Leistungserbringer fehlt sondern auch an einer Notwendigkeit der Versicherer, unabhängige Ärzte zu kontrollieren, da sie kein der GKV vergleichbar berechtigtes Interesse an der Kontrolle ihrer Zuverlässigkeit als Leistungserbringer haben weil es sich eben nicht um Vertragsärzte sondern um Freiberufler handelt, ist in der GKV neben dem gesetzlichen Rahmen auch ein gewisser hoheitsrechtlicher Einschlag gegeben, den die PKV nicht für sich in Anspruch nehmen kann.So kommt bzgl. der Leistungserbringer in der PKV (im Unterschied zur GKV: Entziehung der kassenärztlichen Zulassung) mangels vertragsärztlicher Stellung ein Ausschluss aus der Versorgung der Versicherungsnehmer (freie Arztwahl!) aufgrund Fehlverhaltens nicht in Betracht. Berufsrechtliche Maßnahmen sind also der Ärztekammer vorbehalten.Eine Abrechnungskontrolle nach dem Vorbild der GKV wäre also neben der, nach hier vertretener Auffassung hinreichenden Leistungsprüfung auch nicht zweckmäßig, ein Instrumentarium für entsprechende Konsequenzen steht ohnehin nicht zur Verfügung.

De lege lata kommt eine Stichproben-Kontrolle der Abrechnungen durch niedergelassene Ärzte also nicht in Betracht und ist neben der Risiko- und der Leistungsprüfung im Einzelfall auch nicht erforderlich. Die Versicherer haben mit der Möglichkeit der Leistungsverweigerung im Verdachtsfall (bzw. der Leistungsbewilligung unter dem Vorbehalt, dass entsprechende Nachweise erbracht werden) ausreichend Möglichkeiten

546 A. A. allerdings ohne nähere Ausführungen: *Köpke,* § 203 I Nr. 6, S. 246.

ihre Interessen zu wahren. Routinekontrollen wären auch dem Versicherungsnehmer gegenüber angesichts des wechselseitigen Vertrauensverhältnisses unverhältnismäßig.

Zwischenergebnis zu Teil 3 B, II, 2., c)

Über die Leistungsprüfung, die grds. auf der Grundlage von AVB in Verbindung mit einer Einzelfalleinwilligung auch durch einen unternehmensexternen Arzt vorgenommen werden darf hinaus, unterliegt die Prüfung von Abrechnungsauffälligkeiten durch externe Vertrauensärzte der Versicherer aufgrund des damit regelmäßig verbundenen Eingriffes in die Geheimsphäre und in das Persönlichkeitsrecht des betroffenen Versicherungsnehmers dem Vorbehalt der Schaffung einer entsprechenden gesetzlichen Grundlage de lege ferenda.

Wünschenswert wäre hierbei ggf. auch die Berücksichtigung einer ärztlichen Interessenvertretung.Nach Ansicht der Verfasserin ist jedoch eine entsprechende Initiative des Gesetzgebers verzichtbar, da die Interessen der Versicherer der PKV auch ohne eine quasi-vertragsärztliche Abrechnungsprüfung hinreichend gewahrt sind. Die Möglichkeit, dem Vertragspartner, dem Versicherungsnehmer die Erbringung von Nachweisen in Zweifelsfällen aufzuerlegen, unter deren Vorbehalt die Leistungsbewilligung gestellt werden kann, genügt um Vermögensschäden zu verhindern. Da der Versicherungsnehmer auch Vertragspartner des Arztes ist, hat dieser regelmäßig die Möglichkeit und die Pflicht auf seinen Arzt entsprechend einzuwirken. Eine Direktintervention der Versicherungswirschaft gegenüber der Ärzteschaft zur Rechtsbewährung ist nicht oportun, insoweit gilt der Grundsatz par in parem non habet judicium, womit bereits gesagt wäre, dass über die Abwendung eines konkreten Vermögensschadens hinaus eine Ermittlung und Verfolgung von Abrechnungsbetrügern staatlichen Instanzen vorbehalten ist.Entsprechende stehen auch zur Verfügung. So spezialisieren sich mittlerweile sogar Staatsanwaltschaften in Richtung Fehlverhalten im Gesundheitswesen, vereinzelt wurden sogar Dezernate fürs Gesundheitswesen eingerichtet[547].

De lege lata ist eine Auffälligkeitsprüfung ohne die Einwilligung des Versicherungsnehmers also unzulässig und strafbar nach § 203 I Nr. 6 StGB.Auch im Falle einer Einwilligung des Versicherungsnehmers, welche regelmäßig nicht erteilt werden wird, wäre zu prüfen, inwieweit Rechtsgüter der betroffenen Leistungserbringer dem Verfahren entgegenstehen.

Mangels Vergleichbarkeit mit dem System der GKV ist in diesem Befund ein Regelungsdefizit zu Lasten der Versicherungswirtschaft nicht zu sehen.

Auf der anderen Seite zeigt dieses Ergebnis auch, dass dem Geheimnisschutz durch die Regelung des § 203 I Nr. 6 StGB ausreichend Rechnung getragen ist. Diese Regelung verlängert das Arztgeheimnis in Richtung der Versicherungsmitarbeiter der PKV, womit das Strafrecht auf die PKV bezogen unmittelbar an sich zieht, was in der GKV von § 76 SGB X übernommen wird. § 76 SGB X adaptiert die strafrechtlichen Offenbarungsschranken des § 203 I Nr. 1 StGB im Hinblick auf den Datenfluss zwischen GKV und Dritten.

547 Information aus der Korrespondenz mit der AOK Baden-Württemberg vom 11.03.2010, autorisiertes Protokoll vom 24.03.2010.Spezialisierungen dieser Art sind zu begrüßen , da es verständlicher Weise den Staatsanwaltschaften aufgrund fehlender Relevanz im regulären Strafverfolgungsalltag an tiefergehender Routine im Sozialrecht mangelt.

Eine originäre strafrechtliche Schutznorm ist in der PKV erforderlich, da sonst aufgrund der weitgehenden Privatautonomie mangels sozialrechtlicher Prägung gewichtige Schutzlücken für geheime Daten bestünden.

So begreift sich das allgemeine Datenschutzrecht ausweislich § 1 III 1 BDSG selbst nicht als ausreichend zum Schutz besonderer personenbezogener Daten.

Allerdings ist die Regelung – ihre Beachtung in der Versicherungswirtschaft respektive ihre Durchsetzung durch Versicherungsnehmer und Verfolgungsbehörden vorausgesetzt – auch ausreichend um die Belange der Geheimnisgeschützten zu wahren.

C. Ergebnis zu Teil 3

Die Untersuchungen zu Teil 3 haben zum einen gezeigt, dass Abrechnungsbetrug und Leistungserschleichung zunehmend an der Tagesordnung sind wobei die Ursachen nicht ernstlich erhellt werden konnten.

Was eine wichtige mutmaßliche Ursache, die ärztliche Budgetierung anbetrifft, so hat der Gesetzgeber vorerst reagiert. Mit welchem Erfolg bleibt abzuwarten. Auch kann an dieser Stelle nicht beurteilt werden, ob die neue Vergütung angemessen ist.

Ein hohes Dunkelfeld ist jedenfalls zu vermuten.

Es soll jedoch nicht unerwähnt bleiben, dass nach wie vor die weitaus größte Zahl der Leistungserbringer korrekt abrechnet und sich schwarze Schafe überall finden lassen.

Ähnlich dürfte sich auch der Befund zur Leistungserschleichung durch Versicherte verhalten.

Zum anderen sind jedoch die rechtlichen Rahmenbedingungen de lege lata für die Bedürfnisse der Leistungsträger im Gesundheitswesen grds. ausreichend.

Die Leistungsträger haben genügend Möglichkeiten, sich gegen Abrechnungsbetrug und Leistungserschleichung zu schützen.

Dieser Befund gilt für GKV und PKV gleichermaßen. In der GKV finden sich spezielle Prüfungsverfahren, die Qualitäts- und Wirtschaftlichkeitsprüfung und die Plausibilitätsprüfung, darüber hinaus steht der MDK zur weitergehenden Klärung zur Verfügung und es wurden aufgrund der jüngsten legislatorischen Reformen auch in den Krankenkassen und Kassenärztlichen Vereinigungen Stellen zur Fehlverhaltensbekämpfung eingerichtet.

Aufgrund der teilweise hoheitsrechtlichen Prägung der GKV, welche in der sozialen Grundabsicherung auch gerechtfertigt ist, ist die Verfügbarkeit eigener Kontrollmechanismen berechtigt und erforderlich.

Daneben wird im System der GKV jedoch auch dem Daten- und Geheimnisschutz erfreulich Rechnung getragen. Die Sensibilisierung der Gesellschaft in diesem Themenbereich steigt täglich weiter an und wird im Zuge elektronischer Datenverarbeitung auch täglich dringender.

In der PKV besteht wie gezeigt wurde neben der Leistungsprüfung und der Verfügbarkeit obrigkeitlicher Intervenienten schon kein Bedürfnis und wohl auch keine Berechtigung einer der GKV vergleichbaren Ausgestaltung.

Auch hier ist im Ergebnis also der Ausgleich widerstreitender Belange gelungen, die Vermögensinteressen der Versicherer lassen sich ‚soweit berechtigt, wahren und auch der Geheimnisschutz ist hinreichend verankert.

Beachtet wird er tatsächlich leider gleichwohl noch nicht ausreichend, verwiesen sei hier nicht auf seine ohnehin schlicht rechtswidrige Verletzung durch Übermittlung „auffälliger“ Unterlagen sondern bereits auf die Praxis der Abnötigung umfassender Schweigepflichtentbindungserklärungen bzw. deren ausufernde Nutzung.

Es fehlt insoweit jedoch wohl auch an Möglichkeiten der Versicherungsnehmer sich gegen den wirtschaftlich weit überlegenen Versicherer schon vor der Eröffnung des strafrechtlichen Anwendungsbereichs zur Wehr zu setzen. Die Versichertenrechte sind zwar mit § 213 VVG in begrüßenswerter Weise gestärkt worden, die Kenntnis bzw. Nutzung dieser Regelung durch Versicherungsnehmer sowie ihre Beachtung durch die PKV in der Praxis können derzeit jedoch noch nicht beurteilt werden.

D. Zusammenfassung und Fazit

Der Schutz der Privatsphäre des Patienten gehört mit zu den ältesten Datenschutzbemühungen der Welt und hat sich über Jahrhunderte vom ethischen Gebot zur Rechtspflicht entwickelt.

Die erste Kodfikation hat die Schweigepflicht im römischen Recht unter Justinian erfahren, im deutschen Recht wurde sie hingegen erst 1725 im preußischen Medizinaledict gesetzlich verankert. Weitere Meilensteine der Entwicklung der Schweigepflicht innerhalb der deutschen Kodifikationen waren das Strafgesetzbuch für die Preußischen Staaten von 1851, das Strafgesetzbuch für den Norddeutschen Bund und das Strafgesetzbuch für das Deutsche Reich von 1871. Auf dem Wege dieser Kodifikationen wandelte sich sowohl die Rechtsnatur der Vorschrift (von einem beleidigungsähnlichen Tatbestand hin zur Sanktionierung der Verletzung des persönlichen Lebens- und Geheimbereichs) als auch die Auffassung vom Gemeinschafts- hin zum Individualschutzgut. Mittlerweile ist wohl von einer Vorschrift mit dualer Schutzrichtung auszugehen.

Im 3. Reich war die ärztliche Schweigepflicht weitgehend ausgehöhlt worden, die Ausnahme einer Durchbrechung zur Verbrechensverfolgung hatte sich zur Regel verkehrt und auch die Auslegung der Vorschrift war zum Einfallstor nationalsozialistischer Weltanschauung geworden.

Diese Entwertung rückgängig zu machen und dem Institut ärztliche Schweigepflicht seine ursprüngliche Bedeutung zurückzugeben war in der Folge Ziel des 3. Strafrechtsänderungsgesetzes der Bundesrepublik Deutschland von 1953.

Im Zuge dessen wurde auch das noch heute strafbegründende Blankett der „unbefugten“ Offenbarung in der Vorschrift perpetuiert.

Die bis dato jüngste Veränderung erfuhr die Norm dann in der Strafrechtsreform von 1974, seit welcher die ärztliche Schweigepflicht in § 203 StGB, nicht mehr in § 300 geregelt ist.

Dieser Überblick zeigt den roten Faden strafbewehrten Geheimnisschutzes von der Antike bis in die Neuzeit, ohne welchen zu keiner Zeit, insbesondere heute nicht, eine vertrauensvolle und deshalb effiziente Gesundheitsfürsorge denkbar gewesen wäre.

Ein vergleichbarer roter Faden zieht sich auch durch die gegenwärtige deutsche Gesamtrechtsordnung, unter welcher die Strafnorm des § 203 StGB nur ein Aspekt ist.

Ihre verfassungsrechtliche Grundlage hat die ärztliche Schweigepflicht im Grundsatz der informationellen Selbstbestimmung des allgemeinen Persönlichkeitsrechts aus Art. 2 I i. V. m. 1 I GG.

In der informationellen Selbstbestimmung wurzeln sämtliche Ausprägungen des Geheimnisschutzes.

Eine entsprechende standesrechtliche Grundlage der ärztlichen Schweigepflicht findet sich in § 9 MBO-Ä.

Diese wiederum fließt über den Grundsatz des § 242 BGB in die zivilrechtliche Auslegung des Arztvertrages aus § 611 BGB ein, wobei daneben über § 241 II BGB eine Verschwiegenheitspflicht des Arztes anzunehmen ist wenn man nicht – der überragenden Bedeutung des Vertrauens in den Geheimnisschutz Rechnung tragend – eine entsprechende Hauptpflicht aus dem Behandlungsvertag anerkennen will.

Auch dient die standesrechtliche Schweigepflicht ebenso wie die Strafnorm als Schutzgesetz im Deliktsrecht des § 823 II BGB.

Sogar im Prozessrecht schlägt der Geheimnisschutz sowohl im Zivil- als auch im Strafprozess in Gestalt von Zeugnisverweigerungsrecht und Beschlagnahmeverbot durch.

Die Strafnorm des § 203 I Nr. 1 StGB hat systematisch betrachtet maßgeblich die Funktion die Einhaltung aller Rechtsgrundlagen ärztlicher Schweigepflicht zu bewehren, ihre Bedeutung zu stärken und ihre Durchsetzung zu ermöglichen.

Ihr Schutzgut ist dementsprechend das fremde Geheimnis , mithin jede, nach dem Willen des Patienten lediglich für einen bestimmten Kreis zum Wissen Berufener bestimmte Tatsache.

Ebenfalls schützt § 203 I Nr. 1 StGB sog. Drittgeheimnisse sowie Geheimnisse Verstorbener.

Voraussetzung ist jedoch, dass der schweigepflichtige Arzt das Geheimnis in Ausübung seiner berufsmäßigen ärztlichen Tätigkeit erfahren hat, sog. berufsspezifische Konnexität, durch welche dem Umstand Rechnung getragen wird, dass das Weitergeben von Geheimnissen ein alltägliches Verhalten ist, für dessen Sanktionierung im Einzelfall ein adäquates Anknüpfungsmoment benötigt wird durch welches sich der Schweigepflichtige aus dem Kreis der Nichtschweigepflichtigen heraushebt.

Für eine Strafbarkeit nach § 203 StGB ist Vorsatz erforderlich.

Bei dieser Gelegenheit sei jedoch gesagt, dass die weitaus meisten Schweigepflichtverletzungen in der ärztlichen Praxis auf Fahrlässigkeit beruhen. Die meisten Ärzte sind sich der Tragweite ihrer standesrechtlichen Pflichten nicht in vollem Umfang bewusst, noch weniger ihrer Berufspflichten wie sie sich aus dem allgemeinen (Straf-)Recht ergeben.

So ist an der Tagesordnung, dass in Arztpraxen lautstark Befunde und andere Dinge über den Flur gerufen werden, dass Unterlagen am jedermann zugänglichen Tresen herumliegen oder Telefonate geführt werden während sich Patienten anmelden, die bei dieser Gelegenheit das gesamte Gespräch mitbekommen.

Ebenfalls sind die weitaus meisten Ärzte der sicheren Überzeugung, sie seien privaten Krankenversicherern gegenüber zu jedweder Auskunft verpflichtet.

Es scheint in der medizinischen Ausbildung an berufsrechtlicher Schulung und später an eigenverantwortlicher berufsbegleitender Weiterbildung über rechtliche Berufsgrundlagen häufig zu fehlen.

Dies ist Ausdruck dessen, dass die Ratio der Schweigepflicht, nämlich die Verhinderung eines – für den Geheimnisgeschützten oft immensen – Schadens durch eine Offenbarung zur falschen Zeit, am falschen Ort oder auch einfach nur der falschen Information häufig verkannt und nicht selten gar nicht reflektiert wird.

In den meisten alltäglichen Situationen im Praxisverkehr ist nicht nur die Sorgfalt im Umgang mit Patientendaten, sondern häufig schon die Einstufung einer Begebenheit als schutzwürdiges Datum in diesem Sinne zu vermissen.

Hier ist dringender Handlungsbedarf gegeben, denn die Strafsanktion als ultima ratio ist nicht geeignet, dem Geschädigten einer Geheimnisverletzung annähernd Genugtuung zu verschaffen.

Wünschenswert ist eine rechtzeitige Vermeidung der Verletzung selbst.

In diesem Sinne sollten sich sowohl die Ärzte selbst als auch die Kammern, die medizinischen Fakultäten und die Medien verstärkt engagieren. Auch Patienten sollten Interesse am Umgang mit ihren Daten zeigen und um bessere Information und mehr Eigeninitiative bzgl. der Geltendmachung ihrer Rechte bemüht sein.

Eine gesellschaftliche Grundlage ist Voraussetzung für die Anerkennung des nicht bedeutend genug einschätzbaren Rechtsinstituts des Geheimnisschutzes im Gesundheitswesen.

Was die häufig grob fahrlässige Unwissenheit vieler Ärzte betrifft, so ist zu sagen, dass diese nicht selten vor Strafe nicht schützt.

So haben Berufstätige die für ihre Tätigkeit maßgeblichen Rechtsgrundlagen zu kennen oder sich wenigstens in Zweifelsfällen über diese zu informieren.

Wann ein Zweifelsfall gegeben ist, ist dabei regelmäßig jedermann ersichtlich.

Daneben bereitet es häufig keine Mühe, mit einem Patienten kurz Rücksprache zu halten wenn eine ihn betreffende Information fließen soll.

Gleichwohl ist nicht jede Offenbarung strafbar, sondern lediglich die unbefugte.

Es gibt eine Zahl anerkannter Befugnisse in diesem Sinne.

Praxisrelevant sind in diesem Zusammenhang vornehmlich gesetzliche Auskunfts- und Meldepflichten nach IfSG, die auf der Grundlage des IfSG erlassenen Meldepflichtverordnungen oder die Anzeigepflichten des § 138 StGB (unter Berücksichtigung der ärztlichen Privilegierung nach § 139 III 2 StGB).

Besonders zu erwähnen sind die Kassenärztlichen Auskunftspflichten nach Sozialgesetzgebung.

Auch die allgemeinen Rechtfertigungsgründe können Ärzten zur Seite stehen, vornehmlich die Einwilligung des Patienten in eine Offenbarung.

Hier ist jedoch zu beachten, dass der Patient bei pauschalen Schweigepflichtentbindungen häufig nicht weiß, was der Arzt überhaupt offenbaren kann. So ist der Arzt auch hier gehalten, mit dem Patienten einvernehmlich zu handeln und über den Umfang der geplanten Auskunft zu sprechen.

Ein weiterer häufiger Rechfertigungsgrund im Zusammenhang mit Schweigepflichtdurchbrechungen ist der rechtfertigende Notstand nach § 34 StGB.

Zu erwähnende Fallgruppen sind hier die Kindesmisshandlung und die krankheitsbedingte Gefährdung der Verkehrssicherheit.

Die ärztliche Schweigepflicht in ihrer Ausprägung im Geheimnisschutz von Patientendaten findet ihre Grenze nicht in der Datenübermittlung an Krankenversicherungsträger.

Auch innerhalb der Systeme der Gesundheitsfürsorge findet der Geheimnisschutz seinen Niederschlag.

GKV und PKV unterscheiden sich in vielen Punkten.

Die ärztliche Schweigepflicht fließt jedoch in beide Systeme ein.

In der GKV wird das Arztgeheimnis über § 76 SGB X „verlängert", der die strafrechtlichen Übermittlungsschranken des § 203 I Nr. 1 StGB adaptiert und eine Datenübermittlung der Kasse an Dritte unter den Vorbehalt stellt, dass die Übermittlung auch für den Arzt von welchem die Information stammt, zulässig wäre.

In der PKV erfolgt die Verlängerung des Arztgeheimnisses durch eine spezielle eigene Schweigepflicht sämtlicher Mitarbeiter des Versicherungsunternehmens, soweit diese mit Daten in Berührung kommen.

§ 203 I Nr. 6 StGB erfasst so ziemlich alle Unternehmensangehörigen des Innendienstes und den Außendienst so dass der Gehilfenbegriff des § 203 III StGB in Bezug auf Schreibkräfte u. a. der privaten Krankenversicherer nicht einschlägig ist. Einziger Anwendungsbereich des § 203 III StGB ist bzgl. des Hilfspersonals des Außendienstes.

In der GKV herrscht das Modell Pflichtversicherung. Auch die Kassenärzte sind Zwangsmitglieder der Kassenärztlichen Vereinigungen.

Es gilt bzgl. Versichertendaten das Sozialgeheimnis des § 35 SGB I.

Die Datenerhebung, -verarbeitung und –nutzung durch die gesetzlichen Krankenkassen regelt § 284 SGB V, der in Abs. 1 enumerativ die Aufgabenzwecke aufzählt, für welche eine Erhebung und Speicherung von Sozialdaten durch die Krankenkassen erfolgen darf.

Abs. 3 unterstellt Datenverarbeitung und –nutzung dem Grundsatz der Bindung an eben diese Aufgabenzwecke.

Den Umgang mit personenbezogenen Daten bei der Kassenärztlichen Vereinigung regelt § 285 SGB V.

Besonders relevant für die Leistungsabrechnung sind jedoch §§ 294–303 SGB V. Diese regeln den Datenfluss in der gesetzlichen Krankenversicherung.

§ 294 SGB V normiert für die Vertragsärzte die Pflicht, alle für die Aufgabenerfüllung der Krankenkassen und Kassenärztlichen Vereinigungen notwendigen Angaben aus der Erbringung und Verordnung von Versicherungsleistungen aufzuzeichnen und den Kassen und Kassenärztlichen Vereinigungen mitzuteilen.

Die Vorschrift ist die Grundnorm der Leistungsdatenübermittlung im System der GKV.

Nach § 295 I SGB V leiten die Vertragsärzte die abrechnungsrelevanten Daten der Kassenärztlichen Vereinigung zu, die dann für jeden Behandlungsfall die für die vertragsärztliche Versorgung erforderlichen Angaben über die abgerechneten Leistungen nach § 295 II SGB V an die Krankenkassen weiterleitet.

Das Honorar erhält der Vertragsarzt von der Kassenärztlichen Vereinigung nach Verteilungsschlüssel. Die Kassenärztliche Vereinigung erhält ihrerseits eine Gesamtvergütung für die gesamte vertragsärztliche Versorgung von den Krankenkassen im Voraus.

In der PKV besteht ebenfalls das Befürfnis eines gewissen Informationsflusses zu Abrechnungszwecken.

Es bestehen hier allerdings ganz andere Rechtsbeziehungen.

Während in der GKV sozusagen eine Viereckbeziehung zwischen Versichertem und Kasse, Kasse und Vertragsarzt, Vertragsarzt und Kassenärztlicher Vereinigung, sowie Vertragsarzt und Versichertem besteht, bestehen in der PKV lediglich zwei zueinander quasi unabhängige Rechtsverhältnisse zwischen Versichertem und Arzt sowie zwischen Versichertem und Versicherer.

In der PKV gehen die ärztlichen Abrechnungen, u. U. über die PVS, direkt dem Versicherten zu, der diese zur Kostenerstattung bei der Versicherung einreicht.

Im durch das GKV-Wettbewerbsstärkungsgesetz neu eingeführten Basistarif ist ausnahmsweise auch ein Direktanspruch des Arztes gegen den Versicherer gegeben, hierbei haften Versicherter und Versicherer als Gesamtschuldner.

Im Zuge des GKV-WSG wurde nicht nur ein Basistarif eingeführt, sondern dieser auch mit einem Kontrahierungszwang seitens der Versicherer verbunden.

Ratio ist die Sicherstellung eines lückenlosen Versicherungsschutzes für alle Personen.

Gegen die zwangsweise Einführung des Basistarifs mit Kontrahierungszwang und v. a. ohne Risikoprüfung werden von den Versicherern der PKV verfassungsrechtliche Einwände geltend gemacht. Verfassungsbeschwerde ist bereits erhoben, eine Entscheidung zu erwarten.

Unterschiede bestehen zwischen GKV und PKV auch in Bezug auf die Leistungsprüfung.

Während in der GKV die Krankenkassen im Voraus eine Gesamtvergütung an die Kassenärztlichen Vereinigungen zahlen, die dann in ihrem jeweiligen Zuständigkeitsbereich alle an der vertragsärztlichen Versorgung teilnehmenden Ärzte anteilig aus dem Gesamtvolumen vergüten; die Krankenkassen also in dem Sinne keine direkte Leistungsprüfung vornehmen, ist die Prüfung der einzelnen Rechnung vor der Kostenerstattung die vornehmliche Kontrollmöglichkeit in der PKV.

In der GKV bestehen Prüfungsverfahren zur Kontrolle aller an der vertragsärztlichen Versorgung teilnehmenden Ärzte.

Früher erfolgten vornehmlich Wirtschaftlichkeitsprüfungen nach Maßgabe der §§ 106, 296, 297 SGB V. Es wurde die wirtschaftlich und qualitativ angemessene Verschreibungs- und Therapiepraxis der Kassenärzte nach Auffälligkeits- und gelegentlich auch nach Zufälligkeitskriterien überprüft.

Mittlerweile ist demgegenüber die Plausibilitätsprüfung nach § 106 a SGB V Regelprüfmethode.

Es wird vornehmlich nach Zeitprofilen untersucht, ob der vom Kassenarzt abgerechnete Aufwand plausibel ist.

In sämtlichen Prüfverfahren sind maßgebliche Instanz für die Abrechnungsprüfung die Kassenärztlichen Vereinigungen, denen die Vertragsärzte als Mitglieder angehören.

Im Hinblick auf ihre Leistungspflicht obliegt die Kontrolle den Krankenkassen.

Die Vertragsärzte haben im Rahmen der Wirtschaftlichkeitsprüfung die Möglichkeit, einen Beschwerdeausschuss anzurufen; auch im Rahmen der Plausibilitätsprüfung ist für einen geregelten Verfahrensablauf gesorgt, der die Interessen der korrekt abrechnenden Ärzte bestmöglich wahrt.

Was konkrete Fehlverhalten im Abrechnungsverfahren angeht, so sind die Prüfverfahren durchaus effizient was die Klärung von Abrechnungsauffälligkeiten anbelangt; daneben wird inzwischen verstärkt gegen Abrechnungsbetrug und Leistungserschleichung vorgegangen, weshalb nach §§ 81 a, 197 a SGB V Stellen zur Fehlverhaltensbekämpfung im Gesundheitswesen bei den Krankenkassen und Kassenärztlichen Vereinigungen einzurichten waren.

Auf diese Weise kann schon systemintern geregelt die korrekte Verteilung der Kassenleistungen sichergestellt werden.

Auch der MDK ist kompetent, Auskünfte und Unterlagen von den Leistungserbringern zu verlangen und einer eingehenden Prüfung zu unterziehen. Der MDK beurteilt vornehmlich die sozialmedizinische Vertretbarkeit ärztlicher Leistungen. Er ist eine Arbeitsgemeinschaft, getragen von den gesetzlichen Krankenkassen; auf Landesebene organisiert.

Dem Geheimnisschutz wird im Rahmen der Prüfungen des MDK durch genaue gesetzliche Grundlagen genüge getan, die Leistungserbringer können bei der Übermittlung von Daten darauf vertrauen, dass die damit verbundene Offenbarung an den MDK im Lichte des § 203 I Nr. 1 StGB eine befugte ist.

Generell ist im Rahmen der GKV der Geheimnisschutz durch sozial-, datenschutzrechtliche Normen und den Einfluss des § 203 I Nr. 1 StGB über § 76 SGB X bzgl. der Übermittlung von Unterlagen aus der GKV hinaus an Dritte ausreichend gestärkt.

Die Verfahren zur Abrechnung, Abrechnungsprüfung und Sicherstellung ordnungsgemäßer Versorgung sind angemessen vor dem Hintergrund der Bedeutung der sozialen Gesundheitsfürsorge. In einem Kollektiv der Pflichtversicherung ist die Beobachtung der sachgerechten Güterverteilung dringend erforderlich, durch hoheitsrechtliche Regelung werden dabei die Interessen sämtlicher Beteiligten gewahrt. Die der Versicherten genauso wie die der Leistungserbringer und der Leistungsträger.

Der hoheitsrechtliche Einschlag im System ist mit Blick auf die Bedeutung gesetzlicher Gesundheitsfürsorge berechtigt, damit verbunden ist die Transparenz und Kontrolle aller Instanzen durch klare gesetzliche Vorgaben.

In der PKV ist Vergleichbares nicht gegeben.

Die Versicherer der PKV sind auf die Überprüfung jeder eingereichten ärztlichen Rechnung vor Kostenerstattung angewiesen. Diese Prüfung nimmt in medizinischer Hinsicht in der Regel der Gesellschaftsarzt, u. U., geregelt über AVB i. V. m. Einzelfalleinwilligung der Versicherten auch ein externer ärztlicher Gutachter vor. Die Prüfung, ob auf der Grundlage des Ergebnisses der medizinischen Begutachtung eine Leistung berechtigt ist oder nicht, übernimmt die Leistungsabteilung des Unternehmens.

Um die Anspruchsberechtigung des jeweiligen Versicherten zu überprüfen, werden zu Beginn des Vertragsverhältnisses Anfragen bei den behandelnden Ärzten vorgenommen, die erbringen sollen ob Anzeigepflichtverletzungen begangen wurden bzw. ob weitergehende Erkrankungen bestehen.

Problematisch an diesem Vorgehen ist vor allem, dass sich die Versicherer gegenüber den um Auskunft ersuchten Ärzten auf umfassende Schweigepflichtentbindungserklärungen berufen, über deren Tragweite sich die Versicherungsnehmer regelmäßig nicht im Klaren sind.

Einmal ist den Betroffenen zum Zeitpunkt der Abgabe der Schweigepflichtentbindungserklärung (idR bei Vertragsschluss) meist nicht (mehr) bewusst, welche Kleinigkeiten sie in den vergangenen drei Jahren zu irgendwelchen Ärzten geführt haben; zum anderen ist den Betroffenen in keinem Fall bekannt, welche Informationen der jeweilige Arzt über sie dokumentiert hat.

Aufgrund der Tatsache, dass entsprechende Anfragen daher meist Befunde erbringen, die der Versicherungsnehmer mangels Kenntnis nicht böswillig verschwiegen haben kann, geraten nicht selten völlig unbescholtene Versicherungsnehmer in schwerwiegenden Verdacht.

Dies kann nicht hingenommen werden, zumal die Versicherungsnehmer bei Vertragsschluss keine andere Möglichkeit haben, als die Bedingungen des Versicherers zu akzeptieren, wollen sie nicht ohne Versicherungsschutz bleiben.

Eine Interessenvertretung, die Parität zwischen den Vertragspartnern vermitteln könnte, existiert zunächst nicht.Außerdem sind die Versicherungsbedingungen idR branchenweit vereinheitlicht, so dass auch keine Ausweichmöglichkeit der Versicherungsnehmer besteht.

Der Gesetzgeber hat ebenso wie das BVerfG diesen Umstand mittlerweile zur Kenntnis genommen und mit dem Erlass von § 213 VVG die Rechte der Versicherungsnehmer in begrüßenswerter Weise gestärkt.

Nach der Vorschrift haben die Versicherer jede Anfrage unter angemessener Frist vorab anzuzeigen und dem Versicherungsnehmer die Möglichkeit des Widerspruchs zu gewähren.

Ebenfalls können Versicherungsnehmer jederzeit verlangen, dass Informationen über sie aufgrund Einzelfalleinwilligung erhoben werden, mithin ist ein jederzeitiger Widerruf der vertragsgegenstandlichen Schweigepflichtentbindungserklärung möglich.

Die Versicherungsnehmer sind über ihre Rechte mit jeder Anzeige eines Auskunftsersuchens aufzuklären, rechtswidrig erhobene Daten gelten als nicht erhoben.

Mit § 213 VVG ist eine Möglichkeit für die Versicherungsnehmer geschaffen worden, ihre Interessen wahrzunehmen.

Die Regelung war trotz Privatautonomie im privaten Versicherungswesen mangels Waffengleichheit der Parteien dringend geboten.

Der Erhebung leistungsrelevanter Daten durch den Versicherer folgt eine interne Anspruchsprüfung.

Wird diese vom Gesellschaftsarzt auch intern vorgenommen, so kann bezüglich der Übermittlung der Leistungsdaten von der Leistungsabteilung an den Arzt des Unternehmens der Offenbarungsbegriff des § 203 I Nr. 6 StGB dahingehend modifiziert werden, dass die innerorganisatorische Geheimnisweitergabe dann keine tatbestandliche ist, wenn der Informationsfluss zwischen Mitarbeitern erfolgt, die aufgrund ihrer Funktion nach der im Voraus allgemein und anhand geltender Rechtsgrundlagen ordnungsgemäß festgelegten Geschäftsverteilung im Unternehmen bestimmungsgemäß mit den Geheimnissen in Berührung kommen und dies in Ausübung bzw. zu dem Zweck der Erfüllung ihrer ihnen nach eben maßgeblicher Geschäftsverteilung obliegenden Aufgaben geschieht.

Denkbar ist jedoch auf der Grundlage von AVB, allerdings unter strengem Vorbehalt einer zusätzlichen Einzelfalleinwilligung auch die Anspruchsprüfung durch einen externen Gutachter, zB durch einen niedergelassenen Arzt.

Hier ist keine Modifikation des Offenbarungsbegriffes denkbar, eine rechtfertigende Befugnis zu vermitteln sind AVB ohne Einwilligung des Geheimnisgeschützten ebenfalls nicht geeignet; die Einzelfalleinwilligung ist daher für die Rechtmäßigkeit konstitutiv.

Problematisch in Bezug auf § 203 I Nr. 6 StGB ist gegenüber den Verfahren zur Prüfung des Leistungsanspruches allerdings eine von vielen Versicherern zusätzlich praktizierte Prüfung von Abrechnungsauffälligkeiten durch externe ärztliche Gutachter.

Mangels vertragsärztlicher Organisation der Ärzteschaft sowie generell mangels hoheitsrechtlicher Befugnisse in der PKV kommt eine, der GKV vergleichbare Ausgestaltung einer Plausibilitätskontrolle der Leistungserbringer nicht in Frage.

Zwar ist Abrechnungsbetrug ebenso wie Leistungserschleichung auch in der PKV durchaus ein Problem. Es ist also wohl nachvollziehbar, dass auch die privaten Krankenversicherer den Wunsch haben, gegen Versicherte und auch gegen Ärzte, deren Abrechnungen nicht korrekt sind vorzugehen.

Jedoch besteht keine Kassenärztliche Vereinigung und es stehen keine systemeigenen Sanktionen wie in der GKV die Entziehung der kassenärztlichen Zulassung zur Verfügung, mittels welcher Leistungserbringer zur Raison gebracht werden könnten.

Mangels Vergleichbarkeit mit der Bedeutung der GKV als Institut der staatlichen Gesundheitsgrundabsicherung sowie aufgrund der privatautonomen Gestaltung des Versicherungswesens wäre eine solchermaßen hoheitsrechtliche Ausgestaltung zur Kontrolle der Ärzte allerdings auch nicht vertretbar.

Die Versicherer der PKV stehen gesellschaftlich gesehen im Lager privater (wenn auch juristischer) Personen. Ihnen stehen bei Verdachtsfällen obrigkeitliche Verfahren zur Verfügung, die Verfolgung von Abrechnungsbetrug ist obrigkeitlichen Instanzen (Ärztekammer, Staatsanwaltschaft) vorbehalten. Die zur Verfügung stehenden Verfahren sind zur Verteidigung der Versichererinteressen neben der Leistungsprüfung, mit welcher ohnehin Vermögensschäden abgewandt werden können ausreichend.

Auch was die Interessen der Versicherungsnehmer angeht, so ist eine über die Leistungsprüfung hinausgehende Auffälligkeitsprüfung de lege lata unvertretbar. Wenn zB der Versicherungsnehmer auf Kostenerstattung verzichtet und der Leistungsprüfung nach Einreichung der Rechnung widerspricht, kommt aufgrund einer Auffälligkeit der eingereichten Rechnung eine Prüfung durch einen Gutachter, der versagten Einwilligung entgegen nicht in Betracht.

Es steht in der PKV keine Rechtsgrundlage für solche Auffälligkeitsprüfungen zur Verfügung. Die Leistungsprüfung ist für die Wahrung von Vermögensinteressen ausreichend; eine von Vermögensschäden unabhängige Verfolgung von Betrügern ist, noch einmal betont, staatliche Angelegenheit.

So kann auch § 34 StGB hier keine Rechtfertigung von Geheimnisoffenbarungen vermitteln.

Die Auffälligkeitsprüfung scheitert neben der Leistungsprüfung an der Erforderlichkeit; auch stehen sich bzgl. Persönlichkeitsrecht der Versicherungsnehmer und Vermögen der Versicherer keine gleichwertigen Rechtsgüter gegenüber, erst recht überwiegt das Vermögen das Persönlichkeitsrecht nicht.

Aufgrund der Verfügbarkeit rechtlich geordneter Verfahren scheitert eine private Auffälligkeitsprüfung darüber hinaus an der Angemessenheitsklausel des § 34 Satz 2 StGB.

Was die Bedeutung des Phänomens Abrechnungsbetrug anbetrifft, so ist davon auszugehen, dass es sowohl in der PKV als auch in der GKV eine nicht gering einzuschätzende Rolle spielt; auch ist ein hohes Dunkelfeld zu vermuten.

Vor allem in der GKV dürften die Fälle zahlreich sein.

Dennoch soll nicht unerwähnt bleiben, dass entsprechende Vorwürfe lediglich einen geringen Prozentsatz der Ärzte bzw. der Versicherten betreffen.

Die Ursachen zu diskutieren musste im Rahmen vorliegender Arbeit beim bloßen Ansatz verbleiben, es sind bei einem so vielschichtigen Phänomen wohl meist nur Vermutungen möglich.

Eine solche galt in der GKV jedoch seither u. a. der ärztlichen Budgetierung, mit welcher die meisten Kassenärzte unrentabel zu praktizieren verpflichtet waren.

Inzwischen ist eine Pauschalvergütung nach Euro-Gebührenordnung vorgesehen; wie sich diese auf das Phänomen Abrechnungsbetrug auswirken wird, bleibt abzuwarten.

Insgesamt ist auch in Bezug auf die PKV zu konstatieren, dass durch die Norm des § 203 I Nr. 6 StGB dem Geheimnisschutz, die Beachtung bzw. Durchsetzung der Norm vorausgesetzt, grds. ausreichend Rechnung getragen ist. Die Norm schützt wie gezeigt wurde de jure auch gegen unberechtigte gutachterliche Prüfung; sie schützt die informationelle Selbstbestimmung umfassend, Durchbrechungen sind vom Betroffenen nur hinzunehmen soweit gewichtigere Interessen dies erfordern. Versicherungsvermögen ist kein hinreichend gewichtiges Gut.

Summa summarum ist jedoch festzustellen, dass dem Rechtsgut Persönlichkeitsrecht und dem Geheimnisschutz in der PKV im Verhältnis zur GKV zu wenig Beachtung durch die Versicherer geschenkt wird. Die Bestrebung, sich über rechtliche Grenzen hinwegzusetzen, ist – von den Unterschieden in beiden Systemen abgesehen – in der PKV weit größer als in der GKV. Hier ist zu vermuten, dass Gewinnstreben in der PKV ein Beweggrund ist. Ebenfalls ist der Eindruck nicht zu vermeiden, dass die sozialrechtliche Normierung in der GKV die Kassen zur Achtung rechtlicher Maßstäbe besser anhält als eine Sanktionsnorm wie § 203 I Nr. 6 StGB in der PKV.

Dies zeigt den repressiven Charakter des Strafrechts.

Wünschenswert für die Versichertenrechte wäre demgegenüber ein präventiver Schutz der Geheimsphäre in der PKV.

Dieser muss allerdings, da die Möglichkeiten der Rechtsordnung zur Verteidigung, sowohl der Versichererinteressen als auch der Interessen der Geheimnisgeschützten eigentlich ausreichend sind, nicht zwingend in einer gesetzlichen Kodifikation, dem SGB vergleichbar erfolgen.

Vielmehr sind die Versicherungsnehmer angehalten, ihre vertragliche Position und Regelungen wie § 213 VVG zu nutzen, ihre Rechte selbst zu verteidigen und trotz der Überlegenheit der Versicherungswirtschaft diese geltend zu machen. Eine Möglichkeit zur Stärkung der Privatautonomie könnte die Organisation unter Versicherungsnehmern in Gestalt von Interessenverbänden oder die Nutzung unabhängiger Beratungsangebote sein. Auch die BaFin steht zur Klärung von Konflikten mit Beschwerdeverfahren zur Verfügung.

Literaturverzeichnis

Bäumler, Helmut: „Medizinische Dokumentation und Datenschutzrecht", in: Medizinrecht 1998, S. 400–405; *zit.: Bäumler,* Medizinische Dokumentation und Datenschutzrecht

Bartsch, Ursula S.: „Ärztliche Schweigepflicht und Zeugnisverweigerungsrecht im Strafprozeß". Eine Darstellung des Verhältnisses der materiellen zu den prozessualen Vorschriften. Dissertation München 1971; *zit.: Bartsch,* Ärztliche Schweigepflicht und Zeugnisverweigerungsrecht im Strafprozeß

Becker, Walter: „Die Wahrung der Schweigepflicht im Strafrecht", in: Ärztliche Mitteilungen 1953, S. 703–705; *zit.: Becker,* Die Wahrung der Schweigepflicht im Strafrecht

Bergmann, Alfred: „Die Grundstruktur des rechtfertigenden Notstandes (§ 34 StGB)", in: JuS 1989, S. 109–111; *zit.: Bergmann,* Die Grundstruktur des rechtfertigenden Notstandes (§ 34 StGB)

Bockelmann, Paul: „Das Strafrecht des Arztes", in: *Ponsold, Albert,* „Lehrbuch der gerichtlichen Medizin", 3. Auflage, Stuttgart 1967; *zit.: Bockelmann, in : Ponsold,* Lehrbuch der gerichtlichen Medizin

Bockelmann, Paul: „Ärztliche Schweigepflicht und Verkehrssicherheit", in: Verkehrsstrafrechtliche Aufsätze und Vorträge, Hamburg 1967; *zit.: Bockelmann,* Verkehrsstrafrechtliche Aufsätze und Vorträge

Bruns, Wolfgang: „Die Schweigepflicht der Sozialen Dienste der Justiz". Dissertation Heidelberg 1996; *zit.: Bruns,* Die Schweigepflicht der Sozialen Dienste der Justiz

Bruns, Wolfgang: „Mitwirkungspflichten des Arztes als Schuldner im Insolvenzverfahren", in: ArztRecht 2006, Heft 7, S. 184–186; *zit.: Bruns,* Mitwirkungspflichten des Arztes als Schuldner im Insolvenzverfahren, ArztRecht 2006, Heft 7, S. 184–186

Bundesbeauftragter für den Datenschutz: Tätigkeitsberichte Nrn.: 18 für die Jahre 1999 und 2000; 19 für die Jahre 2001 und 2002; 20 für die Jahre 2003 und 2004 sowie 21 für die Jahre 2005 und 2006; *zit.:* 18., 19., 20., 21. Tätigkeitsbericht mit Jahren und maßgeblichen Abschnitten

Cramer, Doris: „Der Medizinische Dienst der Krankenversicherung", C. H. Beck 1998; *zit.: Cramer,* Der Medizinische Dienst der Krankenversicherung

Detsch, Rudolf: „Sozialdatenschutz nach dem 2. SGB-Änderungsgesetz – aus Sicht eines Datenschutzbeauftragten einer Kassenärztlichen Vereinigung –", in: Sonderheft zu RDV 1/1995, S. 16–19; *zit.: Detsch,* Sozialdatenschutz nach dem 2. SGB-Änderungsgesetz

Dörner, Heinrich, in: Honsell, Heinrich (Hrsg.): Berliner Kommentar zum VVG, 1. Auflage, Berlin 1999; *zit.: Dörner, in:* Berliner Kommentar zum VVG

Eberbach, Wolfram H.: „Juristische Probleme der HTLV-III-Infektion (AIDS)", in: JR 1986, S. 230–235; *zit.: Eberbach,* Juristische Probleme der HTLV-III-Infektion (AIDS), JR 1986, S. 230–235

Eberhardt, Dietrich: „Zivilrecht und Sozialrecht in der Beziehung von Kassenarzt und Kassenpatient – Zugleich ein Beitrag zu Inhalt und Bedeutung des § 368 d IV RVO“, in: AcP 171 (1971), 289–327; *zit.: Eberhardt,* Zivilrecht und Sozialrecht in der Beziehung von Kassenarzt und Kassenpatient, AcP 171

Eichelbrönner, Nicolas: „Die Grenzen der Schweigepflicht des Arztes und seiner berufsmäßig tätigen Gehilfen nach § 203 StGB im Hinblick auf Verhütung und Aufklärung von Straftaten“, Europäische Hochschulschriften, Reihe 2, Rechtswissenschaft, Band 3155, Dissertation Würzburg 2001; *zit.: Eichelbrönner,* Die Grenzen der Schweigepflicht des Arztes und seiner berufsmäßig tätigen Gehilfen nach § 203 StGB im Hinblick auf Verhütung und Aufklärung von Straftaten

Eser, Albin: „Medizin und Strafrecht“, in: ZStW 97 (1985), S. 1–46; *zit.: Eser,* Medizin und Strafrecht

Göbbels, Hans: „Von der ärztlichen Schweigepflicht und ihrer Durchbrechung“ in: Neue Medizinische Welt 1950, S. 1205–1208; *zit.: Göbbels,* Von der ärztlichen Schweigepflicht und ihrer Durchbrechung

Gönnenwein, Otto: „Ärztliche Schweigepflicht und Meldeordnung“, in: Deutsche Rechtszeitschrift 1950, S. 464–465; *zit.: Gönnenwein,* Ärztliche Schweigepflicht und Meldeordnung

Göppinger, Hans: „Die Entbindung von der Schweigepflicht und die Herausgabe oder Beschlagnahme von Krankenblättern“, in: NJW 1958, S. 241–245; *zit.: Göppinger,* NJW 1958, 241

Greger, Reinhard: in: *Zöller, Richard,* Zivilprozessordnung – Kommentar, 21. Auflage 1999; *zit.: Greger, in Zöller,* Zivilprozessordnung – Kommentar

Günther, Hans-Ludwig: in: *Rudolphi, Hans-Joachim/Wolter, Jürgen,* Systematischer Kommentar zum Strafgesetzbuch, 7. bzw. 8. neubearbeitete Auflage Stand 116. Lieferung, November 2008; *zit.: SK – Günther*

Hackel, Wolfgang: „Schweigepflicht über Befunde an Toten“, in: Deutsche Medizinische Wochenschrift 1969, S. 1381–1382; *zit.: Hackel,* Schweigepflicht über Befunde an Toten

Hanack, Ernst-Walter: Leipziger Kommentar zum StGB, 11. Auflage, 4. Band 1996; *zit.: LK – Hanack,* 11. Auflage, 4. Band 1996

Hartleb, Uwe: „Sinn und Zweck der Vorschriften über den Sozialdatenschutz im SGB X aus der Sicht des Gesetzgebers“, in: Sonderheft zur RDV 1/1995, S. 9–15; *zit.: Hartleb,* Sinn und Zweck der Vorschriften über den Sozialdatenschutz im SGB X aus der Sicht des Gesetzgebers

Hattenhauer, Hans (Hrsg.): „Allgemeines Landrecht für die preussischen Staaten von 1794“, 3. Auflage 1996; *zit.: Hattenhauer,* Allgemeines Landrecht für die preussischen Staaten von 1794

Hausotter, Wolfgang: „Medizinischer Dienst: Zur Objektivität verpflichtet“, in: Deutsches Ärzteblatt 1998, Ausgabe 23, vom 08.06.2001, S. A-1534/B-1307/C-1222, print-Version; *zit.: Hausotter,* Medizinischer Dienst: Zur Objektivität verpflichtet, DÄBl. 98, Ausgabe 23 vom 08.06.2001

Heberlein, Ingo: „Erhebung von Behandlungsdaten durch den MDK – Zur Abgrenzung der Erhebungsbefugnis zwischen Krankenkasse und MDK“, in: Die Sozialgerichtsbarkeit, Heft 02/09, Februar 2009, 56. Jahrgang, S. 61–120, Beitrag S. 68–72; *zit.: Heberlein,* Erhebung von Behandlungsdaten durch den MDK

Hilderink, Berthold: „Datenschutz in der gesetzlichen Krankenversicherung". Eine Untersuchung unter besonderer Berücksichtigung der EU-Datenschutzrichtlinie. Dissertation Münster 2000; *zit.: Hilderink,* Datenschutz in der gesetzlichen Krankenversicherung

Horn, Wilhelm: „Das preußische Medizinalwesen", Berlin 1857; *zit.: Horn,* Das preußische Medizinalwesen

Hubmann, Heinrich: „Der zivilrechtliche Schutz der Persönlichkeit gegen Indiskretion", in: JZ 1957, 521–528; *zit.: Hubmann,* Der zivilrechtliche Schutz der Persönlichkeit gegen Indiskretion, JZ 1957

Jähnke, Burkhard: Leipziger Kommentar zum StGB, 10. Auflage, 5. Band 1989; *zit.: LK – Jähnke,* 10. Auflage, 5. Band 1989

Joerden, Jan C.: „Interessenabwägung im rechtfertigenden Notstand bei mehr als einem Eingriffsopfer", in: Goltdammers Archiv für Strafrecht 140, 1993, S. 245–261; *zit.: Joerden,* Interessenabwägung im rechtfertigenden Notstand bei mehr als einem Eingriffsopfer, GA 1993

Jörg, Michael: „Das neue Kassenarztrecht", München 1993; *zit.: Jörg,* Das neue Kassenarztrecht

Kallfelz, Walter: „Das ärztliche Berufsgeheimnis nach der Reichsärzteordnung", in: Juristische Wochenschrift 1936, S. 1343–1347; *zit.: Kallfelz,* Das ärztliche Berufsgeheimnis nach der Reichsärzteordnung

Kaufmann, Armin: „Lebendiges und Totes in Bindings Normentheorie". Normlogik und moderne Strafrechtsdogmatik. Dissertation Göttingen 1954; *zit.: Kaufmann,* Lebendiges und Totes in Bindings Normentheorie

Klein, Josef: „Die ärztliche Schweigepflicht nach § 13 der Reichsärzteordnung". Dissertation Köln 1937; *zit.: Klein,* Die ärztliche Schweigepflicht nach § 13 der Reichsärzteordnung

Köpke, Jan: „Die Bedeutung des § 203 Abs. 1 Nr. 6 StGB für Private Krankenversicherer, insbesondere bei der innerorganisatorischen Geheimnisweitergabe". Dissertation Tübingen 2003; *zit.: Köpke,* § 203 I Nr. 6

Kohlhaas, Max: „Ärztliche Schweigepflicht und Meldeordnung", in: Südwestdeutsches Ärzteblatt 1950, ,S. 100–102; *zit.: Kohlhaas,* Ärztliche Schweigepflicht und Meldeordnung

Kohlhaas, Max: „Nochmals ärztliche Schweigepflicht", in: Südwestdeutsches Ärzteblatt 1950, S. 214; *zit.: Kohlhaas,* Nochmals ärztliche Schweigepflicht

Kohlhaas, Max: „Herausgabepflicht und Beschlagnahme ärztlicher Aufzeichnungen", in: NJW 1964, S. 1162–1166; *zit.: Kohlhaas,* Herausgabepflicht und Beschlagnahme ärztlicher Aufzeichnungen

Kohlhaas, Max: „Ärztliche Leichenschau und Meldepflicht gewaltsamer Todesfälle", in: Deutsche Medizinische Wochenschrift 1965, S. 407–408; *zit.: Kohlhaas,* Ärztliche Leichenschau und Meldepflicht gewaltsamer Todesfälle

Kohlhaas, Max: „Anzeigen des Leichenschauarztes in Konflikt mit den Schweigepflichten und Schweigerechten des Arztes", in: Deutsche Medizinische Wochenschrift 1967, S. 1933–1934; *zit.: Kohlhaas,* Anzeigen des Leichenschauarztes in Konflikt mit den Schweigepflichten und Schweigerechten des Arztes

Krahmer, Utz: „Sozialdatenschutz nach SGB I und SGB X: Einführung mit Schaubildern, Kommentar, Datenschutznormen", Köln, Berlin, Bonn, München 1996; *zit.: Krahmer,* Sozialdatenschutz nach SGB I und SGB X

Kranig, Andreas, in: Hauck, Karl: „SGB V – Gesetzliche Krankenversicherung", Berlin, Loseblattausgabe, Stand: Juni 1999; *zit.: Kranig, in: Hauck,* SGB V

Krauskopf, Dieter: in: Laufs, Adolf/Uhlenbruck, Wilhelm, „Handbuch des Arztrechts", 3. Auflage, München 2002; *zit.: Krauskopf, in: Laufs/Uhlenbruck,* Handbuch des Arztrechts

Kühl, Kristian: „Freiheit und Solidarität bei den Notrechten", in: Festschrift für H. J. Hirsch, Berlin 1999, S. 259–276; *zit.: Kühl,* Freiheit und Solidarität bei den Notrechten

Landesbeauftragter für den Datenschutz in Baden-Württemberg: Tätigkeitsbericht Nr. 17 für das Jahr 1996, Stuttgart 1996; *zit.:* 17. Tätigkeitsbericht des Baden-Württembergischen Landesbeauftragten für den Datenschutz, Stuttgart 1996

Lang, Franziska: „Das Recht auf informationelle Selbstbestimmung des Patienten und die ärztliche Schweigepflicht in der gesetzlichen Krankenversicherung", 1. Auflage Baden-Baden, Nomos 1997, Dissertation Heidelberg 1996; *zit.: Lang,* Das Recht auf informationelle Selbstbestimmung des Patienten und die ärztliche Schweigepflicht in der gesetzlichen Krankenversicherung

Langkeit, Jochen: „Umfang und Grenzen der ärztlichen Schweigepflicht gemäß § 203 I Nr. 1 StGB", in: NStZ 1994, S. 6–9; *zit.: Langkeit* NStZ 1994, 6

Laufs, Adolf: in: Laufs, Adolf/Uhlenbruck, Wilhelm: „Handbuch des Arztrechts", 3. Auflage, München 2002; *zit.: Laufs, in : Laufs/Uhlenbruck,* Handbuch des Arztrechts

Lenckner, Theodor: „Ärztliches Berufsgeheimnis", in: *Göppinger, Hans,* „Arzt und Recht", Medizinisch-juristische Grenzprobleme unserer Zeit, C.H.Beck, München 1966, S. 159–199; *zit.: Lenckner, in : Göppinger,* Arzt und Recht, „Ärztliches Berufsgeheimnis"

Lenckner, Theodor: in: Schönke, Adolf/Schröder, Horst/Lenckner, Theodor: Strafgesetzbuch – Kommentar, 27. Auflage, München 2006; *zit.: Leckner, in: Schönke/ Schröder,* Kommentar zum StGB

Lilie, Barbara: „Medizinische Datenverarbeitung, Schweigepflicht und Persönlichkeitsrecht im deutschen und amerikanischen Recht". Dissertation Göttingen 1980; *zit.: Lilie,* Medizinische Datenverarbeitung, Schweigepflicht und Persönlichkeitsrecht im deutschen und amerikanischen Recht

Lilie, Hans: „Ärztliche Dokumentation und Informationsrechte des Patienten". Eine arztrechtliche Studie zum deutschen und amerikanischen Recht, Verlag Peter D. Lang, Reihe: Recht und Medizin, Bd. 5, 1980; *zit.: Lilie,* Ärztliche Dokumentation und Informationsrechte der Patienten

Marko, Volker, in: Marlow, Sven/Spuhl, Udo: „Das Neue VVG kompakt". Ein Handbuch für die Rechtspraxis, 3. Auflage 2008; *zit.: Marko, in: Marlow/Spuhl,* VVG – Kompakt

Marko, Volker: „Private Krankenversicherung" nach GKV-WSG und VVG-Reform, C. H. Beck München 2009; *zit.: Marko,* PKV

Marlow, Sven/Spuhl, Udo: „Das Neue VVG kompakt". Ein Handbuch für die Rechtspraxis, 3. Auflage 2008; *zit.: Marlow/Spuhl,* VVG – Kompakt

Maus, Josef: „Ambulante Vergütung: Gebührenordnung in Euro", in: aezteblatt.de, Deutsches Ärzteblatt Archiv, Printversion, Ausgabe August 2006, S. 348; *zit.: Maus,*

Ambulante Vergütung: Gebührenordnung in Euro, in: aerzteblatt.de, Deutsches Ärzteblatt Archiv, Printversion, Ausgabe August 2006, S. 348

Meinert, F.: „Gesetzliche Einschränkung der ärztlichen Schweigepflicht in der Reichsmeldeordnung", in: Deutsches Ärzteblatt 1938, S. 449–450; *zit.: Meinert,* Gesetzliche Einschränkung der ärztlichen Schweigepflicht in der Reichsmeldeordnung

Meißner, Andreas: „Die Interessenabwägungsformel in der Vorschrift über den rechtfertigenden Notstand (§ 34 StGB)". Dissertation Hamburg 1988; *zit.: Meißner,* Die Interessenabwägungsformel in der Vorschrift über den recht fertigenden Notstand (§ 34 StGB)

Melzer, Einhart: „Der Bruch der ärztlichen Schweigepflicht nach § 300 StGB in der Fassung vom 4. 8. 1953". Dissertation Berlin 1957; *zit.: Melzer,* Der Bruch der ärztlichen Schweigepflicht nach § 300 StGB in der Fassung vom 4. 8. 1953

Müller, Berthold: „Wie weit ist der Arzt verpflichtet, strafbare Handlungen bzw. Verdacht darauf zur Kenntnis einer Behörde zu bringen?", in: Südwestdeutsches Ärzteblatt 1950, S. 139–141; *zit.: Müller,* Wie weit ist der Arzt verpflichtet, strafbare Handlungen bzw. Verdacht darauf zur Kenntnis einer Behörde zu bringen?

Müller, Klaus: „Schweigepflicht und Schweigerecht des Arztes", in: *Mergen, Armand,* „Die juristische Problematik in der Medizin", Band II: Ärztliche Aufklärungs- und Schweigepflicht, München 1971, S. 63–125; *zit.: Müller, in: Mergen,* Die juristische Problematik in der Medizin, Bd. II

Muschallik, Thomas: „Die Befreiung von der ärztlichen Schweigepflicht und vom Zeugnisverweigerungsrecht im Strafprozeß". Dissertation Köln 1984; *zit.: Muschallik,* Die Befreiung von der ärztlichen Schweigepflicht und vom Zeugnisverweigerungsrecht im Strafprozeß

Natter, Eberhard: „Der Arztvertrag mit dem sozialversicherten Patienten. Zugleich ein Beitrag zum Naturalleistungsprinzip in der gesetzlichen Krankenversicherung", Köln, Berlin, Bonn, München 1987; *zit.: Natter,* Der Arztvertrag mit dem sozialversicherten Patienten

Neukamp, Franz: „Das ärztliche Berufsgeheimnis nach der Reichsärzteordnung", in: Klinische Wochenschrift 1936, S. 1106–1110; *zit.: Neukamp,* Das ärztliche Berufsgeheimnis nach der Reichsärzteordnung

Peters, Karl: „Beweisverbote im deutschen Strafverfahren", in: Verhandlungen des 46. Deutschen Juristentages 1966, Bd. I, München, Berlin 1966, S. 91–163; *zit.: Peters,* Beweisverbote im deutschen Strafverfahren

Placzek, Siegfried: „Das Berufsgeheimnis des Arztes", 3. Auflage, Leipzig 1909, *zit.: Placzek,* Das Berufsgeheimnis des Arztes

Pollandt, Andreas: „Plausibilitätsprüfung nach Zeitprofilen", in: ArztRecht 2005, Heft 4,S. 99–101; *zit.: Pollandt,* Plausibilitätsprüfung nach Zeitprofilen, ArztRecht 2005, Heft 4

Rahn, Dietrich: „Die Bedeutung des dritten Strafrechtsänderungsgesetzes für die ärztliche Schweigepflicht", in: Ärztliche Mitteilungen 1953, S. 706–707; *zit.: Rahn,* Die Bedeutung des dritten Strafrechtsänderungsgesetzes für die ärztliche Schweigepflicht

Regge, Jürgen (Hrsg.): „Gesetzrevision: (1825–1848)", Band 3, Straf- und Prozeßrecht, Ministerium Kamptz 1833–1837, unveränderter Nachdruck 1984; *zit.: Regge,* Gesetzrevision: (1825–1848)

Rein, Detlev B.: „Die Bedeutung der §§ 203 ff. StGB n. F. für die private Personenversicherung“, Versicherungsrecht 1976, S. 117–124; *zit.*: *Rein*, VersR 1976

Renzikowski, Joachim: „Notstand und Notwehr“, Dissertation, Tübingen 1993; *zit.*: *Renzikowski,* Notstand und Notwehr

Rieger, Hans-Jürgen: „Zur geschichtlichen Entwicklung der ärztlichen Schweigepflicht“, in: Deutsche Medizinische Wochenschrift 1975, S. 1867–1868; *zit.*: *Rieger,* Zur geschichtlichen Entwicklung der ärztlichen Schweigepflicht

Rieger, Hans-Jürgen: „Lexikon des Arztrechts“, Berlin 1984; *zit.*: *Rieger,* Lexikon des Arztrechts

Rogall, Klaus: „Die Verletzung von Privatgeheimnissen (§ 203 StGB)“, in: Neue Zeitschrift für Strafrecht 1983, S. 1–9; *zit.*: *Rogall,* Die Verletzung von Privatgeheimnissen (§ 203 StGB)

Rombach, Wolfgang, in: Hauck, Karl: „SGB X – Verwaltungsverfahren und Schutz der Sozialdaten“, Berlin, Loseblattausgabe, Stand: März 1999; *zit.*: *Rombach, in: Hauck,* SGB X

Roxin, Claus: „Strafrecht Allgemeiner Teil “, Band I, Grundlagen – der Aufbau der Verbrechenslehre, 4. Auflage 2006; *zit.*: *Roxin,* AT I

Sauter, Fritz: „Das Berufsgeheimnis und sein strafrechtlicher Schutz“, in : Strafrechtliche Abhandlungen Breslau 1910, Heft 123; *zit.*: *Sauter,* Das Berufsgeheimnis und sein strafrechtlicher Schutz

Schlund, Gerhard H. in: Laufs, Adolf/Uhlenbruck, Wilhelm: „Handbuch des Arztrechts“, 3. Auflage, München 2002; *zit.*: *Schlund, in: Laufs/Uhlenbruck,* Handbuch des Arztrechts

Schmidt, Eberhard: „Der Arzt im Strafrecht“, 1939; *zit..*: *Schmidt,* Der Arzt im Strafrecht

Schmidt, Eberhard: „Ärztliche Schweigepflicht und Meldeordnung“, in: Deutsche Rechtszeitschrift 1950, S. 172–174; *zit.*: *Schmidt,* Ärztliche Schweigepflicht und Meldeordnung

Schmidt, Eberhard: Lehrkommentar zur Strafprozessordnung und zum Gerichtsverfassungsgesetz, Teil I und II mit Nachträgen und Ergänzungen, Bd. I zu Teil II, Göttingen 1957, 1967; *zit.*: *Schmidt,* Lehrkommentar zur Strafprozessordnung und zum Gerichtsverfassungsgesetz, Bd. I

Schmidt, Karl August: „Verschwiegenheitspflicht und Auskunftsverweigerungsrecht der privaten Versicherungsunternehmen“, Versicherungsrecht 1957, S. 492–497; *zit.*: *Schmidt,* VersR 1957

Schroeder-Printzen, Günther: Sozialgesetzbuch Verwaltungsverfahren – SGB X Kommentar, 3. Auflage München 1996; *zit.*: *Schroeder-Printzen,* SGB X Kommentar

Schulz, Georg: „Die Motive der ärztlichen Schweigepflicht“, in: Medizinische Klinik 1962, S. 151–152; *zit.*: *Schulz,* Die Motive der ärztlichen Schweigepflicht

Schumacher, Willy: „Das ärztliche Berufsgeheimnis nach § 300 RStGB“, in: Veröffentlichungen aus dem Gebiete der Medizinalverwaltung, Berlin 1931; *zit.*: *Schumacher,* Das ärztliche Berufsgeheimnis nach § 300 RStGB

Sodan, Helge: „Private Krankenversicherung und Gesundheitsreform 2007, Verfassungs- und europarechtliche Probleme des GKV-Wettbewerbsstärkungsgesetzes“, 2. Auflage, Berlin 2007; *zit.*: *Sodan,* PKV und Gesundheitsreform 2007

Spengler, Alexander: „Die Grenzen der ärztlichen Schweigepflicht nach deutschem und schweizerischem Recht". Dissertation Erlangen 1932; *zit.: Spengler,* Die Grenzen der ärztlichen Schweigepflicht nach deutschem und schweizerischem Recht

Steinhilper, Gernot: „Die Plausibilitätsprüfung nach neuem Recht (§ 106 a SGB V)". Medizinrecht 2004, Heft 11, S. 597–600; *zit.: Steinhilper,* Die Plausibilitätsprüfung nach neuem Recht (§ 106 a SGB V), MedR 2004

Steinmeyer, Heinz-Dietrich in Wannagat, Georg: „Kommentar zum gesamten Recht des Sozialgesetzbuches", Zehntes Buch, Loseblattsammlung, Kassel, Stand 2001; *zit.: Steinmeyer, in: Wannagat,* Kommentar zum gesamten Recht des Sozialgesetzbuches, Zehntes Buch

Syroth, Max: „Das ärztliche Berufsgeheimnis", in: Münchner Medizinische Wochenschrift 1936, S. 1469–1473; *zit.: Syroth,* Das ärztliche Berufsgeheimnis

Taupitz, Jochen: „Die Standesordnungen der freien Berufe: geschichtliche Entwicklung, Funktionen, Stellung im Rechtssystem", Habilitationsschrift Göttingen 1989; *zit.: Taupitz,* Die Standesordnungen der freien Berufe

Thomas, Heinz in: Palandt, Otto: Bürgerliches Gesetzbuch – Kommentar, 62. Auflage 2003; *zit.: Palandt/Thomas*

Tiemann, Burkhard/Tiemann, Susanne: „Kassenarztrecht im Wandel. Die gesetzliche Krankenversicherung zwischen Kostendämpfung und Strukturveränderung", Berlin, Chicago, London, Rio de Janeiro, Tokio 1983; *zit.: Tiemann/Tiemann,* Kassenarztrecht im Wandel

Uhlenbruck, Wilhelm in: Laufs, Adolf/Uhlenbruck, Wilhelm: „Handbuch des Arztrechts", 3. Auflage, München 2002; *zit.: Uhlenbruck, in: Laufs/Uhlenbruck,* Handbuch des Arztrechts

Ulsenheimer, Klaus: in: Laufs, Adolf/Uhlenbruck, Wilhelm: „Handbuch des Arztrechts", 3. Auflage, München 2002; *zit.: Ulsenheimer, in: Laufs/Uhlenbruck,* Handbuch des Arztrechts

Vergilius Maro, Publius/Götte, Johannes: „Aeneis", 6. Auflage München 1983; *zit.: Vergil,* Aeneis, lib. XII, Vers

Vollmer, Burkhard: „Körperlich-geistige Mängel, Verkehrssicherheit und ärztliche Schweigepflicht". Dissertation, Bochum 1986; *zit.: Vollmer,* Körperlich-geistige Mängel, Verkehrssicherheit und ärztliche Schweigepflicht

Weichert, Thilo: „Die Krux mit der ärztlichen Schweigepflichtentbindung für Versicherungen", in: NJW 2004, S. 1695–1700; *zit.: Weichert,* Die Krux mit der ärztlichen Schweigepflichtentbindung für Versicherungen

Weimar, Wilhelm: „Das Berufsgeheimnis des Arztes gem. § 13 der Reichsärzteordnung vom 13. Dezember 1935", in: Deutsches Polizei Archiv 1936,, S. 266–267; *zit.: Weimar,* Das Berufsgeheimnis des Arztes gem. § 13 der Reichsärzteordnung vom 13. Dezember 1935

Wessels, Johannes/Beulke, Werner: „Strafrecht, Allgemeiner Teil". Die Straftat und ihr Aufbau, 38. Auflage, 2008; *zit.: Wessels/Beulke,* AT

Woesner, Horst: „Fragen ärztlicher Geheimhaltungspflicht", in: NJW 1957, S. 692–694; *zit.: Woesner,* Fragen ärztlicher Geheimhaltungspflicht

Zakrzewski, Lothar: „Abgrenzung der ärztlichen Schweigepflicht gegenüber der Offenbarungspflicht bei Sozialversicherungsträgern und anderen Berechtigten im

Bereich der Sozialgesetzgebung". Dissertation Würzburg 1968; *zit.: Zakrzewski,* Abgrenzung der ärztlichen Schweigepflicht gegenüber der Offenbarungspflicht bei Sozialversicherungsträgern und anderen Berechtigten im Bereich der Sozialgesetzgebung

Anhang

Korrespondenzprotokolle und Materialien

(aus persönlichkeitsrechtlichen Gründen
Originalwortlaut der Korrespondenz anonymisiert)

Resolution des 85. Deutschen Ärztetages zum Datenschutz und zur Schweigepflicht

Resolution des 85. Deutschen Ärztetages zum Datenschutz und zur Schweigepflicht

Datenschutz in der Sozialversicherung

Der stark zunehmende Informationshunger der Krankenkassen im Hinblick auf Patientendaten bringt den einzelnen Arzt mehr und mehr in erhebliche Konflikte bei der Wahrung seiner Schweigepflicht.

Der 85. Deutsche Ärztetag hält eine Verarbeitung personenbezogener Daten durch Verwaltungen, Sozialversicherungen etc. nur im Rahmen einer engen Zweckbestimmung dieser Institution für zulässig. Die Schweigepflicht darf nicht durch die Forschungsinteressen von staatlichen Institutionen und durch die zu diesem Zweck erfolgende Speicherung von personenbezogenen Gesundheitsdaten ausgehöhlt oder durch per Gesetz geschaffene neue Kontrollinstanzen unterlaufen werden.

So verletzt zum Beispiel die durch die Verabschiedung des Krankenhaus-Kostendämpfungsgesetzes erfolgte Änderung des § 373 Abs. 2 Reichsversicherungsordnung, wonach nicht nur die Krankenhausträger, sondern ausdrücklich auch die Krankenhausärzte verpflichtet werden, den Prüfungsausschüssen zur Überwachung der Wirtschaftlichkeit der Krankenhauspflege die für die Wahrung ihrer Aufgaben notwendigen Unterlagen vorzulegen und Auskünfte zu erteilen, in gravierender Weise den Schutz der persönlichen Daten des Krankenhauspatienten sowie die Schweigepflicht des Arztes.

Wie gering die Verschwiegenheitspflicht der Ärzte geachtet wird, zeigt nach Auffassung des 85. Deutschen Ärztetages auch die jüngst per Erlaß erfolgte Anordnung des obersten Dienstherrn der Ärzte an Universitätskliniken in Nordrhein-Westfalen, nach der in Aufzeichnungen zum Nachweis der Arbeitsbelastung in Bereitschaftsdiensten die Namen der behandelten Patienten aufzuführen sind.

Der 85. Deutsche Ärztetag teilt zudem die im 4. Tätigkeitsbericht des Bundesbeauftragten für den Datenschutz geäußerten Bedenken hinsichtlich der Verwendung von Erhebungsbögen der Krankenkassen bei Gewährung von Krankenhauspflege. Er fordert daher alle Verantwortlichen auf, bei der Anwendung und Auslegung derartiger Bestimmungen die grundrechtlich geschützten Interessen von Patient und Arzt zu achten.

Datenschutz im Krankenhaus

Angesichts der wachsenden Datenbestände in Rechenzentren größerer Krankenhäuser und Kliniken ist es erforderlich, darauf hinzuweisen, daß der Einsatz dieser Technologie grundsätzlich unter folgenden Zielvorstellungen zu betreiben ist:

a) Die konventionelle Dokumentation ist zu verbessern einschließlich einer effektiveren Gewährleistung des Datenschutzes.

b) Datenverarbeitung im Krankenhaus muß Valenzen für die Arzt-Patient-Beziehung freisetzen, andernfalls ist der personelle und materielle Aufwand für moderne Dokumentationsverfahren nicht zu vertreten.

Daraus resultieren folgende Forderungen:

1. Patientendaten dürfen nur von Ärzten mit Spezialisierung in medizinischer Informatik verwaltet werden, da nur in dieser personellen Verknüpfung sowohl das Arztgeheimnis als auch die sachverständige Überwachung der Daten gewährleistet ist. Die Weitergabe von personenbezogenen Patientendaten an andere Institutionen ist nicht zulässig.

2. Auswertungen von personenbezogenen Patientendaten dürfen nur im Einverständnis mit dem datenerhebenden Arzt erfolgen, der damit ausdrücklich weiter in der Verpflichtung des Arztgeheimnisses steht und andererseits seine Rechte bei wissenschaftlicher Auswertung der von ihm erbrachten Leistung geltend machen kann.

Datenschutz in der medizinischen Forschung

Die Tendenz zur Formalisierung und Computerisierung von personenbezogenen Patientendaten gewinnt auch in der ärztlichen und medizinischen Wissenschaft eine immer größere Bedeutung. Spezialisierung und intensive, computergestützte Forschungsvorhaben in der Medizin können jedoch eine Gefahr für das vertrauensvolle Arzt-Patient-Verhältnis sein, wenn der Schweigepflicht des Arztes nicht eine eindeutige Priorität eingeräumt wird. Die Verschwiegenheit des Arztes als normative und handlungsregulierende Vorstellung von der Beziehung zwischen Arzt und Patient muß Grundlage ärztlichen Handelns bleiben. Im Bereich der medizinischen Forschung sind daher Regelungen zu finden, die den berechtigten Forderungen nach dem Schutz von Patientendaten entsprechen, ohne gleichzeitig das notwendige Bedürfnis der Forschenden nach Informationen zu stark zu beeinträchtigen.

Der 85. Deutsche Ärztetag vertritt deshalb die Auffassung, daß die Speicherung und Verarbeitung personenbezogener Daten bei der klinischen Forschung grundsätzlich nur dann möglich sein kann, wenn das Arztgeheimnis gewahrt wird oder der Patient der Erfassung und Auswertung seiner Daten nach vorheriger Aufklärung ausdrücklich zustimmt. Zum Schutz persönlicher Patientendaten sind Anonymisierungs- und Aggregationsmethoden verstärkt weiterzuentwickeln, zum Beispiel für die Errichtung von Krebsregistern.

Keine pauschalierte Befreiung von der ärztlichen Schweigepflicht

Sozialleistungsträger, Privatversicherer, Gerichte und Behörden sollen sich bei Arztanfragen nicht darauf berufen können, daß der Patient pauschal einer Befreiung der ärztlichen Schweigepflicht zugestimmt hat.

Patientendaten dürfen nur mit erkennbarem Einverständnis des Patienten zu einem bezeichneten Sachverhalt offenbart werden. Sie sollen nur in ärztlichen Dienstbereichen verwandt werden.

Anwesenheit von Lehrern bei schulärztlichen Untersuchungen

Der Deutsche Ärztetag bittet die Kultusminister der Länder, durch entsprechende Regelungen dafür zu sorgen, daß bei schulärztlichen Untersuchen keine anderen Personen anwesend sind als die Eltern bzw. Erziehungsberechtigten und die berufsmäßig tätigen Gehilfen des Arztes.

Keine Herausgabeverpflichtung für Praxisunterlagen

Eine Herausgabepflicht für vollständige Patientenunterlagen an Patienten und/oder deren Rechtsvertreter — außerhalb von Strafrechtsverfahren — ist wegen der Möglichkeit einer gesundheitlichen, insbesondere auch psychischen Schädigung des Patienten als grundsätzlich bedenklich abzulehnen.

Schweigeverpflichtung unter Ärzten

Die ärztliche Schweigepflicht gilt auch gegenüber anderen Ärzten, die nicht als Vor-, Mit- oder Nachbehandelnde oder Konsiliarien an der Diagnostik oder Therapie des betreffenden Patienten beteiligt sind. Klinische, röntgenologische oder pathologisch-anatomische Konferenzen und Demonstrationen sind erlaubt, sollten aber nach vorheriger Absprache der beteiligten Ärzte ohne Namensnennung des Patienten während der Konferenz oder Demonstration erfolgen.

Krebsregister: Unter ärztlicher Leitung

Der 85. Deutsche Ärztetag hat beschlossen, darauf hinzuwirken, daß sämtliche zur Forschung erforderlichen medizinischen Register, z. B. Krebsregister, unter verantwortlicher ärztlicher Leitung stehen müssen.

Mitteilungspflicht bei Kindesmißhandlungen

Dem behandelnden Arzt muß es nach Abwägung der jeweiligen Situation erlaubt sein, den erwiesenen Tatbestand einer Kindesmißhandlung den Strafverfolgungs- oder anderen zuständigen Behörden (Sozialfürsorge etc.) mitzuteilen. Der Schutz des Lebens ist das höherwertige Rechtsgut gegenüber der ärztlichen Schweigepflicht.

Datenschutz und Praxisaufzeichnungen

Der Vorstand der Bundesärztekammer wird beauftragt, mit den Ärztekammern eine praktikable Regelung, die den Gesetzen und den Berufsordnungen gerecht wird, zur Frage des Verbleibs ärztlicher Aufzeichnungen, die bei Praxisauflösungen nicht einem Kollegen oder einem sonst Befugten übergeben werden können, zu erarbeiten.

A

Allgemeines

Honoraranspruch bei Behandlungsmißerfolgen und Aufklärungsfehlern

W. Weißauer/G. Hirsch

1. *Wechselseitige Abhängigkeit der geschuldeten Leistungen*

Die ärztliche Behandlung beruht im Regelfall auf einem Behandlungsvertrag, der als gegenseitiger Vertrag durch die wechselseitige Abhängigkeit der geschuldeten Leistungen gekennzeichnet ist. Führt der Arzt die vereinbarte Behandlung ordnungsgemäß durch und gelingt sie, so hat er die ihm nach dem Behandlungsvertrag obliegende Leistung erbracht. Der Patient schuldet ihm als Gegenleistung das Honorar. Meinungsverschiedenheiten kann es allenfalls wegen der Höhe des Honorars geben.

Führt der Arzt die vereinbarte Maßnahme überhaupt nicht durch — unterläßt er z. B. die im Zusammenhang mit einer Schnittentbindung geplante Tubensterilisation (1) —, so steht ihm insoweit auch kein Honoraranspruch zu (§ 320 BGB), und zwar ohne Rücksicht darauf, ob ihn im Hinblick auf die Nichterfüllung ein Verschulden trifft. Bestreitet der Patient, daß die Behandlung (z. B. der sterilisierende Eingriff) durchgeführt wurde, trifft den Arzt hierfür die Beweislast.

Rechtliche Probleme ergeben sich, wenn

- die Behandlung zwar durchgeführt wird, aber mißlingt oder
- der Patient nicht wirksam in den Eingriff eingewilligt hat.

Die unterschiedlichen Auffassungen, die in der Literatur und Rechtsprechung vertreten werden, insbesondere aber ein Urteil des Landgerichts Hannover vom 4.2.1981 (2) geben Anlaß, sich mit diesen beiden Fallgruppen und den ihnen zugrunde liegenden unterschiedlichen Fallgestaltungen zu befassen.

2. *Honoraranspruch trotz Mißerfolgs bei vertragsgemäßer Behandlung*

Da die „Einwirkung des Arztes auf den lebenden Organismus nur in begrenztem Umfang beherrschbar ist" (3), kann er den Erfolg der Behandlung nicht garantieren, sondern nur ihre sorgfältige Planung und Durchführung zusagen. Der ärztliche Behandlungsvertrag ist daher rechtlich in aller Regel ein Dienstvertrag (§§ 611 ff. BGB), kein Werkvertrag (§§ 631 ff. BGB) (4). Dies bedeutet, daß der Arzt, von seltenen Ausnahmen abgesehen (5), nicht den Erfolg seiner Behandlung schuldet, sondern eine diagnostische oder therapeutische Leistung, die mit der Sorgfalt erbracht wird, die von einem gewissenhaften Arzt bzw. Facharzt unter den gegebenen Umständen erwartet werden kann.

Die wirksame, auf einer ausreichenden Aufklärung auch über die Erfolgsaussichten und Risiken des Eingriffs beruhende Einwilligung des Patienten erlaubt es dem Arzt, die immanenten, bei Wahrung der erforderlichen Sorgfalt nicht beherrschbaren Risiken einzugehen. Verwirklicht sich eines dieser Risiken, so bleibt der indizierte und lege artis durchgeführte Eingriff, in den der Patient wirksam eingewilligt hat, rechtmäßig und vertragsgemäß. Allein der Mißerfolg und daraus resultierende iatrogene Schäden lösen weder haftungsrechtliche Folgen aus, noch beseitigen sie den Honoraranspruch des Arztes. Der Unterschied zum Werkvertrag wird hier deutlich: Wird ein nach § 631 BGB geschuldeter Leistungserfolg verfehlt, so entfällt die Zahlungspflicht, ohne daß darauf abzustellen wäre, ob der Mißerfolg verschuldet ist.

3. Honoraranspruch und Behandlungsfehler

Die Einwilligung des Patienten deckt freilich nur die Risiken der lege artis indizierten und ausgeführten Behandlung. Unterläuft dem Arzt ein schuldhafter Behandlungsfehler, so verletzt er seine Pflichten aus dem Behandlungsvertrag.

3.1 Leistungsverweigerung wegen Schlechterfüllung

Es ist umstritten, ob die „Schlechterfüllung" der „Nichterfüllung" des Behandlungsvertrages gleichsteht und zum Verlust des Honoraranspruchs führt.

Nach herrschender Auffassung bleibt ein dienstvertraglicher Vergütungsanspruch grundsätzlich bestehen, auch wenn der Leistungspflichtige seine vertraglichen Pflichten verletzt und deswegen unter Umständen schadenersatzpflichtig ist. In der Literatur wird jedoch vereinzelt die Gegenansicht vertreten, für die sich auch in der Rechtsprechung bereits Ansätze finden.

U. E. muß hier differenziert werden:

3.1.1 Kernbereich der vertraglichen Pflicht im Arztbehandlungsvertrag ist die sorgfältige Planung und Durchführung der ärztlichen Maßnahme, in die der Patient eingewilligt hat. Führt eine Verletzung der den Arzt nach dem Behandlungsvertrag obliegenden Sorgfaltspflichten dazu, daß die Behandlung mißlingt und ihr angestrebtes Ziel verfehlt, bleibt z. B. eine Operation zur Besserung der Hörfähigkeit infolge eines schuldhaften Behandlungsfehlers ohne Ergebnis oder führt sie sogar zu einer Verschlechterung der Hörfähigkeit, so ist die ärztliche Behandlung infolge einer Fehlleistung im Kernbereich der ärztlichen Vertragserfüllung für den Patienten wertlos. Die „Schlechterfüllung" der vertraglichen Pflichten, sei es bei der Prüfung der Indikation oder bei der Durchführung der Behandlung, wird in solchen Fällen der „Nichterfüllung" gleichzustellen sein mit der Folge, daß der Patient dem Honoraranspruch des Arztes die „Einrede des nichterfüllten Vertrages" (§ 320 BGB) entgegensetzen kann. (6) Hat der Patient das Honorar bereits bezahlt, kann er es zurückfordern.

Das Ergebnis nähert sich insoweit der Rechtslage beim Werkvertrag. Es bleibt jedoch der wesentliche Unterschied, daß beim Werkvertrag diese Einrede auch dann erhoben werden kann, wenn den zur Herstellung des Werkes Verpflichteten kein Verschulden trifft, während der Arzt seine Pflichten aus dem Behandlungsvertrag nur verletzt, wenn er die erforderliche Sorgfalt ausser acht läßt (7).

3.1.2 Dagegen stellt eine schuldhafte Verletzung der dem Arzt nach dem Behandlungsvertrag obliegenden Pflichten keine „Nichterfüllung" des Vertrages dar, wenn die Behandlung zumindest teilweise gelingt. In diesen Fällen kommt der Gesichtspunkt der Minderung, u. U. auch ein Schadensersatzanspruch wegen Begleitschäden in Betracht (näher unter 3.2.3).

3.2 Schadenersatz wegen Schlechterfüllung

Die Frage, ob und inwieweit ein schuldhafter Behandlungsfehler eine Nichterfüllung des Behandlungsvertrages mit der Folge des Honorarverlustes darstellt und wie die Abgrenzung der Nichterfüllung von der Schlechterfüllung der Pflichten aus dem Behandlungsvertrag vorzunehmen ist, verliert an praktischer Bedeutung, wenn der Patient dem Honoraranspruch des Arztes Schadensersatzansprüche entgegenhalten kann.

3.2.1. Verletzt der Arzt seine Pflicht zur sorgfältigen Behandlung, so kann der Patient sowohl unter dem rechtlichen Gesichtspunkt der Verletzung von Vertragspflichten (sog. positive Vertragsverletzung) (8) als auch wegen zivilrechtlicher Körperverletzung (sog. unerlaubte Handlung, § 823 BGB) Ersatz der Schäden fordern, die durch diese Behandlungsfehler verursacht werden.

Verschulden liegt vor, wenn der Arzt fahrlässig gehandelt, also die Sorgfalt außer acht gelassen hat, die von einem durchschnittlich qualifizierten Vertreter seines Fachs unter den gegebenen Umständen zu erwarten war.

Ersatzfähig sind alle unmittelbaren und mittelbaren Nachteile, die der Patient auf Grund des schuldhaften Behandlungsfehlers an seinem Vermögen oder an sonstigen rechtlich geschützen Gütern erleidet. Bei der Schadensberechnung ist nach der sog. Differenztheorie die auf Grund des schädigenden Ereignisses bestehende Vermögenslage mit der zu vergleichen, die bestünde, wenn das Ereignis nicht eingetreten wäre.

Als materielle Schäden eines ärztlichen Behandlungsfehlers kommen z. B. in Betracht: Einkommensverlust durch Erwerbsunfähigkeit, Kosten für weitere Behandlungen, Aufwendungen für Pflege oder erhöhten Lebensunterhalt. Immaterielle Schäden (z. B. Verlust an Lebensfreude durch die Unmöglichkeit, ein geliebtes Hobby auszuüben, Schmerz- und Depressionszustände) sind nach § 847 BGB in Form des Schmerzensgeldes als

Folgen einer unerlaubten Handlung auszugleichen.

3.2.2 Führt der Verstoß gegen die gebotene Sorgfalt zum völligen **Mißerfolg der Behandlung**, führt aber die Einrede des nichterfüllten Vertrages nicht zum Erfolg, so ergibt ein Vergleich der Vermögenslage des Patienten nach dem mißlungenen Eingriff mit derjenigen, die nach fehlerfreier Durchführung der Maßnahme bestünde, daß die Belastung mit der Honorarzahlungspflicht einen ersatzfähigen vermögenswirksamen Nachteil darstellt, weil ihr nicht das erstrebte Äquivalent gegenübersteht, die Aufwendungen also **„fehlgeschlagen"** sind. In diesem Sinne stellte der Bundesgerichtshof im Parallelfalle einer Verletzung anwaltlicher Vertragspflichten fest, daß die Gebühren, die ein Anwalt auch bei Schlechterfüllung seiner vertraglichen Pflichten grundsätzlich verlangen könne, „oft ein Teil des Schadens sein werden" (9).

Mit diesem Schaden kann der Patient gegen den Honoraranspruch des Arztes aufrechnen. Hat der Patient das Honorar bereits bezahlt, kann er es zurückfordern. Der Patient kann außerdem die übrigen mit der Behandlung verbundenen Aufwendungen, z. B. für die mitbehandelnden Ärzte, für Arzneimittel oder für den Krankenhausaufenthalt, von dem Arzt ersetzt verlangen, der den Mißerfolg der Behandlung in vorwerfbarer Weise zu vertreten hat.

Das Oberlandesgericht Düsseldorf vertrat allerdings in einer Entscheidung, in der es um eine mißlungene Sterilisation ging, die Auffassung, daß die Vergütung für den fehlgeschlagenen Eingriff keinen ersatzpflichtigen Schaden darstelle und daher vom Patienten auch dann zu bezahlen sei, wenn ihm gegen den Arzt Schadenersatzansprüche aus positiver Vertragsverletzung zustehen (10). Das Gericht setzt sich jedoch mit der Frage nicht näher auseinander, ob hier überhaupt eine Erfüllung des Behandlungsvertrages vorliegt und wieweit die Schadenersatzpflicht bei mißlungener Behandlung reicht.

3.2.3 In den Fällen, in denen eine Behandlung wegen eines schuldhaften Behandlungsfehlers nur zum **Teil gelingt**, wird der Patient die Zahlung eines entsprechenden Teils des Honorars dadurch verweigern können, daß er mit einem entsprechenden Schadenersatzanspruch aufrechnet. Dieses Ergebnis könnte auch mit dem rechtlichen Gesichtspunkt der Minderung (vgl. §§ 462, 472 BGB) erreicht werden, der zur Herabsetzung der Zahlungsverpflichtung im Verhältnis des Minderwertes der Gegenleistung berechtigt.

3.2.4 Führt der schuldhafte Behandlungsfehler zu **Begleitschäden**, während die Behandlung als solche gelingt, so hat der Patient keinen Freistellungsanspruch gegenüber der Honorarforderung des Arztes. Ein Vergleich der Vermögenslagen im Sinne der Differnztheorie ergibt, daß der Zahlungspflicht des Patienten hier der erstrebte „Gegenwert" gegenübersteht, z. B. die Wiedererlangung der Hörfähigkeit. Dem Patienten steht freilich gegen den Arzt ein Schadensersatzanspruch wegen der durch den schuldhaften Behandlungsfehler verursachten Begleitschäden zu (z. B. wegen einer Facialisparese), mit dem er gegen den Honoraranspruch des Arztes aufrechnen kann.

4. *Honoraranspruch bei Fehlen einer wirksamen Aufklärung*

Der ärztliche Eingriff in die Körperintegrität bedarf der Einwilligung des Patienten. Fälle, in denen Eingriffe ohne Einwilligung durchgeführt werden (z. B. infolge von Verwechslungen) oder sogar gegen den Willen des Patienten (z. B. Bluttransfusion bei Zeugen Jehovas) sind relativ selten. Sehr viel häufiger sind die Fälle, in denen der Patient zwar einwilligt, seiner Erklärung aber die rechtliche Wirksamkeit fehlt, weil er nicht ausreichend über den Eingriff aufgeklärt wurde (kein informed consent).

Die ärztliche Aufklärungspflicht umfaßt all die Umstände, die ein verständiger Patient in seine Entscheidung über den Eingriff einbezieht, also insbesondere Art, Notwendigkeit und Dringlichkeit des Eingriffs, seine Risiken und nachteiligen Folgen sowie alternative Behandlungsmethoden.

4.1 Aufklärungspflicht und Behandlungsvertrag

Die Aufklärung des Patienten über die entscheidungsrelevanten Umstände ist auch Gegenstand der vertraglichen Pflichten des Arztes (11).

Die in der Literatur aufgeworfene Frage, ob bei einer Verletzung der ärztlichen Aufklärungspflicht überhaupt ein wirksamer Behandlungsvertrag zustande kommt (12), wird für den Regelfall zu bejahen sein. Für den Abschluß des Behandlungsvertrages genügen übereinstimmende Vorstellungen von Arzt und Patient über die Art des Eingriffs und das Behandlungsziel, ohne daß es auf die Kenntnis der Details ankommt, die Gegenstand der Eingriffsaufklärung sind.

Fehlt es ausnahmsweise schon an einer Vereinbarung über den wesentlichen Inhalt der Behandlung, wußte also der Patient beispielsweise nicht, daß die Amputation eines wichtigen Körperteiles geplant ist, kommt kein wirksamer Vertrag zustande. In diesem Fall entsteht auch kein vertraglicher Honoraranspruch des Arztes. Ist der Eingriff medizinisch indiziert und entspricht er dem wirklichen oder mutmaßlichen Willen des Patienten, so kann allerdings ein Honoraranspruch aus Geschäftsführung ohne Auftrag in Betracht kommen (13).

4.2 Schadensersatzpflicht bei verschuldetem Aufklärungsmangel

Die unzureichende Aufklärung des Patienten stellt eine Verletzung der Pflichten aus dem Behandlunsvertrag (positive Vertragsverletzung) dar; zugleich wird der Eingriff zur unerlaubten Handlung nach § 823 BGB. Ist dem Arzt vorzuwerfen, daß er die Mängel der Aufklärung bei Wahrung der erforderlichen Sorgfalt hätte erkennen können und müssen, hat er dem Patienten einen durch den rechtswidrigen Eingriff verursachten materiellen Schaden zu ersetzen. Außerdem kann der Patient Schmerzensgeld beanspruchen.

Bei der Frage, ob der Patient durch den Eingriff, in den er nicht wirksam eingewilligt hat, geschädigt ist, ist zu differenzieren:

4.2.1 Erfolgreicher Eingriff

Verläuft der Eingriff komplikationslos, verwirklicht sich also das Risiko nicht, das der Arzt mit dem Patienten hätte besprechen müssen, so hat der Patient die vereinbarte Leistung erhalten. Die Verletzung der Aufklärungspflicht hat nicht zu einem materiellen Schaden des Patienten geführt, dem Arzt steht sein Honoraranspruch zu.

Nicht ausgeschlossen erscheint dagegen in Extremfällen (z. B. bei vorsätzlicher Eigenmacht beim Zeugen Jehovas) ein Schmerzensgeldanspruch unter dem Gesichtspunkt der Verletzung des Selbstbestimmungsrechts, dem gegenüber aber unter Umständen der Gesichtspunkt des Vorteilsausgleichs zum Tragen kommt (14).

4.2.2 Fehlgeschlagener Eingriff

Schlägt der Eingriff dagegen fehl, so hat der Patient den Schaden, mit dem Honoraranspruch für einen Eingriff belastet zu sein, dem er sich bei ausreichender Aufklärung nicht unterzogen hätte. Dem steht kein anrechenbarer Vorteil gegenüber. In diesem Fall wird man dem Patienten das Recht einräumen müssen, mit seinem Schadensersatzanspruch gegen den Honoraranspruch des Arztes aufzurechnen bzw. das gezahlte Honorar zurückzufordern.

4.2.3 Fehlende Aufklärung über alternative Behandlungsmethoden

Schwierig ist die Rechtslage, wenn der Patient nicht über alternative Behandlungsmethoden aufgeklärt wurde.

4.2.3.1 Das Urteil des LG Hannover

Die eingangs erwähnte Entscheidung des Landgerichts Hannover befaßt sich mit dem Honoraranspruch bei einer Extraktion des Schneidezahnes, die das Gericht in Übereinstimmung mit dem Gutachter als sachgerechte Behandlung ansah. Auch Behandlungsfehler konnte der Patient nicht beweisen. Die Behandlung wurde nach den Feststellungen des Gerichts vielmehr kunstgerecht und erfolgreich durchgeführt.

Dem Arzt wurde jedoch vorgeworfen, daß er den Patienten nicht über die alternative Behandlungsmethode einer Wurzelspitzenresektion aufgeklärt hatte. Das Gericht sprach dem Patienten neben einem Schmerzensgeldanspruch von 800 DM einen Schadenersatzanspruch wegen positiver Vertragsverletzung zu, auf Grund dessen er die Zahlung des Honorars verweigern könne. Es führt hierzu aus:

„Dabei erstreckt sich die Schadensersatzpflicht auf alle unmittelbaren und mittelbaren Nachteile, die durch das schädigende Verhalten verursacht sind. Der Schaden des Kl. besteht darin, daß er Kosten aufgewendet hat, die er bei einer ordnungsgemäßen Aufklärung gegebenenfalls für eine andere Behandlungsmethode gezahlt hätte. Zwar ist der Heilerfolg trotz der Verletzung der Aufklärungspflicht eingetreten. Gleichwohl kann der in der Literatur herausgestellte Gesichtspunkt der Vorteilsausgleichung hier nicht durchgreifen, da der Kl. zwar von seinen akuten Schmerzen befreit worden ist, im Endeffekt aber einen natürlich gewachsenen Zahn mit der Folge der notwendigen Erstellung von Zahnersatz verloren hat. Der Bekl. zu 1 hat den Kl. daher wegen Verletzung der vertraglich erforderlichen Aufklärung von seinen Honorarforderungen freizustellen."

4.2.3.2 Vorteilsausgleich

Der Gesichtspunkt des Vorteilsausgleichs kommt zum Tragen, wenn die gewählte Methode (z. B. operative Behandlung eines Knochenbruchs) erfolgreich war und die alternative Methode (z. B. konservative Behandlung), über die pflichtwidrig nicht aufgeklärt wurde, auf die Erreichung des gleichen Ergebnisses (Heilung des Knochenbruchs) gerichtet war, also lediglich einen anderen Weg zum gleichen Ziel darstellt. In diesem

Fall kann der Patient den Aufwand für den Eingriff nur insoweit als Schaden im Sinne der Differenztheorie geltend machen, als die alternative Methode für ihn mit geringeren Kosten verbunden gewesen wäre. Wurde z. B. der Knochenbruch erfolgreich operativ behandelt, ohne daß der Patient über die im konkreten Fall ebenfalls geeignet konservative Behandlungsmethode aufgeklärt wurde, so sind bei der Schadensberechnung die Aufwendungen für die durchgeführte Behandlung mit den Kosten und Einbußen (z.B. durch längeren Krankenhausaufenthalt) zu vergleichen, die bei der Wahl der anderen Methode entstanden wären.

Sind die Ergebnisse je nach der Behandlungsmethode dagegen unterschiedlich, gibt es z. B. zur Amputation eines Beines als Alternative eine Behandlungsmethode, die zur Rettung, wenn auch zur dauernden Versteifung des Beines führt, oder kommt – wie in dem vom LG Hannover entschiedenen Fall – als Alternative zur Extraktion eines Zahnes eine Wurzelspitzenresektion in Betracht, so wird zu prüfen sein, ob die Ergebnisse bei einer objektiven Betrachtung für den Patienten unter Berücksichtigung seiner Lebensverhältnisse gleichwertig sind. Ist dies zu bejahen, so wird auch hier der Gesichtspunkt des Vorteilsausgleichs gelten müssen.

Unabhängig davon, ob bei einem Vergleich des Ergebnisses der gewählten Behandlung mit dem Ergebnis der alternativen Methode ein materieller Schaden des Patienten feststellbar ist, kann auch hier wegen der Verletzung des Selbstbestimmungsrechts durch die unzureichende Aufklärung ein Schmerzensgeldanspruch in Betracht kommen, mit dem der Patient u. U. gegen den Honoraranspruch des Arztes aufrechnen kann.

Mißlingt ein Eingriff, bei dem die erforderliche Aufklärung über eine alternative Behandlungsmethode unterblieben ist, so gelten die Ausführungen unter 4.2.2. Dem Anspruch des Patienten auf Schadensersatz, mit dem er gegen die Honorarforderung aufrechnen kann, wird man nicht entgegenhalten können, daß ihm auch bei der anderen Behandlungsmethode Aufwendungen entstanden wären.

4.3 Honoraranspruch bei Verletzung von Auskunfts- und Beratungspflichten

Die Mitteilung des Befundes und der Diagnose kann Gegenstand einer selbständigen vertraglichen Vereinbarung zwischen Arzt und Patient sein. Dies ist dann der Fall, wenn der Patient den Arzt nicht zur Therapie aufsucht, sondern zur Feststellung seines Gesundheitszustandes, z. B. weil er hiervon private oder berufliche Entscheidungen abhängig machen will.

Unterläßt der Arzt in einem solchen Fall die vereinbarte Auskunftserteilung, so entsteht wegen Nichterfüllung der vertraglichen Hauptpflicht kein Honoraranspruch. Erteilt er eine falsche Auskunft, weil ihm bei der Untersuchung Fehler unterlaufen, gelten die Ausführungen zum Behandlungsfehler entsprechend.

Die therapeutische Beratung des Patienten, also die Unterrichtung über das im Interesse des Behandlungserfolges gebotene weitere Verhalten, ist Bestandteil der Pflichten aus dem Behandlungsvertrag. Schuldhafte Versäumnisse in diesem Bereich rechnen zu den Behandlungsfehlern und können als positive Vertragsverletzung zu Schadensersatzansprüchen führen. Der ärztliche Honoraranspruch für die Behandlung bleibt hiervon in der Regel unberührt. Etwas anderes könnte allenfalls dann gelten, wenn die schuldhafte Verletzung der Pflicht zur Verhaltensaufklärung dazu führt, daß der Behandlungserfolg zunichte gemacht wird.

Anmerkungen:

(1) Vgl. die in NJW 1981, 2002 veröffentlichte Entscheidung des BGH.

(2) NJW 1981, 1320, mit Leitsätzen in ArztR 1981, 286.

(3) BGH, NJW 1981, 2002; vgl. auch BGH, NJW 1977, 1102.

(4) Vgl. Laufs, Arztrecht, 2. Aufl., Rdn. 20 mit Nachw.

(5) Ein Werkvertrag kommt z. B. in Betracht bei einer bestimmten zahnprothetischen Maßnahme, u. U. auch bei kosmetischen Eingriffen; einer Sterilisation liegt in der Regel ein Dienstvertrag zugrunde, obschon hier werkvertragliche Elemente nicht zu verkennen sind (vgl. OLG Düsseldorf, NJW 1975, 595).

(6) So auch Roth, VersR 1979, 494; die Frage ist allerdings umstritten, es gibt Gerichtsurteile, die in eine andere Richtung weisen; in der Rspr. taucht allerdings auch der Gedanke auf, daß bei der Verletzung „wesentlicher" Vertragspflichten dienstvertragliche Honoraransprüche analog § 654 BGB ausgeschlossen seien (vgl. RGZ 113, 264/268; RG HRR 35 Nr. 735; BGH, NJW 1963, 1301). Selbst wenn die mißglückte Behandlung wiederholt werden könnte (z. B. ein erfolgloser Eingriff zur Wiederherstellung der Hörfähigkeit), wird vom Patienten im Hinblick auf die Besonderheiten des Arzt-Patienten-Verhältnisses nicht verlangt werden können, daß er ein entsprechendes Angebot des Arztes akzeptiert: insoweit weicht die Rechtslage von derjenigen ab, die üblicherweise zur Einrede des nichterfüllten Vertrages nach § 320 BGB führt.

(7) Vgl. BGH, NJW 1978, 584 („Der Arzt kann regelmäßig nur kunstgerechtes Bemühen, nicht aber den Heilerfolg – häu-

fig nicht einmal eine objektiv zutreffende Diagnose — zusagen"); BGH, NJW 1978, 1681 („Allerdings ist es eine Eigentümlichkeit des ärztlichen Handelns, daß sich weder aus einem Zwischenfall, der grundsätzlich zu gewärtigen ist, noch aus einem Mißerfolg der Behandlung schon regelmäßig der Schluß auf ein pflichtwidriges Verhalten des Arztes ziehen läßt."); vgl. auch BGH, NJW 1977, 1102.

(8) Ist ein Behandlungsvertrag nicht zustande gekommen, z. B. weil es sich um einen zu einer Willensäußerung nicht fähigen Unfallpatienten handelt, tritt an die Stelle der vertraglichen Haftung die Haftung aus Geschäftsführung ohne Auftrag, die sich auf Vorsatz und grobe Fahrlässigkeit beschränkt, wenn der Eingriff dringend indiziert ist (§ 680 BGB; str.). Diese Haftungsbeschränkung gilt auch, wenn in einem solchen Fall Schadensersatzansprüche auf unerlaubte Handlung gestützt werden.

(9) BGH, NJW 1963, 1301.

(10) NJW 1975, 595/596.

(11) Nach OLG Stuttgart, ArztR 6 (1973), S. 89, ist sie „mindestens als Nebenpflicht Teil der vom Arzt geschuldeten Leistung"; Isele (Die juristische Problematik in der Medizin, III, S. 19) sieht die Aufklärungspflicht als vertragliche Hauptpflicht an; ob sie Haupt- oder Nebenpflicht des Behandlungsvertrages ist, dürfte jedoch für die hier behandelte Problematik ohne praktische Bedeutung sein.

(12) Vgl. Steindorff, JZ 1960, 141; Ströfer, VersR 1981, 796/797.

(13) Vgl. Laufs, Arztrecht, 2. Aufl., Rdn. 34.

(14) Vgl. Laufs, NJW 1974, 2030 sowie Arztrecht, 2. Aufl., Rdn. 171 ff.; Deutsch, NJW 1965, 1989.

Gutachten

Krankheit und Kraftverkehr

Inhaltsübersicht

Krankheit und Kraftverkehr

Inhalt

Protokoll
des Gesprächs
mit der AOK – BW
vom 03.12.2009

[redacted]

Protokoll des Gesprächs vom 03.12.2009

[redacted]

[redacted]

Zusammenfassung des Gesprächsinhaltes:

Die AOK Baden-Württemberg betreut mit ca. 8000 aktiven Mitarbeitern mit ihren 14 Bezirksdirektionen und den ca. 290 Kunden-Centern ca. 3,7 Mio. Menschen. Zur Wahrnehmung ihrer gesetzlichen Aufgaben speichert die AOK Baden-Württemberg vielfältige Daten zu Versicherten, Vertragspartnern und Betrieben. Die Speicherung erfolgt in zwei Rechenzentren in Stuttgart. Dort wird sichergestellt, dass jederzeit, auch in Notfallsituationen, auf die gespeicherten Daten zugegriffen werden kann. Nur dadurch ist es möglich, dass die AOK die Anliegen ihrer Kunden schnell erledigen kann. Durch vielfältige technische und auch organisatorische Maßnahmen werden die Daten insbesondere vor dem Zugriff durch Unbefugte gesichert. Beispielhaft ist auf eine umfassende Abschottung der Räumlichkeiten, u.a. durch Zugangskontrollen, Maßnahmen zur Vermeidung von Datenverlust und den umfassenden Schutz der gespeicherten Daten vor unbefugten Datenzugriffen mittels automatisierter Zugriffsberechtigungsverfahren hinzuweisen.

In der Praxis greifen die Mitarbeiter zeitgleich auf die zentral gespeicherten Daten zu. Eine Protokollierung lesender Zugriffe, wie es die staatlichen Datenschützer in ihrer Entschließung vom 09./ 10.03.1995 fordern, würde zu einer massiven Belastung bzw. sogar zum Stillstand des Systems führen.

...

Beim Einsatz der Software IDVS-II war diese Einschränkung technisch auch nicht umsetzbar.

Der Gesetzgeber hat in § 78 a SGB X darüber hinaus geregelt, dass Maßnahmen nicht erforderlich sind, wenn ihr Aufwand in keinem angemessenen Verhältnis zum angestrebten Schutzzweck steht. Die Forderung der staatlichen Datenschützer soll verhindern, dass Mitarbeiter einer Krankenkasse ihre Berechtigungen missbräuchlich nutzen, um sich z.B. Daten von Bekannten, Freunden oder Prominenten anzusehen. Durch eine Einschränkung auf bestimmte Regionen kann jedoch diese Art von Datenschutzverstoß nicht gänzlich verhindert werden. Ein Mitarbeiter könnte seine Berechtigungen auch innerhalb seiner Region missbräuchlich nutzen. Um dieses Thema in den Griff zu bekommen, bietet sich ein anderes Instrument der Kontrolle an – die Protokollierung lesender Zugriffe. Hierdurch werden sich die Mitarbeiter bewusst, dass eine missbräuchliche Nutzung auch nachgewiesen werden kann, andererseits kann ein Mitarbeiter beim Verdacht ggf. auch entlastet werden.

Des Weiteren gehört es zur Unternehmensphilosophie der AOK Baden-Württemberg, dass jeder Kunde bei jedem Kunden-Center betreut werden kann. In der Praxis wird davon auch häufig Gebrauch gemacht (Wohnort, Beschäftigungsort, Studienort, Urlaubsort etc. müssen nicht immer identisch sein). Auch gibt es bei der AOK Baden-Württemberg sog. Servicestellen, die für die Bearbeitung gewisser Geschäftsprozesse wiederum für alle AOK-Versicherten in Baden-Württemberg zuständig sind. Auch dies sind Gründe, die gegen eine regionale Einschränkung der Zugriffsberechtigung sprechen.

Zur Zeit wird die Software „IDVS-II" durch eine neue Software „oscare" (auf Basis einer SAP-Standard-Softwware) abgelöst. Eine Einschränkung der Zugriffsrechte auf Regionen ist theoretisch mit dieser Software möglich, jedoch ist der administrative Aufwand nicht vertretbar. Die o.g. Gründe, die gegen eine regionale Einschränkung sprechen treffen auch weiterhin zu. Das AOK-System führt daher zu diesem Thema mit den staatlichen Datenschutzbeauftragten auf Bundesebene Gespräche, um beim Einsatz der neuen Software „oscare" eine Protokollierung lesender Zugriffe zu verwirklichen. Dies wird von den staatlichen Datenschützern ausdrücklich begrüßt. Dieses Vorhaben wird auch ermöglicht, da die Firma SAP AG bereits eine Software [redacted] entwickelt hat. Mit dieser Software soll eine Protokollierung lesender Zugriffe möglich sein, ohne dass die Systeme überlastet werden. Das AOK-System muss dies und die Kompatibilität mit dem oscare-System auf technischer Ebene noch prüfen. Des Weiteren müssen zum Schutz der Mitarbeiter auch deren Rechte berücksichtigte werden. Dies bedeutet, dass die nähere Ausgestaltung der Protokollierung zu regeln ist (was soll protokolliert werden?, wer darf auf die Protokolle zugreifen, wie lange werden sie aufbewahrt).

Aktueller Hinweis: Der Arbeitskreis Technik der staatlichen Datenschutzbeauftragten hat mit Datum vom 02.11.2009 eine Orientierungshilfe „Protokollierung" erstellt, die hierbei Berücksichtigung finden wird (siehe Anlage).

...

Die Versicherten reagieren auf das Thema Datenschutz wesentlich sensibler, als dies vor Jahren noch der Fall war. Dies ist sicherlich auf die Datenschutzskandale der letzten Jahre und die damit verbundene Öffentlichkeitswirkung zurückzuführen. Dies ist auch bei der AOK Baden-Württemberg spürbar. Auf telefonische Beratungen wird zunehmend kritischer reagiert. Um auf die Wünsche der Kunden einzugehen, hat die AOK Baden-Württemberg technisch die Möglichkeit geschaffen, eine sog. „Kontaktsperre" zu setzen. Dadurch ist ausgeschlossen, dass solche Kunden bei Beratungsaktionen angesprochen wird. Man kann die Kontaktsperre je nach Kontakt-Kanal (Telefon, Brief, E-Mail, Kundenzeitschrift) setzen.

Über neue Projekte (z.B. Hausarztmodell) informiert die AOK Baden-Württemberg den Landesbeauftragten für den Datenschutz Baden-Württemberg aktiv und stimmt die entsprechenden Datenschutzverträge mit dem Amt ab.

Die AOK Baden-Württemberg hat als erste gesetzliche Krankenkasse die Krankenversichertenkarte mit Bild eingeführt (Modellvorhaben auf freiwilliger Basis). Diese Karten sind durch das Foto des Kunden weniger anfällig für den Kartenmissbrauch. Diese Erfahrungen führten vermutlich dazu, dass der Gesetzgeber die Verpflichtung die Karte mit einem Lichtbild auszustatten in § 291 Abs. 2 SGB V aufgenommen hat. Dies gilt auch für die zukünftige elektronische Gesundheitskarte (eGK) (vgl. § 291 a Abs. 2 SGB V). Aus der Praxis des Modellprojekts zeigt sich, dass die Karteninhaber mit Lichtbild weniger Verluste melden. Dies lässt den Schluss zu, dass sie sorgfältiger mit der Karte umgehen.

Zukünftig soll es auch möglich sein, dass die eGK bei Verlust, wie eine Bankkarte gesperrt werden kann. Dadurch würde sichergestellt, dass z.B. ein Dieb nicht unbefugt Leistungen in Anspruch nehmen kann. Pro Versicherten gibt es dann nur eine aktuell gültige Karte, die im Umlauf ist. Zur Zeit kann nicht ausgeschlossen werden, dass Unbefugte Leistungen mit im Umlauf befindlichen Karten (mit oder ohne Wissen des Versicherten) in Anspruch nehmen.

Bei der Einführung der eGK sieht der Gesetzgeber das 2-Schlüssel-Prinzip vor. Ein Auslesen der Karte (z.B. bei Nutzung der freiwilligen Angebote wie Arztbrief) ist nur in Verbindung mit einem Heilberufeausweis und der Eingabe eines persönlichen PIN möglich.

Exkurs: Der Gesetzgeber hat auch Regelungen für den Einsatz der eGK im PKV-Bereich vorgesehen (vgl. § 291 Abs. 1a Satz 1 SGB V). Jedoch wird in Frage gestellt, ob für die private Versicherung dieses Gesetz maßgebend ist bzw. es fehlt an einer expliziten gesetzlichen Regelung, die für diesen Bereich auch einschlägig ist.
Der Katalog des § 284 Abs. 1 SGB V ist eine abschließende Aufzählung für die Datenerhebung und Speicherung, an die sich alle gesetzlichen Krankenkassen halten müssen. Eine Präzisierung in Bezug auf die Mitgliederwerbung erfolgte erst im Jahr 2003 (siehe § 284 Abs. 1 Nr. 1 2.Halbsatz und Abs. 4 SGB V).

Die Durchsetzung von Regressansprüchen nach § 116 ff SGB X wurde vom Gesetzgeber als Aufgabenzweck in § 284 Abs. 1 Nr. 11 SGB V normiert.

...

Die AOK Baden-Württemberg weist ihre Kunden bei Datenerhebungen in verständlicher Form auf die Zwecke der Datenerhebung hin (vgl. § 67 a SGB X). Die freiwilligen Angaben wie z.B. Telefonnummer sind entsprechend gekennzeichnet. Beispiel eines Datenschutzhinweises:

Zu Ihrer Sicherheit (Datenschutzhinweis nach dem V. und X. Sozialgesetzbuch): Unter bestimmten Voraussetzungen können Angehörige kostenfrei familienversichert werden. Deshalb brauchen wir einige Informationen - selbstverständlich behandeln wir diese vertraulich. Bitte beachten Sie, dass fehlende Angaben Ihren Leistungsanspruch gefährden können. Dies gilt jedoch nicht für Ihre Telefonnummer und Ihre E-Mail-Adresse: Diese Informationen sind freiwillig, sie erleichtern uns jedoch die Arbeit bei Rückfragen.

In Abstimmung mit dem Landesbeauftragten für den Datenschutz Baden-Württemberg konnte bei den Formularen auf die Aufzählung der Paragrafenketten verzichtet werden. Wichtig ist die Aufklärung des Kunden über den Zweck der Datenerhebung.

Der ICD-10-Schlüssel wurde im Jahr 2007 verpflichtend für die gesetzliche Krankenversicherung bzw. für die Leistungserbringer eingeführt. Dies wurde im Zuge des Risikostrukturausgleichs erforderlich.

[redacted]

Stuttgart, 20.01.2010

[redacted]

Orientierungshilfe „ Protokollierung“ des Arbeitskreises Technik der staatlichen Datenschutzbeauftragten

Orientierungshilfe „Protokollierung“

Herausgegeben vom
Arbeitskreis „Technische und organisatorische Datenschutzfragen“
der Konferenz der Datenschutzbeauftragten des Bundes und der Länder

Stand 2. November 2009

Inhalt

1 Einleitung

Sowohl die Datenschutzgesetze der Länder als auch das Bundesdatenschutzgesetz enthalten Regelungen, aus denen sich die Pflicht zur Protokollierung ergibt oder zumindest ableiten lässt. In einigen Landesdatenschutzgesetzen findet man das Regelungsziel Revisionsfähigkeit, das insbesondere durch die Maßnahme der Protokollierung umgesetzt werden kann. Das Bundesdatenschutzgesetz (BDSG) und andere Landesdatenschutzgesetze normieren Kontrollziele wie Eingabekontrolle oder Verantwortlichkeitskontrolle, aus denen sich ebenfalls die Pflicht zur Protokollierung ableiten lässt. Im BDSG zeigt sich am Beispiel der Anlage zu § 9, dass praktisch keine der dort konkret aufgeführten technisch-organisatorischen Maßnahmen ohne das Vorsehen einer Nachweismöglichkeit, die typischerweise in Form eines Protokolls geschieht, umsetzbar ist. Für eine Reihe von Verwaltungsverfahren gelten zudem bereichsspezifische, vom Datenschutzrecht des Bundes bzw. des betreffenden Landes abweichende, oft wesentlich konkretere Protokollierungsvorschriften (Beispiele: Meldegesetze, Polizeigesetze, Verfassungsschutzgesetze usw.).

Obwohl die Datenschutzgesetze von Bund und Ländern Regelungen enthalten, aus denen sich die Pflicht zur Protokollierung ableiten lässt, gibt es nur wenige Vorgaben für die konkrete Ausgestaltung der Protokollierung. Dennoch haben sich auf Basis der Anforderungen erprobte Vorgehensweisen entwickelt, die in diesem Text als grundlegende Empfehlungen dargestellt werden.

2 Grundsätze

Die Zweckbindung von Protokolldaten ist in den Datenschutzgesetzen von Bund und Ländern explizit geregelt (z. B. § 31 BDSG oder § 10 Abs. 6 DSG M-V). Die Protokollierung dient allein dem Zweck der Aufrechterhaltung von Datenschutz und Datensicherheit und darf grundsätzlich nicht für eine automatisierte Verhaltens- und Leistungskontrolle der Beschäftigten genutzt werden.

Alle Protokolldaten unterliegen also einer strikten Zweckbindung. Diese strikte Zweckbindung ist die Konsequenz aus dem Umstand, dass Protokollierungsdaten einen

umfassenden Einblick in die Tätigkeiten der Administratoren, Nutzer bzw. Anwender ermöglichen, sie aber auch für die genannten Kontrollzwecke erforderlich sind.
Für die Gestaltung der Protokollierungsverfahren gilt der **Grundsatz der Erforderlichkeit**. Art, Umfang und Dauer der Protokollierung sind demnach auf das zur Erfüllung des Protokollierungszwecks erforderlichen Maß zu beschränken.

Für die technische Ausgestaltung und Auswahl der Verfahren der Protokollierung ist das Gebot der **Datensparsamkeit und Datenvermeidung** zu befolgen. Hierbei sind insbesondere die Möglichkeiten zur Pseudonymisierung oder Anonymisierung zu berücksichtigen. Im Falle der Pseudonymisierung ist das Verfahren darzustellen, mit dem die Zuordnung zwischen Person und Pseudonym geregelt ist.

3 Zweck und Anforderungen an eine Protokollierung

Der Zweck der Protokollierung besteht darin, ein Verfahren zur Verarbeitung personenbezogener Daten so transparent zu machen, dass die Ordnungsmäßigkeit bzw. ein Verstoß gegen die Ordnungsmäßigkeit einer Verarbeitung personenbezogener Daten nachweisbar ist. Die Protokolldaten müssen darüber Auskunft geben können, wer wann welche personenbezogene Daten in welcher Weise verarbeitet hat.

Entsprechend den allgemeinen Anforderungen an Datensicherheit und Datenschutz - oder allgemeiner: an Beweissicherheit und Revisionsfestigkeit – und der gleichzeitig auszuschließenden automatisierten Leistungs- und Verhaltenskontrolle der an der Datenverarbeitung beteiligten Personen, müssen Protokolldaten mit Personenbezug **zweckgebunden, vollständig** und **datensparsam** eingerichtet sein. Sie müssen die tatsächlich erfolgten Operationen, die beteiligten Anwendungen, Maschinen und Personen mit Zeitbezug korrekt dokumentieren. Dabei besteht regelhaft ein Zielwiderspruch zwischen der Vollständigkeit und der Datensparsamkeit. Dieser Konflikt lässt sich nur vor dem Hintergrund der verfahrensspezifischen Bedingungen so weit auflösen, um so einen bestmöglichen Ausgleich der Ziele zu erreichen. **Protokolldaten dürfen nicht nachträglich verändert werden können und nur Berechtigten zugänglich sein.**

Die ordnungsgemäße Funktion des Protokollierungsverfahrens und die Gültigkeit von Protokolldaten muss durch geeignete Tests sichergestellt werden. Diese sollten ein gezieltes Durchführen von zu protokollierenden Ereignissen und eine darauf folgende Überprüfung, ob diese Ereignisse sich in den Protokolldaten wiederfinden lassen, umfassen. Solche Tests sind immer dann notwendig, wenn die protokollierenden Systeme oder Systemteile verändert werden. Dies gilt insbesondere, wenn die Änderung am System einer datenschutzrechtlichen Freigabe bedarf.

Anforderungen an Vertraulichkeit, Integrität und Authentizität von Protokolldaten sollten mit kryptologischen Verfahren zur Verschlüsselung und Signierung nach dem Stand der Technik sichergestellt werden.

4 Arten von Protokolldaten

Bei der Protokollierung ist zwischen den Aktivitäten der Maschinen, der Administratoren sowie der Nutzer und Anwender zu unterscheiden. Administratoren können einen besonderen Einfluss auf die Strukturen eines IT-Systems ausüben, weshalb sie bei der Nutzung administrativer Rechte einer besonderen Kontrolle unterliegen. **Die Nutzung administrativer Rechte muss zu einem Eintrag im Protokoll führen.**

Unter Nutzung administrativer Rechte sind üblicherweise Maßnahmen zur Installation, Modifikation und Konfiguration von Hard- und Software zu verstehen.

Während die Protokollierung der Maschinen und der administrativen Tätigkeiten den Charakter einer Systemüberwachung hat, dient die Protokollierung der Benutzeraktivitäten im wesentlichen der Verfahrensüberwachung.

Beide Protokollierungsformen dienen dazu, die Ordnungsmäßigkeit der Datenverarbeitung nachzuweisen bzw. auf Anforderung nachweisen zu können.

4.1 Protokollierung administrativer Tätigkeiten

Es müssen die Ereignisse und Tätigkeiten protokolliert werden, die die Funktionsweise der informationstechnischen Geräte sowie der Programme, der Dateien, die Speicherorganisation und die Nutzungsrechte einer automatisierten Verarbeitung personenbezogener Daten verändern.

Dabei ist auch zu beachten, dass die Protokollierung auch explizit zum Schutz der Administratoren vor unberechtigten Vorwürfen hinsichtlich eines möglichen Missbrauchs dienen kann. Ohne eine entsprechende Protokollierung administrativer Tätigkeiten könnten solche Vorwürfe gegen Administratoren nicht nachhaltig entkräftet werden.

Administrationstätigkeiten, wie bspw. die Verwaltung einer Datenbank, müssen unter einer personalisierten Administrationskennung durchgeführt werden, während die restliche nicht-administrative Arbeit mit normalen Benutzerrechten unter der allgemeinen Nutzerprotokollierung erfolgt.

Es muss verhindert werden, dass
- ein ändernder Zugriff auf die Protokolldaten durch diejenigen Personen stattfinden kann, deren Tätigkeiten durch die Protokolldaten dokumentiert werden.
- ein lesender Zugriff auf die Protokolldaten aus anderen Gründen als der Aufrechterhaltung von Datenschutz und Datensicherheit erfolgen kann

4.2 Protokollierung der Nutzung von IuK-Systemen

Bei der Benutzung von Verfahren zur automatisierten Verarbeitung personenbezogener Daten müssen die Tätigkeiten protokolliert werden, die zum Nachweis einer korrekten, rechtskonformen Verarbeitung notwendig sind.

Die Inhalte der Protokolldaten orientieren sich hierbei an der konkret durchgeführten Datenverarbeitung und am Schutzbedarf der verarbeiteten Daten. Näheres zur inhaltlichen Ausgestaltung findet sich im folgenden Abschnitt.

Üblicherweise müssen die Tätigkeiten der
- Authentifizierung und Autorisierung,
- der Dateneingabe und -veränderung,
- der Dateneinsicht,

- der Datenübermittlung und
- der Datenlöschung

protokolliert werden.

5 Qualität der Protokolldaten

Entsprechend dem Zweck der Protokollierung müssen die in Protokolldaten aufgeführten Aktionen so aggregiert werden können bzw. sein, dass sie der kontrollierenden Instanz helfen, einen Sachverhalt zu rekonstruieren und zu bewerten.

5.1 Inhalt

Protokolldaten müssen Auskunft geben über

- den Zeitpunkt einer Tätigkeit bzw. eines Ereignisses,
- die zutreffende Bezeichnung einer Tätigkeit oder eines Ereignisses,
- die mit der Tätigkeit oder dem Ereignis befasste Person bzw. Systemkomponente und
- den Zweck der Tätigkeit.

Der Zeitpunkt sollte anhand einer zumindest innerhalb der Organisation synchronisierten Zeitquelle bestimmt werden. Art und Weise der Zeitdarstellung müssen eindeutig und zumindest sekundengenau aufgelöst sein.

Die Darstellung der Tätigkeit bzw. des Ereignisses muss eindeutig Auskunft geben, welche Tätigkeit durchgeführt wurde bzw. welche Ereignisse und Operationen auf dem System stattfanden.

Auslöser eines zu protokollierenden Ereignisses ist in der Regel eine Person. Diese muss eindeutig bestimmbar sein. Grundsätzlich sollte die Person deshalb über einen direkt zuordbaren Bezeichner - beispielsweise durch eine personenbezogene Zugangskennung - benannt werden. Als weitere Auslöser agieren darüber hinaus aber auch Server, Dienste bzw. Services, die automatisiert Protokolldaten erzeugen.

Bei einem Zugriff, bei dem Daten geändert wurden, muss die geänderte Teilmenge klar eingegrenzt benannt werden. Bei Datenbank-gestützten Systemen erfolgt dies üblicherweise durch Angabe eines oder mehrerer eindeutiger und nicht-leerer Feldinhalte - im allgemeinen Primärschlüssel. Bei einem ändernden Zugriff sollten die Daten vor und nach der Änderung protokolliert werden. Bei Datenbank-gestützten Systemen geschieht dies üblicherweise durch Benennung der geänderten Datenbankfelder und die Angabe der Feldinhalte vor und nach der Änderung.

Bei einem Zugriff, bei dem Daten nur gelesen wurden, müssen die Daten benannt werden, in die Einsicht genommen wurde. Die Darstellung erfolgt bei Datenbank-gestützten Systemen üblicherweise durch Angabe des Primärschlüssels und den Bezeichnern der übermittelten Datenfelder.

Der Zweck der Tätigkeit führt viele einzelne Operationen zu einem Vorgang zusammen. So kann beispielsweise das Anlegen eines neuen Benutzers eine Vielzahl von schreibenden und lesenden Zugriffen auf einem System auslösen. Diese einzelnen Operationen müssen dann aggregiert zu Aktionen oder Tätigkeiten zusammengeführt werden können.

5.2 Format

Die Protokolldaten müssen in einem durch gängige Analysewerkzeuge auswertbaren Format vorliegen.

Die Erfahrung hat gezeigt, dass Protokolldaten, die im CSV-Format vorliegen, zusammen mit den frei verfügbaren Tools awk oder grep die operativen Anforderungen an eine maschinell unterstützte Kontrollierbarkeit von Protokolldaten erfüllen. Das CSV-Format fasst üblicherweise einen Protokolleintrag in einer Zeile zusammen. Die Zeile wird in die abgrenzbaren Teilbereiche - beispielsweise Datum, Benutzerkennung, Tätigkeit - durch ein Trennzeichen aufgeteilt. Üblicherweise wird als Trennzeichen das Komma oder Semikolon verwendet. Sollten die Trennzeichen auch innerhalb eines abgrenzbaren Teilbereichs vorkommen, so sollten diese Teilbereiche durch Hochkomma eingeschlossen werden.

6 Technische und organisatorische Aspekte

Bei der Einführung von IuK-Technologie muss der gesamte Lebenszyklus eines Verfahrens betrachtet werden. Dieselbe Anforderung muss deshalb auch an die in diesem Verfahren anfallenden Protokolldaten gestellt werden.

6.1 Erzeugen

Für jedes Verfahren muss in einem Konzept festgelegt werden, welche Tätigkeiten im jeweiligen Verfahren zur Verarbeitung personenbezogener Daten nachzuweisen sind.

Die Notwendigkeit ergibt sich aus
- gesetzlichen Anforderungen,
- Anforderungen aus dem organisationsinternen Datenschutzmanagement und
- Anforderungen aus verbundenen oder übergeordneten Organisationen.

Üblicherweise ergibt sich aus den gesetzlichen Rahmenbedingungen bei vollständig automatisierten Verfahren der Zwang zur Protokollierung ändernder Zugriffe auf personenbezogene Daten.

Eine Protokollierung lesender Zugriffe ist ebenso aus Gründen der datenschutzrechtlichen Revisionssicherheit grundsätzlich erforderlich, insbesondere wenn ein Verfahrensschritt für den Nutzer direkt auf die Ermittlung personenbezogener Daten abzielt. Bei einem hinreichend fein differenzierten Zugriffsschutz kann der Umfang der Protokollierung reduziert werden.

Aufgrund einer Bestandsaufnahme der geltenden Anforderungen muss das Verfahren daraufhin betrachtet werden, welche Tätigkeiten durch Protokolle dokumentiert werden müssen. Für jede Tätigkeit muss der Inhalt der Protokolldaten festgelegt werden. Diese Festlegungen sollten in die Dokumentation des Verfahrens aufgenommen werden.

Die Protokolldaten müssen vollumfängliche Auskunft geben. Jede als relevant eingestufte Tätigkeit muss deshalb zu einem Protokolleintrag führen.

IuK-Systeme, die einen direkten Zugriff auf personenbezogene Daten haben, müssen eine Protokollierung durchführen. Üblicherweise wird der Zugriff auf personenbezogene Daten über ein oder mehrere zentrale Systeme gesteuert. In diesem Fall kann die Protokollierung auf diese Systeme beschränkt werden.

Änderungen an der Konfiguration der Protokollierung müssen einen Eintrag im Protokoll erzeugen.

6.2 Übertragen

Werden Protokolldaten mit Personenbezug und/oder erhöhtem Schutzbedarf über Netze übertragen (z. B. bei zentraler Protokollspeicherung oder entfernter Auswertung), sind zur Wahrung der Vertraulichkeit, Integrität und Authentizität geeignete und für den Schutzbedarf angemessene kryptografische Verfahren nach dem Stand der Technik zu nutzen.

Voraussetzung für eine revisionssichere und datenschutzgerechte Protokollierung ist die vollständige Übertragung der Protokolldaten. Deshalb ist das verbindungsorientiert Transportprotokoll (TCP) dem verbindungslosen Transportprotokoll (UDP) vorzuziehen.

6.3 Speichern

Die Art und der Umfang der Speicherung der Protokolldaten muss festgelegt werden. Wenn eine Tätigkeit protokolliert wird, dann bedeutet dies aber auch, dass genau in diesem Moment der Erzeugung des Protokolldatums auch eine Kontrolle dieser Daten bzw. der Tätigkeiten geschehen kann. Es muss aus Gründen der Datensparsamkeit geprüft werden, ob ein derartiges, sofortiges Überprüfen von Tätigkeiten ohne Speicherung der Daten hinreicht und keine weitere, später erfolgende Kontrollmöglichkeit vorgesehen werden muss.

Die Zugriffsmöglichkeiten auf Protokolldaten sind zu minimieren, insbesondere für die Systemadministratoren, deren Tätigkeiten anhand dieser Protokolldaten kontrollierbar sein müssen. Um dieser speziellen Anforderung, sowie generell den Anforderungen an Datensicherheit und Datenschutz, gerecht werden zu können, sollten Protokolldaten nicht auf den Produktionsmaschinen sondern auf eigens vorgehaltenen Protokollservern gespeichert werden. Der Zugriff auf diese dedizierten Protokollserver ist entsprechend zu regeln. Ebenso müssen die üblichen Mechanismen zur Datensicherung, wie das Prüfen des Wiederherstellens von Backups, des Lesen- und Verarbeitenkönnens (Hardware, Formate, Zertifikatehandling) auf den Protokollservern umgesetzt sein.

Die Sammlung von Protokolldaten zu einem festgelegten Zweck ist klar zu bezeichnen.

Hat das Sicherheitskonzept (Risikoanalyse) ergeben, dass von einem erhöhten Schutzbedarf der Protokolldaten auszugehen ist, sollten diese mit kryptografischen Verfahren auf dem Protokollserver ausreichend gesichert werden.

6.4 Auswerten

Als Grundlage für eine datenschutzkonforme Auswertung muss die Art und der Umfang der Auswertung unter Beachtung der engen Zweckbindung der Protokolldaten vorab festgelegt werden („Protokollierungskonzept"). Dieses Konzept ist Teil der zu erstellenden Risikoanalyse bzw. des Sicherheitskonzepts, die im Zuge der Vorabkontrolle zu fertigen sind.

Da Protokolldaten geeignet sind, das Verhalten oder die Leistung der Beschäftigten zu überwachen, sollten Mitbestimmungsrechte der Personalvertretungen berücksichtigt werden (vgl. § 87 Abs. 1 Nr. 6 BetrVG oder § 70 Abs. 2 PersVG M-V). Die Art der Auswertung der Protokolldaten und die an der Auswertung Beteiligten sollten daher in einer Dienstvereinbarung geregelt werden.

Die Auswertung personenbezogener Protokolldaten muss also immer im Vier-Augen-Prinzip, unter Beachtung der personalrechtlichen Beteiligungspflichten und unter Einbeziehung der organisationseigenen Datenschutz- und IT-Sicherheitsbeauftragten, erfolgen.

Bereits bei der Planung der Protokollinhalte sind typische Szenarien zur Auswertung betrachtet worden. Für diese Szenarien müssen geeignete Mechanismen zur Auswertung vorgehalten werden. Für die häufigsten Auswertungen sollte bereits im Verfahren selbst eine Möglichkeit zur Auswertung geschaffen werden.

Für speziellere Auswertungen muss dann unter Nutzung einheitlicher Protokollformate (vgl. Abschnitt „Inhalte") eine auf den jeweiligen Zweck zugeschnittene Auswertung durchgeführt werden.

Für die Auswertung von Protokolldaten müssen vorab typische Szenarien geplant werden, in denen Protokolldaten entweder anlassbezogen oder regelmäßig ausgewertet werden. Die Szenarien sollten die zu erwartenden Auskunftsersuchen interner und externer Stellen berücksichtigen.

Werden Protokolldaten einer organisationsexternen Instanz zur Auswertung übergeben, so ist, durch geeignete technische und organisatorische Maßnahmen, eine Weitergabe-, Verwendungs- und Löschkontrolle für diese Daten zu etablieren.

Die Vorgehensweise zur Auswertung der Protokolldaten ist zu dokumentieren und die Durchführung ihrerseits zu protokollieren.

6.5 Löschen

Für jedes Protokolldatum ist bereits vor dem Erzeugen die **Aufbewahrungsdauer** festzulegen. Für die Aufbewahrung der Protokolle gelten die allgemeinen Löschungsregeln der Datenschutzgesetze. Ein Maßstab ist mithin die „Erforderlichkeit der Aufgabenerfüllung". Gibt es keinen zwingenden Grund für das weitere Vorhalten von Protokolldateien, besteht eine Pflicht zur Löschung.

Somit wird die Länge der Aufbewahrungsdauer maßgeblich durch den geplanten Auswertungszyklus bestimmt. Je nach Verfahrensart können Fristen von nur wenigen Tagen bis hin zu mehreren Monaten zweckmäßig und akzeptabel sein.

Wird diese Dauer überschritten, muss das Datum gelöscht werden.

Mit Blick auf einige Landesdatenschutzgesetze, in denen die Speicherdauer für Protokolldaten selbst bei der Verarbeitung ausschließlich automatisiert gespeicherte Daten auf ein Jahr begrenzt wird (z. B. § 6 Abs. 4 LDSG S-H oder § 22 Abs. 4 DSG M-V), sollte die Speicherdauer grundsätzlich auf höchstens ein Jahr begrenzt werden, soweit nicht spezialgesetzliche Regelungen oder verfahrensspezifische Bedingungen andere Löschfristen zwingend erfordern.

Der Umgang mit Protokolldaten, insbesondere aber das Verfahren zum Löschen der Protokolldaten muss beschrieben sein. Es müssen dabei auch die Protokolldaten in die Löschung einbezogen werden, die auf Datensicherungsmedien oder bei einem Auftragsdatenverarbeiter gespeichert sind.

Bei der Protokollierung von Löschvorgängen für Protokolldaten dürfen keine personenbezogenen Daten in den Inhalten des Lösch-Protokolls enthalten sein. Stattdessen sind gegebenenfalls Hinweise auf Aktenzeichen oder Dateinamen aufzunehmen. Ferner müssen Angaben darüber, welche Person oder welche Systemkomponente die Löschung dieser Protokolldaten zu welchem Zeitpunkt vorgenommen hat, enthalten sein (Beispiel: „Gelöscht Protokolldaten_Fachverfahren_AA200_bis_ZZ620_von 200106_bis_200606, Admin_A, 20090302_1510_35").

Soweit ein Protokoll der Verfahrensdokumentation dient, kann die erforderliche Speicherdauer identisch sein zur Dauer der Dokumentationspflicht und mehrere Jahre betragen. Dies gilt beispielsweise für die Dokumentation, wer wann welche Zugriffsrechte besaß und umfasst das Anlegen und Löschen von Benutzerkennungen und die Vergabe von Zugriffsrechten. Ein anderes Beispiel, bei dem eine langjährige Speicherung erforderlich sein kann, betrifft lesende Zugriffe die eine Datenübermittlung darstellen; dies wäre der Fall, wenn die Daten verarbeitenden Stelle einer anderen Daten verarbeitenden Stelle ein Leserecht einräumt, ohne dass eine Auftragsdatenverarbeitung vorliegt. In diesen und anderen Fällen könnten aus den Protokollen Berichte erstellt werden, um das Verfahren zu dokumentieren. Auf die Speicherung der Protokolle kann anschließend verzichtet werden, falls die Berichte gegen nachträgliche Änderungen geschützt sind und festgestellt werden kann, ob sie vollständig sind.

7 Weiterführende Literatur

- DuD - Datenschutz und Datensicherheit, 31. Jahrgang, Heft 10, Oktober 2007, Protokollierungs-Spezial
- DuD - Datenschutz und Datensicherheit, 30. Jahrgang, Heft 5, Mai 2006, Protokollierungs-Spezial
- „Studie über die Nutzung von Log- und Monitoringdaten im Rahmen der IT-Frühwarnung und für einen sicheren IT-Betrieb" https://www.bsi.bund.de/cln_134/ContentBSI/Publikationen/studien/logdaten/index_htm.html

Protokoll der
E-mail-Korrespondenz
mit der AOK – BW
vom 19.12.2009

[redacted]

Bruchsal, 05. 02. 2010

Protokoll der E-Mail-Korrespondenz
vom 19.12.2009

[redacted]

Thema: **Ärztliche Leistungsabrechnung in der GKV**

Informationen:

- Für den Fall, dass ein Prüfungsverfahren nach § 106 a V SGB V Auffälligkeiten in der Leistungsabrechnung eines Arztes ergibt bzw. sogar konkrete Verstöße durch diesen erkennen lässt, ist zwischen den Spitzenverbänden der GKV und der Kassenärztlichen Bundesvereinigung bezüglich einheitlicher Maßnahmen rückwirkend zum 01.04.2005 die
  Vereinbarung zur Durchführung der Abrechnungsprüfung nach § 106 a SGB V getroffen worden.
  Eine entsprechende Vereinbarung haben dann auch die Landesverbände der Krankenkassen und die Kassenärztliche Vereinigung des Landes Baden – Württemberg ausgehandelt.

- Daneben sind die am 17.09.2004 erstmals veröffentlichten Richtlinien nach § 106 a VI SGB V
  zu Inhalt und Durchführung der Abrechnungsprüfung gegenwärtig unverändert in Kraft.

- Zur Vereinheitlichung der zwischen den einzelnen Kassenärztlichen Vereinigungen sehr verschiedenen Schadens - Berechnungsmethoden bei im Rahmen der Plausibilitätsprüfung festgestellten Abrechnungsverstößen ist nach wie vor weder eine legislatorische Regelung noch eine höchstrichterliche Klärung erfolgt.

- Fälle von Abrechnungsbetrug werden der AOK Ba – Wü im Einzelfall durch Versicherte angezeigt, z. B. wenn diese den Verdacht haben, ein Arzt habe nicht korrekt abgerechnet oder eine Leistung nicht korrekt erbracht.

[redacted]

- Was die Ermittlung und Kontrolle derartiger Auffälligkeiten angeht, besteht aus Sicht der AOK – Ba – Wü derzeit kein über § 106 a SGB V hinausgehendes Regelungsbedürfnis, das Instrumentarium der Norm ist ausreichend.
  Ein über diese hinausgehendes Regelungsbedürfnis, das den Gesetzgeber beschäftigen sollte, besteht gegenwärtig nicht.

- Die Fallkonstellationen, in denen Auffälligkeiten vorkommen, sind zum einen die missbräuchliche Nutzung von Rezepten durch Versicherte und zum anderen die Mehrfach – Abrechnung durch Kassenärzte.

[redacted]

[redacted]

- Die AOK – Ba – Wü nutzt eine Datamining – Software um Fehlentwicklungen zu ermitteln, die normalerweise im Licht der starren Abrechnungsregelungen nicht ohne weiteres zu Tage treten. Ein Beispiel könnte die Situation sein, dass ein Arzt in einer bestimmten Stadt Rezepte ausstellt und diese grundsätzlich in einer bestimmten anderen Stadt eingelöst werden.
  Derartige Auffälligkeiten lassen verschiedene Rückschlüsse zu, können aber auch erklärliche Gründe haben. Die AOK – Ba – Wü setzt daneben quartalsmäßig interne Prüfregeln in einem Katalog auf bzw. führt bewährte solche fort. Dieser Katalog umfasst alle, den Krankenkassen aufgrund § 106 a SGB V obliegenden Aufgaben.

II

Antwort auf E-mail-Anfrage
bei
einem großen privaten
Krankenversicherer

Von: [redacted]
An: [redacted]
Kopie:
Betreff: Information zur Prüfung der Leistungspflicht
Datum: 24.03.2010 09:23:22

Sehr geehrte Frau Hübner,

vielen Dank für Ihre Anfrage. Im Rahmen unserer Möglichkeiten sind wir Ihnen im Rahmen Ihrer Dissertation gerne behilflich. Wir bitten jedoch um Verständnis dafür, dass mit Blick auf die Sensibilität verschiedener Angaben nicht zu allen Punkten detaillierte Aussagen möglich sind.

Leistungsansprüche prüfen wir grundsätzlich auf der Basis der mit unseren Mitgliedern geschlossenen privatrechtlichen Krankenversicherungsverträge. Daneben gibt es aber auch gesetzliche Regelungen wie beispielsweise die Gebührenordnung für Ärzte (GOÄ) zur Abrechnung der privatärztlichen Tätigkeit des Arztes. Auch die dortigen Vorgaben müssen von uns im Rahmen der Prüfung unserer Leistungspflicht Berücksichtigung finden.

Die entsprechenden Prüfungen finden in unserem Hause durch die Mitarbeiter im Leistungs-bereich statt. Die Prüfung beinhaltet, wie erläutert, unter anderem medizinische und/oder auch gebührenrechtliche Aspekte. Soweit zur Unterstützung detaillierte medizinische Fach-kenntnisse erforderlich sind, haben wir nach den Bestimmungen des Krankenversicherungs-vertrages die Möglichkeit, unsere Mitglieder durch einen von uns beauftragten Arzt unter-suchen zu lassen. Ferner können wir auch, gegebenenfalls unter Einschaltung unserer Mitglieder, entsprechende Klärungen oder Gutachterverfahren über die jeweiligen Landes-ärzte- bzw. Zahnärztekammern veranlassen. Darüber hinaus besteht auch die Möglichkeit, dass wir uns durch externe und nicht bei uns angestellte Ärzte in medizinischen Zweifels-fragen beraten lassen. Über angestellte Gesellschaftsärzte verfügen wir nicht.

Allen Verfahren gemein ist, dass wir unsere Mitglieder entsprechend informieren und eine Schweigepflichtentbindungserklärung für die betroffenen Ärzte anfordern, um die Be- stimmungen des Datenschutzes zu wahren. Im Vordergrund der entsprechenden Prüfungen stehen hierbei regelmäßig die Fragen, ob es sich zum einen um medizinisch notwendige Heilbehandlungen wegen Krankheit oder Unfallfolgen im Sinne der vertraglichen Verein-barungen handelt und ob die Rechnungen den formellen und inhaltlichen Bestimmungen der jeweiligen Gebührenordnung entsprechen. Wenn wir an dem Vorliegen der entsprechenden Voraussetzungen Zweifel haben oder sich entsprechende Verdachtsmomente bis hin zum Abrechnungsbetrug ergeben, sind wir im Interesse aller unserer Mitglieder natürlich gehalten, derartige Fälle sorgfältig zu prüfen.

Hierbei ist zu berücksichtigen, dass die Versicherungsnehmer als unsere Vertragspartner verpflichtet sind, das Vorliegen der Leistungsvoraussetzungen nachzuweisen und zu bele- gen. In diesem Zusammenhang haben wir neben der bereits angesprochenen Unter-

[redacted]

suchungsmöglichkeit das Recht, ergänzende Informationen und Unterlagen anzufordern, die wir zur Beurteilung unserer Leistungspflicht benötigen.

Allein mit Blick auf die Vielzahl von Erstattungsanträgen dürfte es nachvollziehbar sein, dass wir diesen Anträgen mitunter nicht kritiklos gegenüberstehen können, sondern vielmehr prüfen müssen, ob die Leistungsvoraussetzungen gegeben sind. Mit Blick auf die Sensibilität der Daten bzw. dieses Themas äußern wir uns zur Häufigkeit derartiger Fälle nicht [redacted]

Wir haben keine Einwende, wenn Sie unsere Aussagen im Zuge Ihrer Dissertation zitieren und verwenden [redacted]

Mit freundlichen Grüßen

[redacted]

[redacted]

[redacted]

[redacted]

[redacted]

[redacted]

[redacted]

Antwort auf E-mail-Anfrage
beim
Verband der PKV

Von: [redacted]
An: [redacted]
Kopie:
Betreff: WG: Kontaktaufnahme PKV
Datum: 23.03.2010 16:09:34

Sehr geehrte Frau Hübner,

vielen Dank für Ihre Nachricht. Eine dem MDK vergleichbare Institution existiert in der PKV nicht. Die Betrugsbekämpfung ist nicht zentralisiert, sondern findet in den einzelnen Versicherungsunternehmen statt. Deshalb können wir Ihnen leider auch keine weiterführenden Informationen geben, welche Instrumentarien unsere Mitgliedsunternehmen nutzen, um Abrechnungsbetrug durch Leistungserbringer aufzudecken. Bitte wenden Sie sich hierzu unmittelbar an unsere Mitgliedsunternehmen:

http://www.pkv.de/verband/mitgliedsunternehmen/

[redacted]

Mit freundlichen Grüßen

[redacted]

Artikel der
Rheinischen Post
vom 17.01.2003
und
Zitierung
der Pressemitteilung
der AOK Niedersachsen
vom 24.01.2003
durch den Ärzteverein
Südkreis Mettmann e.V.

RP

Erscheinungsdatum: 17.01.2003 – **Zeitung:** RP – **Ausgabe:** GES – **Ressort:** TIS
Gefunden in: **Textarchiv Zentral**

Arztbetrug: Rechnungen für tote Patienten Millionenschaden

Millionenschaden

HANNOVER (RP). Abrechnungsbetrügereien mit toten Patienten hat die AOK Niedersachsen aufgedeckt. „Einige Dutzend Ärzte" hätten der Kasse Behandlungen von Patienten in Rechnung gestellt, die schon Jahre auf dem Friedhof liegen. Bei Stichproben für das vierte Quartal 2001 seien 140 Tote ermittelt worden, für die Ärzte abkassierten. Ein Allgemeinmediziner etwa hatte „Hausbesuche und die Erhebung des Ganzkörperstatus" bei einer 72–Jährigen abgerechnet, die zum Zeitpunkt der „Behandlung" bereits seit fünf Jahren tot war. Besonders makaber: Andere Ärzte stellten eine „Ernährungsberatung" oder eine „Rückenschule" für Menschen in Rechnung, die lange begraben waren. Die Ärzte hatten offenbar die Chipkartendaten ihrer ehemaligen Patienten gespeichert und mit diesen Daten immer wieder abgerechnet. Hochgerechnet auf Deutschland komme man auf mehrere 1000 Tote, mit denen Ärzte ein Geschäft machten, so die AOK. Die Kassenärztliche Vereinigung wies die Hochrechnung als unseriös zurück. Die Kassen versuchten, die Ärzte zu verunglimpfen.

Ausgabe: GES | **Nummer:** 014 | **Erscheinungsdatum:** 17.01.2003 | **Dokumentennummer:** a130000005_01603 | **Eingangsdatum:** 20030116 | **Themen:** Ärzte; Betrug; Krankenversicherung gesetzlich | **Land:** Deutschland | **Organisationen und Unternehmen:** AOK Niedersachsen | **archives.*.RELSEITE:** 1 | **Ressort:** TIS | **Textsorte:** RP–Meldung | **Eingangszeit:** 214707 | **archives.*.DC4ID:** 33421358 | **archives.*.DC4ARCHIV:** rptext |

ärzteverein südkreis mettmann e.v.

[redacted]

Tote abgerechnet ?

[redacted]

Arztbetrug: Rechnungen für tote Patienten

Rheinische Post vom 17.1.03 spricht von Millionenschaden

Ein Artikel aus der Rheinischen Post wird vorgestellt, die Hintergründe werden erläutert, der erste Eindruck widerlegt.

Originaltext Rheinische Post:

"Millionenschaden

Arztbetrug: Rechnungen für tote Patienten

HANNOVER (RP). Abrechnungsbetrügereien mit toten Patienten hat die AOK Niedersachsen aufgedeckt. "Einige Dutzend Ärzte" hätten der Kasse Behandlungen von Patienten in Rechnung gestellt, die schon Jahre auf dem Friedhof liegen. Bei Stichproben für das vierte Quartal 2001 seien 140 Tote ermittelt worden, für die Ärzte abkassierten. Ein Allgemeinmediziner etwa hatte "Hausbesuche und die Erhebung des Ganzkörperstatus" bei einer 72-Jährigen abgerechnet, die zum Zeitpunkt der "Behandlung" bereits seit fünf Jahren tot war. Besonders makaber: Andere Ärzte stellten eine "Ernährungsberatung" oder eine "Rückenschule" für Menschen in Rechnung, die lange begraben waren. Die Ärzte hatten offenbar die Chipkartendaten ihrer ehemaligen Patienten gespeichert und mit diesen Daten immer wieder abgerechnet. Hochgerechnet auf Deutschland komme man auf mehrere 1000 Tote, mit denen Ärzte ein Geschäft machten, so die AOK. Die Kassenärztliche Vereinigung wies die Hochrechnung als unseriös zurück. Die Kassen versuchten, die Ärzte zu verunglimpfen."

(Ende des Artikels der Rheinischen Post)

[redacted]

[redacted]

Und so ging es weiter im "Betrugsfall":

"Pressemitteilung der AOK Niedersachsen:

Große Mehrheit der Ärzte rechnet korrekt ab

Hannover. 24. Januar 2003. Im jüngsten Abrechnungsskandal im Gesundheitswesen hat die AOK Niedersachsen der großen Mehrheit der niedergelassenen Ärzte und deren Dachorganisation, der Kassenärztlichen Vereinigung (KV), ihr Vertrauen ausgesprochen. Kassen-Chefin Christine Lüer sagte, sie bedauere, falls die Angelegenheit das Ansehen aller 11.500 niedergelassenen Ärzte in Niedersachsen in Mitleidenschaft gezogen habe. Dies sei nicht beabsichtigt gewesen.

Die KV Niedersachsen als Organisation treffe keine Schuld an dem Skandal, sie habe es auch nicht am Willen zur gemeinsamen Aufklärung mangeln lassen. "Die KV liefert die Abrechnungsdaten, aber sie hat keinen Zugriff auf die Mitgliederbestände der Krankenkassen. Von daher kann sie nicht erkennen, wenn Ärzte für ‚Phantom-Patienten' abrechnen", stellte die Vorstandsvorsitzende klar.

In dem aktuellen Fall untersucht die AOK derzeit gezielt die Unterlagen mehrerer hundert Mediziner. Sie sollen in den Jahren 2000 und 2001 Honorar für die Behandlung von Patienten beansprucht haben, die zu einem früheren Datum, aber nicht in dem fraglichen Quartal Kontakt mit dem Arzt gehabt hatten. Bei einer Reihe von Versicherten lagen Monate oder sogar Jahre zwischen den beiden Zeitpunkten, ein Teil von ihnen war inzwischen gestorben.

Aufgefallen war dies, indem die AOK die Honorarabrechnungen der KV für das vierte Quartal 2001 mit dem Bestand ihrer eigenen Mitglieder verglichen hatte. Aufgrund einer Reihe fragwürdiger Ergebnisse - angeblich behandelte Patienten hatten mittlerweile die Krankenkasse gewechselt oder waren gestorben - nahm sie in einer zweiten Prüfung die eigenen Daten mit den Auszahlungen von Sterbegeld zuhilfe. Erst so erkannte sie jene Fälle, in denen Honorar für Tote beansprucht worden war. "Wir hätten den Sachverhalt einige Quartale früher aufdecken können, das will ich als Kritik gegen uns gelten lassen", räumte Lüer ein. "Aber bis zum Zeitpunkt der Prüfung hatten wir ja gar keinen Anlass zu der Vermutung, dass hier anscheinend vorsätzlich falsch abgerechnet wurde."

Geschädigt wurden nach bisherigen Erkenntnissen der AOK in erster Linie die Mitglieder der Kassenärztlichen Vereinigung selbst. Im Rahmen des Honorarbudgets schadet ein betrügerisch abrechnender Arzt allen anderen Medizinern, indem diese für ihre Arbeit einen geringeren Anteil an der gedeckelten Vergütung bekommen.

"Entsprechend groß ist natürlich die Verärgerung auf Seiten der großen Mehrheit der ehrlichen Ärzte, wenn sie jetzt erfahren müssen, was in ihren eigenen Reihen vorgeht", sagte Lüer auf Reaktionen aus den Reihen der Mediziner. Die Patientinnen und Patienten sollten ihren Ärzten jetzt aber nicht pauschal misstrauen: "Schwarze Schafe gibt es überall." "

(Ende der Pressemitteilung der AOK Niedersachsen)

[redacted]

Protokoll
des Telefonats
mit der AOK-BW
vom 11.03.2010

[redacted]

Bruchsal, den 14. 03. 2010

Protokoll des Telefonats vom 11. 03. 2010

[redacted]

Thema: **Abrechnungsbetrug in der GKV**

Informationen:

- Abrechnungsbetrug kommt in der Versicherungspraxis der GKV durchaus vor. Auch haben die Fälle im Zuge der jüngsten Gesundheitsreformen zugenommen. Hieraus lässt sich allerdings nicht auf einen monokausalen Zusammenhang schließen, vielmehr ist zu berücksichtigen, dass Phänomene wie Abrechnungsbetrug und Leistungserschleichung vielgestaltige Ursachen haben.

[redacted]

- Auch zu berücksichtigen ist jedoch, dass im Zuge der letzten Reformen die Kontrollen zur Regulierung von Abrechnungsbetrug stetig besser geworden sind. So wurden Vorschriften zur Bekämpfung von Fehlverhalten im Gesundheitswesen ins SGB V eingefügt, z. B. §§ 81 a, 128 (April 2009) und 197 a SGB V. Es ist zu vermuten, dass diese Normen nicht zuletzt aufgrund der zunehmenden Sensibilisierung der Gesellschaft auf Leistungserschleichung bzw. generell auf Fehlverhalten im Gesundheitswesen, ausgelöst durch verschiedene Skandale und die

1

zunehmende Entlarvung solcher Fälle, weniger durch deren tatsächliche Zunahme, erlassen worden sind. Auch die Auseinandersetzung mit dem mutmaßlichen Dunkelfeld ist sicher ein Beweggrund gewesen.

[redacted]

- Pflegeheime, Sanitätshäuser etc. , die Leistungen nicht wie abgerechnet erbringen.

- Krankentaxis, die Einzelfahrten abrechnen und Sammelfahrten erbringen.

- Rezepttausch gegen Fitness bzw. Wellness – Produkte.

- Erschleichung von Vergütungen für sog. Präventionsmaßnahmen wie z .B. bestimmte Trainingsprogramme während normale Fitnesskurse besucht werden.

- Leistungserbringung von Unqualifizierten.

- Rezeptfälschung und Ärztehopping (im Zusammenhang mit ~~Drogen~~abhängigkeit)

- Mitunter am häufigsten ist hierbei die Abrechnung nicht erbrachter Leistungen. Allerdings nicht primär von Ärzten, sondern eher von anderen Leistungserbringern, u. a. Sanitätshäusern, Apothekern, Krankengymnasten.

- ebenfalls häufig ist das Fehlen der erforderlichen Qualifikation von Leistungserbringern.

[redacted]

- Vertrauensärzte spielen in der GKV vom MDK abgesehen keine Rolle.

- Jede gesetzliche Krankenkasse und jede Kassenärztliche Vereinigung muss eine Stelle zur Fehlverhaltensbekämpfung nach § 197 a SGB V haben und seit 2004 auch alle 2 Jahre einen Fehlverhaltensbericht erstellen.

- Mittlerweile spezialisieren sich auch die Staatsanwaltschaften in Richtung Fehlverhalten im Gesundheitswesen.
~~Einige haben~~ ein Dezernat fürs Gesundheitswesen eingerichtet, in Thüringen gibt es ~~sogar~~ eine Schwerpunktstaatsanwaltschaft.
Eine Spezialisierung staatlicher Stellen ist durchaus zu begrüßen, da es bislang noch häufig an hinreichender Kenntnis der sozialrechtlichen Grundlagen mangelt.

Bruchsal, 14. 03. 2010, [redacted]

III

Die Reihe RECHT UND MEDIZIN wird von den Professoren Deutsch (Göttingen), Kern (Leipzig), Laufs (Heidelberg), Lilie (Halle a.d. Saale), Schreiber (Göttingen) und Spickhoff (Göttingen) herausgegeben. Ihre Aufgabe ist es, Monographien und Dissertationen auf dem Gebiet des Medizinrechts zu veröffentlichen. Dieses Gebiet, das an Bedeutung noch zunehmen wird, umfaßt auf der juristischen Seite sowohl zivilrechtliche als auch straf- und öffentlich-rechtliche Fragestellungen. Die Fragen können von der juristischen oder von der medizinischen Seite aus untersucht werden. Übergreifendes Ziel ist es, den medizinrechtlichen Fragen nicht etwa ein gängiges juristisches Denkschema überzuwerfen, sondern die besonderen Probleme der Regelung medizinischer Sachverhalte eigenständig aufzufassen und darzustellen.

Manuskriptzusendungen an die Herausgeber bitte per Brief- bzw. Paketpost. Die Adressen der Herausgeber sind:

Prof. Dr. Dr. h.c. Erwin Deutsch (Zivilrecht und Rechtsvergleichung)
Höltystraße 8
37085 Göttingen

Prof. Dr. Bernd-Rüdiger Kern (Zivilrecht, Rechtsgeschichte und Arztrecht)
Universität Leipzig
Juristenfakultät / Lehrstuhl für Bürgerliches Recht, Rechtsgeschichte
und Arztrecht
Burgstraße 27
04109 Leipzig

Prof. Dr. Dr. h.c. Adolf Laufs (Zivilrecht, Medizinrecht und Rechtsgeschichte)
Kohlackerweg 12
69151 Neckargemünd

Prof. Dr. Hans Lilie (Strafrecht, Strafprozessrecht und Medizinrecht;
federführender Reihenherausgeber)
Martin-Luther-Universität Halle-Wittenberg
Juristische Fakultät: Strafrecht
Universitätsplatz 6
06108 Halle a.d. Saale
hans.lilie@jura.uni-halle.de

Prof. Dr. Dr. h.c. Hans-Ludwig Schreiber (Strafrecht und Rechtstheorie)
Grazer Str. 14
30519 Hannover

Prof. Dr. Andreas Spickhoff (Zivil- und Zivilprozessrecht, Internationales und
Vergleichendes Medizinrecht)
Georg-August Universität Göttingen
Juristische Fakultät
Platz der Göttinger Sieben 6
37073 Göttingen

RECHT UND MEDIZIN

Band 1 Erwin Deutsch: Das Recht der klinischen Forschung am Menschen. Zulässigkeit und Folgen der Versuche am Menschen, dargestellt im Vergleich zu dem amerikanischen Beispiel und den internationalen Regelungen. 1979.

Band 2 Thomas Carstens: Das Recht der Organtransplantation. Stand und Tendenzen des deutschen Rechts im Vergleich zu ausländischen Gesetzen. 1979.

Band 3 Moritz Linzbach: Informed Consent. Die Aufklärungspflicht des Arztes im amerikanischen und im deutschen Recht. 1980.

Band 4 Volker Henschel: Aufgabe und Tätigkeit der Schlichtungs- und Gutachterstellen für Arzthaftpflichtstreitigkeiten. 1980.

Band 5 Hans Lilie: Ärztliche Dokumentation und Informationsrechte des Patienten. Eine arztrechtliche Studie zum deutschen und amerikanischen Recht. 1980.

Band 6 Peter Mengert: Rechtsmedizinische Probleme in der Psychotherapie. 1981.

Band 7 Hazel G.S. Marinero: Arzneimittelhaftung in den USA und Deutschland. 1982.

Band 8 Wolfram Eberbach. Die zivilrechtliche Beurteilung der *Humanforschung*. 1982.

Band 9 Wolfgang Deuchler: Die Haftung des Arztes für die unerwünschte Geburt eines Kindes ("wrongful birth"). Eine rechtsvergleichende Darstellung des amerikanischen und deutschen Rechts. 1984.

Band 10 Hermann Schünemann: Die Rechte am menschlichen Körper. 1985.

Band 11 Joachim Sick: Beweisrecht im Arzthaftpflichtprozeß. 1986.

Band 12 Michael Pap: Extrakorporale Befruchtung und Embryotransfer aus arztrechtlicher Sicht; insbesondere: Der Schutz des werdenden Lebens in vitro. 1987.

Band 13 Sabine Rickmann: Zur Wirksamkeit von Patiententestamenten im Bereich des Strafrechts. 1987.

Band 14 Joachim Czwalinna: Ethik-Kommissionen - Forschungslegitimation durch Verfahren. 1987.

Band 15 Günter Schirmer: Status und Schutz des frühen Embryos bei der *In-vitro*-Fertilisation. Rechtslage und Diskussionsstand in Deutschland im Vergleich zu den Ländern des angloamerikanischen Rechtskreises. 1987.

Band 16 Sabine Dönicke: Strafrechtliche Aspekte der Katastrophenmedizin. 1987.

Band 17 Erwin Bernat: Rechtsfragen medizinisch assistierter Zeugung. 1989.

Band 18 Hartmut Schulz: Haftung für Infektionen. 1988.

Band 19 Herbert Harrer: Zivilrechtliche Haftung bei durchkreuzter Familienplanung. 1989.

Band 20 Reiner Füllmich: Der Tod im Krankenhaus und das Selbstbestimmungsrecht des Patienten. Über das Recht des nicht entscheidungsfähigen Patienten, künstlich lebensverlängernde Maßnahmen abzulehnen. 1990.

Band 21 Franziska Knothe: Staatshaftung bei der Zulassung von Arzneimitteln. 1990.

Band 22 Bettina Merz: Die medizinische, ethische und juristische Problematik artifizieller menschlicher Fortpflanzung. Artifizielle Insemination, In-vitro-Fertilisation mit Embryotransfer und die Forschung an frühen menschlichen Embryonen. 1991.

Band 23 Ferdinand van Oosten: The Doctrine of Informed Consent in Medical Law. 1991.

Band 24 Stephan Cramer: Genom- und Genanalyse. Rechtliche Implikationen einer "Prädiktiven Medizin". 1991.

Band 25 Knut Schulte: Das standesrechtliche Werbeverbot für Ärzte unter Berücksichtigung wettbewerbs- und kartellrechtlicher Bestimmungen. 1992.

Band 26 Young-Kyu Park: Das System des Arzthaftungsrechts. Zur dogmatischen Klarstellung und sachgerechten Verteilung des Haftungsrisikos. 1992.

Band 27 Angela Könning-Feil: Das Internationale Arzthaftungsrecht. Eine kollisionsrechtliche Darstellung auf sachrechtsvergleichender Grundlage. 1992.

Band 28 Jutta Krüger: Der Hamburger Barmbek/Bernbeck-Fall. Rechtstatsächliche Abwicklung und haftungsrechtliche Aspekte eines medizinischen Serienschadens. 1993.

Band 29 Alexandra Goeldel: Leihmutterschaft – eine rechtsvergleichende Studie. 1994.

Band 30 Thomas Brandes: Die Haftung für Organisationspflichtverletzung. 1994.

Band 31 Winfried Grabsch: Die Strafbarkeit der Offenbarung höchstpersönlicher Daten des ungeborenen Menschen. 1994.

Band 32 Jochen Markus: Die Einwilligungsfähigkeit im amerikanischen Recht. Mit einem einleitenden Überblick über den deutschen Diskussionsstand. 1995.

Band 33 Meltem Göben: Arzneimittelhaftung und Gentechnikhaftung als Beispiele modernen Risikoausgleichs mit rechtsvergleichenden Ausblicken zum türkischen und schweizerischen Recht. 1995.

Band 34 Regine Kiesecker: Die Schwangerschaft einer Toten. Strafrecht an der Grenze von Leben und Tod – Der Erlanger und der Stuttgarter Baby-Fall. 1996.

Band 35 Doris Voll: Die Einwilligung im Arztrecht. Eine Untersuchung zu den straf-, zivil- und verfassungsrechtlichen Grundlagen, insbesondere bei Sterilisation und Transplantation unter Berücksichtigung des Betreuungsgesetzes. 1996.

Band 36 Jens-M. Kuhlmann: Einwilligung in die Heilbehandlung alter Menschen. 1996.

Band 37 Hans-Jürgen Grambow: Die Haftung bei Gesundheitsschäden infolge medizinischer Betreuung in der DDR. 1997.

Band 38 Julia Röver: Einflußmöglichkeiten des Patienten im Vorfeld einer medizinischen Behandlung. Antezipierte Erklärung und Stellvertretung in Gesundheitsangelegenheiten. 1997.

Band 39 Jens Göben: Das Mitverschulden des Patienten im Arzthaftungsrecht. 1998.

Band 40 Hans-Jürgen Roßner: Begrenzung der Aufklärungspflicht des Arztes bei Kollision mit anderen ärztlichen Pflichten. Eine medizinrechtliche Studie mit vergleichenden Betrachtungen des nordamerikanischen Rechts. 1998.

Band 41 Meike Stock: Der Probandenschutz bei der medizinischen Forschung am Menschen. Unter besonderer Berücksichtigung der gesetzlich nicht geregelten Bereiche. 1998.

Band 42 Susanne Marian: Die Rechtsstellung des Samenspenders bei der Insemination / IVF. 1998.

Band 43 Maria Kasche: Verlust von Heilungschancen. Eine rechtsvergleichende Untersuchung. 1999.

Band 44 Almut Wilkening: Der Hamburger Sonderweg im System der öffentlich-rechtlichen Ethik-Kommissionen Deutschlands. 2000.

Band 45 Jonela Hoxhaj: Quo vadis Medizintechnikhaftung? Arzt-, Krankenhaus- und Herstellerhaftung für den Einsatz von Medizinprodukten. 2000.

Band 46 Birgit Reuter: Die gesetzliche Regelung der aktiven ärztlichen Sterbehilfe des Königreichs der Niederlande – ein Modell für die Bundesrepublik Deutschland? 2001. 2. durchgesehene Auflage 2002.

Band 47 Klaus Vosteen: Rationierung im Gesundheitswesen und Patientenschutz. Zu den rechtlichen Grenzen von Rationierungsmaßnahmen und den rechtlichen Anforderungen an staatliche Vorhaltung und Steuerung im Gesundheitswesen. 2001.

Band 48 Bong-Seok Kang: Haftungsprobleme in der Gentechnologie. Zum sachgerechten Schadensausgleich. 2001.

Band 49 Heike Wachenhausen: Medizinische Versuche und klinische Prüfung an Einwilligungsunfähigen. 2001.

Band 50 Thomas Hasenbein: Einziehung privatärztlicher Honorarforderungen durch Inkassounternehmen. 2002.

Band 51 Oliver Nowak: Leitlinien in der Medizin. Eine haftungsrechtliche Betrachtung. 2002.

Band 52 Christina Herrig: Die Gewebetransplantation nach dem Transplantationsgesetz. Entnahme – Lagerung – Verwendung unter besonderer Berücksichtigung der Hornhauttransplantation. 2002.

Band 53 Matthias Nagel: Passive Euthanasie. Probleme beim Behandlungsabbruch bei Patienten mit apallischem Syndrom. 2002.

Band 54 Miriam Ina Saati: Früheuthanasie. 2002.

Band 55 Susanne Schneider: Rechtliche Aspekte der Präimplantations- und Präfertilisationsdiagnostik. 2002.

Band 56 Uta Oelert: Allokation von Organen in der Transplantationsmedizin. 2002.

Band 57 Jens Muschner: Die haftungsrechtliche Stellung ausländischer Patienten und Medizinalpersonen in Fällen sprachbedingter Mißverständnisse. 2002.

Band 58 Rüdiger Wolfrum / Peter-Tobias Stoll / Stephanie Franck: Die Gewährleistung freier Forschung an und mit Genen und das Interesse an der wirtschaftlichen Nutzung ihrer Ergebnisse. 2002.

Band 59 Frank Hiersche: Die rechtliche Position der Hebamme bei der Geburt. Vertikale oder horizontale Arbeitsteilung. 2003.

Band 60 Hartmut Schädlich: Grenzüberschreitende Telemedizin-Anwendungen: Ärztliche Berufserlaubnis und Internationales Arzthaftungsrecht. Eine vergleichende Darstellung des deutschen und US-amerikanischen Rechts. 2003.

Band 61 Stefanie Diettrich: Organentnahme und Rechtfertigung durch Notstand? Zugleich eine Untersuchung zum Konkurrenzverhältnis von speziellen Rechtfertigungsgründen und rechtfertigendem Notstand gem. § 34 StGB. 2003.

Band 62 Anne Elisabeth Stange: Gibt es psychiatrische Diagnostikansätze, um den Begriff der schweren anderen seelischen Abartigkeit in §§ 20, 21 StGB auszufüllen? 2003.

Band 63 Christiane Schief: Die Zulässigkeit postnataler prädiktiver Gentests. Die Biomedizin-Konvention des Europarats und die deutsche Rechtslage. 2003.

Band 64 Maike C. Erbsen: Praxisnetze und das Berufsrecht der Ärzte. Der Praxisverbund als neue Kooperationsform in der ärztlichen Berufsordnung. 2003.

Band 65 Markus Schreiber: Die gesetzliche Regelung der Lebendspende von Organen in der Bundesrepublik Deutschland. 2004.

Band 66 Thela Wernstedt: Sterbehilfe in Europa. 2002.

Band 67 Axel Thias: Möglichkeiten und Grenzen eines selbstbestimmten Sterbens durch Einschränkung und Abbruch medizinischer Behandlung. Eine Untersuchung aus straf- und betreuungsrechtlicher Perspektive unter besonderer Berücksichtigung der Problematik des apallischen Syndroms. 2004.

Band 68 Jutta Müller: Ärzte und Pflegende, die keine Organe spenden wollen. Transplantatmangel muss nicht sein. 2004.

Band 69 Ihna Link: Schwangerschaftsabbruch bei Minderjährigen. Eine vergleichende Untersuchung des deutschen und englischen Rechts. 2004.

Band 70 Susann Tiebe: Strafrechtlicher Patientenschutz. Die Bedeutung des Strafrechts für die individuellen Patientenrechte. 2005.

Band 71 Jörg Gstöttner: Der Schutz von Patientenrechten durch verfahrensmäßige und institutionelle Vorkehrungen sowie den Erlass einer Charta der Patientenrechte. 2005.

Band 72 Oliver Jürgens: Die Beschränkung der strafrechtlichen Haftung für ärztliche Behandlungsfehler. 2005.

Band 73 Stephanie Gropp: Schutzkonzepte des werdenden Lebens. 2005.

Band 74 Clemens Winter: Robotik in der Medizin. Eine strafrechtliche Untersuchung. 2005.

Band 75 Barbara Eck: Die Zulässigkeit medizinischer Forschung mit einwilligungsunfähigen Personen und ihre verfassungsrechtlichen Grenzen. Eine Untersuchung der Rechtslage in Deutschland und rechtsvergleichenden Elementen. 2005.

Band 76 Anastassios Kantianis: Palliativmedizin als Sterbebegleitung nach deutschem und griechischem Recht. 2005.

Band 77 Ulrike Morr: Zulässigkeit von Biobanken aus verfassungsrechtlicher Sicht. 2005.

Band 78 Nora Markus: Die Zulässigkeit der Sectio auf Wunsch. Eine medizinische, ethische und rechtliche Betrachtung. 2006.

Band 79 Michael Benedikt Nagel: Die ärztliche Behandlung Neugeborener – Früheuthanasie. 2006.

Band 80 Regina Leitner: Sterbehilfe im deutsch-spanischen Rechtsvergleich. 2006.

Band 81 Martin Berger: Embryonenschutz und Klonen beim Menschen – Neuartige Therapiekonzepte zwischen Ethik und Recht. Ansätze zur Entwicklung eines neuen Regelungsmodells für die Bundesrepublik Deutschland. 2007

Band 82 Amelia Kuschel: Der ärztlich assistierte Suizid. Straftat oder Akt der Nächstenliebe? 2007.

Band 83 Hans-Ludwig Schreiber / Hans Lilie / Henning Rosenau / Makoto Tadaki / Un Jong Pak (Hrsg.): Globalisierung der Biopolitik, des Biorechts und der Bioethik? Das Leben an seinem Anfang und an seinem Ende. 2007.

Band 84 Ralf Clement: Der Rechtsschutz der potentiellen Organempfänger nach dem Transplantationsgesetz. Zur rechtlichen Einordnung der verteilungsrelevanten Regelungen zwischen öffentlichem und privatem Recht. 2007.

Band 85 Sabine Lebert: Humanes Überschußgewebe – Möglichkeit der Verwendung für die Forschung? Analyse der rechtlichen, ethischen und biomedizinischen Voraussetzungen im Ländervergleich. 2007.

Band 86 Dietrich Wagner: Der gentechnische Eingriff in die menschliche Keimbahn. Rechtlich-ethische Bewertung. Nationale und internationale Regelungen im Vergleich. 2007.

Band 87 Britta Vogt: Methoden der künstlichen Befruchtung: „Dreierregel“ versus „Single Embryo Transfer“. Konflikt zwischen Rechtslage und Fortschritt der Reproduktionsmedizin in Deutschland im Vergleich mit sieben europäischen Ländern. 2008.

Band 88 Sebastian Rosenberg: Die postmortale Organtransplantation. Eine „gemeinschaftliche Aufgabe" nach § 11 Abs. 1 S. 1 Transplantationsgesetz. Kompetenzen und Haftungsrisiken im Rahmen der Organspende. 2008.

Band 89 Julia Susanne Sundmacher: Die unterlassene Befunderhebung des Arztes. Eine Auseinandersetzung mit der Rechtsprechung des BGH. 2008.

Band 90 Martin Schwee: Die zulassungsüberschreitende Verordnung von Fertigarzneimitteln (Off-Label-Use). Eine Untersuchung vorwiegend im Bereich des Rechts der Gesetzlichen Krankenversicherung unter besonderer Berücksichtigung der sozialgerichtlichen Rechtsprechung. 2008.

Band 91 Jorge Guerra González: Xenotransplantation: Prävention des xenogenen Infektionsrisikos. Eine Untersuchung zum deutschen und spanischen Recht. 2008.

Band 92 Ulrike Beitz: Zur Reformbedürftigkeit des Embryonenschutzgesetzes. Eine medizinisch-ethisch-rechtliche Analyse anhand moderner Fortpflanzungstechniken. 2009.

Band 93 Dunja Lautenschläger: Der Status ausländischer Personen im deutschen Transplantationssystem. 2009.

Band 94 Annekatrin Habicht: Sterbehilfe – Wandel in der Terminologie. Eine integrative Betrachtung aus der Sicht von Medizin, Ethik und Recht. 2009.

Band 95 Ann-Kathrin Hirschmüller: Internationales Verbot des Humanklonens. Die Verhandlungen in der UNO. 2009.

Band 96 Henrike John: Die genetische Veränderung des Erbgutes menschlicher Embryonen. Chancen und Grenzen im deutschen und amerikanischen Recht. 2009.

Band 97 Christof Stock: Die Indikation in der Wunschmedizin. Ein medizinrechtlicher Beitrag zur ethischen Diskussion über „Enhancement". 2009.

Band 98 Jochen Böning: Kontrolle im Transplantationsgesetz. Aufgaben und Grenzen der Überwachungs- und der Prüfungskommission nach den §§ 11 und 12 TPG. 2009.

Band 99 Stefanie Schulte: Die Rechtsgüter des strafbewehrten Organhandelsverbotes. Zum Spannungsfeld von Selbstbestimmungsrecht und staatlichem Paternalismus. 2009.

Band 100 Dorothea Maria Tachezy: Mutmaßliche Einwilligung und Notkompetenz in der präklinischen Notfallmedizin. Rechtfertigungsfragen und Haftungsfolgen im Notarzt- und Rettungsdienst. 2009.

Band 101 Annette Hergeth: Rechtliche Anforderungen an das IT-Outsourcing im Gesundheitswesen. 2009.

Band 102 Jussi Raafael Mameghani: Der mutmaßliche Wille als Kriterium für den ärztlichen Behandlungsabbruch bei entscheidungsunfähigen Patienten und sein Verhältnis zum Betreuungsrecht. 2009.

Band 103 Ocka Anna Böhnke: Die Kommerzialisierung der Gewebespende. Eine Erörterung des Resourcenmangels in der Transplantationsmedizin unter besonderer Berücksichtigung der Widerspruchslösung. 2010.

Band 104 Bernd-Rüdiger Kern / Hans Lilie (Hrsg.): Jurisprudenz zwischen Medizin und Kultur. Festschrift zum 70. Geburtstag von Gerfried Fischer. 2010.

Band 105 Ehsan Mohammadi-Kangarani: Die Richtlinien der Organverteilung im TPG – verfassungsgemäß? 2011.

Band 106 Leonie Hübner: Umfang und Grenzen des strafrechtlichen Schutzes des Arztgeheimnisses nach § 203 StGB. 2011.

Kolibri 360 GmbH
Ferdinand-Jühlke-Straße 7
99095 Erfurt, Deutschland
produktsicherheit@kolibri360.de